U0034721

晚清文史叢刊 *02*

創造「傳統」
——晚清民初中國學術思想史典範的確立

江湄　著

人間出版社

目錄

從反傳統到反思傳統

呂正惠

一

　　我們不妨把土耳其道路稱為「自宮式現代化道路」，就像金庸武俠小說裡的明教教主，為了練一門至高武功要首先把自己的生殖器割掉，稱為「本門心法首在自宮」。其實很多現代化理論都是這種「自宮式現代化」理論，認為要練現代化這武功，就得先割掉自己文化傳統的根，土耳其無非是在這方面走得最徹底而已。但一個人割掉了自己的生殖器，即使練了武功，活著還有什麼意思？我從前曾多次引用過伯林（Isaiah Berlin）強調個人自由與「族群歸屬」（belonging）同為最基本終極價值的看法，現在或許可以用來解釋為什麼土耳其的現代化道路不但沒有給土耳其人帶來歡樂，反而導致其「在靈魂深處抑鬱而不歡暢」的。這個原因就在於土耳其這種「自宮式現代化道路」不但沒有滿足土耳其人的「族群歸屬感」，反而割掉了這種歸屬，就像割掉了自己生命之源的生殖器，怎麼可能快樂？

　　這是 2003 年甘陽面對記者訪問時所講的一段話，我到 2011 年才讀到。2011 年我的心境已經非常開朗，深信中國前

途一片光明，但看到甘陽這一段話仍然引起強烈的共鳴；一方面欣賞他幽默、生動的語言所蘊含的智慧，另一方面也勾引起我對 1990 年代的回憶，因為那正是我最「抑鬱而不歡暢」的時期。

從 1980 年代進入 1990 年代，我突然發現周圍的朋友和學生竟然都開始傾向台獨，而媒體上的「去中國化」和「反中國」言論一片喧囂，我為之憤怒，為之氣悶。為了逃避這種無法忍受的空氣，我儘可能找機會到大陸去，可以因此稍微喘一口氣。但到了大陸，我卻又碰到了另一種尷尬的處境。我明顯感覺到了大陸知識分子的極端壓抑，並且了解他們壓抑的緣由。但我們之間卻難以交談，因為我的痛苦和他們的痛苦完全不一樣。我看過《河殤》，簡直目瞪口呆，竟然為了現代化可以放棄一切民族文化特質，我不知道這種思想傾向如何跟台獨思想劃出一條界線。我知道我和新交的大陸朋友絕對不能深談，一深談就會不歡而散。這樣，我在兩岸同時找不到可以縱談而無所顧忌的人，我彷彿得了失語症，或者不知道怎麼講話，或者根本就無法講話。

甘陽提到的伯林，是這樣談民族歸屬感的：

> 當人們抱怨孤獨時，他們的意思就是說沒有人理解他們在說什麼，因為被理解意味著分享一種共同的歷史，共同的情感，共同的語言，共同的想法，以及親密交流的可能，簡言之，分享共同的生活方式。這是人的一種基本需要，否認這種需要乃是危險的謬誤。

我和兩岸的知識分子雖然都使用共同的語言，卻無法分享共同的歷史、共同的想法和感情，我只能陷入徹底的孤獨。為了擺脫這種孤獨，我只能藉著縱酒放肆來發洩苦悶。杜甫說李白「縱酒狂歌空度日」，這也是我過日子的一種方法，我成了朋友口中的「酒徒」。

就在甘陽接受訪問的前後時段，我也感覺到大陸知識界的氣氛好像

在逐漸轉變，就在這個時候，我交了一批大陸的新朋友，我跟他們的交流比以往要順暢多了。不久，他們就成為我最密切來往的一個圈子，其中就包括張志強，以及張志強的愛人、本書的作者江湄。他們都比我年輕二十歲以上，但我們談起話來毫無隔閡，因為我們的談話有共同的方向和共同的關懷；用江湄書中的話來說，我們都關心中國文化的「現代化轉換」，我們強烈希望中國文化仍然是未來中國的立國之本，因此，我們都必須面對五四以來的激進反傳統問題，必須從理論上處理這個問題。我也可以跟其他朋友談這些問題，但跟他們兩人的交談空間似乎還要大一些。因為他們兩人都做中國近代思想史，由此勢必熟悉中國古代思想史，而他們兩人對中國古代的歷史和思想的認識也確實相當深入。因此我們談到中國文化時，就不只限於大方向的討論，還可以涉及更為細節的問題，不至於完全流於空泛。

經過長期思考以後，我覺得，五四以後的激進反傳統和各種革命論，應該已經完成它們的歷史任務，現在已經到了反思傳統、重歸傳統的時候。一個大國不論軍事、經濟力量如何強大，如果文化上不足以自立，或者完全否定自己的傳統，無論如何不能稱之為大國。我知道，大陸已經有人在批判「激進主義」，認為中國當今的問題都是五四以降的激進傳統造成的。我知道這種說法是意有所指，是在暗示激進主義導致共產黨的革命，所以才有今天的問題。我不能同意這種論調，我認為，激進主義和革命是在歷史情勢之下不得不然的。我並不是要否定它們，我認為它們已經完成歷史任務，我們應該開始進入另一個階段的工作，即，現在應該如何重新回歸傳統。

當我談到應該對五四反傳統問題進行具體的檢討，而不能只用一個空泛的「激進主義」加以一筆抹煞時，張志強和江湄也會談到他們自己的看法。在這個時候，張志強最喜歡用五四時代非主流的學術人物來對比主流人物，譬如，用錢穆和蒙文通來和胡適和傅斯年對照，我會大量

購買蒙文通的著作就是受到張志強的影響。但他兩人更喜歡用晚清學者來對比五四的一代,其中章太炎是他們都非常熟悉的,他們的談法讓我既感到新奇,又引發強烈的興趣。遺憾的是,我講話的時間太多了,他們很難用完整的敘述來讓我了解他們的想法。其實,我很想知道他們的思考方式和思考途徑。

還好,經過長期的等待,他們終於各自出版了一本專著,這兩本專著分別呈現了兩人十年來研究和思考的成果。張志強的書我已經讀了三分之二,但其中最重要的一部分涉及佛學,我非常外行,目前只好暫時放棄。江湄的書主要談論晚清的梁啟超和章太炎,以及五四的胡適。這個範圍我比較容易掌握,所以花了三天時間,一口氣就讀完了,其中最難的一篇還讀了兩遍。對我來說,這不是單純的閱讀行為,而是一種尋找解決之道的努力。江湄思考的問題與方向基本上是和我一致的,但她有她的思考過程,也有她藉以思考的對象(章、梁對比胡適),這些對我都有強烈的吸引力,以致於在閱讀的過程腦筋始終發熱,無法休息。

江湄整個探討的出發點是,晚清學者面對西學的全面挑戰時,如何思考中國傳統學問在當前的位置與作用。在這方面,晚清學者表現了相當大的類似性,使他們不同於五四的一代,因而呈現為另一種典範。以往我們都受到五四一代的影響,用五四的看法來衡量晚清的人物。這樣就有一個公式化的結論,當晚清思想家合乎五四的要求時,他們就是進步的,反過來說,當他們不合乎五四的標準時,他們就是落後的。於是,康有為、梁啟超、嚴復、章太炎等人,都有一段極光輝的時期,然後他們就慢慢落伍了,不再值得我們關注。

按江湄的看法,在晚清那一代,中學和西學的地位還是對等的,晚清思想家還是能夠以相當的自信談論中學的長處,也有敏銳的眼光能夠看出西學的短處。相反,到了五四那一代,在激烈的反傳統的衝擊之下,中學已經毫無地位,西學以「德先生」和「賽先生」之名獨領風

騷。在這種立場下，晚清一代對於中學有所保留的肯定，就被認為是和傳統的割裂還不夠徹底，正是他落伍的表徵。他們對晚清思想家肆意評點，説他們哪一點是進步的，哪一點是落伍的。他們很少從每一位晚清思想家的立場，去整體的考慮每一個人思想的複雜性，以及曲折的變化過程。實際上，只有透過對每一個晚清思想家的具體的、整全的理解，才能真正掌握他們思想的精華，並對我們目前思考中國文化前途產生深刻的啟發。

江湄這樣的研究取向，在最近十多年來的學界中並不難找到。但一般的學者，在做這種研究時，大都採取折中的態度，並沒有對五四一代完全偏向西學的立場清晰的加以批判性的分辨，當然也就不可能完全對晚清一代在中學與西學之間徘徊掙扎的痛苦有足夠的體會。這樣，這種研究就不夠徹底，不能讓我們把問題看得更清楚，也不能對我們現在的思考產生明確的衝擊。

江湄就不是這樣，在方法論上，她對晚清、五四這兩代始終嚴格區分，讓他們擁有各自的、清晰的面目，兩相對比，兩者的差異就極為明顯，從而更進一步促發我們的思考。譬如，談到章太炎的評價時，她這樣説：

> 他的思想即新即舊，不古不今，從「左」看則具有徹底的批判性，從「右」看則顯出深刻的保守性。很難用「現代」與「傳統」，「激進」或「保守」的現成框架來認知和解説。新文化運動以後，「整理國故」事業產生了新的「國學」典範，章太炎被擺入「先賢祠」。他的學術思想常常被一分為二，能為時代之前驅者，則倍受尊崇，與潮流對唱之反調，則被視為落伍者難免的局限。這種二分法過濾了其中既不能被其後「現代」思潮所容納、又不能為其前「傳統」所範圍的思想内容……而這些思想内容是章太炎對其時代變局極具個性和思想

深度的反應，往往能給我們習慣於某種思維定式的頭腦帶來衝擊和啟發。（黑體為引者所標）

仔細讀完江湄那三篇對於章太炎的論述，我很意外的發現了一個我非常陌生的、但又極為深刻的、甚至可以稱之為「後現代」思想家的章太炎。同樣的，她所描繪的梁啟超的形象，也比我一向知道的梁啟超更為豐滿、更為動人。只有嚴格區分晚清、五四兩代，將他們各自分析的方法論，才能得到這樣的結果。

這樣的方法論，應用到五四一代自由派的代表人物胡適和傅斯年身上，也可以同樣讓人產生深刻的印象。全書中我最早讀到的是討論傅斯年的那一篇，我讀後的印象是如此強烈，以至於事隔多年還記得主要的內容。據江湄的論述，傅斯年對中國傳統社會的結構非常的悲觀失望，因為根據這一結構，很難找到通往西方民主的具體道路。但他又難以忘情於政治，「於是在此門裡門外跑來跑去，至於咆哮。出也出不遠，進也住不久，此其所以一事無成也。」讓我對他既感同情，又「憐憫」他不願「牽就」中國現實的「蠻橫」態度。

傅斯年從西洋政治史了解到，西方民主制主要是來源於貴族階級與君主爭權力，但他清楚知道中國自秦漢以後就沒有封建貴族，自宋以後就沒有門閥貴族，中國貴族制的消失已經超過一千年，而英、法兩國的貴族在十九世紀還有強大的影響力，日本的明治維新和君主立憲政體主要是由日本貴族自上而下推行的。但傅斯年從來不思考，中國在西元 10 世紀以後就沒有貴族制這一明確的歷史事實，是否為世界史中少有的進步現象？他反而因為中國貴族消失得太久，以至於很難建立西方式的民主制而苦惱不已。事實上，自梁啟超以降，包括章太炎、梁漱溟、錢穆等人，都在思考中國很久就沒有貴族對未來中國政治發展所可能產生的影響，但他們沒有一個人會像傅斯年那樣思考──中國社會本來就不像

西洋社會，為什麼一定要按近代西洋社會的發展方式來發展？從這一點，就可以看出，傅斯年「食洋不化」到什麼地步。

江湄對胡適的分析比傅斯年更為詳盡得多。讀完她的分析，我非常驚訝，原來我曾經崇信了二十年的胡適，既比我想像的要複雜，也比我想像的要簡單。江湄說：

> 在中國現代學術史上，儘管已經有不少先行者對中國固有學術思想傳統進行「價值重估」，但真正給出一個新的「全面結構」和「全部系統」的，確乎是胡適。

江湄所勾勒出來的、胡適觀點下的「中國思想史」，出乎我預料之外的有系統，而且「言之成理」，所以胡適模式的「中國思想史」恐怕是被太多人忽略了（因為輕視他）。胡適沒有許多人想像的那麼簡單，他在中國思想史的梳理上確實花了不少工夫。但經過這樣的整理，我們又可以發現，胡適據以梳理的根柢卻又非常簡單，簡單得令人「駭異」。

江湄歸納胡適思想的基礎，得出這樣的結論：

> 胡適說，「古典」中國的遺產，是人文主義、合理主義和自由精神。所謂「人文主義」，就是關注人生的精神，對死後世界並無沈思之興趣；所謂「合理主義」，是指中國思想從未訴諸超自然或神秘的事物以作為思想和推理的基礎；而人文主義的興趣與合理主義的方法論結合起來，則給予古代中國思想以「自由精神」。這樣的古典中國的遺產成為中國文化的一種強固傳統，一種根本指向，用以估定一切域外輸入的理念和制度，「一旦中國思想變得太迷信、太停滯、太不合乎人文精神時，這個富有創造性的理智遺產，總會出來挽救。」

這種挽救，胡適名之曰「文藝復興」。胡適認為，中國歷史上出現了四次文藝復興，第一次是先秦諸子，第二次是中唐至宋代，第三次是清代考據學，以戴震為高峰，第四次則是五四。胡適整理「國故」的出發點就是他所謂的人文主義、合理主義和自由精神，他總名之曰：科學的人生觀。簡單的講，就是關懷人生，並以科學的理性精神來探討解決人生問題（主要是自然的欲望，特別是溫飽）的途徑。凡是脫離這種道路的，他就加以批判，如各種宗教（他稱之為迷信）和儒家的「成德」、「成聖」、「性理」之學。對於他所推崇的朱熹和戴震，他硬生生的「一分為二」，指出他們哪些地方有科學精神，哪些地方則是與他們的「基本主張」不相容的玄理。

江湄以幽默的口吻對胡適的方法論如此評論：

> 胡適式的對「傳統」的「創造性轉換」，意味著以現代思想觀念為探測器在「傳統」的廢墟中探寶，「傳統」成了各種各樣現代思潮尋根的淵藪，裡面充滿了已知未知的現代思想「萌芽」，「傳統」總是跟隨著現代思潮的轉換而變換著他的面目和價值。

胡適所以敢於這樣肆意割裂傳統，是因為他認為中國傳統裡「好」的因素被「壞」的因素層層包裹，以至於不能得到充分發展，不能達到西方文明的高度。在他心裡，相對於西方文明，中國文明的發展屬於較低層次，所以江湄對胡適的文明史觀毫不留情的加以揭露：

> 他基本上持一種生物決定論與環境決定論的文化觀念，是一個簡單粗糙的文化一元論者。**把中西文化之別認定為不同文化發展階段的高低之差**，認定被現代進程自然淘汰的東西都看作糟粕，去之而後快。
> （黑體為引者所標）

　　五四以後，中學全面廢棄，西學取而代之，在這種趨勢下，胡適立下了最壞的「典範」。不知道有多少人按胡適的樣子，「以西量中」，務求中國照搬西方模式，遺患無窮，餘毒至今尚未清除乾淨。

　　我一直懷疑，胡適對西方歷史的認識到底有多大的深度。他難道不知道，西方除了科學、民主，還有一個基督教維繫人心，但因此釀成一次又一次的異端迫害，也釀成不知多少次的宗教戰爭？難道這就不是宗教迷信？他怎麼也不知道西方一直有強大的唯心論傳統，如柏拉圖、康德和黑格爾，難道這些不是玄想？這些都合乎科學的理智精神？胡適實在是極為素樸的功利論和實用論者，把人心和社會看得太簡單了。看了江湄的分析，真覺得痛快淋漓。

　　在江湄的分析下，我們非常清楚的看得出來，胡、傅兩人對社會改革的看法，實在太一廂情願了，無怪乎他們的主張在中國全無實現的可能。不過，他們兩人到底還是在舊中國生長的，同時也讀了許多中國古書，還知道中國社會原本是什麼樣子，也知道他們的西化道路要面對怎樣的困難。而他們的信徒們連這一點都不了解，對中國與西方社會不同的歷史形成過程全無知覺，只一味的相信，西方的制度是可以移植到中國來的，那就真是「自鄶以下」，不足論也。甚至還有人說，只有讓外國人來中國殖民，才能讓中國徹底現代化。其實他們連這一點都錯了。十九世紀以後，西方殖民多少國家民族，有哪一個國家民族被他們徹底西化了？

二

　　和胡適、傅斯年的思考模式相對比，就很容易看出來，梁啟超和章太炎兩人的思想保留了太多的傳統因素，我們甚至可以說「封建餘毒」太深。不過，從今天重新反思傳統的角度來看，反而更值得我們參考和深思。我們先看梁啟超，江湄從兩方面談論梁啟超的思想和五四一代人

的差異，即他的「學術」概念和他的史學觀念。

梁啟超在 1902 年撰寫《新民說》時，同時寫成長文〈論中國學術思想變遷之大勢〉，胡適稱讚此文為「這是第一次用歷史的眼光整理中國舊學術思想，第一次給我們一個學術史的見解。」梁啟超在 1918 年 12 月遊歷歐洲之前，決定退出政治活動，在 1920 年代撰寫了一系列的中國學術思想史論著，其中最為風行一時的是《清代學術概論》，是他投入新文化運動後的第一部論著。在此書中，他多處呼應胡適，如表彰清代漢學的科學精神和科學方法，是以復古為解放的中國「文藝復興」；還特別主張「為學問而學問，斷不以學問供學問以外之手段」，強調治學一定要分業而專精；最後，他還提出要繼續清儒未竟之業，用最新科學方法，以現代的學科分類標準，整理傳統學術的材料，這幾乎是在與胡適「整理國故」的說法相唱和。章士釗因此忍不住嘲諷他，「獻媚小生，從風而靡」。

江湄認為，這是沒有細讀《清代學術概論》全書所產生的誤解。梁啟超在全書〈結語〉中對「我國學術界之前途」進行展望時，除了要求發展科學精神之外，還提出以儒家哲學、佛教哲學建設「優美健全」的人生觀，同時還要闡發先秦諸大哲之理想，取鑒兩千年崇尚「均平」之經驗，建設「均平健實」的社會經濟組織。所以，他在《清代學術概論》中只是發揮其一端而已。錢基博就看得比較全面，他認為梁啟超「出其所學，亦時有不跟著少年跑而思調節其橫流者。」最明顯的例子是，1923 年 1 月胡適發表「整理國故」宣言時，梁啟超隨即在〈治國學的兩條大路〉的演講中，明白指出，除了用「科學方法整理國故」外，還必須用「內省的和躬行的方法」建設儒家式的「人生哲學」。

江湄仔細爬梳梁啟超自受教於康有為直到晚年的有關議論，舉證歷歷的說，梁啟超始終堅持儒學所主張的「全人格」教育，要求今日的「第一等人物」，除了在有限的職業範圍內作「專家」之外，還要在其

中融貫社會責任意識，承擔以身為教、移風易俗的責任，成為一個「士君子」。這就充分證明，梁啟超的學術觀念明顯不同於五四的主流看法。所以江湄說：

> 他（梁啟超）對「學術」的理解始終自覺不自覺地具有濃重的儒學性格。在晚清維新運動中，傳承陽明學血脈的梁啟超特別重視闡發儒學作為人格養成之學的意義和作用，並考慮如何將之與科學相結合，以造就擔負救國大任的志士人格與政黨組織；在新文化運動之後，他對於中國現代學術發展的設想，與「整理國故」運動所代表的主流形成顯著分歧。

其次談到史學。一般的看法是，梁啟超的史學思想可分為前後兩個階段：第一個階段是他東渡日本寫作〈新史學〉與〈中國史敘論〉的時期，篤信進化論、講歷史因果律、強調史學的科學性質；第二個階段則是在 1918 年歐洲遊歷之後，思想丕變，懷疑進化論、否定歷史中的因果規律、否定歷史的科學性質、強調歷史文化的特殊性、重視人的自由意志。江湄認為，這種看法太過簡化。所謂梁啟超晚年史學思想的變化，其實早已內蘊於他早期的思想中。從一開始，梁啟超就沒有完全接受西方的「社會」、「進化」、「因果關係」等概念，無寧說，他是從中國傳統歷史意識的視域出發，去接受這些概念，從而與西方的概念產生了分歧。

在寫作〈新史學〉（1902）的同一年，梁啟超還寫了〈論佛教與群治之關係〉，兩年後，又撰寫〈余之生死觀〉。這兩篇文章以佛教「因果業報」的世界觀解說「人群進化之因果」及其「定律」。梁啟超認為，人雖然只存在於此時此刻，但所有的活動卻並沒有消失，而是以「精神」、「意識」的形式留存下來，內涵於我們現今所具、正在發用

的「精神力」、「心智」之中,從而貽功於未來。整個人類歷史甚至宇宙都是一個大生命,在其中,我們的過去、現在、未來結合在一起。1923年,在〈治國學的兩條大路〉的演講中,他把這種人群進化的佛教因果觀,用儒家的「仁」的理想重新加以發揮。他認為,人是不能單獨存在的,人格專靠各個自己是不能完成的,因此,「想自己的人格向上,唯一的方法,是要社會的人格向上,然而社會的人格,本是各個自己化合而成,想社會的人格向上,唯一的方法又是要自己的人格向上。」這樣,「社會的人格」與「自己的人格」相互提攜而向上,就是人類進化之大道了。

由此可知,梁啟超從未真正接受西方的進化觀,他反而以他所能領會的佛教與儒家的觀念,用理想主義的方式,闡釋他所寄望的「人群的進化論」。這種進化論的本質與西方的進化倫其實是南轅北轍的。所以江湄分析說,在這種理論下,梁啟超的「社會」與社會演變的「因果關係」的意義,就和西方的原意完全不同了。

最後,我們來看,梁啟超在《歐遊心影錄》裡是如何詮釋柏格森的學說的,他說:

> 拿科學上進化原則做個立腳點,說宇宙一切現象都是意識流轉所構成,方生已滅,方滅已生,生滅相衍便成進化。這些生滅都是人類自由意志發動的結果,所以人類日日創造日日進化。這「意識流轉」就喚做「精神生活」,是要從反省直覺得來的。我們既知道變化流轉就是世界實相,又知道變化流轉的權操之在我,自然就可以得個大無畏,一味努力前進便了。

這一段與其說是柏格森的學說,不如說是梁啟超藉用柏格森的術語再一次闡發他的人群進化論。這種學說,自早期一直貫徹到晚期,始終

不變。江湄把梁啟超的這種想法稱之為：「科學」的「進化」的「儒家」的「大乘佛教」的人生觀，是非常有意思的。前兩個術語來自西方，後兩個術語是中國本土原有的，本質上是中國的，不過「科學」與「進化」這兩個舶來品確實引發了梁啟超的想像空間，把他原有的、本質性的東西發揮得更有活力而已。我覺得，這就是梁啟超的「中體西用」，這恐怕是梁啟超為人與為學的一貫風格。

從以上對江湄兩篇文章的撮述，已經可以清楚看出，梁啟超的學術，和我們現在的觀念相距有多遠。基本上梁啟超學術的底子還是傳統儒家的士君子之學，不過再加上西方科學以增進其實踐工夫而已。對於這樣的「學者」，我們當然不能以現代意義的學者視之，而應該把他看做經過現代轉換的「儒者」。事實上，兼有古代儒者和現代學者性格的人，也才是梁啟理想中的「學者」。

對於這種意義的「學者」的梁啟超，江湄以一篇極精采的長文來論述他的「事上磨鍊」的「新道學」。看了我的序的人，如果想讀江湄筆下的梁啟超，我建議先讀這一篇。如果不怕江湄罵的話，我甚至想說，即使只讀這一篇也就夠你滿足了。

江湄指出，梁啟超退出政壇、開始從事學術活動以後，主要的重點是在重新整理、詮釋中國學術思想史，特別重視先秦和近三百年這兩個階段。但這並不是現代意義的純粹的學術研究，實際上蘊含了一個目的，即想在胡適所提倡的、以科學整理國故的新文化運動和傳統儒學之間求取一種平衡。由於經歷過晚清的維新運動和革命運動，親眼看到辛亥革命以後的社會動亂和人心解體，梁啟超深切了解，一個社會公認的信條，是歷史文化長期累積的產物，一旦突然崩潰，就會造成「綱絕紐解，人營自私」的局面。所以實際上，梁啟超在重新架構學術思想時，是想把傳統儒家的義理體系承接到現代，他想把傳統士君子修身淑世的儒學轉化為養成現代公民人格的人文主義「人生哲學」。用江湄的話

講，他想發展出一套適用於當今的「新道學」，以對治中國問題乃至現代文化之弊病。他清楚的看到，像胡適所提倡的那種「科學的人生觀」完全不足以維繫人心。

江湄按照梁啟超的生活歷程，以及他從事學術活動後各種著述的先後次序，仔細梳理了梁啟超對這個問題的思考過程，包括他從宋明理學向孔子學說的回歸、以王陽明的學說為起點重新詮釋近三百年學術史，以及對戴震和顏李學派的重視。這樣，他以自己的一生經歷為基礎，經過長期思考，終於得出了一種極有特色的人生觀。江湄對這個人生觀的綜述極為精彩，雖然篇幅較長，仍然值得全段引述：

> 孔子之學乃是「知行合一」、「事上磨練」的人生實踐之學……重要的是「一面活動一面體驗」……所謂「一面活動一面體驗」就是指在「仁」的實踐中，體會到「我」與全社會、全宇宙的共同生命相結合相融貫；體會到文明、歷史進化的極致其實就是生命與生命的感通無礙，各得其所；體會到人生的天職就是實踐「仁」，投入於古往今來、生生不息的生命洪流之中，以促進這一「大我」的向上；但，最重要的是，我們要同時知道，宇宙、人生永遠不能完滿，因此，貢獻於「仁」的實踐的人生事業，並沒有大小成敗之分。唯克盡天職、傾盡全力而已矣。

很明顯，這是前面已提到「人群進化論」從孔子的「仁」的角度出發的進一步發揮，這裡面還融攝了陽明的力行哲學和佛家的因果論，同時也是梁啟超活潑坦蕩的性格、樂觀進取的人生態度的思想結晶，讀來令人無限嚮往。既有堅強的道德信念，又能在生活的具體進程中不斷的磨練自己，永遠興味不衰，元氣淋漓，並讓生命「常含春意」，這就是梁啟超的一生留給後代的最有價值的人格典範。在現代物質過分充裕、

而精神又相對空虛的時代，梁啟超所追求的「新道學」，對我們來講，具有無窮的啟示意義。

三

比起梁啟超來，章太炎的思想更為複雜，用現代的話語來説，他是晚清最早否認儒學的崇高地位、同時也是最早提倡學術的獨立價值的人。但這麼簡單的一個論斷，核之於他自己所寫的各種文字，詮釋起來卻充滿了矛盾，即使想以思想發展的分期方式來加以解決，也並不容易。我細讀江湄的三篇文章，又參考了張志強論章太炎「齊物」哲學的那一篇論文，多少有一點領會。以下我就試著稍加整理。

按照一般的説法，章太炎的思想有兩次大變化，第一次是「轉俗成真」，他由傳統的經學家變成激烈的排滿的革命家；第二次是「回真向俗」，他經歷了和同盟會主流（包括孫中山和黃興）的分裂，以及辛亥革命的失敗，深受刺激，又重新回歸傳統。

要了解章太炎的「轉俗成真」，我覺得應該體會他從經學家轉為革命者的心理「裂變」。章太炎身為清代皖學的傳人，受過嚴格的經學訓練，相信經學的神聖價值，也知道經學是維繫傳統社會最重要的思想支柱。這樣一個正統人物，要拋棄自小就接受的「教義」，不但要有極大的勇氣，而且在認知上一定要相信自己是站在真理的這一邊（在參加革命的隊伍中，他肯定是舊社會最知名的、也是最博學的經學家）。他說：

> 精神之動，心術之流，有時犯眾人所公恭。誠志惆款，欲制而不已者，雖騫於大古，違於禮俗，誅絕於《春秋》者，行之無悔焉！

他反叛的是「大古」、「禮俗」、「春秋」，都是儒家最為重視的，他參加革命，從儒家的角度來看，就是大逆不道，所以需要絕大的

勇氣和擔當，所以他又説：

> 然所謂我見者，是自信，而非利己，猶有厚自尊貴之風，尼采所
> 謂超人，庶幾相近。

這是他堅持真理重於一切，學問高於實用的原因，我認為，這不能解釋為爭取學術的獨立性。這是革命者的道德觀，所以引尼采以自比，我覺得，早期魯迅的人格特質完全來自於此。

跟革命的真理相比，他自小所受的儒學教義又算得了什麼？他反對通經致用，認為「道在六經」的説法純屬誇誣之談；所謂「六藝」，原本不過是上古史官記錄、典藏的官書而已。他這些説法，被後來的疑古派捧為先驅，認為他是大力破除經學思維的人。從其所造成的影響而言，這是合乎真實的，但就其產生的心理源頭來説，為了肯定革命，其勢也不得不盡破舊學。這就是章太炎堅持真理、貶斥儒學，「轉俗成真」的背景。

章太炎傾向革命後，影響他一生最為深遠的就是「蘇報案」，他因此和鄒容一起被關在獄中。鄒容不能忍受獄卒的欺侮，憤激難以自持，暴卒，「炳麟往撫其屍，目不瞑」，年僅二十一。這件事對章太炎刺激甚大。章太炎本人個性與鄒容相近，為了怕自己也像鄒容一樣橫死獄中，不得不讀佛經以自我調攝。就是這一次的學佛經驗，在章太炎的身上留下極深的印記，成為其後來思想發展密不可分的一個因素。

章太炎出獄到達東京以後，成為《民報》的總主筆，這一階段他思想最重要的特質是極端的忿激，不相信世界上有任何真理，並且讚揚革命黨人搞暗殺。江湄説，這時的章太炎，基於「法相之理」而倡「華嚴之行」，在破除「神明」、「天道」的舊迷信時，也以「公理」、「進化」、「唯物、「自然」為新迷信。章太炎有一段話説得很生動：

> 嗚呼！昔之愚者，責人以不安命；今之妄者，責人以不求進化。
> 二者行藏雖異，乃其根據則同。以命為當安者，謂命為自然規則，背
> 之則非義故；以進化為當求者，亦謂進化方自然規則，背之則非義故
> ……世有大雄無畏者，必不與豎子聚談微賤之事已！

這裡可以允分看出章太炎的性格，因為他把「安命」和「進化」等同視
之，認為都是「微賤之事」，而他這個「大雄無畏者」則不屑與其計
較。當然，把一切人世間的看法都當作「幻有」，這是來自於佛學。

雖然人間的一切看法都是相對的，但章太炎還是痛切的感到，人類
之間的弱肉強食就如生物界一樣，都是非常真實的。章太炎說：

> 芸芸萬類，本一心耳。因以張其抵力，則始凝成個體以生。是故
> 殺機在前，生理在後，若究竟無殺心者，即無能生之道。此義云何？
> 證以有形之物，皆自衛而禦他，同一方分，不占兩物，微塵野馬，互
> 不相容。

這種忿激感當然來自於列強對中國的虎視耽耽，中國既然劣敗，舉世誰
有同情之心。革命成功既然遙遙無期，暗殺亦足以鼓舞人心，至少可以
逞一時之快，有何不可。這種激切的復仇情結，顯然也深刻的影響了魯
迅。

這種堅持革命的真理、甚至不惜以暗殺來激勵人心的思想，在辛亥
革命前後，在社會現實之前受到很大的挑戰。首先，章太炎逐漸認識
到，尼采式的超人的革命志士，其一往直前的勇氣雖然可嘉，但一旦面
臨具體的建國工作時，卻毫無能力，甚至人人自以為是，爭執不休。這
反而讓他懷念起孔子所批評的「鄉愿」，至少這些鄉愿們是願意遵守現
成的社會規範的。革命之後的大破壞，制度的崩潰，人心的解體，舊社

會眼看著無法維持，而新社會的建立遙遙無期，這樣的現象讓章太炎深受刺激。我們可以説，章太炎因為無法忍受革命之後的亂象，因此思想開始趨向保守，最後如魯迅所諷刺的、以國學大師的崇高地位度其餘生。章太炎確實有這種保守性。

但是，也正是在重新思考革命的問題性時，章太炎的思想竟然進入最具創造性的時期。前面説過，為了參加革命，章太炎把追求真理放在第一位，而寧可唾棄他長期從事的神聖的經學。章太炎本質上具有思辨的才能，這種才能讓他可以欣賞魏晉的玄學，因為玄學的名理之辨遠超過儒學。他在獄中學佛時，又熟讀唯識學，唯識學對人類知識的辨析，恐怕要超過西方的知識論。其實西方的知識論推至極致，不得不承認知識的最後基礎是無法證明的，所以休謨乾脆承認自己是個懷疑論者，而康德只能用無法證明的「先驗綜合」這樣的説法，來保證知識的客觀性。説到底，這種知識論遠不如唯識徹底，因為唯識可以很有力的證明，人類的一切知識都是幻相。章太炎既然熟知唯識，當然知道西方的理論，從唯識的觀點來説，也只是相對的、而不是絕對的真理。所以在前面我們就看到，他把進化論和安命論等同視之。中國所以不得不放棄安命論而改從進化論，是因為面臨亡國滅種的危機，是被時勢所迫，而決不是在邏輯上或文明形態上安命論就一定不如進化論。

因為革命之後所面臨的無法收拾的亂局，章太炎因此領悟，在長期的歷史時間裡形成的社會生活習俗，既已為這一社會的人所共同持有、共同信認，就一定有他自身的價值。從佛學的唯識觀點來看，不管哪一個社會的既成習俗，都是幻相，都不是最後真理。但從已經習慣於社會習俗的每一個社會的成員來説，社會既有的一切都是對的，這個時候，我們就不能從唯識的觀點來説，所有社會都是錯的。這就是「出世法」和「世法」的區別。所以江湄説：

　　「出世法」把「世法」相對化，令人破除迷信，精神超越，思想解放，有「超人」之智慧和氣魄。然而，人從來都是具體的社會的人、文化的人，必須遵守特定文化、社會環境中的道德規範，尤其是對於社會群體來說，更是需要有「世法」的規範和教育。對於「此土」來說，「世法」就是歷代相傳的儒家人倫禮教。從「齊物」的境界來看，並無真理性的「此土」之「世法」乃是民族文化的特殊規定性所在，是該民族社會、政治及其法律系統的觀念基礎，是必須刻意加以保守的。

　　這就是章太炎的「回真向俗」。這種「文化保守主義」，是從唯識觀點出發，揉和莊子的「齊物」思想而形成的，這就是章太炎晚年最具創意的「齊物論」。這種思想所以是「齊物」的，因為它沒有在「出世法」和「世法」之間分出高下。「出世法」是獨見的超人的智慧，但不能因此否認了人間的「世法」的價值。從這個角度看，知識分子絕對不能因為自己識見高遠，就從而否定民眾所共同認可的世俗價值。

　　當我還在閱讀江湄所分析的「出世法」和「世法」的區隔的過程中，我感到非常驚訝，因為我覺得這種說法與劉小楓和甘陽一再推介的列奧‧施特勞斯的理論幾乎是一模一樣。再往下讀的時候，竟然發現，江湄在最後也提到了章太炎和列奧‧施特勞斯的相近之處，而她所引述的也正是我所讀過的甘陽的同一篇文章，這讓我感到非常欣喜。我突然想到，三十多年前讀到一本香港散文家思果所翻譯的《西泰子來華記》，西泰子即利瑪竇。書中提到，利瑪竇問一個中國士大夫說，你們不信神嗎？士大夫回答，孔夫子說：「未能事人，焉能事鬼？」又說：「未知生，焉知死？」我們只關心人世間。利瑪竇又問，可是你們的老百姓都拜神？士大夫回答，他們當然要拜神，這有什麼關係，利瑪竇大為不解。我覺得，這位士大夫並不是一位「愚民論」者，他認為，士大夫和平民可以有兩種信仰、兩種生活方式，兩者並不衝突。他其實和章

太炎一樣，也是一個「齊物論」者，只是他不自覺而已。我又想起我高中的時候，由於接受學校的現代教育，相信的是科學，認為拜神是迷信，因此在拜拜的時候常跟父母吵架。我用學校教我的那一套來衡量父母的行為和觀念，覺得他們真是無法形容的落伍。進入三十歲以後，我才逐漸感覺到，父母以前批評我「書白讀了」真是一點也沒錯。不管我的看法對不對，我怎麼能要求父母改變他們從小在農村所接受的一些習俗和觀念。以前所累積的生活經驗，讓我立刻就能接受章太炎的「齊物論」。列奧・施特勞斯也說，幾乎任何政治社會的「意見」都不可能是「真理」，而現在的政治哲學家卻從他們所謂理性的角度來衡量一切歷史傳承的道德、宗教與習俗，這只能稱之為「意識形態化的政治」，現代政治學和社會學的弊病都導源於這一根本的認識上的錯誤，這種說法跟章太炎的理論真是不謀而合。

　　這只是就「出世法」和「世法」的關係而言。如果只論人世間各種社會的「世法」，那麼，更可以肯定，所有的「世法」都是相對的，因此也都是平等的。如果有一個「世法」竟然敢宣稱它自己是「普世價值」，那只能證明它的無知，而那些信從的人當然也就是無知之徒。西方自啟蒙運動以來，好稱人生來都是平等的，但這只是從啟蒙的價值觀而言，人都是平等的。人如果沒有經過啟蒙，那就不是完全意義上的人，直白的講，那是野蠻人。野蠻人要經過文明人（即經歷啟蒙的人）的教育，才是完整意義上的人。所以當西方人遠涉重洋而殖民的時候，西方人就必須承擔起教化那些遠方土著的責任，而這據說就是所謂「白種人的負擔」。這樣，西方的啟蒙的價值觀就上升為「普世價值」了。從章太炎的「齊物論」來看，再沒有比這種自以為是更可笑的了。

　　現在我們再來回想一下1792年的〈乾隆皇帝諭英吉利國王敕書〉。按一般的說法，這一封敕書最能表現自居於文明中心的中國人的傲慢，但很少人留心到，其中有這麼一段話：

> 若云仰慕天朝，欲其觀習教化，則天朝自有天朝禮法，與爾國各
> 不相同。爾國所留之人即能習學，爾國自有風俗制度，亦斷不能效法
> 中國，即學會亦屬無用。

我們必須承認，中國皇帝視英吉利為蕃邦，文明比不上中國。但中國皇帝也告訴英吉利國工，「爾國自有風俗制度，亦斷不能效法中國」，中國皇帝並不希望英吉利「從風向俗」，這對英吉利沒有好處，因為英吉利自有風俗習慣，不可以隨意的效法中國，即使效法也是沒有用的。我們還要再一次強調，那時候的中國人自高自大，是俯視英吉利的，但他不希望英吉利學中國，不是因為不想讓英吉利學，而是中國皇帝很清楚知道，派人來中國學習，再回去教英吉利人，這種做法對英吉利人是沒有好處的。這也就是説，中國人並不急於向蕃邦推銷自己的文明價值，跟西方人急於教化各種土著，在這兩種態度之中，從今天的眼光來看，請問是誰比較文明。

其實自古以來，中國雖然以文明中心自許，卻一直對周邊的少數民族採取這種態度：可以接受朝貢，但不急於同化別人，所以孟子説，「遠人不服，則修文德以來之。」意思是，不要強迫別人來服從自己，要讓他們心甘情願的學。中國歷代王朝對邊疆地區，凡是願服「王化」的，就設官治理，凡是不服「王化」的，就由他去，他不犯我，我不犯他。所以清朝末年，台灣牡丹社的原住民殺了漂流到台灣南部的琉球人，日本政府要求賠償，清朝政府最早是這樣回答：牡丹社屬於化外（清朝在台灣劃分蕃、漢界線，蕃界內不設官，蕃人自理）。實際上，這就是按照中國的文明觀來回答，而不是按照近代民族國家的邏輯來回答。如果中國的國勢始終比西方民族國家強大，這種文明觀有什麼落伍的地方呢？中國一點也不必屈服於別人的邏輯。

以上舉了利瑪竇和乾隆皇帝的例子，就是要證明，不論就「出世

法」與「世法」的關係而言，還是就各種「世法」的關係而言，章太炎
的「齊物論」深深植根於中國的文明傳統，是對中國文明特質的簡明的
理論化。這種理論，遠比西方「後現代」的多元價值論要高明得多，因
為正如甘陽所指出的，現代西方的多元價值論充滿了西方中心的偏見，
正如我們前面所分析的西方人的啟蒙價值觀一樣。

　　與此相關的是章太炎「六經皆史」論所涉及的深刻意義問題。「六
經皆史」論由章學誠提出，由章太炎所繼承，五四以後成為疑古學派的
主要思想資源之一，章太炎因此被推崇為五四以後科學整理國故一派學
者（以下簡稱「國故派」）的重要先驅之一。但是，國故派都知道，章
太炎與傳統經學從未徹底劃清界限，他們責備章太炎沒有將「六經皆
史」說推至極致，即六經只能作為古史研究的一種資料，而且其可靠性
還需加以質疑。國故派其實是企圖以自己的想法去衡量章太炎，而章太
炎根本從來就沒有這樣解釋過「六經皆史」說（如果有的話，也只限於
清末參加革命的一小段時期）。應該說，很少人真正的從章太炎的思想
發展過程去釐清他的「六經皆史」論的真相。

　　按照江湄的分析，章太炎對《春秋》與《左傳》的性質的看法雖然
經歷了一些變化，但他始終認為孔子是個偉大的歷史家。當章太炎在早
年還相信《春秋》與《左傳》確實寄託了孔子的微言大義時，他相信孔
子創制立法的精義就是尊重歷史傳承而「漸變」，決不像康有為所說的
「託古改制」，這是蔑棄「近古」取法「太古」的「驟變」。章太炎相
信，孔子始終相信歷史傳統，他的學說是在繼承與尊重歷史傳統之下發
展出來的。到了晚年，他更加確信，孔子不是以「王道」繩「亂世」的
理論家和理想主義者，而是一個歷史家和現實主義的政治家。他善於對
時勢做出準確判斷，把握一定的時勢下的人心向背，明察可能的歷史走
向，然後因勢利導，依據現實提供的條件求得治理的方略。這個時候，
章太炎認為孔子刪定六經絕非簡單的「存古」，而是在其中貫穿著他的

卓越史識與史意，我們必須從這個角度去探求孔子的「刪定大義」。

章太炎對孔子與六經的關係的看法也許顯得太過尊重傳統，但他說孔子是個尊重傳統的人，這是絕對正確的。孔子就說過，「吾述而不作，信而好古」，如果章太炎不把孔子刪定六經講得太玄妙，他的說法基本上是可以接受的，所以他的「六經皆史」說決不像國故派所說的那麼簡單。

我在讀張志強的書時，發現張志強也對章學誠的「六經皆史」說非常重視。張志強認為，通過黃宗羲，章學誠把作為一種獨立的義理學的心學，逐漸化入以史學為代表的專家之學，從而成就一種性命與經史合一的新學問。在章學誠看來，這種學問所以還是「儒學」的，是因為可以從「三代損益」的歷史中推想而得「可推百世」的經義。也就是說，

> 由於歷史是有起源的，因而歷史是有主體的，而儒學則正是從這樣的歷史中「推」而得之的。

這等於說，儒學是一種尊重歷史的學說，它所要追求的「理」是從歷史的、長遠的傳承中體會而來的。孔子自己就說，「殷因於夏禮，所損益可知也；周因於殷禮，所損益可知也；其或繼周者，雖百世可知也。」由此可見，章學誠的「六經皆史」論絕對不是只想把六經作為史料，因此可以知道，章太炎更能夠體會章學誠的深意。

張志強還討論了蒙文通的「儒學」觀。他認為，蒙文通對儒學的最後見解可以歸納如下：

> 作為思想系統的儒學，本身即是中國文明史展開的動力及其成果，因此儒學是對中國文明史的系統表達，而中國文明史其實就是儒學在歷史中的展開。

　　我覺得，從章學誠到章太炎，從章太炎到蒙文通，他們對儒學的看法有相通之處，即，儒學的基本認識方法是「歷史性的」，「理」只能從歷史過程加以認識，同時也只能在歷史過程之中展現。這樣的思想其實和黑格爾及馬克思是有類似之處，但它並不包含明顯的目的性，如黑格爾的世界精神，或馬克思的共產社會。章學誠的「六經皆史」論，讓晚清至現代篤信儒學的人，在面對中國有始以來最大的「世變」的時機，深切的了解孔子如何在世變中考慮歷史的變化和文化的繼承問題，同時也能深刻的體會到，不論歷史如何變化，文化傳承是不可以、也不可能「驟然」斷絕的。在中國悠久的歷史傳承中，以及儒家長期影響中國人心的文化傳統中，你不可能相信、也不可能接受歷史是「斷裂」的（這是西方後現代最喜歡使用的術語之一）。從這個角度講，章太炎是把章學誠的「六經皆史」論第一個進行「現代轉換」，並想以此把儒學傳統繼續傳承下去的人。我認為，江湄的文章已經把章太炎這種用心揭露出來了，雖然在表達上好像還不夠簡明、完美，但非常富於啟發性。按照江湄的詮釋，章太炎確實是晚清思想家中努力想進行中國傳統的「現代轉換」最具創意的人，值得我們想要反思傳統、重建傳統的人好好研究。

　　再進一步而論，章太炎這種「六經皆史」說，和「齊物論」是彼此相關的。「六經皆史」說表明，孔子是個深明歷史變化的思想家，他的思想模式是儒家思想的基礎，只有在這基礎上才能理解，每一族群的文化和習俗都是歷史的產物，除非用暴力毀滅它，要不然是不可能以外力（包括殖民）驟然加以改變的。就是因為有這種深刻的認識，所以儒家和中國皇帝雖然覺得自己文明較高，卻從來沒有想以自己的力量強迫蠻夷改變他們的生活習俗。我覺得，這種對待蠻夷的態度，應該是孔子的歷史認識方式所影響的，因此章太炎稱讚孔子是一個偉大的歷史家，是恰如其分的。也因此，章太炎才能同時提出他的獨特的「齊物論」和

「六經皆史」説，因為這兩者的基礎都是孔子所開發出來的、對人類歷史發展有深刻理解的歷史認識論。寫到這裡，我不禁回想起，司馬遷早就把孔子詮釋為偉大的歷史家。「究天人之際，通古今之變，成一家之言」，這是司馬遷的自我期許，也是他對孔子的最高讚美。

為什麼在那麼早的時候，孔子就會從歷史的角度考慮文明問題？如果再把這個問題列入考慮，那就只能説，中國文明的發展到孔子的時代，已經過了非常長遠的時間，只有在這種長遠的歷史經驗底下，才會可能產生一個站在歷史角度思考文明問題的人。孔子在那麼早的時候就能夠出現，這就能夠證明中國文明的成熟。以希臘的蘇格拉底來説，當他在希臘城邦面臨危機時，他最為關心的、最常跟人家討論的，就是什麼是最後的真理。這是西方人的思考模式，他們要求馬上得到最後的解決，想一下子就要找到「普世價值」。孔子所開創的儒家就不是這樣思考文明問題，這兩種思考模式的對比是很有意思的，值得我們深思。（孔子雖然説，「雖百世可知也」，他説的是一代一代會知道「如何損益」，而不是説，歷史就在周朝達到盡善盡美了。只有「普世價值」論者，才敢於宣稱歷史已經「終止」了。）

四

五四激進的反傳統傾向，後來分裂為兩大路線，即西歐式的自由、民主，和蘇聯式的社會主義革命。社會主義革命在 1949 年獲得成功，相對的，自由、民主路線在中國大陸幾乎銷聲匿跡。從 1980 年代開始，自由主義在大陸重獲生機，相反的，社會革命路線備受質疑。1990 年代以後自由主義的聲勢逐漸減弱，同時批判激進主義、要求回歸傳統文化的呼聲日漸興起。一般而言，主張回歸傳統文化的人，不太會以挑戰的口吻全面否定社會革命以後所建立的秩序，相反的，自由主義者在理論上是無法接受現行體制的；從這個角度講，你可以説，想要回歸傳統的

人比自由主義者「保守」。但江湄說得好，

> 今天的這個「大共同體」，並非是中國歷史的簡單惡性遺傳，而是晚清以來經過血與火的鬥爭歷史而重新凝聚的「政治重心」，這個「重心」喪失，並不能展開一片「社會」和「個人」健康成長的沃土，而是回到「國將不國」的晚清局面。
>
> 當代自由主義在否定革命史這一點上，不但犯了「激進主義」的錯誤，還明顯具有他們力圖避免的整體論的思想模式和「借思想、文化以解決問題」的思維方式。

這兩個基本前提我都是非常贊成的。不過我覺得，回歸傳統論者可能要面對的最大問題，並不在自由主義這邊，而是在社會主義革命的具體過程、及其所造成的既有現實。

就像江湄所說的，現在這個國家，這個「大共同體」，是晚清以來無數中國人經過血與火的鬥爭重新凝聚而成的。如果我們不能理解這個凝聚過程何以會成功，何以會造成目前的問題，我們將不可能把目前這個「大共同體」與中國傳統文明重新聯結起來。我和江湄、張志強都相信，晚清以來這個「大共同體」所以能夠重新凝聚起來，除了要歸功於共產黨的某種領導作用之外，恐怕不得不承認，這也是中國文明再生能力的一種表現。我們如果不能理解這一段革命史，同時也就是不能理解中華文明，當然更不用談到傳統的重建了。這其實才是更加艱鉅的工作，但同時也是值得我們全力以赴的工作。孔子說，「其為人也，發憤忘食，樂以忘憂，不知老之將至云爾。」張志強曾告訴我，在他們這個年齡層，有同樣想法的人還不少，這麼說來，我這個老頭子，只要能夠隨時看看他們思考和研究的成果，也就夠快樂的了。

2013/8/8

自序

　　本書是我六、七年間冥行擿埴的所得。

　　我於 90 年代中期進入北京師範大學史學所，師從瞿林東先生研讀中國史學史。

　　瞿林東先生能以宏觀視野把握中國傳統史學的思想特點，講出一個時代的史學與當時的社會尤其是政治動向的密切關係，讓我看到中國傳統史學在現實中回應歷史挑戰的思想活力，也激發著我深入於這個偉大傳統的責任意識。開始學者生涯後，我總是想，以「史學」這一中國傳統學術為途徑，真正進入於中國傳統文化、思想和精神世界，打破古今心靈的隔閡，架起一座可以溝通古今的橋樑。在我讀大學的 80 年代，中國歷史開始重新選擇自己的方向，接續晚清時代，又一次重新獲得作為一種「文明」的自覺意識，在一個新的起點上重新展開中國文化的自我重建，也重建著自身歷史、文明傳統的連續性，並進入一個急劇全球化的時代，前所未有地、深刻地參與到現代世界之中。在這樣一個時代，我所選擇的學問方向，對於我來說，不僅僅是一種職業或事業，更是一種將偶在的人生與更深遠更廣大的生命洪流連接在一起的方式，是我為自己選擇的努力求索人生意義的方式。

　　中國傳統文化，本以經學、史學為主幹，「史學」應該是進入中國文化、思想和精神世界的一個很好的進路。但是，我在閱讀有關研究論著的時候，卻感到一種強烈的不滿，這些研究往往是從古代的史學文獻中，以現代史學為標準尋找、摘取相符合的因素，然後拼接組裝成了「中國傳統史學」，它好像只是現代史學的胚胎、幼苗甚至是畸形兒──這也是自中國文化現代轉型以來，「中」與「古」在「西」與「今」面前的基本存在樣態，名曰「釋古」或是「會通中西」，但其實卻對「古」與「中」構成了一種遮蔽和扭曲，甚至使之失語。我所追求的是，讀古人之書，心知其意。入乎其內，出乎其外。擺脫現代科學史學對中國古代史學的框定和遮蔽，能用當代的眼光和語言，而如其本來地呈現其自身的形神面貌，並能提煉和把握瀰漫、貫穿於整個中國文化之中的歷史意識。我認為，只有使「古」與「中」成為使「今」與「西」相對化的真正的「他者」，才能使「今」與「西」產生真正的批判性的自我意識。

　　而自 90 年代以後，中國思想史、學術史連同史學史的研究，總的來說，是日漸沒落衰微，同時也面臨著研究範式上的轉變。中國文化史上的經典或次經典，經過層層累積的閱讀和闡釋，很難翻出新意，引起關注，於是這些構成「傳統」之骨架的「名著」，往往在並沒有被充分研讀之前就被排除出研究的視野，據我所知在不少地方甚至都不是研究生課程的重點。有很多思想史和學術史的學者，不是致力於提高通識和思想能力，而是遵照斷代史和專門史的戒律，追求填補空白，做一些看起來實實在在的小題目，但絲毫不會觸及整體圖景的改寫。在另一方面，受到國際學術潮流的影響，出現了將思想史與社會生活史相結合的號召，眼光從「大傳統」下移到「小傳統」和「一般知識、思想與信仰世界」。這一方向和方法的轉變，在擴大研究領域和材料的同時，也在相當程度上改變了原有一些有關中國文化的「成見」，具有改寫整體版

圖的意義，也因此成為學術創新的有效途徑，吸引著年輕學人的加入。我對這樣的新趨勢是很關注的，但同時也對其中存在的問題感到很不滿。比如，把「精英」和「民眾」簡單二分，「精英」作為有創造性的「文化昆侖」，並不能代表其時一般社會之情狀，而「民眾」則成了被結構性力量所決定的物質化的「人」，這樣一來，也就難以看到歷史上的「思想」背後具有主體性的「人」——他們面對迎頭碰上的歷史難題，在特定的時代局限下廣求資源進行「思想」，力求導引歷史的方向。更重要的是，我認為在強調「學術」創新的同時，越來越流失了「思想」的意願和品質，而思想史之「思想」性的喪失與那種有歷史主體意識、有整全歷史視野的「思想者」的消失密切相關。「傳統」之所以叫做「傳統」，蓋因為在那「過去」之中，總可以發生出「未來」的萌芽，關鍵是我們要有那種在過去的遺產中點燃希望火花的能力，也就是「思想」的能力，也就是讓現實具有想像力的能力。我在不少「眼光向下」的思想文化史研究中看到，研究者僅僅強調「回到歷史」，僅僅強調「古」與「今」的巨大差異，好像「古」僅僅就是送進博物館的怪異之物，供我們驚歎世界之大，無奇不有。我們努力追求的，我想，應該是將過去的遺產轉化為「思想」的「活」的資源，讓它向我們敞開未來的可能性，這才是思想史研究的「思想性」要義。

我博士論文的方向，是中國古代史學批評的研究，瞿師希望我一方面開拓史學史研究的重要新領域，一方面能從中國史學批評特有的概念和範疇入手，對中國傳統史學進行理論上的把握和提煉。博士畢業後，我的主要精力也仍然放在中國古代史學的研究上，而尤其關注宋代。但是，我發現自己的讀書、研究和寫作，處在一種困頓難行的境地，面對那個過去的世界，總是不得其門而入，不能見宗廟之美百官之富。我也越來越意識到，自己在看古人古書的時候，其實戴著一副很難摘掉的眼鏡，那就是自新文化運動「整理國故」以來累積形成的一整套闡釋、構

架中國古代學術思想和文化的觀念條框。這就促使我走出「古代」的邊界，來到中國文化現代轉型的開端時代──晚清民初，認真考察當時那些「扳道夫」式的知識份子是怎樣在「再造文明」的意圖下重新解讀、闡釋、結構中國思想史和文化史，他們創造了一個怎樣的「傳統」？又在展示著「中國新文化」的怎樣的前途？那至今仍頑強規定著我們的想像力的「典範」是怎樣形成的？我們如今能從中得到哪些正面和反面的教益？

錢穆在 40 年代曾告誡學者，「向內莫忽了自己誠實的痛癢的真血性，向外莫忽了民族國家生死存亡的真問題」，要「以真血性融入真問題，從自性自格創辟一種真學問」，要「以學者為出發點而使用學問」。一個時代的學術尤其是史學，與這個時代整體的社會、政治、思潮之間有著內在的深刻關係。一個歷史學者，尤其需要時刻自問，自己是在一個什麼樣的時代從事學術工作？這樣的學術工作在時代的歷史動力場中處於怎樣的位置？有著怎樣的意義？應當以怎樣的立場和方式進行自己的工作？這一自覺意識的要求也驅使我回到晚清民初，這個中國文化開始現代轉型的時代，瞭解具有典範意義的學人為什麼又是怎樣通過中國學術思想史的書寫重新發現和創造「傳統」？在他們的心靈世界中，古與今是怎樣相遇、碰撞和相互激發？

這樣一種工作對於我來說是一次學習和自我教育的過程。我事先不抱尋找論題寫成論文的目的，而是按照每位重點學人的年譜，逐年地閱讀《全集》和其他篇章，有所得有所感有所疑輒記之。在他們的文字世界中穿行，就像穿行他們經過的歷史時代、他們的人生歷程和思想歷程，而每讀完一個人，一些問題、見解便自然地浮現出來，經過研究和論證，就形成了本書的各章。本書作為學術研究的客觀價值如何，我個人難以判斷，但這一階段的閱讀和寫作對於我自己來說，確實是一次收穫頗豐的學習。那些有關人生、歷史根本問題的啟迪，在思想方法上受

到的衝擊，情感上的深為所動，那種獲得悟見、茅塞頓開的感覺，並不都能找到合適的論題，以論文的形式呈現出來。

自晚清以來到當代，確實是中國史上一個真正的大時代，而那些具有路標意義的近代知識份子在這個歷史時代中的反應與作為，其實就是驚心動魄、波詭雲譎的中國現代化進程的人格化表現，歷史的大衝突在他們身上表現為自我的內在衝突，整個社會結構和秩序的崩解、撕裂、危機、衝突和鬥爭，其實都落實成了人心的地震，引起個體精神深處的破壞、失序和扭結，而這種更深刻、更內在的危機在那些敏感的心靈中是尤其嚴重和深沉的。在閱讀和學習的過程中，我有一種深切的感受，中國近代知識份子「再造文明」的事業，他們對中國思想文化傳統的重新定義、架構和創造，從更深層面來說，乃是要重建人生，重建此土生活世界的精神根砥，重新探求適於時而合於理的人格形態和生活理想。文明的再造、中國新文化的建設，首先是個體生命尋求出路、個人靈魂進行康復的事業。近代的大知識份子作為自負斯文在茲的承擔者，他們在歷史的變局中，發願對固有文化價值系統進行整體性的、徹底的檢討和批判，首先是他們個人的安身立命之本、內在的精神秩序發生了嚴重的不安、動搖和破壞；中、西、新、舊的衝突，生動具體地表現為他們的精神世界所發生的緊張、困頓、糾結、矛盾；中、西、新、舊的調適和會通，其實是他們自求自得的調和、解決和超脫之道。他們的思想學說其實既非受之「外師」，也非錄之「故書」，而是外感時勢，內激性情，批判性地選擇和闡發「傳統」，同時從「西學」、「新學」中汲取靈感，取諸其懷而鑄成有血有肉的「胸府獨見」。民國肇建，梁啟超曾指出，處於過渡時代的中國，存在著重大的危機和險象，新、舊錯綜嬗變，思想根本不免隨而動搖，「是非無標準，善惡無定名」，「分子游離而不相攝」，「人民彷徨歧路，莫知所適，現狀之險，胡可思議？」他表示要效法中國史上大危亂之世的賢哲，深思明辨，調和新舊思潮發

而為有統系的理想，講出一套「人之所以為人，國民之所以為國民」之道，他認為這才是「因以開一代之治」的真正的開國事業。在袁世凱倒臺的 1916 年，他說，「觀社會中心力之遷移，為國民謀樹思想上之新基礎」，這與「查現今世界大勢之所趨向，為國民謀辟生計之新紀元」是一樣重要的，是相輔相成的。章太炎以恢明而光大國粹自命，他追求的「大獨」的境界是「儒墨之獨」，「用心不枝，孑然與精神往來，其立言，誦千人，和萬人」。這也意味說，當他真正求得了自己的精神和思想出路，也就為此土斯民找到了大道所歸。而這上下求索之路，又是多麼漫漫而修遠！

上述所見也關乎我對學術思想工作之根本意義的理解，對人文歷史世界的探求所得，都將滴入個人的精神生命，使德性生命獲得充實、成長和提升。這是我所追求的學問人生的境界，雖不能至，心嚮往之。

我自知秉性柔脆，能跟跟蹌蹌地走到現在，實在算是幸運。借著這個機會，我要向那些給我幫助、給我加持之力的師友親人表示感謝。

感謝業師瞿林東先生，他引導我進入學術的門徑，一直以來，他的指點、鼓勵和督責總能讓我振作起來，感到還有奔頭。他為人、做事、處世的態度，也讓我終生受用。感謝齊世榮先生，他的學識風範給我很深影響，這位前輩大家讓我親身接觸一種活的傳統，感受學術傳承的意義，他常常教育我在當今之世，要能堅守所學所志。感謝劉家和先生，多次受教讓我領略到「典型猶存」及其意義。

感謝鄒兆辰老師，劉新成老師，他們給了我在首都師範大學歷史學院工作的機會，等於給了我學術事業成長的機會。

感謝這些年來相遇相知的師友，他們不僅對於我的工作更是對於我的人生有著重要的意義。微斯人，吾誰與歸！本書的意識、觀點和想法，很多都得自於和他們的交往、談話以及對他們論著的學習。感謝呂正惠（淡江大學中文系），趙剛（東海大學社會學系），孫歌（中國社

會科學院文學所），陳光興（臺灣交通大學社會文化研究所），楊貞德（臺灣中央研究院文哲所），李振宏（河南大學歷史系），張越（北京師範大學歷史學院），戴景賢（臺灣中山大學中文系），王璦玲（臺灣中央研究院文哲所），劉人鵬（臺灣清華大學中文系），林少陽（日本東京大學大學院總合文化研究所）；感謝陳惠琴（北京師範大學中文系），羅新慧（北京師範大學歷史學院），賀照田（中國社會科學院文學所），楊立華（北京大學哲學系），馮金紅（三聯書店），干春松（中國人民大學哲學院），劉寧（中國社會科學院文學所），謝茂松（香港中文大學出版社），牟堅（中國社會科學院歷史所），鄧京力（首都師範大學歷史學院），李志毓（中國社會科學院近代史所），張凱（浙江大學歷史系），陳明（中國社會科學院哲學所）。

父母兄姐的愛，就像包裹著我的大氣層一樣，對於他們的感謝，難於言表。

最後也是最重要的，感謝我的愛人張志強，我們把生命種植在一起，一起努力地生長著。

江湄　2013 年初春於京西寓所

【第一章】
導論：中國學術思想史研究與「傳統」的創造

一、「傳統」對於我們意味著什麼？

1904 年 6 月，康有為從香港出發經海路遊歷歐洲，當航船駛過地中海，他發出了激情澎湃的詠歎：

浩浩乎沸滿灝渺哉！地中海激浪之雄風。……

滔滔洪波，邈邈天幕，

幾世之雄，賦詩橫槊。

汽船如飛，我今過茲，

濁浪拍天，浩浩淘之。

英跡杳杳，猶在書詩。

地中海之人民秀白，地中海之山嶽華離。

激盪變化，頗難測知。全球但見海環地，

豈有萬里大海在地中之恢奇？

不知木土火諸球地，似此海者有幾希？

地形詭異吾地稀，宜其眾國之競峙而雄立，日新而妙微。

昨日一日行希臘，雲峰聳秀天表接，

島嶼萬千曲曲穿，瀾漪綠碧翻翻涉。

遙望雅典哥林多，嵐靄溟濛嶽巑岏。

七賢不可見，民政今未漠。

嗚呼！文明出地形，誰縱天驕此泱漢。[1]

晚清以來，在西方近代文明的衝擊下，中國開始經歷「數千年未有之大變局」，經甲午戰爭、庚子事變，大多數士人的心目中已經承認了「中」不如「西」的現實，「天朝」及其背後一整套價值系統，在異己而強大的「西方」面前都顯得潰不成軍，於是，中國自身的變革從器物到制度到文化價值系統，步步深入，由表及裡。在傳統的儒家看來，「物競天擇，適者生存」的天演法則簡直像是弱肉強食的「夷狄」之道，如今則成了「天理」；傳統士人一向羞稱「功利」，貶斥「霸道」，如今則不言「仁義」而追求「富強」。中西文明的全面遭遇，映襯出一向自負「天下」之中的中國文明的全面衰落乃至根本上的低劣。在我們後人想來，當康有為身臨「西方」，發出向慕的驚歎時，他那敏覺的心靈中也應該同時充滿挫敗和自卑吧！然而，我們在這首詩歌中看到的，卻是一種被前所未見的偉大新奇所激發出來的創造世界的豪邁激情，並無自歎弗如、無從趕超的自卑和無奈──對於這位以聖人自許的中國知識份子來說，中西文明的遭遇絕不是中國文明的厄運，恰恰相反，它是中國文明進行變革和創造的前所未有的大機會，在這樣的歷史機運面前，康有為心中充溢的是高瞻遠矚、豪呼狂嘯之情。梁啟超在《清代學術概論》中說，道、咸以降，對於那些激於內憂外患而厭於「漢學」正統的先進士人來說，「西學」所呈露的那個新世界，令人開豁心胸，跳躍奮勇，正猶如黑暗中乍見光明，「西學」成為窮則思變、拔除積穢的一種強大動力和助力，使晚清學風重歸晚明清初明體達用、經世致用的「大學」之道：

1　康有為：《地中海歌》，《康有為全集》第 12 集，239 頁，中國人民大學出版社 2007 年。

又海禁既開，所謂「西學」者逐漸輸入，始則工藝，次則政制。學者若生息於漆室之中，不知室外更何所有，忽穴一牖外窺，則粲然者皆昔所未睹也，還顧室中，則皆沈黑積穢。於是對外求索之欲日熾，對內厭棄之情日烈。欲破壁以自拔於此黑暗，不得不對於舊政治而試奮鬥。於是以其極幼稚之「西學」智識，與清初啟蒙期所謂「經世之學」者相結合，別樹一派，向於正統派公然舉叛旗矣。[2]

對「中國文化」及其「傳統」的發現是「自西洋文明輸入吾國」所促成的。中華帝國受到優勢的異質的西方文明的衝擊和挑戰而明顯處於劣勢，這個本來自居「天朝」的文明如今被逼到了世界的邊緣，但也因此有機會面對一個真正的「他者」而發現「自我」從而獲得「自我」意識。晚清知識份子正是在西方文化的步步侵逼下，開始自覺反思和重新建構「中國的」歷史與文化傳統，他們開始在一種全新的視域下重新審視自身的歷史和文化，考察和規定它的特性，並以一種前所未有的標準重新估量它的價值。對於以康有為、章太炎、梁啟超為代表的這一代人來說，他們仍然保有對自身文化根基和創造能力的深厚信心，秉著一種「世界無窮願無盡，海天寥廓立多時」的豪邁胸懷重建自身文化傳統，想像並創造它的未來。

1902 年，梁啟超發表《新史學》，痛斥傳統史學是「二十四姓之家譜」，養成中國人的奴隸根性，呼喚能闡述全體民族演生進化之跡、興盛衰亡之故的「國民史學」。同年，他發表《論中國學術思想變遷之大勢》，開首即說：

2　梁啟超：《清代學術概論》，52 頁，《飲冰室合集》第 8 冊，中華書局 1989年。

學術思想之在一國，猶人之有精神也。而政事法律風俗及歷史上
種種之現象，則其形質也。故欲覘其國文野強弱之程度如何，必於學
術思想焉求之。[3]

又說：

凡一國之立於天地，必有其所以立之特質。欲自善其國者，不可
不於此特質焉，淬厲之而增長之。[4]

「新史學」要以「進化」的觀念、從全體國民之事業的視角重新書
寫中國歷史，而書寫新的「中國史」，是以「論中國學術思想變遷之大
勢」為中心的。按照梁啟超的說法，「中國學術思想」是中國文明的
「精神」和「特質」所在，我們必須要從中國的學術思想傳統中去發現
和重建中國所以為中國的「特質」，又必須以「西學」為資源使「中
學」得到淬厲而增長，這是中國今後能自立於現代世界的首要條件。由
此，我們或可理解，「國學」何以能成為晚清民初直到 20 世紀 30 年代
的時代「關鍵詞」，而中國學術思想史的研究又何以能成為「國學」的
核心性內容。在晚清民初，「國學」泛指對中國歷史、文化和學術思想
的新型研究，「國學」與「西學」乃至與「新學」相對，意味著「國
學」作為中國新學術是對固有學術思想傳統的繼承，是中國學術思想史
在現代的延續性發展。「國學」、「國」之有「學」，意味著要重建國
家成立的精神基礎，要重建一套文化認同的象徵系統，重建「國魂」、

---

3   梁啟超：《論中國學術思想變遷之大勢》，《飲冰室文集之七》，1 頁，《飲
     冰室合集》第 1 冊，中華書局 1989 年。
4   梁啟超：《論中國學術思想變遷之大勢》，《飲冰室文集之七》，3 頁，《飲
     冰室合集》第 1 冊，中華書局 1989 年。

「國粹」、「國」之所以為「國」的「特質」。

錢玄同於 1937 年回顧說：

> 最近五十餘年以來，為中國學術思想之革新時代。其中對於國故研究之新運動，進步最速，貢獻最多，影響於社會政治思想文化者亦最巨。此新運動當分為兩期：第一期始於民國前二十八年甲申（1884年），第二期始於民國六年丁巳（1917 年）。第二期較第一期，研究之方法更為精密，研究之結論更為正確。

他所說「新運動」之第二期即新文化運動中的「整理國故」，接著，他著重論述了此「新運動」的第一期，稱之為「黎明運動」：

> 第一期之開始，值清政不綱，喪師蹙地，而標榜洛閩理學之偽儒，矜誇宋元槧刻之橫通，方且高踞學界，風靡一世，所謂「天地閉，賢人隱」之時也。於是好學深思之碩彥，慷慨倜儻之奇材，嫉政治之腐敗，痛學術之將淪，皆思出其邃密之舊學與夫深沉之新知，以啟牖顓蒙，拯救危亡。在此黎明運動中最為卓特者，以余所論，得十二人，略以其言論著述發表之先後次之，為南海康君長素（有為），平陽宋君平子（衡），瀏陽譚君壯飛（嗣同），新會梁君任公（啟超），閩侯嚴君幾道（復），杭縣夏君穗卿（曾佑），先師餘杭章公太炎（炳麟），里安孫君籀廎（詒讓），紹興蔡君子民（元培），儀徵劉君申叔（光漢），海寧王君靜庵（國維），先師吳興崔公輭甫（適）。此十二人者，或窮究歷史社會之演變，或探索語言文字之本源，或論述前哲思想之異同，或闡演先秦道術之微言，或表彰南北劇曲之文章，或考辨上古文獻之真贗，或抽繹商卜周彝之史值，或表彰節士義民之景行，或發舒經世致用之精義，或闡揚類族辨物之微旨，雖趨向有殊，

持論多異，有壹志於學術之研究者，亦有懷抱經世之志願而兼從事於政治之活動者，然皆能發舒心得，故創獲極多。[5]

　　錢玄同所論列的十二人，多成為中國文化「古今之變」中「扳道夫」式的大知識份子和思想家，是為中國現代學術和思想世界展開的路標。他們從事的學術事業有經學、史學、文學、文獻學、哲學、語言文字學、政論、譯介，而他們一生的學術工作都有一個共同的重點，就是以「溫故而知新」的態度去研究和詮釋中國固有學術思想，賦予之以新解新意，在西方近代文化的映照之下重新創造了自身的文化「傳統」，或者說，使自身的文化傳統獲得了一次新生。

　　傳統，按照解釋學的定義，乃是一種「有效應的歷史」，它不是固定的「過去」，而是每一代人根據「現在」的內在需要而創造出來的指向「未來」的進程。伽達默爾說：「傳統並不只是我們繼承得來的一宗現成之物，而是我們自己把它生產出來的，因為我們理解著傳統的進展並且參與在傳統的進展之中，從而也就靠我們自己進一步地規定了傳統。」[6] 晚清民初的「國學」大師所勾勒的「中國學術思想變遷之大勢」，其實是重新繪製了一幅新時代所需要的「傳統」圖景，這幅新的「傳統」圖景所對應的，是他們在這「數千年未有之大變局」的現實中所想像和規劃的中國現代文化形態的宏圖，也就是說，他們如何描畫「傳統」的格局和脈絡，他們就是如何想像和設計中國現代文化之遠景的。胡適在 1919 年於《新思潮的意義》中提出了「新文化」的綱領：

5　錢玄同：《劉申叔遺書序》，《劉申叔遺書》上冊，28 頁，江蘇古籍出版社 1997 年。

6　伽達默爾：《真理與方法》，紐約 1975 年英文版，261 頁，轉引自甘陽：《古今中西之爭》，55 頁，三聯書店 2006 年。

「研究問題，輸入學理，整理國故，再造文明」。[7] 這個綱領最能透徹地表達重新書寫中國學術思想史的思想意義和現實意義，即在「輸入學理」的助緣下，為「再造文明」而「整理國故」，而重新創造「傳統」。書寫「中國學術思想史」，就是重構一個新的適時的文化象徵系統，為中國重建文化認同的基礎，為國民指示新的思想價值導向，所謂「國於天地，必有所立」，所以「悠悠萬事，惟此為大」。在我們後人來看，正是在「中國學術思想史」的書寫中，「中學」與「西學」發生碰撞對流，「中學」移步換形而成為「中國現代學術」。

「今文經學」之起是中國學術思想「古今之變」的一大樞機，意味著傳統學術激於世變而發生了異變；另一大樞機則是《天演論》的譯著和傳播，代表著「西學」的輸入；廢科舉、辦學堂、張之洞等人於 1902年制定《欽定京師大學堂章程》、《欽定高等學堂章程》，則意味著在社會的制度的層面「中學」一往不返地走上了現代歷程，而正是在 1902年，梁啟超發表了《新史學》和《論中國學術思想變遷之大勢》。胡適曾回憶說：「《論中國學術思想變遷之大勢》也給我開闢了一個新世界，使我知道《四書》、《五經》之外，中國還有學術思想……在二十五年前，這是第一次用歷史眼光整理中國舊有學術思想，第一次給我們一個『學術史』的見解。」[8]「傳統」本來是用以信仰、學習和體會的，是要落實為人格和人生踐履的，是活的典範和樣板，但現在「傳統」變成了客觀的供審查研究的「學術思想史」，這本身就是一個巨大的顛覆式的變動。

不過，我們更要注意的是，錢玄同所論晚清民初「對於國故研究之新運動」，仍然繼續著在「傳統」內部的對話。中國文明作為一種高級

7　胡適：《新思潮的意義》，《胡適文集》第 2 冊，551 頁，北京大學出版社 1998 年。

8　胡適：《四十自述》，《胡適文集》第 1 冊，73 頁，北京大學出版社 1998 年。

的文明，一代又一代的思想家和經典作品構成了深厚久遠、連續不斷的學術思想傳統，這個「傳統」像是一個歷時性的學術思想共同體，積聚、形成了一些永久性、普遍性的議題，反覆被提出和討論，這種「內部對話」延續到了近代，「傳統」不僅僅是供以客觀審查的過去的遺產，更是被看作一種超越時間供以取資的思想寶庫，近代學人傾聽著來自過去的「思想」，並以「西學」為新的思想資源，和歷史上的思想家共同探討人性、道德、政治問題，一起索解他們所遭遇的新的人生與社會問題，近代學人是在與「傳統」的對話中再造「傳統」並延續了「傳統」。比如說，晚清「今文經學」和「古文經學」皆號稱發現並回到真正的「漢學」，但實際上，晚清的「今文經學」、「古文經學」與兩漢的「今文經學」、「古文經學」根本是兩回事，它們以「經學」的形式表達著「近代」的內容，且都發揮著從經學內部顛覆經學的客觀作用。中國學術的「古今之變」，主要表現為固有傳統內部的「邊緣」、「異端」如今變成「中心」，先有諸子學的興起，號稱「古學復興」，又有佛學的興起，不少思想家打算以「佛」代「儒」而成為國民信仰的中堅，這些跡象表明近代學人努力從儒學之外尋求資源，以重新定義「傳統」、重建文化象徵體系。即使是原本一統天下的儒學，也被近代學人發現為一個學派林立、彼此競爭的思想天地：梁啟超和譚嗣同抨擊「荀學」回歸「孔學」；一些學者從「漢學」重回「宋學」，有的在「宋學」中特別發揚陽明心學，有的則找到「浙東學派」；「近三百年學術史」不斷被重述，人們從中發現了現代的人道主義、理性主義、實用主義、唯物主義在中國的出發和展開……。近代思想家又多從固有傳統中的某種思想資源出發，雜糅西學，構成一套新的世界觀，建立自己的社會政治主張，康有為以「大同」為旨歸的「今文學」、梁啟超的「王學」、譚嗣同的「仁學」、章太炎的「唯識學」和「齊物論」皆是如此。即使是胡適，作為「五四」一代，雖比之前輩更能「截斷眾流」而

直接以「西海聖人」杜威的實用主義為落腳點，但他所寫的「中國思想史」，卻總是選擇歷史上被遺忘和忽視的思想家，通過對他們的「述學」來形成和表達自己的思想體系，同時，這也使得胡適的「實用主義」必須加上「中國的」前綴才能得到正確的理解。章太炎在《國故論衡》中說，在世界上，中國文化可與印度、希臘比肩，因為它們的「學」都是「因仍舊貫」而「能自恢璜」的，而如日本不過是能「走他國以求儀型」。[9] 對於晚清民初的「國學」大師來說，對客觀對象如其本來的詮釋，就是對某種思想資源的重構、轉化和活用，他們是一個偉大傳統的「因仍」者和「恢璜」者，這個「傳統」是活的、可資取用的、不斷充實發展著的。在中國文化轉變和斷裂之時，精英知識份子以重新書寫中國學術思想史的方式延續著自身的精神和思想傳統。章太炎於 1903 年《癸卯獄中自記》說：

　　上天以國粹付余，……豈直抱殘守缺而已，又將官其財物，恢明而光大之！[10]

　　錢穆說：「東西文化孰得孰失，孰優孰劣，此一問題圍困住近一百年來之全中國人，余之一生亦被困在此一問題內。……從此七十四年來，腦中所疑，心中所記，全屬此一問題。余之用心，亦全在此一問題上。」[11] 他的高足余英時在總結自己的學術事業時說：「我自早年進入史學領域之後，便有一個構想，即在西方文化系統的對照之下，怎樣去

9　章太炎：《國故論衡·原學》，《章氏叢書》上冊，477 頁，臺北世界書局 1982 年。

10　章太炎：《癸卯獄中自記》，《太炎文錄初編》，《章太炎全集》（四），144 頁，上海人民出版社 1985 年。

11　錢穆：《師友雜憶》，46 頁，三聯書店 1998 年。

認識中國文化傳統的特色。這當然是五四前後才出現的新問題。梁漱溟先生的《東西文化及其哲學》之所以震動一時，便是因為他提出了當時中國知識人心中普遍關懷的一大問題。」[12] 晚清以來，每當社會面臨大的轉變，歷史要再次確定座標尋找方向之時，中國知識思想界必興起一輪文化的「古今中西之辨」，一方面倡導以學術研究重新探討和估價「中國文化」及其「傳統」，另一方面西方新思想潮湧而入。錢穆的學術和思想植根於晚清「國學」之中，他深受康有為、梁啟超、章太炎和「國粹學派」的影響，那是第一輪的「古今中西之辨」；余英時則是在五四新文化運動所設定的「一大問題」下開始自己的探尋，那是第二輪「古今中西之辨」。1980 年代中期，伴隨中國改革開放而興起的「文化熱」，乃是第三輪的「古今中西之辨」，可以說，今天的「國學熱」是這第三輪「古今中西之辨」的持續。我在 80 年代後半期上大學，於 90 年代後半期開始學術生涯，於今已忽忽十餘載，我們這一代人，對自己學術工作之目標、意義的理解和規定，自不能不受到這第三輪「古今中西之辨」的影響。我念大學時正趕上的「文化熱」，就其主調來說，是站在啟蒙主義的立場上對「中國文化」及其「傳統」進行批判，那時，在歷史系的課堂上居然也熱烈討論諸如此類的問題：「中國文化的特質是什麼？」「中國文化傳統是否能適應現代化？」「李澤厚提出的『西體中用』是否給出中國文化一個正確的出路？」等等——這些問題儘管很不「學術」，但它們引發的「玄論」卻往往能點燃思想的欲念。那時大學裡「中國文化史」之類的課選修的人最多，還經常有中國文化經典的講座，五四以來有關中國文化和學術思想的論著在文科生中很是流行，我們開始知道並逐漸熟悉了一些以前沒聽說過的名字：梁漱溟、陳

12　余英時：《總序》，「余英時作品系列六種」之《現代危機與思想人物》首頁，三聯書店 2005 年。

寅恪、錢穆、蒙文通、熊十力……。當時，李澤厚的三本「中國思想史」也很熱門，新出版的「中國文化史」叢書大受歡迎，這些論著，相對於我們上中學時就已經熟悉的「唯物史觀」指導下的「中國社會史」來說，確實打開了一個新的歷史文化世界，使我們得以撇開當時正統意識形態的框子，對中國文化產生出一種「陌生感」，一種想要探尋究竟的好奇心。然後，你也許會發現，那些古老的語言仍然能夠表達你的感受和想法，仍然能在某些時刻給你關鍵性的啟發和支撐，更重要的是，你發現，關於你周遭的生活，必須得用這些古老的語言才能得到更深一步的理解，於是，產生出對於中國文化的親切感乃至責任感，那種責任感首先要求我們想要深入於中國文化和學術思想傳統的內部，既能「具瞭解之同情」地去貼近過去的心靈，又能發潛其「現在」性的活的啟示意義，我們希望的是能做到和「傳統」的真正的「對話」。90 年代中期創刊的《學術思想評論》，曾對十餘年來的中國人文學界產生相當的影響，它在 1998 年開始創辦「中國學術思想傳統研究」的大型欄目，倡導要擺脫已經被體制化、模式化的所謂「哲學史」、「文學史」、「史學史」的框框，對中國固有學術思想傳統重新進行探究和詮釋，主編賀照田的一段話，頗能道出我們這一代致力於「中學」的相當一部分學人的志願：「經過百年來的激烈反傳統，大多數知識份子與傳統相當隔膜，但在整個民族的文化、心理上，我們還和傳統有著千絲萬縷的聯繫。理順與傳統的關係，養成民族健康的心態，也就成了知識份子應該面對的問題之一。……把學者、思想家的活動還原到既有的歷史脈絡和論說脈絡中去，使之變成一個可把握的經驗直觀……對他們達成一種具有同情的瞭解，這一切不是考古一類的興趣使然，而是期望打破古今心靈的隔膜，為今人進入傳統、啟動傳統作不可或缺的努力。」[13]

13　賀照田：《當代中國的知識感覺與觀念感覺》，108 頁，廣西師範大學出版社 2006 年。

晚清民初,「中國文化」及其「傳統」受到「西方」的「現代文化」的侵逼和激發,開始進行一種全新的徹底的自我審視和自我定義,重建一種全新的自我意識,以看清來路、規劃去向,以自求更生。對於我們來說,錢玄同所說的兩期「對於國故研究之新運動」是必須時時重溫的起點。

二、平視「五四」與「晚清」

1922 年,梁啟超應《申報》之邀寫《五十年中國進化概論》,在這篇文章中,梁啟超提出了一個影響很大的說法,他把中國的現代化進程分為三個階段,第一個階段是洋務運動,從「器物」上進行現代化;第二個階段是戊戌變法,更進一步要求「制度」上的現代化;第三個階段便是 1917 年以來的新文化運動,因為前兩期現代化運動的失敗而廢然思返,於是「從文化根本上感覺不足」,要求「全人格的覺悟」。按照梁啟超所說的這三部曲,「晚清」成了「五四」的馬前卒,他們作為長江前浪終將為後浪所掩,梁啟超說:「在第二期,康有為、梁啟超、章炳麟、嚴復等輩,都是思想界勇士,立在陣頭最前的一排,到第三期時,許多新青年跑上前線,這些人一趟一趟被擠落後,甚至已經全然退伍了。」梁啟超主要根據對「西學」的掌握程度,來判定「晚清」一代先驅在民國以後的退伍:「這班人中國學問是有底子的,外國文卻一字不懂,他們不能告訴人:外國學問是什麼,應該怎麼學法,只會日日大聲疾呼說:中國舊東西是不夠的,外國人許多好處是要學的。」[14]「五四」一代將完全超越他們的「晚清」先驅而開啟中國真正的啟蒙運動,這也正是新文化運動中「新青年」的自許。傅斯年在 1919 年寫《清代

14　梁啟超:《五十年中國進化概論》,《飲冰室文集之三十九》,44 頁,《飲冰室合集》第 5 冊,中華書局 1989 年。

學問的門徑書幾種》，把康有為和章太炎稱作「中國學藝再興時代」之結束期的代表人物，他們生逢「西學」漸入中國，中西文化此消彼長的時機已成熟，他們的大貢獻在於把孔子即真理的這一個信條徹底動搖，表明「中國學藝」已經臨於絕境，必須急轉直下，而傅斯年自己所代表的新一代人，將繼承這個趨向開闢一個嶄新的「中國學藝的再造時代。」[15]

不過，有人對此持不同的看法。1941 年，錢穆在抗戰後方回顧新文化運動以來「整理國故」事業所帶動的中國學術的科學化進程，他並不把從「晚清」走向「五四」看做是一種絕對的進步，相反，比起「道咸時代」的「浚源疏流」以求「新」，新文化運動的「截斷眾流」以求「新」未必就是應對世變的最好選擇：

> 道咸時代之中國人，神智尚清，有意為浚源疏流的工作。不幸源不暢，流不壯，而歐美新潮如洚水逆行，沖決堤防，倒灌而入。民國以後人，受此衝擊，神智轉迷……則常怪源塞不密，流堵不盡。故道咸時人尚知反向歷史自尋出路，而民國以來人則重斬此萌芽初茁之新史學，強抑為乾嘉經學之陪台附庸，而美其名曰以科學方法整理國故。[16]

按照針對時代問題創造「新世運」和「新人格」的標準來看，新文化運動以來的中國現代學術倒像是「倒退」回了「乾嘉」，反不如「道咸」時代的「新史學」：

---

15 傅斯年：《清代學問的門徑書幾種》，原載 1919 年 4 月 1 日《新潮》第一卷第四號，《傅斯年全集》第 1 卷，230 頁，湖南教育出版社 2003 年。

16 錢穆：《新時代與新學術》，《文化與教育》，40 頁，廣西師範大學出版社 2004 年。

及其步趨歐美，乃覺歐美與乾嘉，精神蹊徑，有其相似，乃重複落入乾嘉牢籠。吾儕乃以亂世之人而慕治世之業，高搭學者架子，揭櫫為學問而學問之旗號，主張學問自有其客觀獨立之尊嚴，學者各傍門戶，自命傳統，只求為前人學問繼續積累，繼續分析，內部未能激發個人之真血性，外部未能針對時代之真問題，依牆壁，守格套，新時代需要新學術雖至急切，而學術界終無創闢新路之志趣與勇氣。[17]

王國維在《沈乙庵先生七十壽序》中將清朝學術分為「國初」、「乾嘉」和「道咸以降」三個階段：

> 國初一變也，乾嘉一變也，道咸以降一變也。順康之世，天造草昧，學者多勝國遺老，離喪亂之後，志在經世，故多為致用之學，求之經史，得其本原，一掃明代苟且破碎之習，而實學以興。雍乾以後，紀綱既張，天下大定，士大夫得肆意稽古，不復視為經世之具，而經史小學專門之業興焉。道咸以降，塗轍稍變，言經者及今文，考史者兼遼、金、元，治地理者逮四裔，務為前人所不為，雖承乾嘉專門之學，然亦逆睹世變，有國初諸老經世之志。故國初之學大，乾嘉之學精，道咸以降其學新。[18]

如果按王國維所示，不是從「新文化運動」上推「道咸以降其學新」，而是從「國初之學」順流而下，那麼，「道咸以降其學新」的「新」意就不僅僅在於從「古」到「今」、由「中」向「西」的過渡，

17　錢穆：《新時代與新學術》，《文化與教育》，38 頁，廣西師範大學出版社 2004 年。

18　王國維：《沈乙庵先生七十壽序》，《觀堂集林》，720 頁，河北教育出版社 2001 年。

而更在於固有傳承激於外力的煥然一新，其「新」正不妨與新文化運動「截斷衆流」之「新」平視而齊觀。

如梁啟超所說，他們那一代人於「中國學問是有底子的」，這個「底子」不僅僅表現在學問上，更重要的是表現在整個的人格氣象上尤其是文化底氣上。康有為發明的《春秋》「三世」說，梁啟超稱之為「中國自創意言進化學者」之嚆矢，[19] 它和「天演論」大大不同，堪稱一種「中國中心」的歷史進化論，其中夾雜著中國傳統的「氣運」說。它要論證的是，中國文化在本質上絕對不低於西方，在從「據亂世」到「升平世」的這個進化階段上還遠超過歐洲和日本，只是因制度不善在從「升平世」到「太平世」的進化階段上落後於人，但只要能窮則思變，革除弊政，真正落實孔聖本意，自然能趕超「泰西」引領文明潮流，繼續居於天下之中。1896 年，嚴復將《天演論》寄送梁啟超，並論及西方在希臘羅馬時代已經有「議政院」之類的民治機構，是為日後西方民主政治的胚胎萌芽。嚴復的意思是說，中西文明從根本上有所不同，民主政治是發育自西方文明傳統的產物，而中國的文化土壤不宜有之。梁啟超回信說，按照其師的「春秋三世說」，從「多君為政」的「據亂之世」進至「一君為政」的「升平之世」再進至「民為政」的「太平之世」是世界文明進化的普遍道路，誰也不能外之：

> 故就今日視之，則泰西與支那，誠有天淵之異，其實只有先後，並無低昂，而此先後之差，自地球視之，猶旦暮也。[20]

19　梁啟超：《南海康先生傳》，《飲冰室文集之六》，72 頁，《飲冰室合集》第 1 冊，中華書局 1989 年。

20　梁啟超：《與嚴幼陵先生書》，《飲冰室文集之一》，109 頁，《飲冰室合集》第 1 冊，中華書局 1989 年。

梁啟超又於 1897 年寫《論中國之將強》，其理論根據就是他聞之
於其師的「地運說」：

> 吾聞師之言地運也，大地之運，起於崑崙，最先興印度，迤西而
> 波斯，而巴比倫，而埃及，渡地中海而興希臘沿海股，而興羅馬義大
> 利，循大西洋海岸迤北興西班牙，葡萄牙，又北而興法蘭西，穿海峽
> 而興英吉利，此千年以內，地運極於歐土，洋溢全洲……百年以內，
> 運乃分達，一入波羅的海迤東以興俄，一渡大西洋迤西以興美。三十
> 年來西行之運，循地球一轉，渡大東洋以興日本，日本與中國接壤，
> 運率甚速，當渡黃海渤海以興中國……今運將及也；東行之運，經西
> 伯利亞達中國。十年以後，兩運並交，於是中國之盛強將甲於天下。
> 昔終始五德之學，周秦儒者，罔不道之，其幾甚微，其理可信。此固
> 非一孔之儒可以持目論而非毀之者也。[21]

「三世說」關乎時間，「地運說」關乎空間，配合起來才是一部完
整的「世界史」。按照黑格爾的「世界歷史」，文明的太陽升起於「東
方」，而其終點在「日爾曼世界」，「絕對精神」借助一個又一個「世
界歷史民族」不斷前進，卻把東方的中國遠遠遺落在起點上，中國歷史
「只是重複著那終古相同的莊嚴的毀滅」，而沒有真正的進步。[22] 但
是，按照康有為的「世界歷史」，文明最先興起於印度，然後「大地之
運」由東向西，在一千年後使歐洲達於極盛，近一百年來，「大地之
運」沿著地球快速繞行，已由西向東抵達美國，接著又穿行俄國和日
本，十年之後，「大地之運」將行至中國抵達它的終點，那時，「中國

21　梁啟超：《論中國之將強》，《飲冰室文集之二》，16 頁，《飲冰室合集》第
　　1 冊，中華書局 1989 年。

22　黑格爾：《歷史哲學》，王造時譯，113 頁，上海書店 1999 年。

之盛強將甲於天下」。康、梁作為晚清一代的思想家，仍然延續著歷史的慣性，站在「天下之中」的位置上為整個世界發明普遍性的真理和理想，梁啟超雖以思想多變著稱，但終其一生他都認為，中國文化雖然自成一體，但卻與西方文化一樣是普世性的，其中不但不乏「現代性」的基因，更蘊含著救濟西方近代物質科技文明之極弊的靈丹，指引著世界文明發展的新階段。他於 1922 年所寫《先秦政治思想史》正是為闡揚我先聖哲的救世之方作出示範。未來的世界文明終將是東、西兩大文明交通融會的產兒，更生後的中國文明有望引領世界文明的方向──這一見解和理想在他年輕時就已根植於心了：

> 蓋大地今日只有兩文明，一泰西文明，歐美是也；二泰東文明，中華是也。二十世紀則兩文明結婚之時代也。吾欲我同胞張燈置酒，迓輪俟門，三揖三讓，以行親迎之大典。彼西方美人，必能為我家育寧馨兒以亢我宗也。[23]

梁啟超的這種想法並非他一人獨有，而是晚清民初相當有普遍性的觀念，革命的「國粹學派」和其他先進士人也多持此見。胡適的朋友許怡蓀在胡適寫博士論文時，曾致信表達對其工作的至高期待：「世言東西文明之糅合，將生第三種文明。足下此舉將為之導線，不特增重祖國，將使世界發現光明。」[24]

你可以指出，這種想法裡充滿了長期自居天下之中的中國人殘存的自大和幻覺，但它對於像康、梁這樣的人來說，卻並非虛驕而是實實在

23 梁啟超：《論中國學術思想變遷之大勢》，《飲冰室文集之七》，4 頁，《飲冰室合集》第 1 冊，中華書局 1989 年。

24 胡適：《許怡蓀傳》，《胡適文集》第 2 卷，577 頁，北京大學出版社 1998 年。

在的自信，他們這一代人確實是最後一批能胸懷天下提出普世性學說的中國思想家，他們的這種文化底氣決定了他們思想學問的某種特質，那是後人所不能具有的。「晚清」一代仍然完全植根於儒學傳統，主要根據從儒學傳統沿襲下來的那套獨特的關懷和問題，回應著西方的衝擊，主要是在自身學術思想傳統內部尋找資源，雜糅西學，構建整體性的世界觀，以重新理解這個世界，他們不是「輸入」學理而更是「創造」學理，如梁啟超所說，是「冥思苦索，欲以構成一種不西不中即西即中之新學派」[25]。而「五四」一代及其後，則多以某種西方哲學理論為立足點，選擇和詮釋中國固有學術思想，充其量成為某主義某學說的中國學派。「晚清」一代的「新學派」雖拉雜失倫，但因其非輸入而創作，因其不中不西即中即西，反而具有一種後世難掩難及的創造力，如果我們不用「傳統／現代」、「進步／保守」的二元框架去衡量之，就會看到其中蘊含著不少從後現代之境看來是對「現代性」有所超越有所批判的思想因素。比如說，在當今世界，各種族群、人群為了獲得承認和尊嚴而進行訴諸文化的鬥爭，高揚自身文化傳統的價值，為了抗拒全球化帶來的文化同質化危機而呼籲多元文化的存續，在這樣的語境下重溫章太炎的「齊物論」，將會讀出其中的重大思想意義。章太炎的「齊物論」指出，這個世界是一個相互差異又相互補充的整體，正因為差異的存在才能相互需要、相互承認、互相溝通。每一種個別性的存在若要成為「自我」，關鍵是要能講出一番自我存在的「道理」，這個「道理」的關鍵是要能使「自我」在「齊物」的世界中獲得位置而被「他者」所需要。「齊物論」超越了文化多元主義／一元主義、特殊主義／普遍主義的二元對立，啟發我們在全球化的今天如何合理地看待世界及其與自我

25　梁啟超：《清代學術概論》，71頁，《飲冰室合集》第 8 冊，中華書局 1989 年。

的關係。從這個意義上說，「晚清」一代確實是真正延續了中國思想傳統的最後一代。

1906年，章太炎在東京舉辦「國學講習會」，他針對膚淺販賣西學的「新學」而大講「國學」，他所謂的「國學」是對固有學術思想傳統的「整齊收拾」，是深入的發掘，也是去陳出新的重構，是在時代契機下的創造：「能合各種之關鍵，而鉤聯之，直抉其受蔽之隱害，層層剔抉，而易之以昌明博大之學說，使之有所據，而進之以綿密精微之理想，使之有所用。」這樣的「國學」也可以看做是打通中國傳統學術之體系和西方近代科學學術之體系的一種努力。就在同一年，王國維著文批評張之洞所定大學的學科科目，反對分別設立「經學科大學」和「文學科大學」，主張只設立「文學科大學」，而包括「經學科」、「理學科」、「史學科」、「中國文學科」和「外國文學科」，所謂「經學科」和「理學科」是以哲學和其他社會科學為主，對中國歷史文化和學術思想的研究則併入各分科之中。這樣的「學制」基本打破了傳統中國學術的門類系統，而代之以現代科學學術的分科體系，在這個體系之內，是沒有所謂「國學」的位置的。[26] 王國維在《國學叢刊序》中說，「學無新舊也，無中西也」，「今專以知言，則學有三大類：曰科學也，史學也，文學也。」這三種學問都是普世性的學問，並沒有國界之別：

> 世界學問，不出科學、史學、文學。故中國之學，西國類皆有之；西國之學，我國亦類皆有之。所異者，廣狹疏密耳。[27]

26　王國維：《奏定經學科大學文學科大學章程書後》，傅傑編校：《王國維論學集》，376頁，中國社會科學出版社1997年。

27　王國維：《國學叢刊序》，《觀堂集林》，876頁，河北教育出版社2001年。

　　而章太炎則一再反覆強調「國學」作為「國粹」立基於一個特殊的文化世界，標誌著這個特殊的文化世界的自覺，他說：

　　　　自餘學術，皆普通之技，惟國粹則為特別。[28]

　　民國之後，大學的學科建制基本上落實了王國維的主張，學術體系基本複製「西學」。與此同時，「國故」取代了「國粹」，「國故」不再指稱一個完整的有一貫之道的學術思想體系，不再蘊含著「國於天地，必有所立」的精神根基，不再是新時代的民族認同的象徵符號，而是過去的陳跡遺物，作為客觀對象被系統地納入史學學科之中：「（一）民族史；（二）語言文字史；（三）經濟史；（四）政治史；（五）國際交通史；（六）思想學術史；（七）宗教史；（八）文藝史；（九）風俗史；（十）制度史。」[29]「國學」這個名稱在 30 年代以後基本也成為陳跡。反觀晚清「國學」之倡，反不以文化的古今之別取消中西之辨，承認和肯定本國文化傳統尤其是學術傳統自成一格的獨特性。以儒學為主的中國傳統學術，其知識門類及其功能確實不是現代科學學術所能完全涵蓋。比如說，中國傳統學術重視「通儒之學」，其學以「為己」、「成德」、「化成天下」為旨歸，強調向內養成主體道德人格，向外有擔當社會責任的能力，這是一種培養精英的學問，也是一種進行教化的學問。中國學術固有的精神旨趣和相應的文化功能，很難融入於重視客觀求知的現代學院和學術體制。打通中西學術的努力，困難重重，至今也遠未到達水乳交融之境。

28　章太炎：《印度人之論國粹》，《章太炎全集》（四），366 頁，上海人民出版社 1985 年。

29　胡適：《國學季刊發刊宣言》，《胡適文集》第 3 冊，15 頁，北京大學出版社 1993 年。

從後來的歷史發展來看，對中國固有學術思想的研究，終以胡適「整理國故」所示之典範為正統。胡適的「典範」經過中國馬克思主義史學的揚棄，至今仍然是我們看待自身傳統的一副很難摘掉的眼鏡。胡適強調對固有文化傳統採取「評判」的態度，他的「思想史」工作，主要是以他所崇信的現代文明的價值觀，對固有學術思想傳統進行一番抉擇去取，重新鑒別其中的「精華」和「糟粕」、「主流」和「邊緣」，重新給出中國學術思想發展的一個完整的歷史線索，並對構成這個歷史線索的重要思想家進行重構性的詮釋和評價。1926 年，一位叫做「浩徐」的讀者雖批評胡適領導的「整理國故」運動真是白費力氣，不如去認真輸入西洋的各種科學藝術，但他承認，「整理國故」的最大功勞在於第一次使國人能夠「從西洋文明的立腳點來看察過中國文明」，從此覺得「娘家的生活只是過去的生活」，不足留戀。[30] 30 年代以後興起的中國馬克思主義史學，也將中國學術思想史作為重要的研究領域，其中最具典範意義的是侯外廬的中國思想史研究。侯外廬曾回憶說，40 年代初，他和同道一起研究與寫作中國思想史時，就專門注意研究胡適與馮友蘭對思想人物的選擇與評價，並在自己的著述中有針對性加以批判，這種方式一直沿用到解放後編寫《中國思想通史》。[31] 侯外廬的中國思想史儘管以胡適為批判靶子，胡適看察中國學術思想傳統的立腳點是實用主義，而侯外廬的立腳點是辯證唯物論，他更善於結合中國社會史對思想家及其思想的歷史性格、階級實質進行把握和分析。但是，侯外廬的「思想史」典範和胡適的「思想史」典範有著直接的繼承關係，比如說，二者都有一種強調思想路線之對立鬥爭的二元圖式，胡適的二元圖式是「人文理性／宗教迷信」、「實用主義／玄學主義」，而侯外廬的

30　浩徐：《主客答問》，胡適：《整理國故與「打鬼」》附錄二，《胡適文集》
　　第 4 冊，121 頁，北京大學出版社 1998 年。

31　侯外廬：《韌的追求》，125 頁，三聯書店 1985 年。

二元圖式則是「唯心主義／唯物主義」、「正統性／人民性」；又比如，他們都重視開掘中國古代思想世界中的邊緣異端，予以闡發表彰，並置之於中國思想史的中心、主流；又比如，他們都重視闡發中國學術思想遺產中理性主義、人本主義和人道主義傳統，視之為「現代性」的本土基礎，從而把「現代性」當做中國舊有傳統理有固然勢有必至的展開和完成。對於中國學術思想史的研究，另有「哲學史」這一重要的典範，主要是發掘在中國的「哲學」觀念及其發展歷史，以「中國哲學」取代「經學」而成為「中國文化傳統」的主幹，以此謀求其現代轉化。儘管馮友蘭強調不同於胡適之「疑古」的「釋古」態度，但他對於「古」仍然是「評判」重於「溝通」。相對於上述我們熟悉的五四和五四後的研究典範，我認為，晚清的「國學」將給我們提供另一種審視、估價「傳統」的眼光，另一種溝通古今的方式，同時也是另一種關於「中國現代」的想像。

　　錢玄同把梁啟超、章太炎歸入「國故研究之新運動」第一期的代表人物，胡適當然是第二期的領袖。這三個人都賦予中國學術思想史研究以重大的現實意義，各自給出了一套整理、詮釋中國學術思想傳統的信仰、價值與技術系統。他們以「新知」論「舊學」，「舊學」遂轉變成「新知」，在這移步換形之中，中國學術完成了從傳統到現代的轉變。在新文化運動之後，章、梁二人即被目為保守落後，成了被超越的一代，不論梁啟超的「新學」還是章太炎的「國學」，似乎都只是胡適「整理國故」的前奏序曲，而只有作為先驅者的意義了。我在本書中，嘗試擺脫這種「進化論」眼光，而將梁啟超、章太炎、胡適的中國學術思想史研究當做可以平視的三種典範，我著重考察的是他們書寫中國學術思想史的不同的思想旨趣，考察他們怎樣用「新知」重構「舊學」，又為「舊學」賦予怎樣的「新意」。我認為，這三種典範蘊含著中國學術進行「古今之變」的不同路徑，意味著中國現代學術不同的「開國規

模」，也展示著在「現代」語境下，溝通與傳承固有學術思想傳統的不同方式。

在當今時代，需要有一種新的對待傳統的態度，需要回應時代內在要求而對「傳統」進行新的意義賦予，也就是說，需要重新創造「傳統」，我們對於「傳統」的創造和對於「未來」的想像，都要超越五四新文化運動。「五四」之前「晚清」一代的述學方式，還沒有完全站在「西洋文明的立腳點」上，還力求推陳出新、溫故知新，力求延續固有傳統並從中激發出啟示性的思想資源以應對時勢，我希望能用這樣一種「晚清」的重構「傳統」的眼光，將我們熟悉的「五四」及「五四」後的詮釋「傳統」的方式相對化，並從中獲得一些有益的啟示，也重新認識和評價中國現代學術、思想發展的多元路徑和多種遺產。當然，所謂用「晚清」將「五四」相對化，絕不意味著要倒退回前「五四」的「信古」的立場，而是努力謀求一種繼承新文化運動而又能真正超越之的新的理解中國、想像中國的方式。

三、思想史研究和超越五四的中國新文化

我們將以怎樣的方式理解中國的歷史進程和文化積累？我們將怎樣重新理解和定義「中國」及其「傳統」？這樣的問題出現於晚清時代當中國文明與西方文明全面對撞之時，意味著中國文化的自我覺識。而在我們的時代，這些問題，也就是中國的文化自覺意識又重新尖銳而迫切地出現，要求我們以一種超越「五四」的文化立場，再次「創造」中國思想和文化「傳統」，這是當前時代給中國歷史文化研究者提出的學術任務。

進入 90 年代以後，在市場經濟主導的社會現實和商業文化面前，80 年代以「啟蒙」立場對傳統文化的批判顯然喪失了現實能指性。余英時在 1988 年的演講《中國近代思想史上的激進與保守》，這時在大陸

得到廣泛的回應，「激進／保守」成為分析中國近現代思想史的一個重要框架，很多學者指控全面反傳統以謀求全盤改造的激進主義，導致社會與文化始終處於動盪和破壞之中，反而是中國不能順利實現現代轉型的重要病因。在 90 年代初的反激進思潮中，中國文化「傳統」基本被正名——它本來能夠成為中國現代轉型的助力而非阻力。90 年代初，《學人》雜誌的創刊號上刊登了一組「學術史」筆談，一些在當時嶄露頭角的年青學者反思文化上的激進態度，主張用獨立於政治的學術建設的方式，矯 80 年代破壞之枉，同時繼承 80 年代中國現代文化建設之目標。[32]20 年來，不少在 80 年代成長起來的學者，以求實獨立的學術精神，積極與國際中國學交流溝通，尋求新的視野和方法，在歷史和傳統文化研究領域不斷耕耘，已經展現出頗為蘊藉的學術和文化姿態。自 90 年代以來，學界對中國近現代史上的文化保守主義、自由主義都進行了較深入的發掘，傳統學術、知識、思想體系向現代的轉變及其多元路徑成為熱點問題，尤其是「國學」作為中國學術現代轉型過程中的過渡形態受到很多學者的關注。本書在問題意識和研究思路上，深受上述學術思潮的影響，並從相關著作中得到很多啟發，詳見各章節，茲不贅述。

90 年代中期以後，中國的現代化之路進入「全球化」的新階段。就是在這個「全球化」的新時期，中國產生了新的尖銳的社會分化和社會矛盾，關於當代中國變革的目標與方向，從此難以形成明確的共識，思想界出現了「新左派」與「自由主義」之爭。這 20 年來的超速發展，使得真正融入世界文明潮流中的中國人也真正見識了「現代」世界的清晰面目，人們開始親身痛感社會轉型、一切傳統壁壘崩壞所帶來的失序、分化和不安。「現代性」取代「現代化」而成為關鍵字，説明「現代化」在國人心目中已不再具有不言自明的正當性，而成為需要反思的

32　陳平原等：《學術史研究筆談》，《學人》第 1 輯，江蘇文藝出版社 1991 年。

現實。現代科技物質文明以及自由民主等啟蒙信念的幽暗面，也成為廣為人知的思想常識。當代中國的發展現狀「處於一種混亂而微妙的無名之境」，不能用任何一套現成的框架和標準來進行分析和評判。回望歷史，正如汪暉所論，不斷「革命」的中國現代史，一直是在謀求反對現實資本主義而又比現實資本主義更「現代化」的道路，是對「反現代性的現代性」的探尋。[33] 而前現代的儒教中國，也同樣難以納入以西歐為中心的世界歷史的普遍道路。中國現實的走向，似乎並沒有可以照搬的歷史經驗和發展模式，沒有誰能為之提供現成的「道路」，這樣的現狀逼生出一種回向自身歷史求得啟示和資源的思想需求，也產生出一種關於未來的新希望：我們是否有可能創造出根植本土傳統且優越於外部強加之現代性的「中國現代性」？在「中國現代性」的思想視野下，中國文化「傳統」被期待著從中開掘出「超克」西方現代性的文化思想資源，為獨特的「中國道路」提供文化論證，這是時代賦予「傳統」的新的意義。如丁耘指出，自 90 年代中期發軔的「中國現代性」問題，其實是又一輪的文化「古今中西之辨」，它發生在中國社會的「現代性」已經充分展開的過程中，或因如此，在這輪討論中「更多地出現了對現代的反思和對傳統的溫情」，而近似「晚清」。[34]

　　80 年代中期，「新儒家」杜維明曾在中國文化書院演講《儒學的第三期發展》，提出現代中國人究竟能不能保持原有文化認同的問題，當時激起的是一片批評之聲，說目前首要的問題是我們如何做一個「現代人」，而不是固守文化特殊性。然而，進入 21 世紀以來的十年間，中

33　汪暉：《當代中國的思想狀況與現代性問題》，發表於《天涯》1997 年第 5 期，收入《去政治化的政治——短 20 世紀的終結與 90 年代》，65 頁，三聯書店 2008 年。

34　丁耘：《儒家與啟蒙——哲學會通視野下的當前中國思想》，3 頁，三聯書店 2011 年。

國大陸興起一股「傳統」復興的熱潮，官方有「中華文明偉大復興」的號召，民間出現「國學熱」，呼籲從自身文明傳統中重獲價值資源，以重建中國的生活世界。當前的「國學熱」標誌著一次社會心理的重大轉變，今天的中國人要求在自身文化傳統中找到家園之感。張旭東將之稱為「中國文化本位」意識，他說，這是當今面臨的一個根本重要的「文化政治」問題：「在當代世界，我們為什麼以及如何做一個中國人？」這個問題的重要性在於：「中國」作為一個巨大的文化與政治共同體，當它置身於一個全球化的時代應如何自我理解？如何自樹立？如何闡明自己生活世界中的價值系統？如何有意識地批判性地參與界定「世界文明」、「世界歷史」和「普世價值」？這是一個既久且大的文明應該具有的抱負、責任和自我期待。[35] 這個「文化政治」問題，也給當代的「傳統」研究者提出了重要的新課題，要求我們重建評價和闡析自身歷史與文化的知識框架和價值標準，以此為前提，重新「發現」和「創造」中國文明「傳統」，重建自身歷史的連續性，其目標是為了使當代中國的發展從根本上具有一種「文明」的意義，能夠重新安頓中國人的生活及其意義感。[36]

中國有著世界上任何一個社會都沒有的悠久而從未中斷的學術思想史傳統，這個學術思想史傳統在中國歷史上始終發揮著批判性導引自身歷史道路的功能，在這個意義上，它是整個中國文化傳統的大動脈。近十年來，民間社會的文化熱情聚焦於傳統典籍尤其是儒學經典，正因為這個緣故，這次的傳統文化熱又被稱為「國學熱」。但是，與社會層面的「國學熱」相對應的，卻是中國思想史、哲學史的研究在學術界的日

35　張旭東：《全球化時代的文化認同──西方普遍主義話語的歷史批判》，2頁，北京大學出版社 2005 年。

36　張志強：《傳統與當代中國──近十年來中國大陸傳統復興現象的社會文化脈絡分析》，《開放時代》2011 年 3 期。

益邊緣化，尤其是對中國史上重要思想家和經典名著的研究，越來越缺乏新意，乏人問津。出現這種情況的一個重要原因，是受到歐美學術思潮的影響而將注意力從「大傳統」轉移到「小傳統」，如今，研究「一般知識、思想與信仰世界」的文化史大有取代思想史之勢。西方人文學術界在後現代思潮的影響下，倡導「去中心」、「去主體」，大講「非連續性」，關注邊緣、差異、非主流，主張貼近個體感受描繪出紛繁、歧義、複調的歷史，其目的是要解構自啟蒙運動以來對西方歷史和文化傳統的系統建構——這一套對西方歷史和文化傳統的敘述，長期以來支撐著「世界歷史普遍規律」和「普世價值」，但如今已越來越有「西方中心主義」之嫌，日漸僵化、虛偽化，失去了對現實進行批判性導引的作用。在這樣的時代，中國作為一種悠久且大的非西方文明，正需要去建構關於中國歷史和文化傳統的系統敘述，再造中國文明「傳統」的意象，建造一所「中國」的文化和價值殿堂，使「西方」這個曾經充滿理想性和解放力量的輝煌殿堂真正相對化，而能實現辯證的自我否定而非自我碎片化。我們的時代要求著中國思想史研究和文化史研究具有自覺的時代意識，具有思想的濃度和活力，解除某種固化的「現實」套在「過去」身上的緊箍咒，釋放「過去」的潛能，開啟「過去」對於「現在」的啟示作用，或者說，讓過去的思想文本重新產生思想。將自身定位於學科內部，「眼光向下」地尋找新領域、新材料、新課題，填補空白的同時又能緊隨國際學術潮流，這當然是一個專業學者應該做的，但絕對不是時代對整個中國歷史、文化研究的期待。在我們這個時代，尤其是中國思想、文化史的研究，畢竟不能為專精深細的學科戒律所限，而要追求思想性本身，追求給出一種適時的、具有實踐意義的象徵性歷史敘事，講出「中國」的故事，重新創造「傳統」的意象。所以說，回到往聖先賢，進入他們的思想世界和歷史世界，進入他們那種「述往事，思來者」的感情狀態和整全性視野，重建那種用「思想」批判性地

導引歷史方向的文化主體性，也就是說，在現時代延續從未中斷過的中國思想傳統，這畢竟是中國思想史、文化史研究的大道。

我們這一代學人，基本上是在 80 年代中後期求學、立志，在 90 年代中後期走上學術崗位。那時，大學正強化學科建制，強調學術規範和專業化，同時，問題意識和理論方法也緊跟國際學術潮流，強調向國際中國學的前沿看齊。這樣的成長經歷，使我們一方面追求學術上的專業成就，一方面又堅持 80 年代賦予的思想衝動和文化主體意識，不太會滿足於為學術而學術，並不把在學術上「預流」作為唯一的工作動機，而是把求實深入地研究中國歷史文化，當作重建中國「新文化」的知識和思想上的必要準備，也正因如此，我認為，作為中國傳統思想和文化的研究者，要特別具有一種與當代中國問題相聯繫的意識。思想史學家溝口雄三曾告誡歷史學者要具有一種從被給定的敘述目的和框架中掙脫出來的「自由意圖」，我認為這是思想文化史學者應該謹記在心的，他說：

> 關於意圖，我認為歷史學家必須經常性地對於自己的意圖抱以疑問。自己到底想知道什麼？為什麼希望知道它們？而且，這些自我逼問必須貫穿現代的苦惱與課題意識。[37]

如果我們還是要堅持以「思想史」的方式繼續自己的學者生涯，那就需要對我們自身時代的「苦惱與課題」，對我們從事研究的思想性目標和前提具有充分的意識。正是這樣一種願望，促使我回頭重溫晚清民初之際的中國學術思想史典範，力圖把握和呈現其中那種總括的視野，思想的力度，尤其是存在的感受和關懷。那個時代，中國文明與西方文

37　溝口雄三：《中國的衝擊》，205 頁，三聯書店 2011 年。

明正面對碰，借著這種對撞產生的動力，中國文明走上了至今也沒有人能預料和給定的現代歷程。在那個時代，重新書寫自身文明的學術思想傳統，是為了一個既遠且大的目標，那就是：

「再造文明」。

【第二章】
梁啟超的「學術」觀念及其儒學性格

　　在中國學術的「古今之變」中，梁啟超無疑是一個重要的「扳道夫」。他不但是 20 世紀中國「新史學」的始作甬者，且對中國現代文學、法學、經濟學、社會學、哲學、教育學的發展，皆有宣導之功。1902 年，在撰述《新史學》與《新民說》的同時，梁啟超寫成了長文《論中國學術思想變遷之大勢》，首先跳出經學思維，擺脫衛道立場，用現代的眼光對中國學術思想傳統進行「史」的研究。胡適曾回憶說：「在二十五年前，這是第一次用歷史眼光整理中國舊學術思想，第一次給我們一個學術史的見解。」[1]這個評價很能說明梁啟超在傳統學術的現代嬗變中具有的里程碑地位。

　　在傳統學術、思想的現代嬗變之中，「學術」觀念自身的轉變是一個更具本質性的事件，它意味著，傳統上學術與政治、教育乃至價值世界之間的內在關聯，被置換為一套新的與現代國家、社會觀念相匹配的自我理解。梁啟超作為中國學術、思想現代轉變的重要「先覺者」，他對「學術」觀念本身的現代轉化和建構，是有著充分自覺的。他不但大力

1　胡適：《四十自述》，《胡適文集》第 1 冊，73 頁，北京大學出版社 1998 年。

宣導了「科學」意義的、客觀求知性的現代「學術」觀念，更值得注意的是，他在現代的學術、文化語境下，對傳統儒學的「學術」觀念有一番自覺的繼承和提煉，並努力將之轉接、調和於「科學」的「學術」體系之中，形成了自己獨特的「學術」觀念和主張。梁啟超式的「現代」的「學術」觀念與主張，隱約而又明確地指示著中國學術與文化現代轉變的「另一條」路徑，對新文化運動以後中國現代學術與文化的主流發展方向構成了有意識的糾偏指正，在今天看來，其中意蘊令人深思。

學術，乃學者「全人格」之表見——梁啟超對儒者之學之精義的把握，蓋在於此。1923 年，梁啟超為鐵山所著《陽明先生傳及陽明先生弟子錄》作序，他指出，研究陽明的學術思想，關鍵是要知道：

> 其表見於事為者正其學術精詣所醇化也。綜其出處進退之節，觀其臨大事所以因應者之條理本末，然後其人格之全部乃躍如與吾儕相接。[2]

愈到晚年，他愈是透徹鮮明地強調：儒學要旨在於養成健全人格，所謂「內聖」，就是用各種辦法鍛煉自己的人格，所謂「外王」，所謂經世濟民的事業，就是要將理想的人格擴大到全社會。而治儒學，則不僅要看其人著述、學說，更重要的，是要看其人「實行」，看其人與當時政治、風俗之間的相互推移，看其人格與「普遍人格」之間的相互影響。[3]

以下筆者要論述的是，梁啟超的學術事業是其新民、救國大業的有

2　梁啟超：《陽明先生傳及陽明先生弟子錄序》，《飲冰室文集之四十》，18頁，《飲冰室合集》第 5 冊，中華書局 1989 年。

3　梁啟超：《儒家哲學》，3 頁、15 頁，《飲冰室合集》第 12 冊，中華書局 1989年。

機環節，他對「學術」的理解始終自覺不自覺地具有濃重的儒學性格。
在晚清維新運動中，傳承陽明學血脈的梁啟超特別重視闡發儒學作為人
格養成之學的意義和作用，並考慮如何將之與科學相結合，以造就擔負
救國大任的志士人格與政黨組織；在新文化運動之後，他對於中國現代
學術發展的設想，與「整理國故」運動所代表的主流形成顯著分歧。其
中的要點，是他要將儒學為學之精義，重新植入中國現代學術的體質之
中。而在他看來，這是應對中國時局、救治現代文化之偏弊的關鍵事
業。

一、晚清今文經學對儒家「大學」之道的回歸

首先要論述的是，梁啟超對儒學精義的理解，其「學術」觀念的思
想特質，與康有為「今文經學」提倡的「學術」觀念有著密不可分的聯
繫。

道、咸以後，在日益嚴重的社會危機與民族危機的催迫之下，漢學
盛極而衰，今文經學、史學、宋學漸興，經世思潮蔚然成風，越來越多
的學者抨擊漢學「錮天下智慧於無用」。正如錢穆所論，真正提出了一
套新的學術觀念、門徑並扭轉學風的，當首推康有為。[4] 不過，漢學很
快就在科學的支持下得以正名，其實事求是的治學方針躍升為科學精神
與方法的中國式雛形。於是，繼承漢學傳統的近代學者多以學術獨立的
現代觀念批判康有為今文經學之不合潮流。王國維的說法很有代表性：

> 未有不視學術為一目的而能發達者，學術之發達，存於其獨立而
> 已。
>
> 然康氏之與學術，非有固有之興味，不過以之為政治上之手段，苟

4　參見錢穆：《近百年來諸儒論讀書》，《學籥》，九洲出版社 2010 年。

子所謂「今之學者以為禽犢」者也。[5]

後來，梁啟超在《清代學術概論》中也痛責今文經學引領的「新學」運動「不以學問為目的而以為手段」，「殊不知凡學問之為物，實應離致用之意味而獨立生存。」[6] 在這些論述中，「求真」與「致用」似乎是兩個對立的範疇，「求真」是學術真正的唯一的目的，學術以此獨立於政治；而「致用」則意味著將學術用作政治的工具，使學術淪為政治觀點之僕從。

然而，儘管康有為「今文經學」的目標確乎在於論政變法，且首要手段乃是「格君」，但正如梁啟超所説：「所謂『經世致用』之一學派，其根本觀念，傳自孔孟，歷代多倡道之。」。[7]「今文經學」所強調的「經世致用」之義，是在批判以往儒學傳統的基礎上力求正本清源，回歸儒家「內聖外王」、「修齊治平」之「大學」原旨，這一意義上的「學以致用」遠不僅限於政術層面，並不是與「求真」相對立的「致用」概念所能包含。

根據梁啟超在 1901 年所寫《南海康先生傳》，今文經學之「學」的旨趣、門徑和內容，體現於康有為自身的成學經歷以及長興學舍的宗旨與課程。康有為獨好陸王，又潛心佛典，悟得了「性海渾圓，眾生一體」的信仰，養成了「天上地下惟我獨尊」的獨立精神，本體既立而有澄清天下之志，遂建長興學舍以教養人才，化成天下。

5　王國維：《論近年之學術界》，姚淦銘等編：《王國維文集》第 3 卷，37 頁，中國文史出版社版 1997 年。

6　梁啟超：《清代學術概論》，72 頁，《飲冰室合集》第 8 冊，中華書局 1989 年。

7　梁啟超：《清代學術概論》，52 頁，《飲冰室合集》第 8 冊，中華書局 1989 年。

其教法是：

> 以孔學、佛學、宋明學為體，以史學、西學為用。其教旨專在激
> 勵氣節，發揚精神，廣求智慧。[8]

其進學的具體步驟如下：

> 孔子大義之學，全在今學。每經數十條，學者聰俊勤敏者，半年
> 可通之矣。諸經皆無疑義，則貴在力行，養心養氣，以底光大。於是，
> 求義理於宋明之儒，以得其流別；求治亂興衰制度沿革於史學，以得
> 其貫通；兼涉外國政俗教治講求時務，以待措施，而一皆本之孔子之
> 大義以為斷。[9]

首先要學習經學。其經學觀念繼承了道、咸以來的經世思潮，一反
從識字、訓詁以通經義的漢學門徑，又不以言心言性的宋學概孔子之
學，所求經書大義乃在於「古人創法立制之精意」。這個「精意」是
「眾生本一性海，人類皆為同胞」的宇宙真理，是泯滅一切差別區分的
大同理想，以及根據大同理想、保障大同理想的社會制度。學經學更是
要學孔子之志、孔子之為人，以「平天下」即弘揚真理實現理想於天下
為己任，並能以弘毅精神終生志於道，死而後已，使自己成為「道」的
化身與見證，此「貴在力行」也。梁啟超從學兩年之後，得聞大同義，
「為之喜欲狂」，以為獲得了指導人生指導世界的最終真理。[10]

8　梁啟超：《南海康先生傳》，《飲冰室文集之六》，62 頁，《飲冰室合集》第
　　1 冊，中華書局 1989 年。

9　康有為：《致朱蓉生書》，《康子內外篇》，161 頁，中華書局 1988 年。

10　梁啟超：《清代學術概論》，61 頁，《飲冰室合集》第 8 冊，中華書局 1989
　　年。

　　在中國文化傳統中，無論今文經學、古文經學、宋學還是漢學，都相信六經「曾經聖人手」，其中貫徹了孔子的思想和理想，是一個真理體系。求道明理的最重要途徑就是讀經而能會之於心，然後反之於身用之於世。經書中所示義理制度，既是三代的史實，更是垂法萬世範圍六合的規範，而且經義的真理性是靠著它作為史實的真實性來保證的。這種很不「科學」的觀念乃是中國歷史上「經學」之為「學」的基本前提。在崇尚理性、信奉歷史主義的現代文化環境下，「經學」顯然不能成「學」。章太炎的古文經學講「六經皆史」，把「經學」變成了文獻學、考據學和古代文明史，從而消解了「經學」，由「經」入「史」。而康有為的今文經學雖然把「古人創制立法之精意」說成是孔子一人的玄思妙想而與三代歷史實際完全脫鈎，從而引發日後古史辨運動的疑古思潮，又靠神話孔子、變孔子為教主來保障「聖言」之真理性──這實在是「歧出之歧出」，但是，這樣的「今文經學」其實仍然與傳統各派經學共用著同樣的思想前提，畢竟還是「經學」。

　　「志於道」必須「據於德」，「道」的載體和動力乃是行道的主體，「學」是要以人格完善、意志培養為本的，這就要學習宋明理學以「養心養氣」。康有為所列漢學罪狀，不僅在於其學瑣碎無關大義、不問當世之務，更重要的是漢學一味外騖知識，不知反求諸己，故不能養成領導社會維繫民德的道德主體。他曾列舉江藩、段玉裁、孫淵如等人貪污賄賂之事，歸咎於「漢學之人專務瑣碎，不求義理，心術最壞。」[11]後來，梁啟超激於章太炎等革命黨人表彰漢學傳統，乃痛斥漢學「無一傷時之語，皆非出本心之談」，「率天下而心死者也」，造成此「不痛不癢之世界」，蓋承康有為之論。[12]

11　康有為：《南海師承記》卷二《講明儒學案及國朝學案》，《康有為全集》第2冊，547頁，上海古籍出版社1990年。

有「體」還要有「用」，大本既立，然後就要向外求得在具體時勢之中行道明道的能力、知識與手段。在這個意義上，史學、西學、時務最為重要。但一個士人成學一定要以「孔子之大義」為本，要有根本的價值定向，所具能力、知識、手段才不至於墮入功利詭道，才能真正發揮經世濟民之大用。

如錢穆所論，康有為所宣導的學術旨趣與路徑，以作新人才、改良世道為大目標，以經史為根底，以時務為對象，真正回歸於北宋、晚明時代「明體達用」的儒學大傳統，具體實踐著儒家「內聖外王」、「修齊治平」的「大學」之道，乃是真正的「人文知行之學」，「乾嘉以來學者，可說無一人知有此境界。」[13]

1897 年，梁啟超主持長沙時務學堂，完全遵行了長興學舍的學術旨趣和教學模式，致力於「精神教育」。[14] 所設課程很能表明儒學「致用」的豐富內涵和意義。時務學堂要求學者學習十門學術，每門學術都有具體的功課和方法，而基本算得上是「經籍書本之學」的只有四項，也還必須配合「行」與「用」才能進學。

首先，學者要學習「立志」，「志」指的是儒家聖賢以天下為己任的高遠境界。梁啟超用朱子「立志如下種子」的比喻，說明「志」規定了人生的根本方向，是自主自覺精神的根本來源，有志方能為「大人」。而立志之功課，一在於「廣其識見」，二在於「念茲在茲」，三在於「求學問以輔之」。其實，以下九門學術都是用來勵志行志的。

其二，學者要從事於「養心」之學，就是要培養歷經各種誘惑考

12　梁啟超：《新民說·論私德》，127 頁，《飲冰室合集》第 6 冊，中華書局 1989 年。

13　錢穆：《近百年來諸儒論讀書》，《學龠》，117 頁，九州出版社 2010 年。

14　梁啟超：《三十自述》，《飲冰室文集之十一》，18 頁，《飲冰室合集》第 2 冊，中華書局 1989 年。

驗、各種艱難複雜之境而不奪其志自行其道的自主精神和意志品質，梁啟超稱為「我之心」、「不動心」。「養心」的重要法門一是靜坐二是閱歷，學者在學堂當先行靜坐之法，每天需一小時或兩刻功夫。

其三，學者還要有「治身」之學，要學習和鍛煉與人交際酬酢的儀表、態度、方式，尤其提到與西人的交接。在梁啟超看來，這絕不是小節而是成大器之學。具體的方法是「默思一日之言論行事，失檢者幾何而自記之」。

「讀書」之學位列第四，以「有關於聖教，有切於時局」為標準揀擇經學、子學、史學、西學之要籍，學習方法是鉤玄提要、專取大義、遠引旁證，要做的功課是分專精、涉獵兩門寫讀書箚記，進呈教師批答。

其五是「窮理」之學，梁啟超向慕西方自然科學而以朱子「窮理」之義相比附，學者除了要讀翻譯過來的格致之書，還要就眼前的器物現象深思其所以然之理。

其六是「學文」即文辭表達之學，每月命題作文一次。

其七是「樂群」之學，培養交友、結社、組織之意識和能力，主要功課是同學之間會講討論。

其八是「攝生」即體育衛生之學。

其九是「經世」即探究治法、培養政才之學，在這裡「經世」一詞乃專指政治。可見狹義的「經世」只是「學以致用」的一個層面，雖然是非常重要的一個層面。學者的功課除了閱讀中國的經義與掌故、西方的憲法與官制外，還有講論和遊歷。

最後的第十門功課是「傳教」之學，指的是闡發六經「太平大同」之真義然後布福音於天下，這才是「學之究竟」，「平天下」是也。[15]

---

15 以上所引均見梁啟超：《湖南時務學堂學約》，《飲冰室文集之二》，23頁，
    《飲冰室合集》第 1 冊，中華書局 1989 年。

從上述內容來看，時務學堂的教學增加了很多現代、西方的因素，比如自然科學、體育、衛生、西方哲學、政治理論、政法制度等等，但其關於「學術」的基本概念完全是儒家的「大學」之道，而不是現代意義上的學術觀念。對於自柏拉圖至康德的西方哲學認識論與倫理學傳統，杜威曾謚之為「知識的旁觀者理論」。他指出，這樣的哲學傳統中所謂的「學」，更強調作為知者的主體，面對作為客體的外在世界進行靜觀；強調摒棄主體的需求、欲望、偏好，對客觀世界恆久不移的原理進行探知，即發現世界的「本質」，唯有後者才具有終極絕對之真實性。理論知識分離於實踐，其自身成為目的，而不以規約、改造我們具體經驗的真實世界為目的。這又相關於價值與實用的分離，作為價值的「真」、「善」、「美」屬於宗教、哲學、藝術、理論科學，實用學科管的是物質領域，以增進生活享受為目的。[16]「為學術而學術」的理據正在於此。而《時務學堂學約》所體現的「學術」觀念，至少包括了人格養成、知識探求、實踐能力三個向度，「學術」的歸趣總是回到身處客觀世界的主體，總的目標是要成就一個具有高度自覺意識和強大自發能力的道德主體，所有的知識、理論包括推究自然世界之理的自然科學，都是這個主體所蓄之「德」，終究都是主體改造自我、改造社會、改造世界的資源與技能，出自於人生實踐之「行」也用之於「行」，沒有不問價值訴求的實用之知識，也沒有不切實用的價值之認識。在這樣的「學術」觀念裡，並沒有一個主體能從中抽離從而能面對之的客觀世界，只有一個世界，主體身處其中而自作主宰。所謂「學術」、「知識」皆關乎主體如何做好這個世界的主宰。所以說，所謂「求真」與「致用」這一對範疇暗含了西方學術觀念中知與行的分離、價值與實用

16　參見趙剛：《杜威對自由主義的批判與重建》，《知識之錨——當代社會理論的重建》，廣西師範大學出版社 2005 年。

的分離、主體與客體的分離,而康有為今文經學「學以致用」的內涵很難用這一意義上的「致用」來概括。

梁啟超自言,自三十以後他對於今文經學乃至經學的基本信條與觀念都已經予以否定。更不贊同「孔教」而主張思想自由。[17] 但是,他認為其師康有為作為一個教育家、思想家的成就和影響應遠遠大於其在政治上的作為,今文經學雖有以經學緣飾政術之弊,然其「學」的基本精神不可磨滅:

> 至其重精神、貴德育,善察中國歷史之習慣,對治中國社會之病原,則後有起者,不可不師其意也。[18]

梁啟超以思想多變著稱,但其一生的學術觀念從未真正脫離「學以致用」的儒家「大學」之道。1922 年,梁啟超於東南大學講學期滿,北歸之際,陳三立以詩贈別:

> 閒物精魂余強聒,著書歲月托孤呻。
> 六家要旨藏禪窟,待臥西山訪隱淪。[19]

可謂深得其學之要。

---

17 梁啟超:《清代學術概論》,63 頁,《飲冰室合集》第 8 冊,北京中華書局 1989 年。

18 梁啟超:《南海康先生傳》,《飲冰室文集之六》,66 頁,《飲冰室合集》第 1 冊,中華書局 1989 年。

19 陳三立:《贈梁啟超》,《散原精舍詩文集》,737 頁,上海古籍出版社 2003 年。

二、學術、人才、風俗與政治

梁啟超東渡日本之後,廣泛接觸各門現代學術,自稱「若行山陰道上,應接不暇。腦質為之改易,思想言論與前者若出兩人。」[20]。最重要的表現,應該算是他在 1902 年正月創刊的《新民叢報》上發表了《保教非所以尊孔論》。在這篇文章裡,他對自西漢以來包括康有為今文經學在內的儒家經學傳統,進行了一次總的聲討。他說,二千年來中國學術思想皆緣附孔子以立言,這種經學思維乃是中國傳統學術思想的總病根,以致二千年來文化、學術因循保守,缺少創造,終至於停滯落後。[21]他還致信康有為,表示要以「抉破網羅,造出新思想自任」。[22] 從此,「康、梁學派遂分」,梁啟超的「新學」相對於康有為「今文經學」而獨立。

1902 年到 1904 年,梁啟超在《新民叢報》上發表了一系列介紹近代西方思想家生平和學說的文章。他還廣泛涉獵了各門現代學術,除史學、哲學、文學之外尚有教育學、經濟學、政治學、法律學、地理學、物理學等。在這一時期,他積極宣導現代西方學術求真質疑的理性精神與實驗方法,曾在《論學術之勢力左右世界》中,稱讚倍根(今譯培根)和笛卡兒倡明「實驗」和「理性」原則,「將數千年來學界之奴性,犁庭掃穴」。[23] 這應該是他破除經學思維經歷思想大變的切身感

20　丁文江、趙豐田:《梁啟超年譜長編》,188 頁引《夏威夷遊記》,上海人民出版社 1983 年。

21　梁啟超:《保教非所以尊孔論》,《飲冰室文集之九》,55 頁,《飲冰室合集》第 1 冊,中華書局 1989 年。

22　丁文江、趙豐田:《梁啟超年譜長編》,278 頁引梁啟超 1902 年 4 月《致南海先生書》,上海人民出版社 1983 年。

23　梁啟超:《論學術之勢力左右世界》,《飲冰室文集之六》,112 頁,《飲冰室合集》第 1 冊,中華書局 1989 年。

受。

　　梁啟超在《論中國學術思想變遷之大勢》一文中,以西學為參照,指出中國學術思想傳統的重大缺陷有六,歸納言之,一是缺乏邏輯;二是不重實證;三是受到經學思維的嚴重束縛,缺乏獨立性和自由、創造之精神。[24] 可見其學術觀念已自覺跳出儒學門戶,不以孔子之所傳習為真理。然而,我在這裡要強調指出的是,梁啟超對歷代學術剖判流派、衡評黜陟的基本判准,卻還是今文經學提倡的「成德經世」的儒學真義。因是之故,《大勢》之述中國學術思想史,重點並不在思想學說的闡析,而是以一個士人的立場,設身處地的闡述一時代「學術思想」所形成的那種精神類型、人格傾向,進而闡述這種「士風」如何與社會民眾的道德意識相互影響,又如何與政治之良惡相互關聯,用他自己的話說就是:

> 時勢之影響於人心者正巨且劇也,而又信乎人事與時勢迭相左右也。[25]

　　在講兩漢儒學嬗遞發展之跡時,梁啟超是以儒學與政治的關係為主線的,重點尤在於論述東漢一代儒學深入於士大夫社會的深遠歷史意義。他一面痛心批判東漢儒學教義不過孔學「小康」之旨,以君臣綱常為中心,造成束縛思想壓制民權之大弊。而另一方面,他又進一步發揮范曄、顧炎武之論,盛讚東漢「名教」造就的「風俗之美」,說東漢以經義、德行為進退士林之標準,深契於孟德斯鳩所謂君主專制國家應以

24　梁啟超:《論中國學術思想變遷之大勢》,《飲冰室文集之七》,33-38 頁,《飲冰室合集》第 1 冊,中華書局 1989 年。

25　梁啟超:《論中國學術思想變遷之大勢》,《飲冰室文集之七》,77 頁,《飲冰室合集》第 1 冊,中華書局 1989 年。

名譽心為立國之本的政治原理，使東漢二百年間養成了士大夫階級砥礪廉隅、崇尚名節的道德主體意識，故能於政治昏亂的情況下延續漢室國命。梁啟超其時正以崇尚自由、獨立的「新民」自命，激烈地抨擊專制制度及其對人的奴化，但他仍然從民族—文化存續不墜的意義上，高度肯定儒家「名教」能使諸葛亮、郭子儀以至曾國藩、左宗棠這樣的人物，懼亂臣賊子之名，以君臣綱常自束，維持了社會穩定和國家統一。

又如對「老學時代」的評價。一方面，梁啟超能站在「世界哲學」而非儒學的立場上看待魏晉玄學的價值，說王弼之於《老子》、《周易》，郭象、向秀之於《莊子》，張湛之於《列子》，實在是遠過於東漢腐儒之學。但是，從玄學對「群治」的影響來說，整個士大夫階級以虛無為主義，以私利為實質，喪失了對社會政治的責任感和道德意識，以至「民志皇皇」。於是，梁啟超遂以「玄理派」與「丹鼎派」、「符籙派」、「占驗派」並列而四，歸入中國思想傳統的最下流，並把整個魏晉時代貶為中國數千年學術思想「最衰落之時」。這樣的論調不難使我們聯想到歷代尤其是晚明大儒對魏晉士風的責難。

《近世之學術》一章於 1904 年夏間完成，其時梁啟超與革命黨人論戰方酣。針對革命黨人在學術上標榜古文經學而繼承漢學傳統，他對作為清朝學術主流之漢學的抨擊尤為激烈，所持標準乃是養成人格、化成風俗的儒家「大學」之道。按照這個標準，他雖然承認清朝漢學饒有科學的治學精神和方法，但仍然謚之為中國學術思想「日以消沉」的垂老階段，這與他日後在《清代學術概論》中將這一時代名之為中國的「文藝復興」時期，實在是大異其趣。他最為推崇的是以顧炎武、黃宗羲、王夫之、劉獻廷為代表的「國初」之學，認為晚明諸大儒開創的學術思想局面可比周秦諸子時代，是秦漢以來二千年儒學發展的最高峰。他論此五人之學，則先論「其志」、「其人」，強調此五人之學以陽明學為原動力，其發揚蹈厲的精神實出於陽明人格之衍化；他感歎此五人

之學為時勢所限，不得全其大用，發揮轉移世運之功，而只能以書本之學見著於世。「國初」之學推移以至乾嘉之學，在梁啟超看來，這實在是「每下愈況」，而清朝統治者有意推出的「名臣兼名儒者」則是帶動學風轉移的樞機關鈕。如徐乾學替清廷網羅當時名士，用利誘威逼的手段嚴重敗壞了漢族士大夫的氣節；湯斌、李光地這樣的偽君子借重權勢以「理學名臣」號於天下，遂使程朱陸王之教淪為門面語；毛奇齡負博學大儒之名，公然蔑視宋學，甚至以「真小人」自豪。從此以往，力學而不必反求諸身，「宋明學」全絕，儒學成德經世的真精神也隨之湮沒。於乾嘉學者，梁啟超特別批評了有領袖資格的戴震，說他的那一套意圖取代理學的思想理論很像西方近代的功利主義哲學，「二百年來學者記誦日博而廉恥日喪，戴氏其與有罪矣。」與考據學主流相比，他更推重有意繼承顧炎武的經世精神的趙翼，以及注重史學的浙東學派。

在《大勢》一文中，梁啟超論「儒學」與「士風」與「時勢」的互相推移，深入閫奧，親切有味，他的眼光頗能提醒我們，不能僅將儒學視為一種道德哲學的言說，而是要去理解儒學對傳統社會中一個「儒者」的實質意義，並從這個角度去考察儒學與其時代環境的有機聯繫。

當然，在歷史上，儒學包含了諸多知識領域，有一定的學術分科，故能傳承不絕，但這個優長在梁啟超看來並不值得褒獎，反而成為儒學因襲相蹈、缺乏創造性的根源：

> 在先師雖有改制法後之精神，在後學可以抱殘守缺為盡責。……則言訓詁者可以自附焉，言校勘者可以自附焉，言典章制度者可以自附焉，言心性理氣者可以自附焉，其取途也甚寬，而所待於創作力也甚少。所以諸統中絕而惟此為昌也。[26]

26　梁啟超：《論中國學術思想變遷之大勢》，《飲冰室文集之七》，41頁，《飲冰室合集》第1冊，中華書局1989年。

這正可見，在梁啟超的心目中，養成偉大人格的要旨、理論、方法，乃是全部儒學傳統的精華所在，也是真正具有現代價值的活的思想遺產。

《論中國學術思想變遷之大勢》與同時期所寫的《新史學》、《中國史敘論》等文，其實都是梁啟超準備撰述中國通史的前期工作，都闡述、表達了梁啟超獨特的「文化史觀」，在他那雜糅新舊中西的歷史觀念中，我們特別能看出梁啟超怎樣看待學術在社會、文化中的功能，他的學術觀念又是怎樣地深具儒學性格。

他的文化史觀將文化充分擬人格化，大意是說，一種文化正如一個人，有「形質」有「精神」，文化的「精神」又可稱為「文明特性」、「國民品質」。正如人的性格決定命運一樣，各民族盛衰興亡之故則在於其「國民品質」、「文明特性」能否適於生存競爭。作為民族盛衰之原的「國民品質」、「文明特性」，受之於歷史遺傳，由地理環境決定，被學術思想鑄造，又體現於學術思想，「故欲占其國文野強弱之程度如何，必於學術思想焉求之。」[27] 那麼，想要瞭解並確立中國所以立於天地的「特質」，想要對「中國文化」做出定義從而獲得民族—文化上的自我意識，最切要的工作當是總結中國的學術思想傳統並努力使之獲得新生：

> 雖然，凡一國之立於天地，必有其所以立之特質。欲自善其國者，不可不於此特質焉，淬厲之而增長之。今正過度時代蒼黃不接之余，諸君如愛國也，欲喚起同胞之愛國心也，於此事非可等閒視也。[28]

27　梁啟超：《論中國學術思想變遷之大勢》，《飲冰室文集之七》，1 頁，《飲冰室合集》第 1 冊，中華書局 1989 年。

28　梁啟超：《論中國學術思想變遷之大勢》，《飲冰室文集之七》，3 頁，《飲冰室合集》第 1 冊，中華書局 1989 年。

　　從一國學術思想、宗教、藝術、生活方式等文化領域概括、提煉該民族的「精神」與「特質」，用地理環境、歷史積累的因素解釋其成因，又以民族「精神」、「特質」為決定其國民事業盛衰強弱的根本力量。這是 19 世紀後半葉興起於歐洲而風行於日本的文化史學的一般詮釋模式，梁啟超的「文化史觀」當然是其來有自。[29] 但是，當我們細究其「文化史觀」的內在邏輯，將發現它又融合了儒家式的「人心風俗」史觀，梁啟超於 1903-1905 年所寫《論私德》、《德育鑒》等文，充分表達了其史觀的這一特質。當時，梁啟超的政治觀點從傾向革命轉而擁護立憲，並與革命黨人展開論戰。但是，這樣的轉變不僅出自他對時勢的考量，更有一層內在的心理原因，那就是他對革命黨人自身品質的失望。他於 1903 年 6 月 27 日《致蔣觀雲書》中表示，「懲新黨棼亂腐敗之狀，乃益不敢復倡革義矣。」[30] 他最感憂心的是，無論立憲黨人還是革命黨人都是國中少數先覺之士，身負救國開新的歷史使命，但其道德意識、人格狀態實遠不足以副之。在《論私德》一文中，他將晚清士風敗壞、革命黨人缺乏道德資源，歸咎於主流的漢學不足以造就人才，遠不及發揚踔厲的陽明學和嚴正忠實的程朱學。他列舉歷代史實，說明「學術」對於「人心」、「風俗」之影響，遠大於君主的翻雲覆雨手，轉移世運之力其實在下而不在上。他盛讚為革命黨人所唾罵的曾國藩，

29　鄔國義在《梁啟超「新史學」思想探源》一文中指出，梁氏最著名之《新史學》及《論中國學術思想變遷之大勢》，多以日人所著為藍本。《新史學》中論述「歷史與人種的關係」，取自高山林次郎的《世界文明史》。又，《中國史敘論》引德國哲學家埃猛挭濟氏（今譯海爾曼洛采）所論史學的五項主要內容即智力、產業、美術、宗教、政治，出自坪內雄藏的《西洋上古史》。此文刊載於《「走向世界的中國史學」國際學術研討會論文集》，北京師範大學史學理論與史學史研究中心，2006 年 8 月。

30　參見丁文江、趙豐田：《梁啟超年譜長編》，327 頁，上海人民出版社 1983 年。

認為其功業的根本在於能以「學術」自樹立，又能以「學術」教導、砥
礪人才，形成堅強有力的團體。他要求有志之士以曾文正公的事業為榜
樣，以身為教，造成新的風尚，團結成一個有品德有能力的領導集團，
從而擔負建國大業。1905 年，梁啟超為南宋鄭思肖《心史》重印本作
序，他慨歎道：

> 國之所與立者，非力也，人心也。故善觀國家者，惟觀人心何如
> 耳，此固儒者尋常迂闊之論，然萬萬不能逾此理。[31]

而「風氣」之造成、「時勢」之轉移，關鍵在於社會之中少數志士
能以「學術」風教天下：

> 自古雖極泯棼之世，未嘗無一二仁人君子，自拔流俗，以其所學
> 風天下，而乾坤之所以不息，吾儕之所以不盡為禽獸，皆賴此一二仁
> 人君子心力之賜。[32]

這和被他視之為「頑固」的張之洞，其想法同出一轍：

> 竊惟古來世運之明晦，人才之盛衰，其表在政，其裡在學。[33]

這樣一種對「學術」及其社會、文化功能的理解，首先透露著對中

---

31 梁啟超：《重印鄭所南心史序》，《飲冰室文集之十七》，12頁，《飲冰室合
   集》第 1 冊，中華書局 1989 年。
32 梁啟超：《自由書》附《晚歲讀書錄》之《雪浪和尚語錄二則》，117頁，《飲
   冰室合集》第 6 冊，中華書局 1989 年。
33 張之洞：《勸學篇序》，北京華夏出版社 2002 年。

國社會基本結構的儒家式觀點，即以士人階級為社會的中堅力量，在政治、文化上負有領導之責，士人階級的責任感、品德與能力乃是決定其能否維繫合理政治與良好民德的關鍵因素，士人階級內在的精神素質外顯為社會的風氣習尚，所以說「士風」乃「國本」所系，而「學術」則是「士君子」自淑淑世、修己治人的種種門徑和知識。如錢穆所論，以儒家經學為代表的中國學術，其理想在於：

> 即由學問來完成一個人，再由此人來貢獻於社會，所貢獻的主要事業對象則為政治與教育。此等理想人格之最高境界，便是中國自古相傳所謂的聖人。因此，經學在中國，一向看為是一種做人之學，一種成聖之學。要做一理想人，要做一聖人，便該在實際人生社會中去做，此便是中國學術傳統中之人文精神。[34]

三、「科學之上不可不更有身心之學以為之原」

就在梁啟超積極接受各門現代學術的同時，他又常常自悔「數年以來外學頗進，而去道日遠」。[35] 他感到雖然宗教排斥懷疑精神，容易墮入迷信，妨礙窮理求知之學術的發展，但卻可以造就信仰堅定的人物，又可以凝聚人心統一民志，實為今日救國事業所必不可少。於是，他主張「貴信」的宗教與「貴疑」的哲學應該並行不悖。而陽明學既無迷信之弊又有立身之實用，「實宗教之最上乘」。[36] 這樣的說法表明，梁啟超在急切擺脫中國舊學之樊籬時，又深切地察覺到他所接觸和理解的現

34　錢穆：《中國學術通義》，6 頁，臺灣學生書局 1984 年。

35　丁文江、趙豐田：《梁啟超年譜長編》，227 頁引梁啟超在 1900 年 3 月 21 日《致知新同人書》，上海人民出版社 1983 年。

36　梁啟超：《論宗教家與哲學家之長短得失》，《飲冰室文集之九》，46 頁，《飲冰室合集》第 1 冊，中華書局 1989 年。

代學術也並不能完全對治當今時勢，必須有以補救。

如前所述，梁啟超於 1903-1905 年思想徹底轉向立憲之時，對革命黨人的道德人格有著激烈的抨擊。為此，梁啟超自悔前說，於 1904 年寫《論私德》一文，轉而強調「私德」和「舊道德」的重要，大力提倡道學尤其是陽明學之用，並將之編入《新民說》。[37] 次年，他又節抄《明儒學案》成《德育鑒》一書，為「有志之士」指示進德的有效途徑和法門。在《論私德》中，他特別指出，「道學」與「道德哲學」完全是兩種學問，當今「新學界」往往把道學當作道德哲學來做紙上的研究，探討「理」、「氣」、「太極無極」、「已發未發」的哲學含義，這與研究「直覺主義」、「進化主義」、「功利主義」、「自由主義」一樣，其實屬於道德哲學的範疇，是與理化、工程、法律、生計諸學性質相類的現代科學，是以窮理求知為目的的；而「道學」乃是求道之學，是以增進道德意識和能力為目的，若把道學真的等同於道德哲學，那就等於廢除了這門學問。而當今中國正是社會巨變之時，舊的價值觀道德觀失去威信，而新的價值觀道德觀尚未確立，人心失準，社會制裁失效，普遍的文化價值危機即將發生。當此之際，智識階級若惟「新學」是求，「學」惟問「智育」，不再講求養成道德人格的「道學」，那麼，中國求「智」之「新學術」的發展將無關於文化價值危機的解脫，並與社會「德育」的水準尤其是與智識階級本身的「德育」水準適成一反比，那麼，社會上的一般群眾將反感厭棄求智的「新學術」，並將厭棄這樣的智識階級。而若以道德哲學混淆了取代了傳統的「求道之

37　丁文江、趙豐田：《梁啟超年譜長編》，340 頁引黃遵憲於 1904 年 7 月 4 日《致梁啟超書》，其中批評梁啟超的這篇文章說：「公自悔功利、破壞之說之足以誤國也，乃壹意反而守舊，欲以講學為救中國不二法門。……如近日《私德篇》之臚陳陽明學說，遂能感人，亦不過二三上等士夫耳。言端屢易，難於見信，人苟不信，曷貴多言。」上海人民出版社 1983 年。

學」，則「德育」變成了講道德，成了一套空話，以至道德本身也令人厭棄。到那個時候，文化、學術也就劫運將至了。[38]

他進一步指出，「學」應有兩種，一是「為學日益」之學，一是「為道日損」之學，[39]「為道日損」之學才是養成道德意識和能力的「德育」。「為道日損」與「為學日益」之間的關係是這樣的：

> 為道日損，故此心不許有一毫人欲間雜；為學日益，故講求許多條理節目。然既有日損之道，則日益之學乃正所以為此道之應用也；且既有日損之道，自不得不生出日益之學以為之應用也。如誠有愛國之心，自能思量某種某種科學，是國家不可缺的，自不得不去研究之；又能思量某種某種事項，是國家必當行的，自不得不去調查之。研究也調查也，皆從愛國心之一源所流出也。[40]

要言之：

> 科學之上，不可不更有身心之學以為之原。[41]

首先要致力於道德主體的樹立，所謂以道學立其「體」，然後由主體對於世界的責任感，開出對客觀知識的追求，所謂以科學立其「用」，這才是當今中國真正需要的人格結構和學術體系。梁啟超指出，在道學兩派之中，朱子學講「格物致知」，不免將客觀求知的學問

38　梁啟超：《新民說》，136-137 頁，《飲冰室合集》第 6 冊，中華書局 1989年。

39　梁啟超：《新民說》，137 頁，《飲冰室合集》第 6 冊；《德育鑒》，23 頁，《飲冰室合集》第 7 冊，中華書局 1989 年。

40　梁啟超：《德育鑒》，39 頁，《飲冰室合集》第 7 冊，中華書局 1989 年。

41　梁啟超：《德育鑒》，23 頁。

路徑與養成道德人格的學問路徑混為一談，沒有點出樹立道德主體意識這個關鍵，因而，在當今之世若要從事「道學」，正確的門徑應是陽明學的「致良知」，既能立道德之大本，又不妨礙知識的取得。梁啟超這種以「道學」立其體、以「科學」大其用的「學術」觀念與路徑，既是對陽明學「知行合一」之旨趣的現代詮釋和重構，也是對科學化的現代學術的一種補充和調和，當然，這也是真正回到了晚明大儒所主張的「明體達用」、「體用兼備」的思想方向。

自此之後，梁啟超親身實踐著以「日損之道」立其體，以「日益之學」大其用的為學之路。1906 年 7 月，清廷下詔立憲，梁啟超對建設君主立憲政體抱著極大希望，以為中國將避免劇烈的革命而走上現代化的強國之路。在這一時期，他將主要精力投入於憲法學和財政學的研究，編著《財政原論》、《憲政論》。同時著《王荊公》、《管子傳》，其欲為當今中國之管、商、荊公之志躍然紙上。在光、宣之交，同門麥孺博曾致信勸諫他不要過於外求功利，梁啟超遂回信與之論學。他說，「先儒語錄」可以刻刻提醒良知，讓人立住頭腦，但在當今時勢要進行救國事業，卻不能像先儒那樣只靠「治心」所能應付，還必須別求時代所需要的具體學術與智慧，否則勉強「以道自任」徒然令人不安，終至令人厭倦。先儒治心之法有兩派，一是講「應無所住」，一是講「主一無適」，前者無所執著境界最高，但後者則更適於當今處境，更加平實有用。那麼，我輩將如何「主一無適」以治其心堅其志呢？他說：

> 然則我輩所當主者惟何，必其在究當世之務，以致用於國家矣。為學日益之功固在是，即為道日損之功亦在是。此有所益，彼必有所損。古人所謂內外交養，不越此塗。而辱示有根本枝葉之疑，鄙見未敢苟同也。[42]

這就是說，挺立「良知」的道德修養必須落實為治國治世的有用學術，而外求知識技能又必須以「良知」為指南，時刻保持動機的純正。他提醒麥孺博，必須儘早掌握一些有用於世的實學，十年之內中國將急需在政治、經濟領域的領袖人才。倘若不能得位行道，也可自期以「會通古今中外」的學術事業，傳承中國數千年文化命脈。

四、治國學的兩條大路

在民國肇建的政治舞臺上，梁啟超無疑扮演了重要的角色，然而在這個過程中，他對運動軍閥利用官僚的所謂政治活動日益感到失望，轉而寄望於文化教育等「新民」事業，想為重建國家打下社會性的基礎。1918 年 12 月，在歐遊前夕，梁啟超和他的朋友們通宵暢談，相約決然捨棄政治活動，而要從思想界盡些微力。[43] 1919 年 9 月，梁啟超尚在歐遊途中，由他發起的新學會創辦《解放與改造》雜誌，以自己的立場投入了從思想文化上謀根本改造的新文化運動。所謂他「自己的立場」指的是「調和」古今中西的立場，他要求國人「要人人存一個尊重愛護本國文化的誠意」，然後通過科學的研究，化合中西文化以成一個「新文化系統」，為人類的美好生活提供新的可能。[44] 而以胡適、陳獨秀為代表的新文化運動的主流是堅決反對「調和」而主張「評判」的：「評判的態度只認得一個是與不是，一個好與不好，一個適與不適──不認得什麼古今中外的調和。」[45] 此後的幾年間，梁啟超對網絡同志，舉辦自由講座，擴大在全國文化思想界的影響力很是熱心，一時間聲勢頗著。

42　丁文江、趙豐田：《梁啟超年譜長編》，707-710 頁引梁啟超《致麥孺博書》，上海人民出版社 1983 年。

43　梁啟超：《歐遊心影錄》，39 頁，《飲冰室合集》第 7 冊，中華書局 1989 年。

44　梁啟超：《歐遊心影錄》，25 頁。

45　胡適：《新思潮的意義》，《胡適文集》第 2 冊，557 頁，北京大學出版社 1998 年。

46 以致立場守舊的錢基博有「一時大師，駢稱梁胡。二公揄衣揚袖，囊括南北」之觀感。47

　　這一時期，梁啟超在很多方面確實是跟著「諸少年」跑了，他對科學式的學術觀念的宣傳和強調即是一例。梁啟超應胡適之囑記述今文學運動，於 1920 年 10 月寫成《清代學術概論》，他反省當年《論中國學術思想變遷之大勢》對清朝漢學的批評「多有為而發」，太過於偏至。是書之述清學，則重在表彰漢學的科學精神與科學方法。他將漢學與今文經學相貫通，指出二者共同具有對神聖經典、傳統信念的質疑研究之態度，相繼而成以復古為解放的中國「文藝復興」。其論調與胡適同期寫成的《清朝漢學家的科學方法》若合符節。他又批評包括自己在內的今文學運動往往以致用為信條，對中西學術淺嚐輒止，帶來「籠統影譽凌亂膚淺等等惡現象」。於是，特別主張「為學問而學問，斷不以學問供學問以外之手段」，強調治學一定要分業而專精。48 最後，他提出要繼續清儒未竟之事業，用最新科學方法，以現代學術分科部勒、整理傳統學術的思想材料，正符合當時「整理國故」運動的方向。49 1922 年，他在東南大學等地演講《科學精神與東西文化》、《學問之趣味》，皆大力宣揚求真求是的「科學」態度與方法，指出中國思想界必須經過「科學」的洗禮，才能免除「籠統、武斷、虛偽、因襲、散失」之病。50

46　參見張朋園：《梁啟超與民國政治》第 5 章《新文化運動——梁啟超退出政壇後的動向》，吉林出版集團公司 2007 年。

47　錢基博：《中國現代文學史》，545 頁，《中國現代學術經典·錢基博卷》，河北教育出版社 1996 年。

48　梁啟超：《清代學術概論》，72 頁，《飲冰室合集》第 8 冊，中華書局 1989 年。

49　梁啟超：《清代學術概論》，80 頁。

50　梁啟超：《科學精神與東方文化》，《飲冰室文集之三十九》，8 頁，《飲冰室合集》第 5 冊，中華書局 1989 年。

　　五四新文化運動祭起的「賽先生」在不久之後走向了「整理國故」的學術事業。1923 年 1 月，胡適發表《國學季刊發刊宣言》，提出「以科學方法整理國故」的綱要，他仍沿用了「國學」之名，但真正的「國學」在這裡只能是「國故」而沒有了成「學」的資格，他要求將中國過去的一切文化歷史包括學術思想，都看成是「歷史材料」，對其進行科學的歷史研究。[51] 這個發揚實事求是的漢學精神、專門講求「為學問而學問」的實證主義學術運動，其本身卻是一項抱負遠大的經世大業，那就是要把「賽先生」真正植根於中土，打造一個獨立的學術社會，為中國社會的現代化培養中堅力量，為中國文化的現代化改造奠定堅實基礎。傅斯年在五四之後留學歐洲，他深慕歐洲大學尤其是德國大學的規模及其在現代國家建設中的作用，一心想把五四新思潮的種子真正結實為現代的科學性學術的建設。他給胡適寫信說：「很希望北京大學裡造成一種真研究學問的風氣」，而不宜「止於批評的風氣」。[52] 又致書蔡元培說：「近代歐美之第一流的大學，皆植根基於科學上」，北大雖然振作了「大學的精神」，「但若沒有學術上的供獻接著，則其去文化增進上猶遠。」[53] 30 年代，傅斯年已經是中國現代學術、教育的領袖人物，他明確表示，把大學建設成一個「力學」的園地，是為了能培養出來「以其技能自成一種社會的『技術階級』」，他們構成了「西洋的中等階級」，正是自由民主的現代社會的中堅力量。因此：

　　　　若想中國成一個近代國家，非以職工階級代替士人階級不可；若

51　胡適：《國學季刊發刊宣言》，《胡適文集》第 3 冊，15 頁，北京大學出版社 1998 年。

52　傅斯年：《致胡適的信》，《傅斯年全集》第 7 卷，13 頁，湖南教育出版社 2003 年。

53　傅斯年：《致蔡元培的信》，《傅斯年全集》第 7 卷，16 頁，湖南教育出版社 2003 年。

想中國教育現代化，非以動手動腳為訓練、焚書坑儒為政綱不可。[54]

中國現代大學的建設固然可以借鑒書院的傳統，但總的來說，中國學問向以造成人品為目的，而現代大學必須以「學術之取得、發展與應用」為根本方向。[55] 總之，是要以「工」的教育取代「士」的教育：

> 全國的教育，自國民教育至學術教育，要以職業之訓練為中心的。……我們乃是主張學校中的訓練要養成幼年人將來在社會服務的能力，養成一種心思切實，態度誠實，手腳動得來，基本知識堅固的青年。……這樣的訓練，不特可以充分發育一個人之用處，一個人將來在職業上的用處，並可以防止安坐享受的習慣、思想不清的涵養，做士大夫的架子。[56]

作為道、咸以降的「過渡」人物，梁啟超雖然積極接受和宣傳求真而專精的實證主義學術觀念，但從根本上，他抱持著儒家式的對於學術及其與社會與國家民族前途之關係的看法，對「大學」及其「學術」應負怎樣的社會責任、應有怎樣的發展方向，他都有著一套自己的主張，與上述主流方針相比，不可謂不大相徑庭。

自新文化運動以來，梁啟超對中國所謂的現代教育不斷地予以批評，不止一次地痛斥之為「販賣智識的雜貨店」，其中只有淺薄的知識

54　傅斯年：《教育崩潰之原因》，原載《獨立評論》1932 年 7 月 17 日，《傅斯年全集》第 5 卷，7 頁，湖南教育出版社 2003 年。

55　傅斯年：《改革高等教育中幾個問題》，原載《獨立評論》1932 年 8 月 28 日，《傅斯年全集》第 5 卷，23 頁，湖南教育出版社 2003 年。

56　傅斯年：《教育改革中的幾個具體事件》，原載《獨立評論》1932 年 7 月 24 日，《傅斯年全集》第 5 卷，12 頁，湖南教育出版社 2003 年。

灌輸,全然不講養成人格和自由意志的「情育」和「意育」。[57] 傳統學術以教養「士君子」為目標,故其學以「立志」為先,具有一套進行精神教育的理論與方法。在他看來,中國現代的學術與教育不但沒有取得西洋的精神,還將傳統的精義蕩然殆盡。這樣的教育無能培養有自發能力有自主精神的領袖人才,只能生產「群眾」,其結果將使社會「陷入機械而消失自動力」。[58] 他甚至說:「吾國近二十年來所採用的教育制度,其殄喪青年之自發力,禍且烈於軍閥。」[59] 在當時,並不只梁啟超一人從傳統士君子之學之教的角度,批評中國現代的實證主義學術和專業教育,章太炎之論也很有代表性,他說:

> 士先志,不足以啟其志者,勿教焉可也。尊其所聞則高明,行其所知則光大,不足以致高明光大者,勿學焉可也。
>
> 善教者使智識與志趣相均,故不亟以增其智識為務,中土諸書皆是也。今之教者,惟務揚其智識,而志趣則愈抑以使下,又重以歆慕遠西,墮其國性,與啖人以罌粟膏,醉人以哥羅方,無以異矣。[60]

1923 年 1 月,就在胡適發表「整理國故」之宣言同時,梁啟超即在東南大學演講《治國學的兩條大路》。他指出,除了用「科學方法整理

---

57 參見梁啟超:《為學與做人》、《治國學的兩條大路》、《東南大學課畢告別辭》、《顏李學派與現代教育思潮》、《王陽明知行合一之教》、《清華研究院茶話會演說詞》等文,《飲冰室合集》第 5 冊,中華書局 1989 年。

58 梁啟超:《自由講座制之教育》,《飲冰室文集之三十六》,35 頁,《飲冰室合集》第 4 冊,中華書局 1989 年。

59 梁啟超:《平民教育家孟祿特號序》,《飲冰室文集之三十六》,66 頁,《飲冰室合集》第 4 冊,中華書局 1989 年。

60 章太炎:《救學弊論》,《太炎文錄續編》,《章太炎全集》第 5 冊,96 頁,上海人民出版社 1985 年。

國故」之外，必須還要用「內省的和躬行的方法」建設儒家式「人生哲學」，此種學問斷不能是窮理致知的道德哲學，而只能活學活用，它應是「國學」裡頭最重要的一部分，「必走通了這一條路，乃能走上那一條路。」[61] 在這一時期，梁啟超接續《論中國學術思想變遷之大勢》，撰寫了一系列中國學術思想史著作，集中於先秦和近三百年，廣涉諸子學、佛學和儒學，而以儒學為重點。他的儒學史研究和寫作，其實是對儒學發展譜系的重構，也是對儒家義理思想的新的詮釋和發展。他繼承晚明清初的反形上學思潮，通過重釋陽明學、顏李學和戴震學，將儒學義理思想體系進行一番重構，使之成為一種旨在「知行合一」、「事上磨練」的「新道學」。他努力給予儒家的人生觀以一個現代的哲理基礎，力圖將傳統的「士君子」之學轉化為現代的「人生哲學」，在他看來，這又是向孔學本意的真正回歸。關於這一問題，我將在下一章中進行詳細論述。在梁啟超的心目中，新「道學」及其率領下的「科學」，才構成中國現代學術的發展全景，追求「學術」獨立的中國現代學術運動，其旨趣不應自限於「為學術而學術」，更要「為人生而學術」。而當今中國的「文藝復興」運動，自不能以乾嘉時代為起點，而是要繼承「道、咸以降其學新」，真正回到晚明，從而開出一個「更切實更偉大的時代」。[62]

他很敏感地把「為學問而學問」的實證主義學風當作程朱學「格物致知」之流脈，批評朱子學將「涵養須用敬」與「進學在致知」打成兩橛，造成知識主體與道德主體的分離。他指出，程朱學的這種流弊，在今天已有相當嚴重的表徵。大學裡高談「為學術而學術」，以為是在講

61　梁啟超：《治國學的兩條大路》，《飲冰室文集之三十九》，114 頁，《飲冰室合集》第 5 冊，中華書局 1989 年。

62　梁啟超：《中國近三百年學術史》，2 頁，《飲冰室合集》第 10 冊，中華書局 1989 年。

求純粹的求知態度，是在造成獨立的學問領域，但所學內不能修養身心、磨練人格，外不能切合社會實際情形與需要，造成「所知」與「所行」的嚴重脫節。[63] 正是針對這樣的癥結，梁啟超所瞻望的中國新學術，也就是「治國學的兩條大路」，既能將道德主體與知識主體有機地綰合起來，又能根據社會人生實際問題去求知識技能，有著將「日損之道」與「日益之學」包融起來的、養成「全人格」的整全結構。

在他看來，當社會轉變之時，必須能形成一個負責任的領導階層或集團，亟需培養有全局眼光、有社會理想的精英人物。中國的大學，在中國社會實有特殊地位，不但要成為發展現代科學的園地，不但要成為專業知識和技術人才的搖籃，還得擔負起培養「社會上治事領袖人才」的重任。他責問道：「今日立身教育界而確認識其自身之價值及責任者，究有幾人？」[64] 又借顏元之語，告誡當今學者「勿以轉移之權委諸氣數，一人行之為學術，眾人從之為風俗，民之瘼矣，忍度外置之乎？」[65] 當然，梁啟超在五四之後所寄望的領袖人才，並不是他從前所向慕的那種志士式的政治領袖，而是能在具體的事業中立志做「第一等人物」的人。這今日的「第一等人物」，能在一定的技術、知識分工領域之內，使所作所為與社會全體事業有關，既要在有限的職業範圍內做「專家」，又能將社會責任意識融貫在職業當中以為職業之靈魂，承擔起以身為教、移風易俗的責任，成為一個「士君子」。[66] 1923 年 11 月，

63　參見梁啟超：《顏李學派與現代思潮》、《王陽明知行合一之教》，《飲冰室合集》第 5 冊，中華書局 1989 年。

64　梁啟超：《孟祿講演集序》，《飲冰室文集之三十八》，1 頁，《飲冰室合集》第 5 冊，中華書局 1989 年。

65　梁啟超：《顏李學派與現代教育思潮》，《飲冰室文集之四十一》，26 頁，《飲冰室合集》第 5 冊，中華書局 1989 年。

66　參見梁啟超：《如何才能完成國慶的任務》、《清華研究院茶話會演說詞》，《飲冰室合集》第 5 冊，中華書局 1989 年。

梁啟超在給女兒令嫻的信中勉勵女婿：「我常説天下事業無所謂大小（士大夫救濟天下和農夫善治其十畝之田所成就一樣），只要在自己責任內，盡自己力量做去，便是第一等人物。希哲這樣勤勤懇懇做他本分的事，便是天地間堂堂的一個人，我實在喜歡他。」[67] 他真正關心的是，中國的現代大學及其學術發展如何能在專業化、職業化教育的同時擔負人格教育之責，如何在現代社會領域分工的條件下又能容納對社會領袖人才的養成。

1921 年，他曾和同道積極宣導「自由講座」制度，欲參采前代講學、書院之遺意而變通之，宣導新的師教和身教，打算以中國公學、南開大學、東南大學為基地，對全國的文化教育界施加影響。[68] 1923 年 1 月，他從東南大學演講返津，即發表公開信召集同志欲創辦文化學院，研究和講授先秦諸子學、宋明理學、佛學以及中國傳統文學美術，尤其重視以儒家「人生哲學」進行精神教育。[69] 1925 年以後，他又在清華研究院力行這一抱負，想把儒家的精神修養之學貫徹到各類現代學術的研究和教學中：「一面求智識的推求，一面求道術的修養，兩者打成一片。」[70] 在一次對清華研究院學生的演講中，他追究近代以來的士林領袖曾國藩、李鴻章、袁世凱、孫中山諸人對人才、士風的不同影響：在曾國藩之後，李鴻章以功利為天下倡，袁世凱更是明目張膽地以富貴相邀，孫中山則為了增強黨派力量而慫恿投機主義，其實也是功利一路。

67　丁文江、趙豐田：《梁啟超年譜長編》，1005 頁引梁啟超於 1923 年 11 月 5 日《致長女思順書》，上海人民出版社 1983 年。

68　丁文江、趙豐田：《梁啟超年譜長編》，942 頁引梁啟超於 1921 年 12 月《致蔣百里、張東蓀、舒新城書》，上海人民出版社 1983 年。

69　丁文江、趙豐田：《梁啟超年譜長編》，983 頁引梁啟超《為創辦文化學院事求助於國中同志》，上海人民出版社 1983 年。

70　丁文江、趙豐田：《梁啟超年譜長編》，1138 頁引 1927 年初夏《梁先生北海談話記》，上海人民出版社 1983 年。

而現在青年人的思想不歸入袁派即歸入孫派，所以中國今日的情形如此之糟。他給出的辦法是回到曾國藩那裡去，他告訴這些將來必將成為中國社會中堅力量的智識青年，要好好一讀曾國藩的《原才》，看曾國藩等人當時是如何誠懇踏實地改造自己，培養人才，最終通過集體性的事業造成了「風氣」。他說，他自己在清華研究院並不以專精的研究見長，而是要以「方法」傳授於人：

> 一是做人的方法：在社會上造成一種不逐時流的新人；
> 二是做學問的方法：在學術界造成一種適應新潮的國學。[71]

抗戰期間，錢穆倡言批評「整理國故」運動以來的主流實證主義學風，以為其錯誤一則使「學問與人生分成兩橛」，二則使「學問與時代失其關聯。」他強調，生當亂世，大學及其學術當以造就人才興起事業為重，所言正是對梁啟超學術思想的繼承：

> 向內莫忽了自己誠實的痛癢的真血性，向外莫忽了民族國家生死存亡的真問題。在此交灌互織下，自有莫大前程。[72]

五、結語

梁啟超關於中國現代學術的理想，其主旨在於使西方科學新知與中國儒家人文傳統獲得調和，兼重「物理事變」與「心知情慧」，並建立二者間有機的互動關係，以為人類求知立行建立一新原則，創立一新體

---

71 丁文江、趙豐田：《梁啟超年譜長編》，1144 頁引 1927 年初夏《梁先生北海談話記》，上海人民出版社 1983 年。
72 錢穆：《新時代與新學術》，《文化與教育》，41 頁，廣西師範大學出版社 2004 年。

系。

如何將主體人格的養成、社會領袖人才的培養內化於研究性、專業化的現代學術體制之中，如何使現代人文社會學科的進展切關於人生的充實和社會的變遷——這個梁啟超在新文化運動時期十分關心的問題至今仍然是個難題；與此相關，以往為中國人提供了生活意義和價值觀念的儒學傳統如何在現代文化環境下成為活的思想資源，也仍然是個難題。不過，梁啟超所著重闡發的儒學進行精神教育的精義、理論與方法，其意義至今值得我們認真對待；他所強調的從「全人格」的角度、從學術與士風與時勢相互推移的角度，來考察儒學史以及中國學術思想史，對我們來說也頗具方法上的提示作用。他反對「為學術而學術」的實證主義學術觀念，反對片面強調科學、發展智識的教育路線，他在主流實證主義學風刺激下，將儒學的學術觀念加以轉化、重釋，以闡發知、情、意並重的、養成「全人格」的中國現代學術之新理想，其批判意義在今天看來不但仍然存在，甚至更加重要。

【第三章】
「事上磨練」的「新道學」
五四後梁啟超對儒學與儒學史的
重構及其思想意圖

一、引言

　　1902 年，在《新史學》問世同年，梁啟超撰著《論中國
學術思想變遷之大勢》，首倡以「現代」的價值觀念、研究
眼光，對中國學術思想傳統進行系統詮釋。根據他的「文明
史觀」，學術思想是一國「精神」之所在，「而政事法律風
俗及歷史上種種之現象，則其形質也。」[1]值是之故，整理和
研究中國固有學術思想傳統，乃是中國文明自我覺識的重要
途徑，是重鑄「國魂」的立國大業。但是，在此之後，梁啟
超的主要精力投入於政治活動，其問學的重心也轉移到憲法
學和財政學這樣的經世之術上。對中國學術思想傳統的系統
研究，要一直等到新文化運動時期，在他基本脫離政治活動
後才得以開展。

　　1918 年 12 月歐遊前夕，梁啟超和他的朋友們通宵暢談，
「著實將從前迷夢的政治活動懺悔一番，相約以後決然捨
棄，要從思想界盡些微力，這一席話要算我們朋輩中換了一

1　梁啟超：《論中國學術思想變遷之大勢》，《飲冰室文集之
七》，1 頁，《飲冰室合集》第 1 冊，中華書局，1989 年。

個新生命了。」[2] 1919 年 9 月，梁啟超尚在歐遊途中，由他發起的新學會創辦《解放與改造》雜誌，以自己的立場投入了從思想、文化上謀根本改造的新文化運動。在《清代學術概論》中，梁啟超表示「以其本人之魄力，及其三十年歷史上所積之資格，實應為我新思想界力圖締造一開國規模。」[3] 儘管在這之後他並不能真正忘情於政治，以致引起不少非議。但在 20 年代，他撰寫了一系列中國學術思想史論著，集中於先秦和近三百年，廣涉諸子學、佛學和儒學，而以儒學為重點，[4] 對新文化運動中的「整理國故」事業做出了可觀的貢獻。也正是乘「整理國故」之東風，梁啟超由一個有落伍之嫌疑的晚清立憲派維新思想家、政論家，變成一個在 20 年代有廣泛影響的學術家、歷史家。「後學」如侯外廬往往將梁啟超與胡適乃至馮友蘭並舉，作為「整理國故」的舊楷模一起加以批駁；[5] 同輩人章士釗則嘲諷梁啟超「獻媚小生，從風而靡」，錢基博則說：梁啟超「出其所學，亦時有不跟著少年跑而思調節其橫流者。」[6] 確如錢基博之所評論，梁啟超作為「道咸以降其學新」的「維新」人物，他的「整理國故」與以胡適為領袖的「整理國故」其實是兩種事業。關於「新思潮」對於中國舊有學術思想的態度，胡適主張「評判的態度」：「評判的態度只認得一個是與不是，一個好與不

2　梁啟超：《歐遊心影錄》，39 頁，《飲冰室合集》第 7 冊，中華書局 1989 年。

3　梁啟超：《清代學術概論》，65 頁，《飲冰室合集》第 8 冊，中華書局 1989 年。

4　梁啟超在 1927 年所著《儒家哲學》中說：「中國文化以儒家道術為中心。」「自孔子以來直至於今，繼續不斷的，還是儒家勢力最大，自士大夫以至台輿皂隸，普遍崇敬的，還是儒家信仰最深，所以我們可以說，研究儒家哲學，就是研究中國文化。」《儒家哲學》，7 頁，《飲冰室合集》第 7 冊，中華書局 1989 年。

5　參見侯外廬：《中國古代思想學說史》，19 頁、98 頁，上海文風書局 1946 年。

6　錢基博：《現代中國文學史》，354 頁，《中國現代學術經典·錢基博卷》，河北教育出版社 1996 年。

好，一個適與不適，——不認得什麼古今中外的調和。」[7]這顯然是針對梁啟超及其同道，梁啟超給出的「新文化運動」方案正是主「調和」的。[8]

　　90年代以來，隨著大陸知識界對所謂「激進主義」的反思以及對中國近現代思想、學術之多元路向的發潛和重視，梁啟超在五四新文化運動中堅持的其實也是他一貫主張的「淬礪其所本有而新之，采補其所本無而新之」的中間路線，受到格外關注和表彰。關於梁啟超在新文化運動中的思想與活動，近年來成為梁氏乃至中國近現代思想史研究的一個熱點。而梁氏的思想、學術與中國固有傳統的連續性，以及其對現代中國學術形成發展之貢獻，也有相關研究成果不斷問世。[9]

7　胡適：《新思潮的意義》，《胡適文集》第2冊，551頁，北京大學出版社1998年。

8　《歐遊心影錄·中國人之自覺》（《飲冰室合集》第7冊）、《中國公學的演講》以及《歷史上中華國民事業之成敗以及今後革進之機運》（《飲冰室合集》第4冊）等文章，皆可看做是梁氏「新文化運動」之宣言。

9　黃克武：《一個被放棄的選擇：梁啟超調適思想之研究》一書（北京新星出版社2006年），將梁氏主「調和」的文化思想放置於對中國現代化歷程加以重新思考的框架內，給予新的高度評價。不過，其書主要研究的是《新民說》時代的梁氏思想，對其五四後的思想與活動涉及較少。鄭師渠《梁啟超與新文化運動》一文（《近代史研究》2005年第2期）將梁氏放在一戰後世界性的文化保守主義思潮背景下，認為在「反思現代性」這一點上梁氏較之新文化運動主將更有時代意識。中村哲夫《梁啟超與「近代之超克」論》一文（收入狹間直樹主編《梁啟超·明治日本·西方》，社會科學文獻出版社2001年）關注梁氏晚年的整理國故尤其是佛學研究，指出他開拓出與歐洲後現代主義共鳴的思路。李茂民《在激進與保守之間——梁啟超五四時期的新文化思想》一書（社會科學文獻出版社2006年）較為全面地評述了這一時期梁氏的思想活動和學術事業。蔣廣學《梁啟超與中國古代學術的終結》一書（江蘇教育出版社1998年）論述了梁氏「不中不西、即西即中」的學術思想和中國文化的現代化方案。董德福《梁啟超與胡適》一書（吉林人民出版社2004年）也指出，梁啟超是五四新文化運動的有力參與者，並比較了梁、胡二人整理國故的理論、實踐及其具體成就。吳銘能《梁啟超研究叢稿》一書（臺灣學生書局，2001年）

　　不過，關於梁啟超如何對「傳統」進行重構性詮釋以求「活用」之，其學術研究與其思想事業、經世抱負之間的有機關聯，其「國學」在中國學術「古今之變」中的典範意義，都尚有闡微發覆之餘地。我在本文要強調的是，必須將梁啟超的學術思想史尤其是儒學史放置於其「新文化運動」的整體方案之中加以定位和理解──他所設計和瞻望的中國新文化與新學術淵源自「道、咸以降其學新」，自有其旨趣與規模。我將以梁啟超在五四後所撰述的一系列中國學術思想史論著為中心，側重研究其時梁啟超對儒學史與儒學的重構性詮釋及其背後的思想意圖，簡要分析他如何在晚清至民初的政治、文化境況中理解儒學活的意義和價值，如何定義儒學的基本性質，如何構建儒學起源（先秦）──異變（宋明）──回歸本旨（近三百年）的思想系譜，如何對儒家的義理思想體系進行既承接「傳統」又適於「現代」的取捨、詮釋與重構。我們會看到：他力圖將傳統社會士君子修身淑世的儒學轉化為養成現代公民人格的人文主義「人生哲學」，發明一套適用於當今的「新道學」，以對治中國問題乃至現代文化之弊病。

二、「日損之道」與「日益之學」

　　首先要論述的是，梁啟超對儒學傳統進行重新詮釋的基本旨趣和思路，他對儒學基本性質的理解，對其現代價值的肯認和規定，既受教於其師康有為，又是在長期「新民」事業中自覺形成的有連續性的思想主張，有其一貫而清晰的脈絡可尋。尤其需要指出的是，這一思想主張還緣自他對晚清民初士風之弊、時代病症的診斷，包含了他給出的對治之方。

　　論及梁氏清代學術史、先秦諸子研究，以及與胡適的論學。還有一些論著涉及梁氏的清學史、陽明學，將於下文論及，此不贅述。

　　如上文所述，道、咸以後，在日益嚴重的社會危機與民族危機的催迫之下，樸學盛極而衰，今文經學、史學、宋學漸興，經世思潮蔚然成風，而真正提出了一套新的學術觀念、門徑並扭轉學風的，則首推康有為。如錢穆之所評價，他具體實踐儒家「內聖外王」、「明體達用」的「大學」之道，非「經籍書本之學」乃「人文知行之學」，「竟依稀回復到晚明諸儒之矩矱。」[10] 梁啟超說，康有為在成學時代「獨好陸王，以為直捷明誠，活潑有用」。[11] 他那「自信力極強，而持之極毅」的絕大氣魄和感染力，正是真正的王學氣象。據梁啟超回憶，光緒十七年，他與陳千秋慕名往謁康有為，時梁啟超少年科第，且以學海堂高才生自負，而康有為「乃以大海潮音，作獅子吼，取其所挾持之數百年無用舊學更端駁詰，悉舉而摧陷廓清之」，使梁啟超「惘惘然不知所從事」，竟夜不能成眠。[12] 後來，梁啟超主持長沙時務學堂，基本遵照其師長興學舍的宗旨與教法。[13] 東渡日本之後，梁啟超在思想上與其師漸行漸遠，但在 1901 年所著《南海康先生傳》中稱道康有為的為學要旨，以為「後有起者，不可不師其意」。[14]

　　20 世紀最初幾年，梁啟超廣泛涉獵了各門現代學術，還積極宣導現代西方學術求真質疑的理性精神與實驗方法。然而，就在同一時期，梁啟超因參與政治活動，捲入保皇黨和革命黨的衝突，常常心緒不寧，以

10　錢穆：《近百年來諸儒論讀書》，《學籥》，122-124 頁，九州出版社 2010 年。

11　梁啟超：《南海康先生傳》，《飲冰室文集之六》，61 頁，《飲冰室合集》第 1 冊，中華書局 1989 年。

12　梁啟超：《三十自述》，《飲冰室文集之十一》，16 頁，《飲冰室合集》第 2 冊，中華書局 1989 年。

13　梁啟超：《時務學堂學約》，《飲冰室文集之二》，23 頁，《飲冰室合集》第 1 冊，中華書局，1989 年。

14　梁啟超：《南海康先生傳》，《飲冰室文集之六》，66 頁，《飲冰室合集》第 1 冊，中華書局，1989 年。

至「愴憤」、「灰心」，每念「不學道益殆矣！」[15] 他於 1904 年所輯
《節本明儒學案》乃是他十年來讀書有得之節抄，多屬「治心治身之
要」。[16] 他常自悔「數年以來外學頗進，而去道日遠」，[17] 感到，雖然
宗教排斥懷疑精神，容易墮入迷信，妨礙窮理求知之學術的發展，但卻
可以造就信仰堅定的人物，又可以凝聚人心統一民志，實為救國事業所
必不可少。於是，他主張「貴信」的宗教與貴疑的「哲學」應該並行不
悖。而屬於「唯心派哲學」的陽明學，在梁啟超看來，既無迷信之弊又
有立身之實用，「實宗教之最上乘」。[18] 可見，梁啟超在急切擺脫中國
舊學之樊籬時，對他所接觸和理解的現代學術也頗有不契之感，認為其
不能造就道德主體，對治當今時勢，而必須有以補救。

　　1903-1905 年間，梁啟超對革命黨人極其失望，批評日烈，對立憲
黨內部的情況也十分不滿。他指出，無論革命黨人還是立憲黨人，所從
事的事業都是「要以本社會本國新造力薄之少數者，而悍然與彼久居力
厚之多數者為難也」，故必須團結而成一堅固有力的團體，而維持、粘
合此團體者只能是「道德之情感」。然而，一旦出而共事，「則各人有
各人之性質，各人有各人之地位，一到實際交涉，則意見必不能盡同，
手段必不能盡同，始而相規，繼而相爭，繼而相怨，終而相仇者，往往
然矣。此實中西歷史上所常見，而豪傑所不免也。」更何況，革命黨人
和立憲黨人時時處於危險嚴峻之境地，大敵當前，常有身家性命之憂，
這樣的處境及其所習之做事手段最易滴汩德性，很容易將一個「極樸實

15　丁文江、趙豐田：《梁啟超年譜長編》，219-220 頁引 1903 年 12 月 18 日《與
　　蔣觀雲書》，上海人民出版社 2009 年。

16　丁文江、趙豐田：《梁啟超年譜長編》，231 頁，上海人民出版社 2009 年。

17　丁文江、趙豐田：《梁啟超年譜長編》，148 頁引梁啟超 1900 年 3 月 21 日給
　　知新同人書，上海人民出版社 2009 年。

18　梁啟超：《論宗教家與哲學家之長短得失》，《飲冰室文集之九》，46 頁，
　　《飲冰室合集》第 1 冊，中華書局 1989 年。

極光明之人」，不一二年就變成一「刻薄寡恩機械百出之人」。[19] 更有甚者，當今「豪傑之士」，往往以「自由」、「平等」、「競爭」、「權利」為口實，破秩序，蔑制裁，逾閑蕩檢，逞一己利欲而無所顧忌，「利國進群之事業一二未睹」，卻以所謂的「新理想」流毒天下。[20] 在這樣的感受和認識下，他的「新民說」從《論公德》轉而《論私德》。[21] 1905 年，又寫成《德育鑑》和《節本明儒學案》兩書，示「進學途徑次第，及致力受用之法門」，希望「有志之士」日置座右，以養成團結維持一「志士」團體所必需之道德。[22] 他主張「學」應有兩種，一是「為學日益」之學，一是「為道日損」之學：

> 為道日損，故此心不許有一毫人欲間雜；為學日益，故講求許多條理節目。然既有日損之道，則日益之學乃正所以為此道之應用也；且既有日損之道，自不得不生出日益之學以為之應用也。[23]

這就是說，首先要致力於道德主體的樹立，然後由主體對於世界的責任感，開出對客觀知識的追求。所以「科學之上，不可不更有身心之學以為之原」。[24] 而於今之世從事「為道日損」之學，當以法門簡易直切的陽明學最為適用。可見，作為「為道日損」之學的儒學尤其是陽明學，乃是為中國開新運所不可或缺之學。[25]

19　梁啟超：《新民說·論私德》，135 頁，《飲冰室合集》第 6 冊，中華書局 1989 年。

20　梁啟超：《新民說·論私德》，118 頁。

21　梁啟超《新民說》諸篇寫於 1902 年至 1906 年之間，連載於《新民叢報》，《論私德》一篇寫於 1903 年。

22　梁啟超：《德育鑑》，2 頁，《飲冰室合集》第 7 冊，中華書局，1989 年。

23　梁啟超：《德育鑑》，39 頁。

24　梁啟超：《德育鑑》，23 頁。

25　關於晚清時期梁啟超之與陽明學的關係，可參見黃克武：《梁啟超與儒家傳

在清末立憲和民國肇建的政治活動中，梁啟超痛感國中士大夫社會的腐惡，自言「恫傷孤憤，益以日積」。[26] 他於 1910 年正月創辦《國風報》，所刊《説國風》一文備言當世士人墮落之情狀：

> 自予之始與國中士大夫接也，不過二十年耳，而前後所睹聞，已如隔世。……學絕道喪一語，今日當之矣。……舍一身之外，不復知有職務，不復知有社會，不復知有國家，不復知有世界；即以有一身論，舍禽息獸欲外，不復知有美感，不復知有學藝，不復知有人道，不復知有將來，滔滔者天下皆是。……吾一不解今世之士大夫曷為而忍自顛其本，而盈天下之妖孽，一何其多也。……物理學所謂惰力，兵法所謂暮氣，醫家所謂鬼脈，而今日中國之國風，實兼備之。[27]

以這樣的主體，無論從事「變法」、「立憲」還是「革命共和」，不可避免地導致「我國民積年所希望所夢想，今殆已全部破滅」，「二十年來朝野上下所昌言之新學新政，其結果乃至為全社會所厭倦所疾惡。」[28] 1915 年，當有人針對復辟帝制發出「蔑古」之論以抵制復古思

統：以清末王學為中心之考察》，載於《歷史教學》2004 年第 3 期，是文論述了梁啟超在 1903 年以後從發明新道德到宣揚王學的思想轉變，著重指出梁啟超的政治、道德思想與中國固有傳統的連續性；狹間直樹：《關於梁啟超稱頌「王學」的問題》，載於《歷史研究》1998 年第 5 期，則著重探討梁啟超受到的日本思潮影響；吳義雄：《節本《明儒學案》與梁啟超的新民學說》，載於香港浸會大學《「20 世紀中國之再詮釋」學術會議論文集》，2001 年 6 月，也指出晚清時期梁啟超研習王學不輟，是其新民學說的重要思想來源。

26　梁啟超：《傷心之言》，《飲冰室文集之三十三》，54 頁，《飲冰室合集》第 4 冊，中華書局 1989 年。

27　梁啟超：《說國風》中，《飲冰室文集之二十五（下）》，7 頁，《飲冰室合集》第 3 冊，中華書局 1989 年。

28　梁啟超：《大中華發刊辭》，《飲冰室文集之三十三》，80 頁，《飲冰室合集》第 4 冊，中華書局 1989 年。

潮，梁啟超寫《復古思潮平議》一文，縷析自新政、革命以來，各種新
政、新學、新事物、新人物之令人失望，更滋混亂腐敗，而引起強大的
社會反動力，這正是袁世凱在思想上搞復古、在政治上搞復辟所借助的
社會心理。[29]

對於民初成為嚴重社會、文化問題的「人心風俗之敗壞」，梁啟超
將之主要歸因於劇變時代文化、價值的嚴重衝突和危機，再加上中國
「新學」界浮躁淺薄，新舊思潮常相菲相軋，難以調和包涵，遂使公共
信條失墜，社會制裁力失效，社會生活的共同基礎日益薄弱，「離心
力」發動太劇，而「向心力」幾不足以相維，所謂「綱絕紐解，人營自
私」，社會道德呈潰敗狀態：

> 顧吾以為當一社會之與他社會相接構，緣夫制度文物之錯綜嬗變，
> 而思想根本不免隨而搖動。其人民彷徨歧路，莫知所適，其游離分子
> 之浮動於表面者，恒極一時之險象。
>
> 一舊信條失其效力，而別有一新信條與之代興，則社會現象生一
> 大變化。若新信條涵養未熟、廣被未周，而舊信條先已破壞，則社會
> 泯棼之象立見。……若一切信條所從出之總根本亦牽率而搖動，則社
> 會之紐殆潰矣。何也？積久相傳之教義，既不足以範圍乎人心，於是
> 是非無標準，善惡無定名，社會全失其制裁力。分子游離而不相攝，
> 現狀之險，胡可思議。[30]

應對「過渡時代」的道德、文化、社會危機，重新形成連結社會的

---

29 梁啟超：《復古思潮平議》，《飲冰室文集之三十三》，68 頁，《飲冰室合
　　集》第 4 冊，中華書局 1989 年。

30 梁啟超：《中國道德之大原》，《飲冰室文集之二十八》，13-14 頁，《飲冰
　　室合集》第 4 冊，中華書局 1989 年。

思想紐帶，實有賴於這個民族、社會原有的文化價值傳統是否深厚強固，更有賴於其精英能否調和新舊而對固有文化價值傳統「發揚淬厲」、「增美釋回」，為人民指示「自立之道」。梁啟超特別指出，一個社會公認的信條和準則，猶如一個社會無形但卻根本的支柱與根基，作為具體歷史文化的產物，其形成需要漫長的歷史過程，非能成於一時一人，更不能在短時間內由引入外來新說所構現，所以，要想重鑄「其命維新」的社會認同基礎，發揚光大「吾先民所率由之庸德」乃是根本之道。[31] 正如一個自治自愛的人將不失本性而又有以變化氣質：

> 國性可助長而不可創造也，可改良而不可蔑棄也。蓋國性之為物，必涵濡數百年，而長養於不識不知之間。雖有神聖奇哲，欲懸一理而咄嗟創造之，終不克致。……故所有事者，惟淬礪其良而助長之已耳。[32]

在寫於 1912 年的《國性篇》、《論中國道德之大原》中，以及寫於 1915 年的《復古思潮平議》中，梁啟超都指出，如果為了給新文化、新思潮開路，而對歷史上積累形成的「傳統」採取全面的懷疑、輕侮、厭棄的態度，這乃是自戕「國性」，將導致更嚴重的價值危機與社會危機。可以看出來，梁啟超已經在有意針砭當時激於袁世凱的復辟和復古而萌動的「蔑古」思潮。

1914 年 12 月，梁啟超辭去了「實無用」的幣制局總裁之職，於 1915 年正月避地天津，這時，袁世凱的復辟活動正搞得緊鑼密鼓。在為正月出版的《大中華》雜誌所撰寫的《發刊詞》中，梁啟超表示，「吾以為

31　梁啟超：《中國道德之大原》，《飲水室文集之二十八》，13-14 頁，《飲冰室合集》第 4 冊，中華書局 1989 年。

32　梁啟超：《國性篇》，《飲冰室文集之二十九》，84 頁，《飲冰室合集》第 4 冊，中華書局 1989 年。

中國今日膏肓之疾，乃在舉全國聰明才智之士，悉輳集於政治之一途」，「既未常從社會方面培養適於今世政務之人才，則政治雖歷經十年百年，終無根本改良之望。」[33] 這已透露出他日後積極投入謀社會之根本改良的新文化運動而從事整理國故事業的先機。其實，早在1913年10月左右，梁啟超為文《述歸國後一年來所感》，就曾說過，凡國史上大危亂之世，常有賢哲進行深思明辨的學術思想事業，而因以開一代之治，「竊以謂今日之中國，相需最殷者宜在此，而吾似未之見也。」[34] 那麼，到此時，梁啟超顯然已經打算由自己來肩負這樣的聖賢事業。他在寫於1915年的《吾今後所以報國者》中說，反省自己多年的政治活動經驗，他確信，以今日的中國人而組織政治團體，最嚴重的問題是其人實在是缺乏作為團體分子的資格，故所從事者首先應該是使較多數的人能養成為社會團體中的健全分子。所以，自己今後所致力的事業，應當是調和新舊思潮發而為有統系的理想，講出一套「人之所以為人，國民之所以為國民」之道，為現代中國的個體人生、社會生活謀所以安身立命的新的思想基礎。[35] 他明確地指出，孔子教義的第一作用，實在於養成人格。孔子教義，其實際裨益於今日國民者，不在其哲學——此當交付專門哲學家去研究，而在於「所謂教各人立身處世之道是已」，「人格之綱領節目及其養成之程序，惟孔子所教為大備」，實在是講求現代中國「人之所以為人，國民之所以為國民」之道的最重要資源。「而孔子養成人格之旨，其最終之鵠，所謂『使人人有士君子之行』」。[36]——「使

33　梁啟超：《大中華發刊辭》，《飲冰室文集之三十三》，89頁，《飲冰室合集》第4冊，中華書局1989年。

34　梁啟超：《述歸國後一年來所感》，《飲冰室文集之三十一》，27頁，《飲冰室合集》第4冊，中華書局1989年。

35　梁啟超：《吾今後所以報國者》，《飲冰室文集之三十三》，54頁，《飲冰室合集》第4冊，中華書局1989年。

36　梁啟超：《孔子教義實際有裨益於今日國民者何在欲昌明之其道何由》，《飲冰室文集之三十三》，67頁，《飲冰室合集》第4冊，中華書局1989年。

人人有士君子之行」，這句話概要地說出了梁啟超在民國初年對於「新中國」、「新文化」的理想，同時，也是他對於「自由」的理解和理想。

三、梁啟超的「新文化運動」方案

《清代學術概論》是梁啟超投入新文化運動之後第一部學術論著，且風行不衰，影響深遠。是書之作，蓋起因於 1920 年 9、10 月間胡適晤見梁啟超時，提議他寫一本「實躬與其役」的晚清「今文學運動」史。又恰值蔣方震為其《歐洲文藝復興時代史》請序，梁啟超遂「下筆不能自休，遂成數萬言」，在十五天的時間內成書《清代學術概論》，[37]於《改造》雜誌連載，並於 1921 年 2 月由上海商務印書館出版單行本。此書重點表彰清學的科學精神與科學方法，提倡其「為學問而學問」的學術獨立大義，以為能對宋明理學起「一大反動」而「以復古為解放」，「其動機及其內容，皆與歐洲之『文藝復興』絕相類」，使中國學術、文化漸趨現代。[38] 其所論與胡適於 1919 年 11 月-1921 年 4 月寫成的《清朝漢學家的科學方法》若合符節。[39] 儘管梁啟超在《自序》中說，此書作意主旨與「十八年前」所著《中國學術思想變遷之大勢》的《近世之學術》章「無大異同」，[40] 並引據當年文字為證，但事實上，1904 年刊出的《近世之學術》雖然承認清朝漢學饒有科學的治學精神和方法，但仍然諡之為中國學術思想「日以消沉」的垂老階段，與考據學

37　梁啟超：《清代學術概論·自序》，《飲冰室合集》第 8 冊，中華書局 1989年。

38　梁啟超：《清代學術概論》，3 頁。

39　胡適：《清代漢學家的科學方法》，《胡適文集》第 2 冊，282 頁，北京大學出版社 1998 年。

40　《中國學術思想變遷之大勢》始發表於 1902 年的《新民叢報》，而《近世之學術》於 1904 年刊出，距《清代學術概論》之書之成蓋十六年。

主流相比，他當年更推重的是精審不逮卻有經世精神的趙翼以及注重史學的浙東學派。在 1903 年所寫《論私德》一文中，他激於革命黨人之推重漢學，更是痛詆漢學之士只顧以著述學問欺世盜名，「無一傷時之語，皆非出本心之談」，「率天下而心死者也」，造成此「不痛不癢之世界」。[41] 所以，當胡適看到了這部書，遂私下說這是梁啟超「努力跟著一班少年向前跑」的又 事例，認為是因為「我們把漢學抬出來」，所以任公改變了從前「痛詆漢學」的態度，而「引他那已刪之文來自誇了」。[42] 確實讓人感到矛盾的是，梁啟超在 1920 年 3 月返國伊始發表的《歐遊心影錄》中，已明確宣告了「科學萬能之夢」的破產，他何以在不久之後寫成的《清代學術概論》中對新文化運動的主角「賽先生」又如此高唱讚歌？這倒不能完全歸因於梁啟超的不惜以「今日之我難昔日之我」，更重要的是，他寫作《清代學術概論》的思想意圖必須置於他自己的「新文化運動」方案中，才能得到準確理解。

經歷了晚清民初立憲政治試驗的失敗，梁啟超轉而強調中國政治和社會的革新必須建立在已有的歷史「共業」基礎之上。1920 年 3 月，梁啟超歐遊歸來即在上海中國公學發表演講，他說，無論晚清政府還是民國政府，以前無不以德國、日本為楷模而加以模仿，試圖建立高度集權的中央政府、民族國家和代議制度，鼓吹競存觀念，發展資本主義，結果皆遭到失敗。而經過一次大戰之後，他領悟到，中國追求像德、日那樣迅速崛起也未必是好事，還可能後患無窮，相反，中國應該尋找順應自身歷史文化傳統及其特點的變革道路，這條道路可能緩慢但卻更加平穩。他告訴人們，他在民國肇建前後的悲觀情緒如今已一掃而光，因為他發現，中國固有之「共業」反而更合於一戰後的世界文明新潮流，如

---

41 梁啟超：《新民說》，127 頁，《飲冰室合集》第 6 冊，中華書局 1989 年。
42 中國社會科學院近代史所民國史室編：《胡適的日記》，1922 年 2 月 15 日，中華書局 1986 年。

中國素無階級，故代議不成，但有強固的民本主義、民意政治的思想傳統，可為中國式民主政治的基礎；中國歷史上政府多無為而治，人民多反對政府干涉社會事務，只是在組織方法上「甚為渾漠」；經濟上以小農為主，無力進行資本集中，又不善競爭之道，但卻造成了均平的觀念傳統和互助的社會制度，加上中國人民富有犧牲和克己精神，若能將互助主義從家庭推廣至更廣大積極的社會層面，正有利於發展更「先進」的「社會主義」經濟與社會制度。[43]

在成書於 1922 年底的《先秦政治思想史·序言》中，梁啟超說：

> 過去思想，常以歷史的無上權威無形中支配現代人，以形成所謂「國民意識」者。政治及其他一切設施，非通過國民意識之一關，斷不能有效。質言之，非民眾積極的要求或消極的承諾之政治，則不能一日存在。近二十年來，我國人汲汲於移植歐洲政治制度，一制度不效，又顧而之他，若立憲，若共和，若聯邦，若蘇維埃……凡人所曾行者，幾欲一一取而試驗之，然而名實相謬，治絲益棼，蓋制度不植基於國民意識之上，譬猶掇鄰圃之繁花，施吾家之老幹，其不能榮育宜也。最近窮而思反，先覺者始揭改造思想之旗以相號召。雖然，改造云者不惟其破壞也而惟其建設，欲革去一舊思想，必須有一新思想焉足以厭人心者以代之，否則全社會陷入懷疑與虛無，結果仍讓彼有傳統的惰力之舊思想佔優勢耳。而新思想建設之大業，據吾所確信者，萬不能將他社會之思想全部移植，最少亦要從本社會遺傳共業上為自然的睿發與合理的針砭洗練。[44]

---

43 丁文江、趙豐田：《梁啟超年譜長編》，578-580 頁所引梁啟超 1922 年 3 月在中國公學的演說，上海人民出版社 2009 年。

44 梁啟超：《先秦政治思想史·序論》，6-7 頁，《飲冰室合集》第 9 冊，中華書局 1989 年。

　　《歐遊心影錄》一般被視為梁啟超的文化思想從「激進」到「保守」的轉捩點，時人也因此把他歸入「東方文化派」。胡適曾評論說，梁啟超很明顯地控告那「純物質的純機械的人生觀」，把歐洲全社會「都陷入懷疑沉悶畏懼之中」，養成「弱肉強食」的現狀；他又很明白地控告這種「科學家的人生觀」，造成「搶麵包」吃的社會，使人生沒有一毫意味，使人類沒有一毫價值，從而掀起一股要在人生觀問題上排斥科學影響的「玄學」波瀾，導致了「科學與人生觀」的論戰。[45]然細讀其文，我們將看到，他的本意並非宣告歐洲近代文明的破產，而是說，歐洲近代文明經一次世界大戰之後已經從青年轉入中年，正如三、四十歲在社會上奮鬥的人，雖將從前的理想和希望丟失了大半，但總想在一片荊天棘地中建立一番事業，找到真正的安身立命之所在，而且「如今卻漸漸被他找到了」，那就是以「科爾柏特勤」（克魯泡特金）的互助說、詹姆士的實用主義、柏格森的生機哲學為代表的「新思潮」。[46]梁啟超驚喜地發現，我先聖先賢之所昭示的一套人文主義生活理想，與這個經過挫折和反思的近代文明的新方向，正所謂不謀而合，這也正是中國文化「自盡其性」又能貢獻於全體人類的大好契機。梁啟超心目中的中國的「新文化運動」，既要深深植根於固有的文化土壤，更要敏感於當代歐洲的自我反思，適應世界文明發展的新潮流、新趨勢，而能及時糾治現代化社會已出現的弊端和問題，從而為現代的文化、社會發展提供新的資源和契機，從而建設中國的新的人生觀，指示中國人民的安身立命之道。正如他在 1916 年袁世凱倒臺之後總結民國創建五年以來的教訓時所說：

45　胡適：《科學與人生觀·序》，《胡適文集》第 3 冊，151 頁，北京大學出版社 1998 年。

46　梁啟超：《歐遊心影錄節錄》，17 頁，《飲冰室合集》第 7 冊，中華書局 1989 年。

> 吾儕惟當查現今世界大勢之所趨，為國民謀辟生計之新紀元，觀
> 社會中心力之遷移，為國民謀樹思想上之新基礎。[47]

梁啟超在 1920 年的演講《孔子》中，將孔子思想的精髓歸結為「時中」之道，[48] 他的「新文化運動」的方針正符合此道。

在《清代學術概論》的「結語」部分，梁啟超對「我國學術界之前途」進行展望，列出與「清學」代興的「新時代」當有之五大潮流，其實正是他的「新文化」方案的具體化：一是輸入和發展科學，清代考證學派二百年的訓練，成為一種「遺傳」，使我們的頭腦漸趨於冷靜縝密，而具有移植並發展歐美科學的深厚根柢。《清代學術概論》是以有作；二是針對現代物質文明高度發達之後的精神饑荒，以我固有之儒家哲學、佛教哲學建設「優美健全」的人生觀；又在採納西洋文學美術的基礎上傅益以已有遺產，創立新的文學美術流派，以為「趣味極豐富之民眾的文化運動」。三是針對資本主義高度發達之後的社會弊病，闡發我先秦諸大哲之理想，取鑒兩千年來崇尚「均平」之經濟制度和組織的經驗，建設「均平健實」的社會經濟組織。[49] 也就是說，清代頗有科學精神與方法的「漢學」在中國「新文化」的建設中只能發揮作用於一端，關於後兩個方面，則當求之於「漢學」罔顧的諸家尤其是儒家的義理思想傳統。

緊接著，在 1922 年底，梁啟超於東南大學講學期間寫成《先秦政治思想史》，以闡發「中國聖哲」的「人生觀」以及立基其上的「政治哲學」，以指示活用之方。他認為，以孔子、孟子、荀子為代表的儒

47　梁啟超：《盾鼻集》，148 頁，《飲冰室合集》第 8 冊，中華書局 1989 年。

48　梁啟超：《孔子》，54 頁，《飲冰室合集》第 8 冊，中華書局 1989 年。

49　梁啟超：《清代學術概論》，78-80 頁，《飲冰室合集》第 8 冊，中華書局 1989 年。

家，其「道」其「政」皆植本於「仁」，所謂「仁」以及建基於「仁」的人倫道德，無非求「同類意識」之層層擴充至於極量，以完成一個「大同」世界，而絕不獎勵人與人之間的「相離嫉」，像當今的「民族」和「階級」學說。被今人詬病的「人治」主義和「禮治」主義，在梁啟超看來，大有精意在焉，那就是「政治」的根本在於「養成多數人之政治道德、政治能力及政治習慣」，而養成之道，靠的是「同類意識」之感召力，使人格與人格相接觸，個性與個性相磋磨，「美善相樂」，而常出偉大人格以為表率，使「民日遷善而不知為之者」。[50] 梁啟超並非不知道儒家所謂「美善相樂」的理想社會，在物質生活上採合作互助的原則，在精神生活上以深厚真摯之同情心為灌注，其實是以一個範圍不大且組織簡單的農村共同體為範本，[51] 於當今之世未免「不適」。但梁啟超卻根據這一古老悠久的理想，對現代政治思想的幾個出發點進行抨擊，他說，功利主義的「效率」論其實與人生意義無關，至為淺薄；而作為各種現代政治哲學之原素的「權利」觀念，建立在「彼我對抗」的基礎上，其本質含有無限的膨脹性，絕非社會久安之道。[52]

最後，梁啟超指出，儒家的「人生哲學」與「政治哲學」極富有「現代」意義，極有「用」於當今之世，它映照出現代人生、社會的兩大根本難題，並提示了中國「新文化」應有的自立之道：

> 其一，精神生活與物質生活之調和問題；……吾儕今所欲討論者，在現代科學昌明的物質狀態下，如何而能應用儒家之均安主義，使人

50　參見梁啟超：《先秦政治思想史》第三、四、五、六、七章，《飲冰室合集》第 9 冊，中華書局 1989 年。

51　參見梁啟超：《先秦政治思想史》第二十一章，《飲冰室合集》第 9 冊，中華書局 1989 年。

52　參見梁啟超：《先秦政治思想史》第六章，《飲冰室合集》第 9 冊，中華書局 1989 年。

人能在當時此地之環境中，得不豐不觳的物質生活實現而普及。換言之，則如何而能使吾中國人免蹈近百年來歐美生計組織之覆轍，不至以物質生活問題之糾紛，妨害精神生活之向上。此吾儕對於本國乃至對於全人類之一大責任也。

其二，個性與社會性之調和問題；……據吾儕所信，宇宙進化之軌則，全由各個人常出其活的心力，改造其所欲至之環境，然後生活於自己所造的環境之下，儒家所謂「欲立立人，欲達達人」，「能盡其性則能盡人之性」，全屬此旨，此為合理的生活，毫無可疑。……雖然，吾儕當知古代社會簡而小，今世社會複而龐，複而龐之社會，其威力之足以壓迫個性者至偉大。……議會也、學校也、工廠也，……凡此之類，皆大規模的社會組織，以個人納其間，渺若太倉之一粟。……彼含有機械性的國家主義、社會主義所以大流行於現代，固其所也。吾儕斷不肯承認機械的社會組織為善美，然今後社會日趨擴大、日趨複雜，又為不可逃避之事實，如何而能使此日擴日複之社會不變為機械的，使個性中心之「仁的社會」能與時勢駢進而時時實現。此又吾儕對於本國乃至全人類之一大責任也。[53]

其後，關於「中國聖哲」有近於「社會主義」的社會、政治思想，梁啟超並無更進一步的論述；而闡發儒家「活的動的生機的唯心的人生觀」及其所代表的文化傳統，以為養成獨立人格的重要資源，抵抗現代文化、社會的單一化、機械化乃至專制化趨向，則成為梁啟超日後學術思想事業的重點，並形成一條連續的思想線路。

53　梁啟超：《先秦政治思想史》，183 頁，《飲冰室合集》第 9 冊，中華書局 1989 年。

四、孔學本意：一個人文主義者的宗教

1921，梁漱溟發表《東西文化及其哲學》並與胡適發生論爭，第一次使得立基於儒、佛思想的中國現代的人文主義哲學取得了足以與科學主義相抗衡的聲勢。蔣百里欣喜地告訴梁啟超，其宗旨正與「吾輩」相合。[54] 1922 年 4 月，梁啟超在北京大學哲學社演講，專門批評胡適的《中國哲學史大綱》，而多次稱道梁漱溟所論，胡適當場辯駁，亦成一次小規模論戰。這次演講的第六節專門批評胡適之論孔子，而表述了自己對孔子之學的理解，結合他以後的論著來看，這篇文章是有相當的重要性的，它言簡意賅地表達了梁啟超在以後詮釋儒學傳統的基本思路，同時，也是他對孔學本意的「澄清」和「回歸」。[55]

晚清民初的中國現代學術思想世界的開拓者，大都身處於晚明以來宋學之後的思潮趨勢之中，他們接續了晚明時代對理學形上學的反動，又以「時勢」、「西潮」為契機和刺激，而開出各自的中國現代思想道路，他們選取不同的「晚明—晚清」的思潮取向而加以申說、闡發，對「近三百年學術思想史」的源流線索及其價值則形成了各自不同的敘述。對於梁啟超來說，他和晚明諸大儒一樣，相信道學末流歪曲了儒學的本意，走上了一條歧路，而他的「求道」事業就是要越過「理學」回到「孔學」，重新發現「孔學」的本意，從而煥發「儒學」的真精神。

他首先批評胡適的「哲學史」其實是以「知識論」的眼光截取中國「道術」，而沒有把握到中國聖哲的中心思想皆在於「人生」問題的提出和解決。無論孔、莊、墨還是中國化的大乘佛教禪宗，「我們中國哲學」最重要的問題都是一樣的：

54　丁文江、趙豐田：《梁啟超年譜長編》，604 頁，上海人民出版社 2009 年。
55　以下引文若無特別說明，皆出自梁啟超《評胡適之中國哲學史大綱》一文，《飲冰室文集之三十八》，《飲冰室合集》第 5 冊，中華書局 1989 年。

怎麼樣能夠令我的思想行為，和我的生命融合為一；

怎麼樣能夠令我的生命和宇宙融合為一。

這樣的生命境界，用莊子的話說是「天與我並生而萬物與我為一」，用儒家的話說是「天地萬物一體之仁」。也就是說，儒、道之所謂「學」，學的就是如何達致理想的人生境界，從根本上說乃是做人的學問、人生觀的學問。而胡適對這一生命境界沒有體會，對這樣一種人生方向的價值也就沒有什麼認識。

接著，他借著對孔學本意的闡釋，其實是試圖超越、打破理學對儒家思想的形上學建構，但又不是走向「樸學」所指示的純知識的客觀探求的「智識主義」，而是要講出一番新義理，在新的現代的哲理基礎上重建儒家的「人生觀」，使「我們中國哲學」真正成為「時中」的人生大道。

梁啟超相信《易傳》中「神無方而易無體」、「生生之謂易」兩句出自孔子，這表明了孔子直截了當的承認宇宙沒有「本體」，而是主張「生活就是宇宙，宇宙就是生活。只要從生活之中看出自己的生命，自然會與宇宙融合為一。」他指出這是儒家哲學與道家、印度、歐洲等諸家哲學的根本不同之處──這實在是對儒家義理思想的創造性轉化。梁啟超在 1920 年的演講《孔子》中把《易》學當作孔子的「哲理論」。「易」說的就是「宇宙的動相」，就是「方生方逝」、「方逝方生」的生命洪流，而「宇宙的動相」來自宇宙兩種相互對待的力：「生生不已的力」和「逝者如斯的力」。他認為這是孔子在斷言「宇宙萬有是沒有本體的」，是要「把第一原因擱下，而從第一現象說起」。孔學的立腳點正與柏格森的「流動哲學」相類：「易學兩個字翻譯過來，就是流動哲學」。[56] 這都是說，在孔子那裡，儒學「哲理論」的本意不是一套形

56　梁啟超：《孔子》，29-30 頁，《飲冰室合集》第 8 冊，中華書局 1989 年。

而上學，孔子自覺否認外在於、高於生活世界的靜的宇宙本體，而是以人類生活本身即歷史、人生的動態過程為唯一的實在，把宇宙、自然的存在內化到人類生命當中。那麼，人生的真意不是求合於靜的、超出社會生活之外的「道」、「天理」，而是把全部的生命投入實際的人生、歷史事業，一面樹立人格，一面磨練智識，由而完全理解生命的意義，這就是「窮理盡性以至於命」，這就是和宇宙融合為一。這實在是對「天人合一」之義全新的又不失儒家本意的定義。當然，我們不難看出，梁啟超的「孔子」背後那以實用主義、生機哲學為代表的 20 世紀初歐洲新哲學思潮的身影，或者說，否定形而上學、回歸現象世界的歐洲哲學思潮的轉向，為梁啟超試圖超越理學形上學而重建儒學之哲學基礎的思想努力提供了理據和資源。

梁啟超所說「道」、「天理」，作為生命洪流之「流轉生滅」、「生生不息」，其意涵與傳統儒家的任何一家都不同。總的來說，傳統儒家尤其是宋以後的理學，其思想的基本前提是「天人合一」，講「道」、「天理」，都是一個「自然理性」與「道德理性」合一的概念，所謂「生生之大德」、「生生不息」，皆意指宇宙自然的創生循環。而梁啟超所說的「道」、「天理」，其實是與「道德理性」合一的「歷史理性」，質言之，是現代意義上的人類歷史「進步」趨勢。早在寫於 1915 年的《菲斯（費希特）的人生天職論述評》，他就說過，宋元以後儒家皆以「靜」為宇宙、人性的根本性質，而菲斯「則以生生蕃動為性之本來」，與《易》「健行不息」、《中庸》「至誠無物」之義相契，故其所標舉之道德律絕對持進取主義，以為人生天職乃在於各自發達其理性而相扶相助，盡力助促社會以達到「理性和同之域」。對這樣的人生、歷史大道，梁啟超深感相契：

放眼以觀察過去歷史之趨勢，先覺覺後覺，若天命之不可違；己

欲立而立人，己欲達而達人，抑且人情所不能自己。總之，是說理性
者常戰勝，社會常進步。深達此義，則心境常泰，興味不衰。[57]

　　從中，我們已經不難看出他所表述的儒家「天地萬物一體之仁」的
境界內涵著啟蒙以來的「進步」理想，而他日後在《先秦政治思想史》
中所表述的儒家之論「道」與論「政」──植本於「仁」，而以人格之
相感相摩為途徑，以趨近於「美善相樂」的「大同」理想──這時已形
完神具。

　　梁啟超又強調指出，孔子之學乃是「知行合一」、「事上磨練」的
人生實踐之學，靜坐內觀以求理當然是孔子所不為，就是讀書、研究、
求智識的「窮理」在他那裡也不占主要位置，重要的是「一面活動一面
體驗」。梁啟超在同時期的原儒之作如《孔子》、《先秦政治思想史》
以及多次演講中，也反覆陳說著這一「盡其性」、「至於命」的具體途
徑。儒家人生觀的全體大用，以「仁」之一字蓋舉之，所謂「仁」，便
是指人樹立完善自己的人格，然後感發提攜他人人格，以求社會向上改
善之道。孔子之偉大，在於「夫以一個私人，出其真的全人格以大活動
而易天下，自生民以來，未有盛於孔子也。」[58] 所謂「一面活動一面體
驗」，就是指在「仁」的實踐中，體會到「我」與全社會、全宇宙的共
同生命相結合相融貫；體會到文明、歷史進化的極致其實就是生命與生
命的感通無礙，各得其所；體會到人生的天職就是實踐「仁」，投入於
古往今來、生生不息的生命洪流之中，以促進這一「大我」的向上；
但，最重要的是，我們要同時知道，宇宙、人生永遠不能完滿，因此，

57　梁啟超：《菲斯的人生天職論述評》，《飲冰室文集之三十二》，81-82 頁，
　　《飲冰室合集》第 4 冊，中華書局 1989 年。

58　梁啟超：《先秦政治思想史》，196 頁，《飲冰室合集》第 9 冊，中華書局
　　1989 年。

貢獻於「仁」的實踐的人生事業，並沒有大小成敗之分，唯克盡天職、傾盡全力而已矣。對於梁啟超來說，這樣的「人生觀」絕對不是一種紙面上的「哲學」，為之提供論證的，不是語言、知識和邏輯，而是梁啟超自己的人生態度、精神意態，或者說，他所言之儒家「人生哲學」其實是對他自己所信所持及其精神狀態的貼切形容。他常自言：「我常覺快樂，悲愁不足擾我，即此信仰之光明所照。我現已年老，而趣味淋漓，精神不衰，亦靠此人生觀。」「坦蕩蕩的胸懷、活潑潑的精力都從此出。」[59] 他持以教育子女的要則也是「常含春意」、「興味不衰」，保持「元氣淋漓」之象。1927 年 2 月，他致信在美國求學的梁思成，告訴他做學問不可蟄居一隅，要常以人間偉大美麗的事物觸發性靈，克服厭倦。而至於將來能否成功又成功到什麼地步，則當「莫問收穫，但問耕耘」。這是因為成功的程度以天才際遇為分限，但人生的意義卻在於「盡自己能力做去，做到哪裡是哪裡」，從而達至「無入而不自得」的生命境界，他說：「我一生學問得力專在此一點，我盼你們都能應用我這點精神。」[60]

這種生命境界既是儒家關於世界之統一性的唯心論信仰，所謂「天地萬物一體之仁」，同時又是啟蒙時代以來關於歷史「進步」的新理想。梁啟超將這傳統的信仰與現代的理想結合起來，構成了一個人文主義者的宗教。試以《先秦政治思想史》中的一段話概言之：

> 大同者，宇宙間一大人格完全實現時之圓滿相也。然宇宙固永無圓滿之時，圓滿則不復成為宇宙。儒家深信此理，故《易》卦六十四，

59　梁啟超：《東南大學課畢告別辭》，《飲冰室文集之四十》，15 頁，《飲冰室合集》第 5 冊，中華書局 1989 年。

60　丁文江、趙豐田：《梁啟超年譜長編》，720 頁引梁啟超 1927 年 2 月 16 日《給孩子們書》，上海人民出版社 2009 年。

始「乾」而以「未濟」終焉。然則在此不圓滿之宇宙中,吾人所當進行者何事耶?曰吾人常以吾心力所能逮者向上一步,使吾儕所嚮往之人格實現、宇宙圓滿的理想稍進一著,稍增一分而已。[61]

五、回到「晚明」去

1923 年 7 月至 1925 年春,梁啟超於南開大學、清華大學授課,其講義在梁啟超去世後於上海民智書局出版(1929 年),即《中國近三百年學術史》。其中,《清代學者整理舊學之總成績》於 1924 年 4 月起在《東方雜誌》連載,他又於同年寫成《明清之交中國思想界及其代表人物》一文。梁啟超關於戴震和顏李學派的研究也是他重寫「清學史」的一部分。關於梁啟超的清學史研究,學者多認為《中國近三百年學術史》是《清代學術概論》的深化和細化,以清代學術的發展為「宋明理學之反動」,總的趨勢是「以復古為解放」,又盛讚清學的「科學精神」與「科學方法」,與胡適對清學史的解釋範式大同小異。[62] 然細究其實,《中國近三百年學術史》是另有一番微意的。關於這一點,梁啟超於其書首頁即開宗明義:

這部講義,是要說明清朝一代學術變遷之大勢及其在文化上所貢獻的分量和價值。為什麼題目不叫「清代學術」呢?因為晚明的二十多年,已經開清學的先河,民國的十來年,也可以算清學的結束和蛻

---

61 梁啟超:《先秦政治思想史》,91 頁,《飲冰室合集》第 9 冊,中華書局 1989 年。

62 如丘為君:《清代思想史「研究典範」的形成、特質與義涵》,《清華學報》24 卷 4 期,臺灣清華大學出版社 1994 年 12 月;劉巍:《20、30 年代清學史整理中錢穆與胡適、梁啟超的學術思想交涉》,《清華大學學報》1999 年第 4 期;吳銘能:《梁啟超研究叢稿》第四章《梁任公清代學術史研究》,臺灣學生書局 2001 年。

化。……我三年前曾做過一部《清代學術概論》。那部書的範圍和這
部講義差不多,但材料和組織很有些不同。[63]

如上文所述,在「整理國故」運動中,梁啟超一再抨擊承緒「樸
學」而進於「科學」的智識主義、實證主義學風,以之為「劍走偏
鋒」,在他的心目中,中國現代的「新學術」應當繼承晚明清初諸大儒
對「道學」的超越與修正,開出一種有現代哲理基礎的「新道學」,而
又能將「科學」包涵在內。「新道學」及其率領下的「科學」,或者
說,晚明儒學加上乾嘉樸學,才構成中國現代學術的發展全景:

> 總而言之,這三百年學術界所指向的路,我認為是不錯的——是對
> 於從前很有特色而且有進步的,只可惜全部精神未能貫徹。以後憑藉
> 這點成績擴充蛻變,再開出一個更切實更偉大的時代,這是我們的責
> 任,也是我這部講義的微意。[64]

所以,當今中國的「文藝復興」運動,自不能以乾嘉時代為起點,
而是要繼承「道、咸以降其學新」,真正回到晚明,才能開出一個「更
切實更偉大的時代」。

在《清代學術變遷與政治的影響》一章中,梁啟超把「近三百年學
術史」分為四期:「晚明清初三四十年間」(從順治元年到康熙二十
年)」;康熙一朝六十年間;乾、嘉時代;道、咸以降。而近三百年學
術的「全部精神」體現在晚明清初波瀾壯闊的「黎明期運動」之中。

63　梁啟超:《中國近三百年學術史》,1頁,《飲冰室合集》第10冊,中華書局
　　1989年。

64　梁啟超:《中國近三百年學術史》,2頁,《飲冰室合集》第10冊,中華書局
　　1989年。

「晚明清初」學術以黃宗羲、顧炎武、王夫之等為代表，他們雖痛切抨擊王學流弊以至「都有些過火之處」，但是，梁啟超強調指出：

> 他們自身，卻都是──也許他們自己不認──從陽明學派這位母親的懷裡哺育出來，這些學者雖生長在陽明學派的空氣之下，因為時勢突變，他們的思想也像蠶蛾一般，經蛻化而得一新生命。他們……拋棄明心見性的空談，專講經世致用的實務。他們不是為學問而做學問，是為政治而做學問。他們……所做學問，原想用來做新政治建設的準備，到政治完全絕望，不得已才做學者生活。他們……寧可把夢想的經世致用之學依舊托諸空言，但求改變學風以收將來的效果。[65]

晚清清初諸大儒對王學的反動，乃是一種辨證的否定。他們所開闢的這個時代的學術主潮──「厭倦主觀的冥想而傾向於客觀的考索」，「排斥理論提倡實踐」，乃是以客觀的科學精神開出成德經世的「實學」，與乾嘉樸學的「實學」本不是一回事。而道、咸以降的「新學」，梁啟超用切身經歷指出，則是直接受到晚明清初大儒之學的刺激，是他們的思想的「復活」，而且「用力極猛」：

> 最近三十年思想界之變遷，雖波瀾一日比一日壯闊，……而最初的原動力，我敢用一句話來包舉它，是殘明遺獻思想之復活。[66]

復活「殘明遺獻」的「全部精神」，正是梁啟超所欲發揚光大於今日的學術思想方向。而與此同時，梁啟超對清學主流的評價多少又回到

---

65 梁啟超：《中國近三百年學術史》，13 頁，《飲冰室合集》第 10 冊，中華書局 1989 年。

66 梁啟超：《中國近三百年學術史》，29 頁。

了《論中國學術思想變遷之大勢》的論調。他說，與清初學術「方面之多與波瀾之壯闊」相比，堪稱「科學的古典學派」的乾嘉學術雖號稱清學全盛時代，條理和方法比初期緻密許多，但「思想界卻已漸漸成為化石」。他們專從書本上鑽研考索，想達到他們所謂「實事求是」的目的，但他們的工作最少有一半算是白費，若把精力用到別的方向，則成就斷不止此。[67]

以故，《中國近三百年學術史》以三分之二的篇幅敘述晚明清初的「黎明期運動」。梁啟超從中整理出三大支流：一是「陽明學派之餘波及其修正」，聞者如孫夏峰、黃梨洲、李二曲；二是「程朱學之餘脈」，除了自命程朱傳人的張楊園、陸桴亭等，顧亭林、王船山、朱舜水也大率近於朱學；三是「旗幟曰復古、精神則純為現代的」顏李學派，為戴震之前驅，與詹姆士的實用主義相契合，故命名為「實踐實用主義」。梁啟超的「人生哲學」，作為對儒家義理學的創造性轉化，承接著晚明以來儒家義理思想發展的脈絡線索，回應著這三派所共同具有的義理思想的主要問題。

如，「道在器中」、「即器明道」，這既是晚明諸子共同的思想傾向，也是梁啟超自覺繼承的思想發展道路。一方面試圖破除「天理—性體」的形上學本體論，扭轉那條「明心見性」的「內向」的「求道」之路，同時，又不是走向專在書本中鑽研、一味客觀考索的「求知」之路，而是以「道」、「理」為存在於人世間的具體事理、物理，從而另尋一條向外的「求道」之路。他於晚明諸子，每撮敘其學術大要，則提醒我們要「看出他的全人格」。他對那些試圖為儒家言奠立新的哲理基礎的思想努力，十分敏感，力求發微索隱。就是在這個意義上，他大力

67　梁啟超：《中國近三百年學術史》，176 頁，《飲冰室合集》第 10 冊，中華書局 1989 年。

表彰王船山的哲學，以為其歷史地位不當在顧亭林以下。他又特別注意到唐甄這位偏居西蜀而宗師陽明的怪儒，闡發他所講的一套「哲學──人生觀」，「頗能將科學的見解和宗教的見解調和起來」，自求「精神之自主的相禪」，於「人之逝」、「世之逝」的生命洪流，立「不逝之精神」，以完成生命的意義，在人間做一「聖賢豪傑」。其說頗有類於梁啟超那祈向「天地萬物一體之仁」的「人生哲學」。[68]

不空言「本體」而重視「工夫」、講求「體用兼備」，也是晚明以來儒學義理思想的一個新方向。王陽明本人並不空言「良知」，而是要應「節目事變」的。但他曾有不以「斤兩」而以「成色」論聖人的說法：「蓋其所以為精金者，在足色而不在分兩；所以為聖者，在純乎天理而不在才力也。」[69] 其學末流則只講「成色」不求「斤兩」，其弊至於「置四海之困窮不言，而終日講危微精一」。於是，晚明諸子在義理上將「體」與「用」、「成德」與「經世」作出了明確而適當的區分，反對以「明體」代「達用」，以「成德」代「經世」，而追求在經邦濟民的實際事功中「成德」。對於這一思想傾向，梁啟超早有會心。還是在光、宣之交，同門麥孺博曾責備他外求功利，「絢物太甚」。梁啟超遂與之論學，說「先儒語錄」可以刻刻提醒良知，讓人立住頭腦，但當今所處時勢所做事業，卻不能像先儒那樣只靠「心」、「志」修養所能應付，而必須別求時代所需要的具體學術。他把「主一無適」、「必有事焉」這樣的道學修養功夫，說成是孜孜探求「究當世之務以致用於國家」的真才實學。[70] 這其實是把「明體」與「達用」適當加以區分，彼此不可取代，但卻相輔相成。正是按照這個精神，他才特別表彰顏李學

68　梁啟超：《中國近三百年學術史》，165 頁，《飲冰室合集》第 10 冊，中華書局 1989 年。

69　王陽明：《傳習錄》上，《王陽明全集》，27 頁，上海古籍出版社 1991 年。

70　丁文江、趙豐田：《梁啟超年譜長編》，707 頁，上海人民出版社 1983 年。

派「寧為一端一節之實，無為全體大用之虛」的「唯習主義」以及「正
其誼以謀其利，明其道而計其功」的「功利主義」。

錢穆自言，他於 1931 年夏任教於北京大學歷史系，打算開《近三
百年學術史》課程，在北平東安市場的書肆中購得梁啟超《中國近三百
年學術史》講義，閱之深覺意見相異，遂另撰一書，於 1937 年「七七」
事變之前出版，仍取名《中國近二百年學術史》。[71] 關於兩書的比較及
其所反映的學術觀點、時代文化思潮之差異，頗能引起學者興趣，已有
多篇論文討論及此。[72] 但學者們大多關注錢穆與梁啟超對於清代樸學的
不同認識和評價，強調錢穆激於時勢，抨擊「樸學」以及於當代「言學
則仍守故紙叢碎為博實」的學風，倡言「求通之於人倫政事」的學術經
世傳統，「持論稍稍近宋明」。但，正如汪榮祖指出，錢穆雖針對梁啟
超、胡適「理學之反動」論轉而為「宋學」力辯，並強調近三百年學術
尤其是晚明清初諸儒之於「宋學」的連續性，但是，錢穆並沒有無視清
學是宋學流弊之反響，對晚明清初三大儒的評價也與梁啟超大同小異。[73]
或者說，錢穆所主張的晚明清初之學乃是宋明道學之「轉進」，其實正
是對梁啟超著述「近三百年學術史」的一番「微意」的發揮。

六、從戴震、顏李到陽明學

在寫作、講授《中國近三百年學術史》期間，梁啟超於 1923 年 10

71　錢穆：《師友雜憶》，162 頁，三聯書店 1998 年。

72　如周國棟：《兩種不同的學術史範式：梁啟超、錢穆《中國近三百年學術史》
之比較》，《史學月刊》2000 年第 4 期；胡文生：《梁啟超、錢穆同名作《中
國近三百年學術史》之比較》，《中州學刊》2005 年第 1 期；陳麗平：《梁啟
超、錢穆《中國近三百年學術史》的著述思想之辨異》，《廊坊師範學院學
報》2005 年第 3 期；汪榮祖：《錢穆論清學史述評》，《台大歷史學報》第
26 期，2000 年 12 月。

73　汪榮祖：《錢穆論清學史述評》，《台大歷史學報》第 26 期，2000 年 12 月。

月發起戴東原生日二百年紀念會，並於次年 1 月撰成《戴東原哲學》等文；又於同年 12 月，為《東方雜誌》紀念號撰文《顏李學派與現代教育思潮》。梁啟超的「近三百年學術史」，是從晚明諸大儒出發，經顏李學而至於戴震，最後，還要從顏李、戴震重新回到陽明學，從而完成對宋明「道學」的超越，真正實現對「殘明遺獻思想」的「復活」。換而言之，他通過對戴震、顏李學、陽明學的詮釋，而闡發、形構了他的「新道學」思想。

1923 年春、夏間，一場關於人生觀的論戰在梁啟超的好友張君勱與丁文江之間展開，從而引發了中國現代思想史上意義深遠的「科玄論戰」。梁啟超雖以「暫時局外中立人」自居，但顯然還是屬於「玄學鬼」一路。他說，生命的原動力乃是一腔熱誠的「情感」，尤其是「愛」與「美」，不可理喻、難以分析但卻極其強烈，「帶有神秘性」，「然而一部人類活歷史，卻什有九從這種神秘性中創造出來。」[74]──這是他生命體驗的自白，也是他的「儒家哲學」的根柢。就在這年 10 月，梁啟超與同志發起戴震二百年紀念會，他將戴震思想闡釋為一種有「科學精神」的「情感」哲學。[75] 雖然找不到直接的證據，但是，梁啟超對戴震的熱情顯然是受到「科玄論戰」的激發。

作為中國思想、學術「古今之變」的扳道夫，梁啟超、章太炎、胡適三人都在戴震的思想中發現了「現代」意識，把戴震視為中國思想、文化向「現代」轉化的路標，因此，戴震學對於中國現代思想傳統的重建來說，具有特殊重要的意義。[76] 然而，他們對戴震思想的詮釋和評價

---

74 梁啟超：《人生觀與科學──對於張丁論戰的批評》，《飲冰室文集之四十》，26 頁，《飲冰室合集》第 5 冊，中華書局 1989 年。

75 梁啟超：《戴東原生日二百年紀念會緣起》，《飲冰室文集之四十》，38 頁，《飲冰室合集》第 5 冊，中華書局 1989 年。

76 丘為君《戴震學的形成──知識論述在近代中國的誕生》一書（北京：新星出版社 2006 年）詳細論述了章太炎、梁啟超、胡適的戴震學及其思想史意義。

卻迥乎不同，這說明他們心目中的中國的「現代」有著並不相同的走向。

在梁啟超眼裡，戴震所取代的是「主觀的理智哲學」，他建設的則是具有「科學精神」的「情感哲學」，戴震乃是既有宗教精神又有理性態度的中國現代人文主義人生哲學的先驅。梁啟超說：「歐洲哲學以求知為出發點，中國哲學以利行為出發點」，「一切思想都以現實人生為根核」，所以，儒家從根本上說是一種人生哲學，其根本問題乃是性之善惡，「這個問題是一切教育、一切政治之總出發點。」據此，他把「性的一元論」作為戴震哲學的核心大義，而戴震否定「如有物焉得於天而具於心」的「天理」，代之以事物的條理、分理的「理」論，則從屬於之並相通一貫。戴震哲學的革命性在於：宋以來的理學主要是程朱一派分理、氣為二本，主張「性的二元論」，即分別「義理之性」與「氣質之性」，「義理之性」乃「得於天而具於心」，是「天理」、「聖心」，「氣質之性」則是「惡」的來源了。而戴震繼顏元之後，繼續向「義理之性」與「氣質之性」的二元論舉起叛旗，反對分理、氣為二本而咎形氣，主張「性」就是合聖心凡心為一體、合血氣心知為一體的「人心」即自然人性。[77] 從此，儒家「天地萬物一體之仁」的人生觀之哲理基礎將不再是貫通「天理」與「人性」的形上本體，而植根於血肉人心、現實人性。這「血氣心知」的「人心」，以梁啟超自己的生命體驗來說，就是以「愛」與「美」為代表的熱誠「情感」。順著自己的思路，梁啟超和戴震便走到了共同的思想道路上：把「以我之情絜人之

但是，是書把章、梁、胡的戴震學當作中國近代知識論述以及自由主義形成的三個階段，從而將章太炎和梁啟超的戴震學看做是胡適「典範」的戴震學的「開啟」和「誕生」，對三者戴震學的不同詮釋方向以及思想意義論述稍嫌不足。

77　梁啟超：《戴東原哲學》，67-72頁，《飲冰室合集》第5冊，中華書局1989年。

情」的感通相恕作為人間道德之基礎,把「心之所同然者」作為「理」之客觀標準,而所謂「情」又出自人人所共有的「饑寒愁怨飲食男女常情隱曲之感」,這樣一來,「天理」、「仁」就成了「通天下之情,遂天下之欲」。[78]

不過,有一個難題,是梁啟超與戴震都要面對的:如果人間道德只是植根於自然人性的需求,出自基於自然人性之需求而產生的同情,那麼,無論如何得不出「性善」的結論,更無法論證「達情遂欲」之後還要「盡乎義命之不可以已」的「行己」之道,而君君臣臣父父子子之道,也只能是假設性、工具性、暫時性的「理」,不可能是「不易之極則」。彭紹升就詰問戴震說:「昭昭之天,即無窮之天,孰得而分之?命有自分,即性有所限,其可率之以為道邪?率有限之性以為道,遂能位天地,育萬物邪?」[79]這對於梁啟超也是一樣的,他將無法規定追求「天地萬物一體之仁」就是人生大道,在「活動」之中體驗「天地萬物一體之仁」就是人生最高境界,這不過是梁啟超一己的「意見」而已。在對戴震哲學的重構中,梁啟超以「血氣心知之心」為道德之本源,強調「情感」作為生命之根本驅動力,這和「科玄論戰」中張君勱的論調是一致的。張君勱把倭鏗、杜里舒、柏格森等人的生機主義和自由意志論與宋明理學相比附,用具有浪漫主義情調和英雄力度的生命意志即一種感性的力量與性能來講「心體」,那自然得不出要立人達人又勿施於人的人生天職。[80]所以說,戴震、梁啟超要以感通之情、心知之明去求得的「心之同然」之理,可以作為社會性道德即梁啟超在《新民說》中

---

78 梁啟超:《戴東原哲學》,61-66頁,《飲冰室合集》第5冊,中華書局1989年。

79 彭紹升:《與戴東原書》,胡適:《戴東原的哲學》附錄,240頁,《胡適作品集》三十二,臺北遠流出版社1986年。

80 參見鄭家棟:《斷裂中的傳統》,58頁,中國社會科學出版社2001年。

所強調的「公德」之哲理基礎，卻不能給梁啟超所努力構建的人生哲學即個體「行己」、「盡性」的必由之路提供哲學論證。關於這一點，倒是章太炎認識的很清楚，他說：「夫言欲不可絕，欲當即為理者，斯固隸政之言，非飭身之典矣。」也就是說，戴震所說長於「長民」，若用以「行己」，「則終身在鶉鵲之域也。」相比較而言，洛、閩之言才是真正的「行己」之道。[81]

　　就在發起戴東原紀念會的次月，梁啟超為《東方雜誌》紀念號撰文《顏李學派與現代教育思潮》，重釋這一「戴震哲學」的先驅。在這裡，他強調的是破除「天理」、「性體」形上本體之後，一套「理見於事」、「因行得知」的修養之道和求知門徑。在《評胡適之中國哲學史大綱》中，梁啟超曾說，孔子之學，學的是怎樣「能盡其性」、「能至於命」，其「學法」乃是「一面活動一面體驗」，而顏習齋所講學法，與原始的孔學最為相近。這個「學」首先要與宋明儒的「學」區分開來，相對於顏李學派關鍵在「為」的「學」，宋明儒的「學」，大半屬於孔子所謂「思」了。宋以後的理學是對先秦儒學尤其是孟子一系「先天內在德性」說的哲學性展開，「天理」作為貫通天、人的最終實在，既是宇宙的客觀實在，也是人心中的道德律，人因此內具與宇宙一體的「性體」。那麼，與宇宙合一，自致「天地萬物一體之仁」，乃是獲得「而一旦豁然貫通焉，則衆物之表裡精粗無不到，而吾心之全體大用無不明」的「絕對智慧」，要獲得這種絕對智慧，一個基本的途徑就是自明心性的修養功夫，要屏除萬慮，於靜中體驗「喜怒哀樂未發之中」，獲得一種神秘的心理經驗。即使朱子講「格物致知」的客觀求知，王陽明講「事上磨練」的實踐實行，但都極其重視靜修功夫，最終目標也還

81　章太炎：《釋戴》，《太炎文集初錄》，《章太炎全集》（四），123頁，上海人民出版社 1985 年。

是要「明心見性」、「豁然貫通」，成就「絕對智慧實體」。而顏李學派乾脆不講形上本體意義的「理」，反對推究「性與天道」。他們主張「理見於事」，所謂的「理」、「道」主要是指倫常之理以及實用的知識技術。於是，他們堅決摒棄主靜、主敬的修養功夫，而主張「主動主義」、「唯習主義」的踐履之道。在梁啟超看來，這是顏李學派能成為「二千年思想界之大革命者」的一大關鍵。梁啟超引用顏元自述靜坐悟道的經歷，把所得「洞照萬物」的神秘境界解釋成一種心理幻覺。他把顏元所說「身無事幹，尋事去幹，心無理思，尋理去思，習此身使勤，習此心使存」，當作修心養性之道的不二法門。他借顏李學派所講的修養功夫，只是不斷做事，不斷求知，在進行一枝一節一端的具體事業時，時刻挺立道德主體。另一方面，顏李學派所謂「學」又是對程朱一派「讀書窮理」乃至當代「為學術而學術」的高調痛下針砭，其具有「二千年思想界之大革命者」資格又在乎此。顏李學派「主動主義」、「惟習主義」的修養論同時也是一套「實踐主義」、「實用主義」的知識論，所謂「理見於事」、「因行得知」、「手格其物而後知至」，經梁啟超的解釋，就是要出於對社會人群的責任意識而開出各種具體事業、各門知識技能，要因著對所遭遇的具體人生、社會諸問題而求理論求知識，這就是要以「日損之道」立住頭腦而去求「日益之學」，就是「事上磨練」的真知識、真學問，也正是他在晚清時所構想的救國「志士」的人格結構、學術結構。在他看來，這也正是為國人所信服的杜威「實用主義」的真義。[82]

也是在「整理國故」運動中，胡適也從晚明時代的反玄學思潮出發，同樣選擇並重釋戴震、顏李哲學，上接顧炎武，在「近三百年學術

82　梁啟超：《顏李學派與現代教育思潮》，《飲冰室文集之四十一》，3 頁，《飲冰室合集》第 5 冊，中華書局 1989 年。

史」中劃定了一條從「顧炎武—顏李—戴震」的「新理學」思想線路，而下啟中國現代的「新哲學」。但是，他們二人所指示之「近三百年」思想道路以及中國現代思想前途，差距是相當大的。梁啟超發起「戴東原生日二百年紀念會」時，曾邀請胡適參加，以此為契機，胡適後來撰寫了《戴東原的哲學》。周昌龍教授在《戴東原哲學與胡適的智識主義》一文中指出，胡適將戴震哲學詮釋、重構為中國近代「智識主義」的思想體系。他一方面借戴震哲學以闡明自己的智識主義道德觀與人生觀；一方面旁通西方實驗主義，上接程朱學之「格物致知」，以顧炎武、顏李學派為直接淵源，以戴震學為中心，構造出了一個中國「近代」的智識主義思想譜系。其思想意圖在於「努力改造一種科學的致知窮理的中國哲學」。而與此同時，胡適也把他從杜威那裡學來的「實驗主義」變成了「智識主義」。[83] 於是，胡適強調的是，戴震推翻「如有物焉得於天而具於心」的先驗「天理」，而「能用這個時代的科學精神到哲學上去，教人處處用心知之明去剖析事物，尋找事情的分理條則」。所以，戴震建設的是新的「理學」，其重要意義在於以科學家求知求理的態度與方法求得人生實際問題之解決，是徹底的「理智主義」。對於戴震的「以情絜情」之說，胡適則著意貶低：「我們讀戴氏的書，應該牢記他的『以情絜情』之說與他的基本主張不很相容；若誤認『以情絜情』為他的根本主張，他的流弊必至於看輕那『求其輕重，析及毫芒，無有差謬』的求理方法，而別求『旁通以情』的世故方

83　周昌龍：《戴東原哲學與胡適的智識主義》一文（載於《新思潮與傳統——五四思想史論集》，臺北時報文化出版社 1995 年），主要分析胡適對於戴震思想的詮釋與重構，但旁及梁、章的戴震學，指出，胡適對戴震思想的詮釋偏執於「智識主義」一路，從而無法與梁、章等人代表的文化保守主義思想活動保持溝通關係。本文分析胡適與梁啟超關於戴震思想之詮釋的不同方向、路徑，深受其啟發。

法。」[84] 而對於梁啟超來說，戴震那種客觀研究事物條理的科學家式的態度與方法，是戴震對儒家修養踐履之道的獨特貢獻，它和「以情絜情」之道相配合而不可分，共同成就「引而極之當世與千古而無所增，窮居一室而無所損」的偉大人格、自得之境。[85]

胡適也認為，顏李學是中國「近世哲學」（指理學形上學）之風消歇之後，產生的一種新哲學的基礎。顏李學派有新的性理之說，他們取消了「天命之性」與「氣質之性」的二元對立，主張「性」即是「氣質之性」；又取消了形上本體意義上的「理」、「道」概念，說「道」就是陰陽之氣的流行，而「理」就是這「流行」的秩然有序的條理。所以說，「理」非別為一物，「理在事上」，離事物則沒有所謂「理」。在這樣的理論基礎上，他們反對靜坐、涵養、自明心性，主張「犯手去做」，學習實務，在解決實際問題中應用知識，掌握知識，得出知識。胡適也指出，其頗近於「實用主義」的哲學觀點。[86] 但是，胡適又指出，當時又有以顧炎武為代表的「新經學」方向，用「新經學」代替理學成為時代學術思潮的大趨勢，「新經學」具有科學精神和一定的科學方法，學問的天地很大。而顏李學派反對一切書本知識，排斥程朱開闢的「道問學」的道路，顯然是走不通的。他說：「程朱非不可攻擊，但需以考據攻擊；哲學非不可中興，當以考據的工具來中興。」「打倒程朱，只有一條路，就是從窮理致知的路上超過程朱」。[87] 也就是說，顏李學說留下的積極因素，再加上「格物致知」的精神和方法，兩者結合

84　胡適：《戴東原的哲學》，93 頁，《胡適文集》第 7 冊，北京大學出版社 1998年。

85　梁啟超：《戴東原哲學》，77 頁，《飲冰室合集》第 5 冊，中華書局 1989 年。

86　胡適：《幾個反理學的思想家》，《胡適文集》第 4 冊，74 頁，北京大學出版社 1998 年。

87　胡適：《戴東原的哲學》，281 頁，《胡適文集》第 7 冊，北京大學出版社 1998 年。

才產生了後來的戴震哲學——這才真正為「科學的致知窮理的中國哲學」開闢了道路。

與胡適大不同的是，梁啟超最欣賞顏李對程朱學「格物致知」的批判。在「整理國故」運動中，梁啟超多次痛責現在的學校不過是個「販賣智識的雜貨店」，「中國原有的精神固已蕩然，西洋的精神也未取得。」[88] 在《顏李學派與現代思潮》一文中，他很敏感地把「為學問而學問」的實證主義學風當作程朱學「格物致知」之流脈，批評朱子學將「涵養須用敬」與「進學在致知」打成兩橛，造成知識主體與道德主體的分離。他指出，程朱學的這種流弊，在今天已有相當嚴重的表徵。大學裡高談「為學術而學術」，以為是在講求純粹的求知態度，是在造成獨立的學問領域，但所學內不能修養身心、磨練人格，缺乏自發自覺之主體精神的培養，外不能切合社會實際情形與需要，造成「所知」與「所行」的嚴重脫節。他借顏元之語，告誡當今「學者勿以轉移之權委諸氣數，一人行之為學術，眾人從之為風俗，民之瘼矣，忍度外置之乎？」[89] 梁啟超所瞻望的「新哲學」，是能將道德主體與知識主體有機結合起來，能根據社會人生實際問題去求知識求技能，自立於「日損之道」而自廣以「日益之學」，而養成「全人格」的人生大道。

對於現代中國思想的前途，胡適曾指出有兩條路，要求人們必須做個抉擇：

　　……我們還是「好高而就易」，甘心用「內心生活」、「精神文明」一類的揣度影響之談來自欺欺人呢？還是決心不怕艱難，選擇那

88　參見梁啟超：《為學與做人》、《東南大學課畢告別辭》、《清華研究院茶話會演說辭》，《飲冰室合集》第 5 冊，中華書局 1989 年。

89　梁啟超：《顏李學派與現代教育思潮》，《飲冰室文集之四十一》，26 頁，《飲冰室合集》第 5 冊，中華書局 1989 年。

純粹理智態度的崎嶇山路，繼續九百年來「致知窮理」的遺風，用科學的方法來修正考證派的方法，用科學的知識來修正顏元、戴震的結論，而努力改造一種科學的致知窮理的中國哲學呢？我們究竟決心走那一條路呢？[90]

胡適指示的路，以「格物致知」、「即物窮理」的程朱學為走出「中世紀」的先驅，以顧亭林、顏李學派為接引，以戴震集大成，完成了中國思想傳統的「近代」轉化，中國科學時代的新哲學、新思想也就呼之欲出了。而梁啟超在重理中國思想史的時候，則以原始孔學為本源，以陽明學為核心，以顏李學派、戴震哲學為補充和發展，打算以儒家義理為基礎重建中國現代的人文主義人生觀，開出一個涵括科學在內的養成「全人格」的「新道學」，這在胡適看來就不免走上了「好高而就易」的「歧路」。

梁啟超以儒家義理為基礎的現代人文主義「人生哲學」，最後歸結到了他從年青時代起就一直受用的陽明學。賀麟曾指出，梁啟超一生思想變化雖多雖劇，然而他全部思想的主要骨幹，仍為陸王。據他的印象：

　　任公先生談義理之學的文字，以五四運動前後，在《時事新報》發表的幾篇談孟子要旨的文章，最為親切感人。對於「先立乎其大則小者不能奪」之旨，發揮得最透徹。他晚年專注於史學，但在他去世前兩三年，我們尚曾讀到他一篇斥朱子支離，發揮陽明良知之學的文章。他終身精神發皇，元氣淋漓，抱極健康樂觀的態度，無論環境如

90　胡適：《戴東原的哲學》，138 頁，《胡適文集》第 7 冊，北京大學出版社 1989 年。

何，均能不憂不懼，不為失望恐怖所侵入，年老而好學彌篤，似亦得力
在此。[91]

賀麟所說的這篇文章，就是 1926 年 12 月，梁啟超在清華學校所講
《王陽明知行合一之教》，他試圖重新闡釋陽明學，以之為自己「人生
哲學」的核心思想體系。他雖然沒有像胡適那樣借戴東原哲學講出一套
較完密的條理，但基本的結構已經搭出來了。經他重構的陽明學的思想
體系，其基本構架如下：

> 簡單說，根據「身心意知物只是一物」的哲學理論，歸結到「格
> 致正修只是一事」的實踐法門，這便是陽明學的全體大用。[92]

「格（物）致（知）正（心）修（身）只是一事」的實踐法門，就
是要以「天地萬物一體之仁」為價值定向而追求事功、發展智識。所謂
「萬物與我合一天地與我並生」、所謂「尋孔顏樂處」，皆是把對於歷
史命運的擔負精神轉化為解決現實人生實際問題的知識與能力。梁啟超
引用王陽明所說：「外吾心而求物理，則無物理」；另一方面「遺物理
而求吾心，吾心又何物。」陽明又曾說：「區區格致誠正之說，是就學
者本心日用事為間，體究踐履，實地用功，是多少次第多少積累在，正
與空虛頓悟之說相反。」可見，王陽明「致良知」之教，本意絕不是讓
人自陷於區區喜怒哀樂方寸之地，而墮入蹈空放縱。獲得「良知」之
「知」，參悟本性心體，就是要具備道德實踐的智慧，在應對種種「節
目事變」之時，既能刻刻「立志」不失「本心」，又能使「本心」與複

91　賀麟：《五十年來的中國哲學》，4 頁，商務印書館 2002 年。
92　以下引文若無特別說明，均出自梁啟超：《王陽明知行合一之教》，《飲冰室
　　文集之四十三》，《飲冰室合集》第 5 冊，中華書局 1989 年。

雜的環境、條件常得調和，這除了具體做事就別無法門。梁啟超進一步
解釋道：「良知能善能惡，致的功夫即是就意所涉著之事物，實行為善
去惡。」「致良知」的根本功夫一是「克己」，即從事具體事業、具體
知識的時候，克服自私心、自滿心、功利心等，時時保持純正的動機；
二是「慎獨」，要「在意念隱微處痛切下工夫」，不使一絲雜念參雜胸
中。

　　陽明「唯心的一元論」，在梁啟超看來，它不含宗教性，也不含玄
學性，最接近原始儒家，又最合現代潮流，可以成為「知行合一之教」
的哲理基礎：「以前的議論，沒有他精闢，以後的議論，沒有他中
肯。」即使如顏習齋、戴東原，在別的問題上雖有超過陽明的地方，但
在這個根本處則沒有這樣的見地。[93] 這個「唯心的一元論」，簡單地
說，「只要知身、心、意、知、物是一件」，這其中的關鍵是「心物合
一」。梁啟超說，主觀的心與客觀的物各自獨立，這是一般人最易陷入
的錯誤，陽明則以「意之所在」為「物」：「心無體以萬物之感應為
體」，「天下無心外之物」。不但人世間的「事理」而且自然界的「物
理」皆依主觀的「心」而存在。把主觀的「良知」與客觀的「物理」、
「事理」打通一片，自然就得出了「知行合一」的結論：「致良知」不
是去追究什麼玄妙超絕的天理、心體，而是要把心應用到事物上去，由
「良知」開出知識、技能，而知識、技能又回到主體的道德目標。接
著，梁啟超就從這種認識論意義上的「心物一體」直接跳躍到了本體論
意義上的「物我一體說」：「陽明所以反覆說明心物合一之實相，不外
欲使人體驗出物我一體之真理而實有諸己」，是要人領悟「大人者，以
天地萬物為一體者也，其視天下猶一家，中國猶一人焉。若夫間形骸而
分爾我者，小人也。」然而，這個「跳躍」其實是不能實現的。在梁啟

93　梁啟超：《儒家哲學》，102 頁，《飲冰室合集》第 12 冊，中華書局 1989 年。

超那裡，「天地萬物一體之仁」、「物我一體」、「人類無我」，是出
自主體在道德實踐中的生命體驗，是一種主觀的「境界」，而沒有能夠
達到宋明儒所講「天地萬物一體之仁」那種「境界」與「實有」、存在
與價值相統一的終極實在。梁啟超終於沒有能夠給他自己那「極通達極
健強極偉大的人生觀」以一個強固深遠的現代的哲理基礎。

七、餘論

　　有學者指出，應該把梁啟超算作現代新儒家思潮的濫觴。[94]的確，
梁啟超和真正開啟新儒家思潮的梁漱溟、熊十力有著一些基本相同的思
想傾向：比如，在中國社會、文化進入「現代」之後，他們都側重截取
儒家「內聖」部分，試圖以儒家義理思想為資源，為中國人重建生活意
義和價值觀念；他們不僅把重構儒家思想的事業關聯於近代以來中國文
化的出路，而且將之關聯於人類文化的現代性問題和困境，而與一戰後
歐洲的新思潮相應和；他們都試圖從陸王心學的立場重建儒家思想的哲
理基礎，使天道觀從屬於心性論，由「內在」而「超越」。但是，我認
為，更有意思的是梁啟超所指示的研究乃至復興儒學的道路之與「新儒
家」的根本不同。「新儒家」根本不重視梁啟超所強調的回歸原儒「知
行合一」之旨的「近三百年學術史」，而是吸收西方哲學的方法和內
容，將宋明理學的陸王一系重建為「道德的形上學」，凸顯道德實踐中
包含的形上學和宗教性意義。他們的成就其實更在於建立儒家的新「學
統」，其結果反而是適應了現代社會之學術領域的獨立要求，反而是使
「知」與「行」更加分化。[95]
　　似乎是為了預先反對這一「學院化」傾向，梁啟超在 1927 年綜述

94　董德福：《梁啟超與胡適》，210 頁，吉林人民出版社 2004 年。

95　參見李明輝：《當代新儒家人物論・導言》，臺北文津出版社 1994 年。

儒家思想的《儒家哲學》中一再陳說，儒家為實踐的而非理論的，是養成人格的具體途徑，是一大「工夫論」，「專注重如何養成健全人格，人格鍛煉到精純，便是內聖，人格擴大到普遍便是外王。」而理論問題如性之善惡、理欲、知行、天命、心體，皆不過是要「以為各人自己修養人格或施行人格教育的應用。」[96] 他指出「哲學」這個概念並不適用於儒家思想，單用西方治哲學的方法研究儒家，研究不到儒家的博大精深處，而稱其為「道術」更為合適。[97] 他強調，真要學儒學，「不單在知識方法看，要在實行方面看。從孔子起歷代大師，其人格若何、其用功若何，因性之所近，隨便學那一個，只要得幾句話，就可以終身受用不盡。」[98] 與此相應，研究歷史上的儒學，不能單看大學者的著述及其理論，而要「一面看他所與政治社會的影響，一面看政治社會所與他的反響。」又要看一般人的行動如何受其影響，看出「風俗的汙隆高下」。[99] 總之，在他看來，儒學之復興，儒學從傳統的「士君子」之學轉化為現代的「人生哲學」，其唯一可行的道路，不是像「新儒家」那樣「從理上撥弄」，而是倡行新「人師」與新「身教」。他曾說：

> 儒家道術偏重士大夫個人修養，表面看去範圍似窄而其實不然。天下事都是士大夫或領袖人才造出來的，士大夫的行為關係全國的安危治亂及人民的幸福疾苦最大。……假使穿長衫的穿洋服的先生們，真能如儒家理想所謂人人有士君子之行，天下事有什麼辦不好的呢。我們受高等教育的青年，將來都是社會領袖，造福造禍，就看我們現在的個人修養何如。[100]

96　梁啟超：《儒家哲學》，4 頁，《飲冰室合集》第 12 冊，中華書局 1989 年。
97　梁啟超：《儒家哲學》，5 頁。
98　梁啟超：《儒家哲學》，17 頁。
99　梁啟超：《儒家哲學》，15 頁。
100　梁啟超：《儒家哲學》，9 頁。

　　這一「儒學」觀的背後,如上章所論述,乃是他對其時實證主義主流學風、教育方針的強烈不滿和批評。在他的心目中,追求「學術」獨立的中國現代學術運動,其旨趣不應自限於「為學術而學術」,更是要「為人生而學術」。

　　梁啟超一方面想為他所信仰的源自於儒家的「人生哲學」奠立一個現代的哲理基礎,一方面又自相矛盾地強調儒學作為人生踐履之學的實用性格。他積極宣導儒學要作為人格養成、移風易俗的「身教」與「師教」,而在現代文化環境下繼續發揮大用。但是,在公私領域分化的現代社會,這條路恰好是讓儒學從公共領域中退出,成為個人自證自知的「修養」,而根本不再適合成為一門「學術」。

　　無論梁啟超還是「新儒家」,他們對現代科學文化與儒學傳統的調和都不能算是成功的。儒學傳統是否能夠以及怎樣能夠對中國現代的文化建設發揮其作用,仍然是一個有待回答的問題。

【第四章】
「新史學」之「新」義

梁啟超「人群進化之因果」論中的
儒、佛思想

　　一般認為，梁啟超的史學思想可分為前後兩個階段。第
一個階段是他東渡日本寫作《新史學》與《中國史敘論》的
時期：篤信進化論、講歷史因果律、強調史學的科學性質；
第二個階段則是在 1918 年歐洲遊歷之後，思想丕變：懷疑進
化論、強調歷史文化的特殊性、否定歷史中的因果規律、重
視人的自由意志、否定史學的科學性質。[1]而研究者論述梁啟
超史學思想之形成與變化，又大都強調當時日本、歐洲新思
潮的影響作用，如《新史學》是正在風行的實證主義思潮之
反映，甚至是「善抄」日本浮田和民的《史學通論》以成
書。[2]至於梁啟超晚年史學思想的變化，更是多歸結為他對

1　如胡逢祥、張文建《中國近代史學思潮與流派》，論「梁啟超史
　　學的時代特點」，224 頁，華東師範大學出版社 1991 年；張豈之
　　主編《中國近代史學學術史》，論「章太炎、梁啟超史學思想的
　　變化及其所反映的問題」，102 頁，中國社會科學出版社 1996 年。
　　又如汪榮祖：《論梁啟超史學的前後期》，《文史哲》2004 年 1
　　期；朱發建：《梁啟超晚年對歷史理論的探索及困惑》，《湘潭
　　大學社會科學學報》2001 年 10 月，第 25 卷 5 期；張越：《梁啟
　　超後期史學思想的變化》，《河北學刊》2001 年 11 期。上引文章
　　雖各有新見，但基本仍持上述觀點。
2　如尚小明：《論浮田和民《史學通論》與梁啟超新史學思想的關
　　係》，《史學月刊》2003 年 5 期；鄔國義：《梁啟超「新史學」

「新康德主義」的接受。[3]

　　梁啟超自稱東渡日本之後，「稍能讀東文，思想為之一變，」[4] 所著《新史學》宣導寫出「國民」之「進化」史並求其「公理公例」，所下史學定義、所主張史學方法，從字面上看的確相當「實證主義」。但是，當我們對勘他同時期所著相關文字，則會發現其觀察、理解「人群進化之因果」的眼光、方式，其實還另自淵源，別有出處，這就是佛教「因果業報」觀念與儒家歷史意識。更重要的是，在他歷史思想的核心處埋伏著一套關於世界、關於人類歷史之統一性的「唯心論」信仰，這個信仰核心來自中國文化傳統，且至老未變，信之彌堅。可以這樣說，梁啟超是從中國傳統歷史意識的視域出發接受「社會」、「進化」、「因果關係」等現代性觀念，同時又是用現代思想重新闡發傳統的歷史意識，從而形成一套獨特的似乎只能以「梁啟超主義」名之的歷史觀與歷史詮釋方式。而當他試圖調和實證主義、生物進化論與自身傳統根柢之時，已經明顯自覺到一種根本的思想分歧。也就是說，如果我們僅僅用「科學」、「進化論」、「實證主義」、「因果律」這樣的概念去定義他的「新史學」，那就會無視其歷史觀念、史學思想的「傳統」精神與獨到之處，如此，我們豈不錯估了中國「新史學」之開篇的「新」義？

　　從這一角度來看，梁啟超晚年史學思想的變化，也就並非完全出自外緣，而實有其內因，甚至可以說，是在新的世變的激發之下向自身傳統根柢的「回心」。

　　　思想探源》，《「走向世界的中國史學」國際學術研討會論文集》，北京師範
　　　大學史學理論與史學史研究中心‧揚州大學社會發展學院，2006 年 8 月。
3　　如汪榮祖：《論梁啟超史學的前後期》，《文史哲》2004 年 1 期；晉榮東：
　　　《李凱爾特與梁啟超史學理論的轉型》，《天津社會科學》2002 年 3 期。
4　　梁啟超：《三十自述》，《飲冰室文集之十一》，18 頁，《飲冰室合集》第 2
　　　冊，中華書局 1989 年。

一、以「佛之說因果」明「人群進化之因果」

梁啟超於 1902 年所著《新史學》，劈首就給史學下了個實證主義的典型定義：

> 歷史者，敘述人群進化之現象而求其公理公例者也。[5]

而且說，我們能得出自然界演化現象的「定理」，就一定能得出人類歷史演化的「定理」。而要達到這樣的目標，需要有兩個條件，一是能知「自有人類以來全體之史」；二是要憑藉其他社會科學的理論、方法工具，「取諸學之公理公例，而參伍鉤距之」。他對史學之功能的看法也是典型的科學主義式的：「求得前此進化之公理公例而使後人循其理率其例以增幸福於無疆也」。[6] 這一套「史學」觀念對於當時中國學人來說，不啻聞所未聞的現代福音，而今天則是耳熟能詳的陳詞濫調，無法再引起什麼特別的關注了。

然而，也是在 1902 年，他於《論佛教與群治之關係》一文中說：

> 故佛之說因果，實天地間最高尚完滿博深切明之學說也，近世達爾文、斯賓塞諸賢言進化學者，其公理大例，莫能出此二字之範圍，而彼則言其理而此則並詳其法。[7]

5 　梁啟超：《新史學‧史學之界說》，《飲冰室文集之九》，10 頁，《飲冰室合集》第 1 冊，中華書局 1989 年。

6 　梁啟超：《新史學‧史學之界說》，《飲冰室文集之九》，11 頁。

7 　梁啟超：《論佛教與群治之關係》，《飲冰室文集之十》，51 頁，《飲冰室合集》第 2 冊，中華書局 1989 年。

又於 1904 年所著《余之生死觀》中說：

> 此佛說之大概也。吾受其義，而歎其與今日進化論者流之說，若合符契也。[8]

梁啟超早年受康有為、譚嗣同的影響研習佛學，終生力學不輟。尤其是 1903 年前後，由於思想動搖於革命與保皇之間，對個人以及中國前途感到迷茫憂懼，加之海外經營的諸種事業失敗、對革新人物的極度失望，內心深受煩擾，讀內典甚刻苦。[9]這兩篇文章即用一套佛教「因果業報」的世界觀解說「人群進化之因果」及其「定律」，表述了一套觀察、理解世變的獨特眼光與方法。

梁啟超所說「因果之律」是指「凡造一業，必食其報，無所逃避」，這其實是佛教「業力不滅」之說，他在《余之生死觀》中概括如下：

> 佛說一切萬象，悉皆無常，剎那生滅，去而不留。獨於其中，有一物焉，因果連續，一能生他，他復生一，前波後波，相續不斷，而此一物，名曰羯磨。羯磨為物，殆如然電燈者，電雖消去，而其遺漬，緣表筒中，銖黍不爽。又如人食物品，品中土性鹽質，除穢瀉外，而其餘精，遍灌血管。於是乎有因果之律，謂凡造一業，必食其報，無所逃避。[10]

---

8 梁啟超：《余之生死觀》，《飲冰室文集之十七》，3 頁，《飲冰室合集》第 2 冊，中華書局 1989 年。

9 丁文江、趙豐田：《梁啟超年譜長編》，336 頁引梁啟超於 1903 年 12 月致蔣觀雲先生第三書，上海人民出版社 1983 年。

10 梁啟超：《余之生死觀》，《飲冰室文集之十七》，2 頁。

　　世界萬物皆在生滅流變之中，但一舉一動、一言一語、一感一想，其影像直刻入「羯磨」總體，即造「業」，「業」永恆存在，或者對自己或者對後代或者對同類必然產生影響，所造「業」即死而不死者。梁啟超用進化論所說的「遺傳性」來解釋「羯磨」義，又名之為「精神」。他的意思是說，人雖然只存在於此時此刻，但所有的活動卻並沒有消失，而是以「精神」、「意識」的形式留存下來，內涵於我們現今所具、正在發用的「精神力」、「心智」之中，從而貽功於未來。整個人類歷史甚至宇宙都是一個大生命，「羯磨」就是這個「大生命」的統一的「意識」或「精神」，在其中，我們的過去、現在、未來結合在一起。

　　梁啟超在 1910 年的時候，曾經表示，「業力不滅」、「因緣果報」的「極奧渺」之義屬於「信仰」領域，作為觀察和理解這個世界的基本立場與原則，它不是用科學方法試驗得來的：「凡治學問者而究極至於第一義，勢必言語道斷，非憑籍信仰之力，則無以為論據」，但這個「信仰」能為現代科學屢屢證明，故為「世界諸哲中之最可信仰者也。」[11] 直到晚年，他已在史學上反對科學意義的歸納得出的「因果律」，卻仍然認為佛教所說「業」、「報」的道理是「宇宙間唯一真理」，並告訴他的子女說：「凡自己造過的『業』，無論為善為惡，自己總要受『報』，……並非有個什麼上帝做主宰，全是『自業自得』，……全是『隨作隨受』，……我的宗教觀、人生觀根本在此，這些話都是我切實受用的所在。」[12]

　　所造「業」既常住不滅，因果相繼，又可分為兩部分。「有一部分屬於普通者」，指的是一個人的活動勢必傳遞波蕩到他所屬的社會乃至

11　梁啟超：《國家運命論》，《飲冰室文集之二十二》，97頁，《飲冰室合集》第 3 冊，中華書局 1989 年。
12　丁文江、趙豐田：《梁啟超年譜長編》，1047 頁引梁啟超 1925 年 7 月 10 日與令嫻等書，上海人民出版社 1983 年。

人類全體，用佛教術語說是「共業」；「有一部分屬於特別者」，指的是習染於本人，又遺傳給子孫的特性，所謂「自作而自受之」，用佛教術語說是「別業」。一個社會一個種族一個社群，就是其中每個人、一代又一代人所造之「業」，「遞相熏積相結」而成。「共業」與「別業」，「此兩者自無始以來，又互相熏焉，以遞引於無窮」，[13] 這說的是佛教中「種子現行相熏相引」的道理，用來說明個人皆處於社會歷史之中，是由歷史上累積生成的社會文化環境造成的，但我們個人自主的意願與作為又會對環境的繼續生成發生作用，歷史的演化就是這樣進行的。梁啟超還用進化論所說的遺傳與變異來解釋「種子現行相熏相引」，認為所謂民族「特性」，「即其族類，自無始來，以迄今日，生存競爭之總結果，質而言之，是即既往無量歲月種種境遇種種行為累積結集，全量所構也。」而在一個民族所造所遺的「業力」之中更有「精中精、實中實者」，其遺傳力最巨，這就是「國民心理」、「社會心理」，「故至今日而所謂國民心理、社會心理之一科學，日以發明」。但某個民族歷史鏈條上的個人，又不是完全被動接受「遺傳」，而是能「日日自舉其特性而發揮之，以造出或善或惡或有意識或無意識之種種事業，還復以熏習現社會」，所以「特性」又總是在「遞變」。所謂「聖賢豪傑乃至大罪惡之人」，就是他們的「業力」更大，遺傳性更強，對一國一社會之歷史有大影響。即使社會大多數庸人，「其細微羯磨，亦相結而浸潤社會之空氣，能以自力屢屢變易之」。就所有人的「業力」都凝聚化合於其種族文化「特性」而言，可以說「過去億兆京垓無量數不可思議之人類，無論智愚賢不肖，皆有其不死者存。」[14]

13 梁啟超：《論佛教與群治之關係》，《飲冰室文集之十》，50-51 頁，《飲冰室合集》第 2 冊，中華書局 1989 年。
14 梁啟超：《余之生死觀》，《飲冰室文集之十七》，4 頁，《飲冰室合集》第 2 冊，中華書局 1989 年。

梁啟超晚年又用「共業」與「別業」相熏相引之義與儒家「仁」之義相互訓釋。在 1923 年的演講《治國學的兩條大路》中，他認為，鄭玄所說「仁，相人偶也」，孟子所說「仁也者，人也，合而言之，道也」，說的都是孔子「己欲立而立人，己欲達而達人」的道理，就是說，人是不能單獨存在的，人格專靠各個自己是不能完成的，因此，「想自己的人格向上，唯　的方法，是要社會的人格向上，然而社會的人格，本是各個自己化合而成，想社會的人格向上，唯一的方法又是要自己的人格向上。」[15] 這「社會的人格」與「自己的人格」相互提攜而向上，就是人類進化之大道了。

梁啟超又發揮這一套「人群進化之因果」來講當前的治國救國之道：

> 嘻！知此義者，可以通於治國也。一國之所以腐敗衰弱，其由來也非一朝一夕。前此之人，蒔其惡也，而我輩今日刈其惡果。然我輩今日非可委咎於前人而以自解免也，我輩今日而亟造善因焉，則其善果或一、二年後而收之，或十餘年後而收之，或數百年後而收之。造善因者遞續不斷，而吾國遂可以進化而無窮。造惡因者亦然。……
>
> 又不徒一群為然也，一身亦然，吾蒙此社會種種惡業之薰染，受而化之，旋復以薰染社會，我非自洗滌之而與之更始，於此而妄曰吾善吾群、吾度吾群，非大愚則自欺也。[16]

梁啟超所論「人群進化之因果」，與實證主義的社會、歷史觀念比

15　梁啟超：《治國學的兩條大路》，《飲冰室文集之三十九》，118 頁，《飲冰室合集》第 5 冊，中華書局 1989 年。

16　梁啟超：《論佛教與群治的關係》，《飲冰室文集之十》，50 頁，《飲冰室合集》第 2 冊，中華書局 1989 年。

較起來，具有相當不同的思想特點。在這裡，僅就兩點而論：一、關於「社會」的觀念；在實證主義的代表人物孔德那裡，一個社會好比一個有生命的機體，所謂「社會靜力學」的研究就像是社會解剖學，要把社會看作是一個結構性的整體，然後調查「社會系統各個不同部分之間的作用與反作用的規律」，顯然，是「社會系統的各個不同部分」而非社會中的個人構成了「社會學」的研究對象。[17] 晚清民初，由於嚴復對斯賓塞《社會學原理》的譯介，斯賓塞所闡述的擬比於生物有機體的「社會有機體」概念深入人心，「社會有機體」概念特別強調社會群體的品質奠基於群體中個人的品質，個體又被想像成具有潛在活力的單位，即著名的體力、智力、道德的三結合體，而使這些活力運動起來的強有力原則是對個人幸福的追求，所謂「幸福」又總是和才能的充分發揮相伴隨。包括梁啟超在內的晚清民初先進分子所積極提倡的培養「民德、民智、民力」之說，便是受到這一社會進步觀點的影響。然而，正如史華慈所指出，在斯賓塞的思想體系中，社會的演進乃是一種預先設定的、不以人的意志為轉移的宿命，而絕不是因為個人創造性的努力，所以個體的品質本身是整個社會有機體進化的結果，完全由社會有機體的品質來決定，個體只是社會有機體的一個細胞，不是一個獨立的可變物。[18] 然而，梁啟超的「社會」想像則是每一個體在一定社會、文化中所形成的意志、思想、行為、事業相互感應糾結而構成的「因緣」大網，這個「因緣」大網的結點是每個個體既被動又能動的「心能」、「願力」，這種「心能」、「願力」一方面是文化環境的產物，受到種種客觀條件的限制，一方面又總是能自由發動。「社會」就是這樣的有實現自己意願之能力的「個體」的結合體。個體只能在整體之中得到理解，而整體

17　雷蒙‧阿隆：《社會學主要思潮》，63 頁，華夏出版社 2000 年。
18　史華慈：《尋求富強：嚴復與西方》，68 頁，江蘇人民出版社 1996 年。

也只能借著個體來理解。

二、關於社會歷史演化的動力；無論在孔德還是斯賓塞那裡，人類歷史的進步程序都是預定的，這種觀念可以追溯到基督教神學哲學的「天意」論。而一個階段向另一個階段的演進，其動力是社會機體各系統之間的矛盾及其所產生的作用與反作用。[19] 號稱要解剖「集體心理」的實證主義史學代表人物如蘭普雷希特、巴克爾、泰恩等，他們多少都將民族「靈魂」看作是一種物質性的有機結構，所關注的是種族、地理環境、氣候、富源等非「人」的決定性因素。[20] 對於這一時期的梁啟超來說，他的確篤信有必然性程序的「進化之公理」；[21] 所著《論中國學術思想變遷之大勢》且能具體實踐他的「新史學」主張，「自地理上民族上放眼觀察，而證以學說之性質」。但是，正如我們所見，他的「因緣果報」式的「進化」學說，更強調的是，無論個體人生還是群體歷史並無在上的主宰者，並無不可改變的「本質」或「規律」，一切全是「自業自得」，全是「隨做隨受」，一切皆在人為的「造因」，一切皆可積漸積微地加以改變。這是一種絕對肯定人的主觀意志、動機與能力的歷史觀念，它把「一念之發動」當作歷史變動的「第一推動力」。而且，造「因」造「業」者為每個個體，無論何人只要生活於社會之中，就對歷史負有責任，每個個體的自我改造積累結合起來就是社會歷史的演化。所以，歷史演化的最切實法門就是「吾民之各自新」，[22] 只有每

19　雷蒙·阿隆：《社會學主要思潮》，60 頁，華夏出版社 2000 年。

20　湯普森：《歷史著作史》下卷第 4 分冊第 55 章《實證主義史家：19 世紀的自然科學對歷史寫作的影響》，601 頁，商務印書館 1996 年。

21　梁啟超：《自由書·文野三界之別》，8 頁，《飲冰室合集》第 6 冊，中華書局 1989 年。

22　梁啟超於 1903 年所寫《答飛生》一文中說：「新民云者，非新者一人，而新之者又一人也，則在吾民之各自新而已。」《飲冰室文集之十一》，40 頁，《飲冰室合集》第 2 冊，中華書局 1989 年。

個人「願」新「業」新，只有造成了「新民」，一個社會、民族才能真正更「新」，否則，那種新都是表面的、不牢靠的。如前文所述，梁啟超對科學研究社會心理的新思潮十分敏感，但他卻把科學的「國民心理學」會通於善觀「人心風俗」以明盛衰之故的儒家史學傳統，說：

> 國之所與立者，非力也，人心也。故善觀人國家者，惟觀人心何如爾，此固儒者尋常迂闊之論，然萬萬不逾此理。[23]

隨著對政治革命的日益失望，他越來越將中國變革的希望寄託於「新民」事業，關注「我輩」青年如何修德進學以養成人格以自立於「惡濁社會」，因以轉移一世風尚，造出新的時代精神。[24] 在《中國學術思想變遷之大勢》中，他就非常注重學術、學者「移風易俗」之用；至《中國近三百年學術史》，更是強調學術乃學者「全人格」之表現。在他看來，國家之元氣實托於此少數「好修」之士：

> 蓋社會之生命，賡續而無極者也。自古雖極泯棼之世，未嘗無一二仁人君子，自拔流俗而以其所學風天下，乾坤之所以不息，吾儕之所以不盡為禽獸，皆賴此一二仁人君子心力之賜。[25]

類似言辭，我們在《周易》以及中國歷代史書中都能屢屢見到。

23　梁啟超：《重印鄭所南《心史》序》，《飲冰室文集之十七》，13 頁，《飲冰室合集》第 2 冊，中華書局 1989 年。

24　梁啟超於《新民說‧論政治能力》中說：「今者中國之人格，譬諸猶初摶土也，我輩居其中為重要之一分子者。」158 頁，《飲冰室合集》第 6 冊，中華書局 1989 年。

25　梁啟超：《自由書》附《晚歲讀書錄》之《好修》，121 頁，《飲冰室合集》第 6 冊，中華書局 1989 年。

二、「人類將來之進化當由何途？當以何為歸宿？」

梁啟超為康有為弟子時，即接受了「春秋三世說」，於 1892 年得聞「大同」義，為之「喜欲狂」。[26] 後來他在《南海康先生傳》中指出：「蓋中國自創意言進化學者，以此為嚆矢焉。」[27] 嚴復於 1896 年 10 月曾致書梁啟超，並寄去所譯《天演論》原稿。梁啟超得其書「喜幸無量」，回信說他「所聞於南海有出此書之外者約有二事，一為出世之事，一為略依此書之義而演為條理頗繁密之事。南海亦曰此必西人之所已言。」[28] 所謂「出世之事」，指的是康有為雜糅佛教、儒家、基督教、現代科學，所發明的一套關於世界本源、人性本質、社會理想的形上學，它以「仁」為唯一宗旨，以為「眾生本一性海，人類皆為同胞」，由妄生「分別相」故各私其身其家其群其國，故人類進化之目標與意義，便是復歸本源真實，打破一切隔閡分別限制，人人感通無礙而各得其所，即實現「大同」。[29]「春秋三世說」的這一形上學基礎，非嚴復所譯介斯賓塞、赫胥黎「進化」學說之所內具。而對於梁啟超來說，這一有關世界真實相的信仰，作為他精神生命的根柢，卻始終強有力地左右著他的思想發展與變化，以至他與社會進化論所宣揚的個人主義道德原則與社會組織原則，其分歧日漸自覺。

嚴復譯介斯賓塞與赫胥黎的思想而成《天演論》，他強調人類的生

26　梁啟超：《清代學術概論》，61 頁，《飲冰室合集》第 8 冊，中華書局 1989 年。

27　梁啟超：《南海康先生傳》，《飲冰室文集之六》，72 頁，《飲冰室合集》第 1 冊，中華書局 1989 年。

28　梁啟超：《與嚴幼陵先生書》，《飲冰室文集之一》，110 頁，《飲冰室合集》第 1 冊，中華書局 1989 年。

29　梁啟超：《南海康先生傳》，《飲冰室文集之六》，73 頁，《飲冰室合集》第 1 冊，中華書局 1989 年。

存競爭導致進化，故必須以現世個人利益為本位，重新構築社會倫理觀念。由是之故，他特別宣導「開明自營」之義，以為「大利所存，必其兩益」，讚美這一學說為最有功生民之學。[30] 梁啟超在讀了《天演論》之後，也贊成「克己太深而自營盡泯者，其群亦未嘗不敗。」[31] 到日本後，梁啟超愛讀加藤弘之的書，在《自由書》中特別介紹其「專主進化論，以愛己心為道德法律之標準」的《天則百話》。[32] 梁啟超在這一時期非常強調「生存競爭」這一進化鐵律，一再聲言善群能群而能外拒者為優為勝。基於這個道理，他宣稱自己是個民族主義者而把大同理想推到了遙不可及的未來。[33]

然而，就在他於《新民說》反覆強調「優勝劣敗，適者生存」的1902年，又曾著文介紹美國教士頡德調和進化論與基督教的學說。在這篇文章裡，我們可以看出，梁啟超立基於儒家「天地萬物一體之仁」、佛教「性海渾圓眾生一體」的人生信仰，開始與以進化論為依據的個人主義價值觀發生矛盾並試圖加以調和。梁啟超於此文重點介紹了頡德對西方近代「自由主義」、「平民主義」、「社會主義」的批判，頡德把這些不同的學說皆歸結為以現世個人利益為旨歸的功利主義：「以為群學之理想在於增進一群之利益，而一群之利益即合其群內各人之利益而總計之者也。一切道德皆以此為根源，能自進己之利益者，謂之善行，反是謂之惡行。」儘管梁啟超也意識到頡德所論「不無太過」，但他所

30　嚴復：《天演論》論十六《群治》，盧雲昆編選：《嚴復文選》，上海遠東出版社 1996 年。

31　梁啟超：《與嚴幼陵先生書》，《飲冰室文集之一》，110 頁，《飲冰室合集》第 1 冊，中華書局 1989 年。

32　梁啟超：《自由書‧加藤博士《天則百話》》，92 頁，《飲冰室合集》第 6 冊，中華書局 1989 年。

33　梁啟超：《自由書‧答客難》，40 頁，《飲冰室合集》第 6 冊，中華書局 1989 年。

心儀的點睛之筆在於「故挾持現在之利己心而謬托於進化論者，實進化論之罪人也」。梁啟超又借頡德之語，批評以進化論發明「群學」的斯賓塞：

> 於「人類將來之進化當由何途，當以何為歸宿？」不能確實指明，而世界第一大問題竟虛懸而無薄。[34]

這就是說，梁啟超顯然不以增進個人以及群體的現實利益即「幸福」為歷史進化之目標與意義，而另有一理想，我們的生活準則則應據此一理想以定，而非「開明自營」也。

這樣的理想及生活準則，他於 1904 年所著《余之生死觀》中表述甚詳。梁啟超認為，佛教、儒家、基督教所講的生死觀與人生意義，其實是相通一貫的，而尤以佛教的道理最為高明圓滿。就是說，人的肉身有死，而「精神」不死，「精神」之所以不死，在於每個人的「精神」相熏相結相匯而成人類總體「精神」，每個人的精神生命都與之相通也彼此相通，故一切「我相」、「分別」皆妄生。人類相通共有之「精神」，用基督教的話說是「聖靈」；用儒家的話說是「道」，體現於歷史的綿延永續；用佛教的話來說就是「羯磨」。因此，人之得永生之道、人的生命意義即在於以「小我」投入「大我」，而與永恆之「精神」合而為一。但佛教主張解脫，故其教義在不造諸業，而進化論主爭存，故其教義在善造諸業。「大我」無盡之生命以科學家言，則為「進化」。故梁啟超主張，「小我」的「現在」的生活應以「大我」之「未來」為本位，努力造「善業」以成就此「大我」無盡之進化，道德倫理

---

34 梁啟超：《進化論革命者頡德之學說》，《飲冰室文集之十二》，79 頁，《飲冰室合集》第 2 冊，中華書局 1989 年。

皆應立腳於是。這樣的價值觀既超越了現世自我利益又是以人生為本的「世間之言」，既具有宗教精神又有科學性，實在是最合理最可信可行的人生觀。進化論革命者頡德所主張之學說亦不外乎是。[35] 而這種「科學」的「進化」的「儒家」的「大乘佛教」的人生觀，正是梁啟超為其時代所呼喚的、能改造中國命運的「志士」品質、「新民」人格：

> 惟日孜孜，但以造因為事……無希冀心無恐怖心，然後盡吾職分之所當為，行吾良知之所不能自已。奮其身以入於世界中，磊磊落落，獨來獨往，大丈夫之志也，大丈夫之行也。[36]

1905 年，梁啟超有感於當時革命黨人自身人格不足以擔負救國之任而做《德育鑒》，以宋明理學家的治心治身之法講「大丈夫」之志之行的培養。其中有云：

> 子王子欲以致良知之義易天下之人心。……難者曰：世界之所以進化，皆由人類之爭自存，質而言之，則自私自利者，實人類所以存之一要素也。今如子王子言，欲使天下人皆自致其良知，去其自私自利，以躋於大同，其意固甚美，然我如是而人未必如是，我退而人進，恐其遂為人弱也，是所謂消極的道德而非積極的道德也。應之曰：不然，無論功利主義不足為道德之極則也，即以功利主義論，而其所謂利者，必利於大我而後為真利，……而此犧牲小我以全大我之一念，即所以去其自私自利之蔽而躋於大同之券也。質而言之，則曰公利而

35　梁啟超：《余之生死觀》，《飲冰室文集之十七》，1 頁，《飲冰室合集》第 2 冊，中華書局 1989 年。

36　梁啟超：《自由書・成敗》，2 頁，《飲冰室合集》第 6 冊，中華書局 1989 年。

已，曰公德而已，子王子所欲以易天下者，即是物也，而天演界爭自存之理，亦豈能外是也。[37]

　　有論者曾指出，在流亡日本至 1907 年之間，梁啟超基本上是一個以達爾文主義為背景的國家主義者，以群體為第一義，個人為第二義，要求個人應該為群體做犧牲。所以說，梁啟超雖然是首先在中國宣傳「自由獨立」之現代價值與人生觀的啟蒙者，但他對現代「自由」與「個人」獨立精神並無真正的體會與重視。[38] 正如我們所看到的，他對「自由獨立」的理解，應該是一個人對「天地萬物一體之仁」的領悟與自覺，然後能按這一價值定向提升、改造自我生命，他所說「致良知」也。這的確不能說是「現代」意義上的「自由」義，但卻也更加反對任何意義上的集體主義、家族主義、國家主義，而只能說是梁啟超意義上的「自由主義」。

三、「回心」之變與「適時」之變

　　梁啟超於 1902 年就預言「進化論革命者」頡德之學說，將於 20 世紀開幕之初「影響於世界人群之全體，為將來放一大光明」。[39] 如此說來，《歐遊心影錄》的「思想轉變」，是其來有自，早有伏筆了。

　　在《歐遊心影錄》中，梁啟超不再試圖調和「致良知之義」與「天

37　梁啟超：《德育鑒》，42-43 頁，《飲冰室合集》第 7 冊，中華書局 1989 年。

38　參見張灝：《梁啟超與中國思想的過渡（1890-1907）》第十章《結語》，江蘇人民出版社 1995 年；黃克武則指出，梁啟超強調的是個人與群體之間互相依賴的關係，而他對自我尊嚴與自由觀念的肯定與理解更多地來自儒家傳統尤其是王陽明「致良知」之義。見《一個被放棄的選擇──梁啟超調適思想之研究》，83 頁，新星出版社 2006 年。

39　梁啟超：《進化論革命者頡德之學說》，《飲冰室文集之十二》，78 頁，《飲冰室合集》第 2 冊，中華書局 1989 年。

演界自存之理」，而是直斥「生物進化論」與「自己本位的個人主義」是導致這回世界大戰的思想禍首。他又指責「實證哲學」要用科學方法試驗得出「宇宙大原則」，從而否定精神與物質的對待，把人生一切活動都歸結到物質運動的必然法則之下，最後則是要以唯知「搶麵包吃」的「唯物的機械的人生觀」去否定「自由意志」，他說現今思想界最大的危機就在這一點。這裡的「自由意志」，正是他在前面所說的能「以自力屢屢變異之」、能以「吾民之各自新」而更新世運的「心能」、「願力」，就是能獲得價值自覺從而自我定向自我提升的能力。若果無此「自由意志」，「人生還有一毫意味？人類還有一毫價值嗎？」[40]

梁啟超並不認為一戰後的西方文明要走向沒落，相反，他相信民主的因而是建設在群眾力量上的西方現代文明正在經歷由青年向壯年的轉折，正在尋找「真正的安身立命所在」，美國占晤士（今譯詹姆斯）的「人格唯心論」（指「實用主義」）和法國柏格森的「直覺創化論」（指「生機論」）即代表了此次轉折所預示的「進化」新方向，[41]而這時代新潮流與他東渡日本期間形成的「人群進化之因果」以及據此而成立的生活準則，竟然如此合轍同調！

他把詹姆士的實用主義歸結為「用科學研究法證明人類心的性能，實適應於外界而漸次發達，意力與環境互相提攜便成進化。」意思是說，人類生活的根本義固然是保全自己發展自己，但個人與社會相依相存：

> 由此可知人格是個共通的，不是個孤另的。想自己的人格向上，唯一的方法是要社會的人格向上；然而社會的人格本是從各個自己化合而成，想社會的人格向上，唯一的方法又是要自己的人格向上，這

40　梁啟超：《歐遊心影錄節錄》，11-12 頁，《飲冰室合集》第 7 冊，中華書局 1989 年。

41　梁啟超：《歐遊心影錄節錄》，17-18 頁。

就是意力和環境提攜便成進化的道理。明白這個道理，那麼所謂個人主義、社會主義、國家主義、世界主義種種矛盾，都可以調和過來了。[42]

可見，在他看來，所謂「意力和環境提攜便成進化」說的其實是「共業」與「別業」相熏相引的道理。

他又總結柏格森的學說是：

> 拿科學上進化原則做個立腳點，說宇宙一切現象都是意識流轉所構成，方生已滅，方滅已生，生滅相衍便成進化。這些生滅都是人類自由意志發動的結果，所以人類日日創造日日進化。這「意識流轉」就喚做「精神生活」，是要從反省直覺得來的。我們既知道變化流轉就是世界實相，又知道變化流轉的權操之在我，自然可以得個大無畏，一味努力前進便了。[43]

這說的其實是個因果相續、「業力」不滅的道理，要從「反省直覺」而非科學試驗得來的「意識流轉」或曰「精神生活」，無疑是指所有「業力」彙聚其中不生不滅的「羯磨」。歷史命運既是人群全體業力所積，故無所謂主宰者包括什麼必然法則，改造之權常在於我。由此種「進化史觀」得出的人生觀就是行「良知」之所不能已的「大丈夫之志」、「大丈夫之行」。

梁啟超又把孔、老、墨以及中國化的大乘佛教禪宗，都歸結成「求理想與實用一致」，或曰「出世法與現世法並行不悖」。這些學說共同的根本大義，都是看出有個「大的自我」、「靈的自我」和「小的自

42　梁啟超：《歐遊心影錄》，18頁，《飲冰室合集》第7冊，中華書局1989年。
43　梁啟超：《歐遊心影錄》，18頁。

我」、「肉的自我」同體，想要因小通大，推肉合靈，而修道進學之路又都是服務於現實人生，即善造諸「業」，即「入世」。這樣的生活理想既超越了現世自我利益同時又以現實人生為本，所以是即世間而超世間的。梁啟超認定這一點是「中國人特質」所在，而「現在柏格森、倭鏗等輩，就是想走這條路還沒走通。」[44]

胡適《中國哲學史大綱》行世之後，梁啟超曾給予尖銳的批評，說胡適對「中國哲學上最重要的問題」以及「理想的境界」視而不見，擯棄不講，這個基本問題與理想境界用莊子的話說是「天與我並生而萬物與我為一」，用儒家的話說是「天地萬物一體之仁」。他說「我還確信世界人類的進化，都要向實現這境界那條路上走。」[45] 1923年演講《研究文化史的幾個重要問題——對於舊著《中國歷史研究法》之修補及修正》，被廣為引用以證明梁啟超晚年對進化論發生懷疑，其中說道：

> 我以為，歷史現象可以確認為進化者有二：一，人類平等及人類一體的觀念，的確一天比一天認得真切，而且事實上確也著著向上進行；二，世界各部分人類心能所開拓出來的「文化共業」，永遠不會失掉，所以我們積儲的遺產，的確一天比一天擴大。[46]

這麼說來，人類今天的「進化」方向，完全符合梁啟超早已信奉的「大同」之路。

詹姆士的「實用主義」、柏格森的「生機論」的確是一種對實證主

44　梁啟超：《歐遊心影錄》，37頁，《飲冰室合集》第7冊，中華書局1989年。

45　梁啟超：《評胡適《中國哲學史大綱》》，《飲冰室文集之三十八》，65頁，《飲冰室合集》第5冊，中華書局1989年。

46　梁啟超：《研究文化史的幾個重要問題——對於舊著《中國歷史研究法》之修補及修正》，《飲冰室文集之四十》，6-7頁，《飲冰室合集》第5冊，中華書局1989年。

義的反動，但這一反動，卻是將實證主義還殘留的關於世界統一性原理的形上學信仰摧毀殆盡。[47] 而梁啟超卻將之誤讀成中國傳統的求「天地萬物一體之仁」的「道術」，用以支持他得自於中國文化傳統的關於世界、人類歷史之統一性的信仰。傅斯年在 1919 年發表《對於中國今日談哲學者之感想》，強調無論「實際主義」還是「生機主義」早已經受過「科學」的洗禮，既是實證主義的反動又是其轉進。[48] 又說「哲姆士的實際主義」目前「只給人當護符的材料——實際主義仍然是實際主義，中國人仍然是中國人」，[49] 其論蓋有所指。

不過，在梁啟超自身看來，他對中國傳統「道術」的回歸絕非「復古」，而是對「中國傳統」的「現代」意義的闡微發幽。他這次被後人目為「保守」的思想轉變，卻是實踐他所主張的發隨「時」之「良知」，即孔子所謂「時中」，「查現今世界大勢之所趨，為國民謀辟生計之新紀元，觀社會中心力之遷移，為國民謀樹思想上之新基礎。」[50]

四、「因果之義，晰言之當云因緣果報」

梁啟超 1922 年所作《什麼是文化？》、1923 年所作《研究文化史的幾個重要問題——對於舊著《中國歷史研究法》之修補及修正》，向被認為是標誌他晚年史學思想轉變的代表作。在其中，梁啟超引據德國「新康德主義」哲學家李凱爾特之區分「文化科學」與「自然科學」，

---

47 參見喬治・H・米德《十九世紀的思想運動》第 14 章《科學引出哲學問題——生機論；亨利・柏格森》，348-349 頁；第 15 章《科學引出哲學問題——實在論和實用主義》，410-411 頁，中國城市出版社 2003 年。

48 傅斯年：《對於中國今日談哲學者之感想》，原載 1919 年 5 月 1 日《新潮》第 1 卷第 5 號，《傅斯年全集》第 1 卷，244 頁，湖南教育出版社 2003 年。

49 傅斯年：《譯書感言》，原載 1919 年 3 月 1 日《新潮》第 1 卷第 3 號，《傅斯年全集》第 1 卷，192 頁，湖南教育出版社 2003 年。

50 梁啟超：《盾鼻集》，148 頁，《飲冰室合集》第 8 冊，中華書局 1989 年。

說「我們拿價值之有無做標準來看宇宙間事物，可以把他們劃然分為兩系，一是自然系，二是文化系。自然系是因果法則所支配的領土，文化系是自由意志所支配的領土。」[51] 並將自己所持史觀名之為「文化史」。在這時，梁啟超終於將自己一貫所持「人群進化之因果」論與「物理的或數理的因果律」徹底劃清界限。但是，他對「因果律」的否定，絕不是否定歷史之中的「因果」，而是更明確了自己的那一套融會佛教「因緣果報」說以及儒家「人心轉移世運」說的「進化史觀」才是史學之正途，才真能講明「文化」的問題。不過，正如他在《新史學》時期很難說是一個實證主義者一樣，這時的他也不能被稱做「新康德主義」者。「新康德主義」對他的影響，只是支持他將原本就不大合身的實證主義外套脫掉而露發其本意。

梁啟超在《什麼是文化》中先是說「『文化』這個概念是從翁特（Wundt）和立卡爾特（Rickert）以後才算成立。」然而他之論「文化」以及「文化」演進累積之進程，卻是自下定義自作解說，絕非譯介此二人之說。他以茶壺泡茶為例，講我們每個人的生命活動都在宇宙間留下了永不磨滅的「魂影」，文化「共業」就是每個人的業力之所集結交和，這叫做「**業力不滅的公例**」。每個人的「業力」又可分為「共業」與「別業」兩部分，一方面遺傳給自己的後代，一方面轉而薰染所處社會，為之添加新的內容，這「又叫做**業力周遍的公例**」。人具有「認為應當如此就做到如此」的「心能」，或者說是「自由意志」，經人主動的評定選擇，才發生所謂「價值」，出於「自由意志」的創造才是具有「價值」的東西。故「文化者，人類心能所開積出來之有價值的共業也。」要注意的是，歷史行動者進行價值評定與選擇的「自由意

51　梁啟超：《什麼是文化？》，《飲冰室文集之三十九》，99 頁，《飲冰室合集》第 5 冊，中華書局 1989 年。

志」的「主觀性」，以及歷史認識者據以認知與評價歷史事物的價值立場的「主觀性」，為李凱爾特的「文化科學」所觸及。[52]但梁啟超對此顯然沒什麼自覺意識。接著，他又講歷史之中出現的新「因」，如何熏感到群眾而令群眾複製模仿，形成「民族性」或「時代精神」而孕「文化種」，其所創造之跡則為「文化果」。如是這般因果相生、層層開積，即為「歷史」，而成「文化」。「文化」既指因果相生、層層開積的過程，又指如此「因果相生」所得之「共業」。他說「人性之中不可思議的神秘」就在於「從文化果中熏發文化種，從新創造起來」。這麼說來，新「因」之產生並能令群眾複製模仿，便是文化史上最令人著迷之處了。在《研究文化史的幾個重要問題——對於舊著《中國歷史研究法》之修補及修正》一文中，他明確表示，如此「前波後波，銜接動盪」的「廣大淵深的文化史海」，「倘若拿『靜』與『共』的因果律來鑿四方眼，那可糟了」。為了把「文化史海」中的「因果」開積與「『靜』與『共』的因果律」徹底區分開來，他主張不再用「因果」二字，而換之以「互緣」，並建議做史學的人要專門從這個方面看出歷史的「動相與不共相」。[53]

他在這裡，對 1922 年所著《中國歷史研究法》大加檢討，說自己當時認定「因果律」是科學萬不容缺的屬性，所以既對「史的因果」很懷疑，但又不敢撥棄它，因此有關見解矛盾而不徹底。在《中國歷史研究法》中，梁啟超的確給史學下了一個從字面上看與從前的《新史學》差別不大的定義：「史者何？記述人類社會賡續活動之體相，較其總成

52　參見伊格爾斯：《德國的歷史觀》第六章《歷史主義的危機（一）》，198頁，譯林出版社 2006 年。

53　梁啟超：《研究文化史的幾個重要問題——對於舊著《中國歷史研究法》之修補及修正》，《飲冰室文集之四十》，4 頁，《飲冰室合集》第 5 冊，中華書局 1989 年。

績，求得其因果關係，以為現代一般人活動之資鑒也。」[54] 但是，他明確地指出，斷斷不可不談的「因果之義，晰言之當云因緣果報」，歷史「其所適用之因果律，與自然科學之因果律不能同視耳。」[55] 眾所周知，他的《中國歷史研究法》積極宣導歸納歷史證據以得出歷史某方面動態，然而，如何以「炯眼」觀察與自然科學之因果律不可同視之「史的因果」？如何真正進入這「廣大淵深的文化史海」？此書第六章《史跡之論次》乃詳示其法，以下試就其所「示治史者研究因果之態度及其程序」，以論梁啟超的「新史學」是怎樣一種觀察、理解、描述世變的具體眼光與方式。

梁啟超既把「心能」或者說「自由意志」看做歷史之動力，那麼，史家所要把捉的「因」，即人們緣於傳統之所繼承、外界之所刺激、環境之所變化而形成的那一「認為應當如此就如此做」的動能。這一點落實到「史法」上，就是以「時勢」之中的「人意」為出發點，整理一團史跡而探知其間動態。

首先，是要確定一可施觀察的「史跡集團」。他將「普遍的」與「個性的」作為「歷史事項」與「自然科學事項」最重要的區別，而一個歷史事項又是「合無量數互相矛盾的個性，互相分歧或反對的願望與努力，而在若有意無意之間，乃各率其職以共赴一鵠」，所以說「歷史事項」有其統一內在的「個性」，而只有具有了「個性」的一團「史跡」，才能作為研究的單位即「史跡集團」，他因此將之叫做「史網」，以形容其複雜緻密。而史家則要從一「史網」之中明其綱要，見其「實體」，描出「總相」，也就是說要把捉到其「個性」。說「歷史事項」常為「個性」的，是說每一個「史網」的編織構成都各有其狀各

---

54 梁啟超：《中國歷史研究法》，1 頁，《飲冰室合集》第 10 冊，中華書局 1989 年。

55 梁啟超：《中國歷史研究法》，123 頁，111 頁。

有其法，並不重複。一「史跡集團」作為一張「史網」，展開的是一時代間社會一部分動相；而要看整個時代的動相，就要分析、整理出多個這樣的「史跡集團」而「合觀之」。在這裡，梁啟超指出，如何界定一「史跡集團」並活現出他「整個而活的全體相」，即把捉其內在統一之「個性」，猶如網之在綱，非歸納、考據所能畢其功，這是有待於「直覺」的。後來，他又在《研究文化史的幾個重要問題》中說：

> 然則把許多「不共相」堆疊起來，怎麼能成為一種有組織的學問？我們常說歷史是整個的，又做何解呢？你根問到這一點嗎？依我看，什有九要從直覺得來，不是什麼歸納演繹的問題，這是歷史哲學裡頭的最大關鍵。[56]

而要把捉「一團史跡」之「把鼻」，其中關鍵，是要認取其間的「歷史的人格者」，他們是歷史「動能」所在，表現著「時勢」之中的「人意」。如「辛亥革命史」的「人格者」為多數革命黨人以及立憲黨人；「民國十年來政治史」可以袁世凱為唯一之「人格者」。「歷史的人格者」可分為兩類，一類是少數人，叫做「首出的人格者」；一類是一個社會集團或者階級，叫做「群眾的人格者」。「歷史人格者」與一社會一時代的大眾之間交互熏感浸染，而成「社會心理」、「民族心理」或「時代精神」，這就是「一團史跡」的主腦所在，就是要從中見其「整個而活的全體相」。「歷史人格者」的「個性」，何以能擴充為一時代一社會之共性，一時代一社會之共性，何以能寄現於某個人或某群人之個性，也就是說，一時代「社會心理之實體」若何而蘊積而發動

---

56 梁啟超：《研究文化史的幾個重要問題——對於舊著《中國歷史研究法》之修補及修正》，《飲冰室文集之四十》，2 頁，《飲冰室合集》第 5 冊，中華書局 1989 年。

而變化，從這裡可以略睹「史的因果之秘密藏」。所以梁啟超說：「史界因果之劈頭一大問題，則英雄造時勢耶，時勢造英雄耶？」他舉例講曾國藩之與咸同間士大夫社會之互熏互感、袁世凱之與清季官僚武人社會之互熏互感，都是要把「英雄」作為一個具體的觀察點，看的是一時代總體「社會心理」或者說集體「心能」之形成發動。

接下來，史家要從「歷史人格者」這一「心的基件」方面進行精研。梁啟超強調的是，若認定「人格者」為一人或數人，則宜深察其個人影響於「多數人之公生活」的特性如何；而若認定「人格者」為民族、階級、黨派，則「以其意識之覺醒，覘其人格之存在，以其組織之確立，覘其人格之長成，以其運動之奮迅，覘其人格之擴大，……」他清楚地知道，治西洋史者常以研究「此類集團人格的心理」為第一義。

同時，史家要從「時勢」一面精研一史跡之「物的基件」，包括自然環境、文化風俗、法律制度、政治、經濟現象等等，既是「心能」所由發生、所能運用同時又被限定制約的客觀「時勢」，即「當時」與「此地」。而精研「物的基件」就要運用歸納法以求得「公理公例」了，也就是要從每一歷史事項之中，專門注意、截取、概括得出那些反覆起作用的、長期起作用的因果聯繫，即「常規性因果關係」。梁啟超後來說，文化創造的結晶物，就是過去的「心能」現在變成了「環境化」，成了「環境化」以後，便和自然系事物同類，「這部分史料，我們盡可以拿因果律駕御他。」[57] 並舉例「如社會在某種狀態之下人口當然會增殖，在某種狀態之下，當然會鬥爭或戰爭，乃至在某種狀態之下，當然發生某種特殊階級」等等。[58]

---

[57] 梁啟超：《研究文化史的幾個重要問題──對於舊著《中國歷史研究法》之修補及修正》，《飲冰室文集之四十》，《飲冰室合集》第 5 冊，中華民國 1989 年。

[58] 梁啟超：《什麼是文化？》，《飲冰室文集之三十九》，99 頁，《飲冰室合集》第 5 冊，中華書局 1989 年。

　　梁啟超指出，史之因果「所以詭異而不易測斷者」，不論人類自由意志不可窮究的神秘性質，也不論某一「遠因」在「當時」突現之不易察知，也不論歷史上的進步常以突發突進之革命形式實現，尤其值得史家關注並應予以確定的，乃是一史事所以發生之「所緣」。歷史上常有動機極小而結果極大的情況，也常有其結果完全與動機分離而向另一方向進展的情況，比如，苻堅之崇佛，何嘗是想佛教之能傳播中國而文化因以革新；明成祖之用鄭和航海南洋，又何嘗是想為中國人開闢新的生存之地。然而南北朝時中國社會所具有傳受佛教的可能性，其作為「因」卻是由苻堅狹劣的動機所誘發才結「果」的；明代中國人民移植海外的可能性，其作為「因」又是由明成祖狹劣的動機所誘發而結「果」的。後者為「所緣」，常常出自偶然，非史家所能測知。

　　梁啟超又重新論述了觀察歷史之中的「因果」，如何能為我們提供資鑒這一問題。他所說的史家之「神以知來」，不再是掌握歷史發展演化之規律而推知未來，而是要能推論「人意」在「當時」、「此地」的限制下，其「果報」之好的極限與壞的極限，從而喚醒民眾對其所處境遇的自覺意識，暗示其可能的選擇。陳寅恪曾論：

　　　　人事有初、中、後三際，猶如物狀有線、面、體諸形。其演嬗先後之間，即不為確定之因果，亦必生相互之關係。故以觀空者而觀時，天下人事之變，遂無一不為當然而非偶然。既為當然，則因有可以前知之理也。[59]

其意與梁啟超所論史學之功能大體相同。

59　陳寅恪：《俞曲園先生《病中囈語》跋》，《寒柳堂集》，164 頁，三聯書店2001 年。

19世紀末以來，德國歷史主義史學、闡釋學一直都關注歷史認識的特殊性，李凱爾特為其早期代表人物。後來，英美分析歷史哲學也熱衷討論歷史知識的性質問題，曾產生著名的「亨佩爾──德雷論戰」：亨佩爾強調，對一事件進行解釋，只有在其前件與後件的關係可以用一個普通命題推導出來時，這個解釋才是科學的；而德雷則指出，對人類行為這類特殊事件進行解釋必須參照動機與意圖，因此對歷史或人類行為的闡釋在本質上有別於科學的解釋。[60] 梁啟超後來在《中國歷史研究法補編》中指出，在歷史之中求關聯的事實，觀察程序可以分為兩種，一是「由全部到局部」，一是「由局部到全部」。所謂「由局部到全部」，就是對於一個人或一群人，看其動機所在，經過仔細觀察以估量其對全局的影響。如果單用「由全部到局部」的眼光，則只能看到「回頭的現象」、「循環的現象」。[61] 在「主體─結構」、「微觀─宏觀」、「局部─全局」、「人意─時勢」的歷史認識邏輯之中，梁啟超觀察歷史的視角與方向，是從前者走向後者的。他對「人」、「社會」、「歷史」的理解以及建立其上的歷史詮釋方式，其性格與德國歷史主義的史學傳統最為相契，怪不得他一接觸到李凱爾特就宣稱自己受到影響。

而從後者走向前者這一路向，即亨佩爾所謂「解釋」，是關注「因果律」、「模式」、「社會結構」的「歷史科學」之所擅長，「歷史科學」的進展已經能在一定程度上呈現限制人類行動的長時段結構性因素，並重建更清晰的社會發展過程，這是梁啟超式的把觀察重點放在「人」而非「社會」生活及其機制性質的史學所不能充分作到的。但是，正如呂森評價19世紀德國歷史主義史家德羅伊森時所說，這並不意味著這樣一種從「人意」到「時勢」的詮釋程序就完全失去了效力，

60　參見雷蒙・阿隆：《論治史》，12頁，三聯書店2003年。
61　梁啟超：《中國歷史研究法補編》，22頁，《飲冰室合集》第12冊，中華書局1989年。

它只是被相對化而已。[62] 雷蒙・阿隆曾將這樣的歷史視點稱做「意向性微觀事件」，也指出其與社會科學以及「社會科學化史學」所關注的「常規性因果關係」並不矛盾。[63] 兩種詮釋路徑尋找的是不同性質的「原因」，包含了對人類行為的兩種定義與理解。前者要闡明某些個體對可控行為或決定負有責任，意味著無論在怎樣的情況下，人總是有選擇的能力與責任；後者要闡明的則是怎樣的結構性的「社會關係」在主宰或者限定著人類的思想與行動，意味著人的自由乃是向「內在自然」與「外在自然」的挑戰、征服與利用。

當梁啟超真正澄清了自己的史學路徑，便意識到他與中國傳統史學的深刻相通，在《中國歷史研究法補編》中他就中國傳統史學的「用心」與價值，曾有一段精煉透徹的闡發：

> 嚴格說起來，中國過去的歷史，差不多以歷史為個人活動的模範，此種特色，不可看輕。……若從廣的方面解釋，是把史實羅列起來，看古人如何應付事物，如何成功，如何失敗，指出如何才合理，如何便不合理，這種若給他一個新名詞，可以叫做「事理學」。……簡單說，這種態度，就是把歷史當作學做人的教科書。……譬如曾國藩、胡林翼的功業偉大，若依外國史家的眼光，只注重洪楊之亂如何起，曾胡如何去平定他，其實我們讀歷史，要看他們人格如何，每事如何對付，遇困難如何打破，未做之前如何準備，這一點比知道當時呆板的事實還要重要。[64]

62　參見呂森：《歷史知識理論・引論》，24 頁，北京大學出版社 2006 年。

63　參見雷蒙・阿隆：《論治史》，200 頁，三聯書店 2003 年。

64　梁啟超：《中國歷史研究法》，164-165 頁，《飲冰室合集》第 12 冊，中華書局 1989 年。

　　這種「事理學」之「用」，就在於啟發歷史行動主體於一定處境下的想像力及其思想、規劃、實踐的能力。

五、結語

　　梁啟超於 1922 年論中國近代化三期及其代表人物，他將自己與嚴復、康有為、章太炎等人歸為第二代，說他們大都「不能告訴人『外國學問是什麼，應該怎樣學法。』只會大聲疾呼說『中國舊東西是不夠的，外國人許多好處是要學的。』」[65] 他們這一代啟蒙者往往以外來新知為動力，從中國思想傳統內部的異端、邊緣尋找資源，通過轉化本有思想傳統的方式接應外來新知，形成雜糅古今、會通中西的思想風貌。其對外來新知的接受往往是「格義」式的，即一方面用「傳統」因素解釋外來新知，使外來新知「本土化」，一方面又使「傳統」獲得新的闡釋而發生現代性的變形，嚴復之譯介西方近代哲學與社會理論就是一個典型的例子。[66]

　　梁啟超作為中國「新史學」之開山，研究者往往強調其「新史學」之「新」義，在於移植西方科學史學於中土，但我們也要注意其「新」同時也是對傳統歷史觀念與史學思想的推陳出新。他能在西潮啟發下，煥發與作新原有思想傳統，其弊病則在於對西方新思潮膚泛皮相的採用。而當我們把他放在「中國現代史學史」的第一章，並在史學科學化的發展線索上安排其「新史學」的位置，則意味著他的「新史學」僅是中國現代史學的初級階段，「新史學」的意義似乎僅在於首先傳播了科學史學的常識，不久也就過時了。但是，就本文所示其歷史詮釋方式以及特點來說，它足以當中國現代史學的多元典範之一，是一條可以繼續

65　梁啟超：《五十年中國進化概論》，《飲冰室文集之三十九》，44 頁，《飲冰室合集》第 5 冊，中華書局 1989 年。

66　參見汪暉：《嚴復的三個世界》，《學人》第 12 輯，江蘇文藝出版社 1997 年。

深入的、獨具特色的史學門徑。其後，錢穆、呂思勉、張蔭麟都尊崇梁
啟超的史學思想，他們治史崇尚通識，擅長寫作通史，注重從宏觀角度
研究和解釋中國史的大關節、大問題，主張史學要給出有用於今的「歷
史智識」而非僅「歷史知識」。正如錢穆所評價的那樣：

> 任公講學途徑極正確，是第一流的路線，雖然未做成功，著作無
> 永久價值，但他對於社會、國家的影響已不可磨滅。[67]

67　嚴耕望：《錢穆賓四先生與我》，《治史三書》，250 頁，遼寧教育出版社
　　1998 年。

【第五章】
「齊物」世界中的「學術」、
「道德」、「風俗」與「政治」

　　章太炎的「國學」是中國學術思想現代轉化過程中一個重要的階段和形態，他號稱復興「古學」，但其實是對中國學術思想傳統激進的轉化和重構。與第一期「國學」運動中其他趨新學人相比，章太炎在提倡求真求是的現代學術觀念上起到了特別突出的作用。[1] 1906 年後，經「轉俗成真」的思想突破，章太炎標榜「古文經學」、「國學」以與康、梁「今文經學」、「新學」相對立。他的「古文經學」大力破除由經見道、通經致用的經學思維，具有推進中國學術思想之現代轉化的自覺意識。寫於 1910 年的《與王鶴鳴書》很有代表性，也常為論者所引用：

> 僕謂學者將以實事求是，有用與否，固不暇計。求六藝者，究其一端，足以盡形壽，兼則倍是，泛博以為用，此謂九能之士，不可言學。學者在辨名實，知情偽，雖致用不足尚，雖無用不足卑。古之學者，學為君也，今之學

1　錢玄同曾將「國故研究之新運動」分為兩期，第一期運動開始於 1884 年，代表人物有康有為、梁啟超、嚴復、夏曾佑、宋衡、譚嗣同、蔡元培、王國維、崔適、孫詒讓、劉師培、章太炎等十二人。參見錢玄同：《劉申叔遺書・序》，江蘇古籍出版社 1997 年。

者，學為匠也。為君者，南面之術，觀世之文質而已矣；為匠者，必有規矩繩墨，模型唯肖，審諦如帝，用彌天地，而不求是，則絕之。[2]

然而，章太炎在闡揚學術獨立、求真之要旨的同時，更是賦予其「國學」以經世大任，他的「國學」是興起種族之思、號召排滿革命的利器，是建構和維繫民族文化認同的重要紐帶，他常說：「國於天地，必有所立」，「國學」就是中國作為一個民族國家立國的根本所在。於是，關於章太炎的學術觀念及其對中國現代學術成立的重要作用，章太炎的學術究竟重在「致用」還是「求真」，以及他如何認識學術之「求真」與「致用」之關係，多有學者加以關注和討論。如侯外廬指出：章太炎「於求是與致用二者，就不是清初的經世致用，亦不是乾嘉學者的實事求是，更不是今文家的一尊致用。」他認為章太炎能將致用與求是相統一，既反附會又不墨守，既重驗實又論理要，但所論過於籠統。[3] 張玉法、汪榮祖、張灝、羅福惠、唐文權等人也都認為章太炎的治學試圖在求是與致用之間獲得一種平衡，但對於太炎重在「求是」還是「致用」，看法又有所不同。[4] 陳平原對這一問題的論述較為深入，他認為太炎以真俗之別、理器之辨來看待學術與政治的關係，注重學術的獨立價值及其高於任何致用領域的深遠影響，他的觀點是「治世必須借重學術；求學則不必講求致用。求是之學為無用之用」。[5]

2　章太炎：《與王鶴鳴書》，《太炎文錄初編・文錄》卷二，《章太炎全集》（四），151 頁，上海人民出版社 1985 年。

3　侯外廬：《近代中國思想學說史》，851 頁，上海生活書店 1947 年。

4　張玉法：《章炳麟》，《中國歷代思想家》第九卷，6032 頁，臺北商務印書館 1979 年；汪榮祖：《康章合論》，99 頁，臺北聯經出版社 1988 年；張灝：《危機中的中國知識份子》，144-145 頁，北京新星出版社 2006 年；唐文權、羅福惠：《章太炎思想研究》，367 頁，華中師範大學出版社 1986 年。

5　陳平原：《中國現代學術之建立——以章太炎、胡適之為中心》，61-63 頁，北京大學出版社 1998 年。

　　我在本章要論述的是，章太炎一方面超越了兼知行而言之、以成德經世為旨趣的儒學式「學術」觀念，另一方面又突破了現代學術以求真求是為職志而獨立於「致用」的教義。他重新界定了學術與政治、學術與道德、社會與政治之間的分界和關聯，給出一套獨特的社會領域分化的學說，其背後的理論根據是「齊物」論。關於章太炎「學術」觀念的思想內容和性格，及其在中國學術思想古今之變中的地位，是遠遠不能用「求是」與「致用」這一範疇來認識和概括的。自 1902 年重訂本《訄書》成書至 1915 年《菿漢微言》成書，章太炎對中國學術思想史進行了全面的研究和重新論述，我將以之為基本材料，來闡述這一問題。[6]

一、從章太炎為魏晉士風翻案說起

　　在歷代儒者、史家筆下，魏晉時代的士大夫崇尚玄學，儒道不昌，以至士風浮靡，夷狄侵逼，政治混亂黑暗，人民寄命於佛、道，是中國歷史上一個典型的亂世。自干寶《晉紀·總論》之後，又經宋、明儒者的一再論定，魏晉士人「清談誤國」的形象可謂深入人心。1902 年，梁啟超寫《論中國學術思想變遷之大勢》，算得上是第一篇有「現代」眼光的完整的中國學術思想史論。但他還是沿襲了「清談誤國」的老調子，認為魏晉時代儒學消沉，玄學當道，整個士大夫階級以虛無為主義，以私利為實質，喪失了責任感和道德意識，以至「民志皇皇」。他把「玄理派」與「丹鼎派」、「符籙派」、「占驗派」並列而四，歸入中國思想傳統的最下流，把整個魏晉時代貶為中國數千年學術思想「最衰落之時」。[7]

6　新文化運動之後，針對「整理國故」運動，章太炎轉而強調貴德育、重躬行的儒學大傳統。本文主要討論新文化運動以前章太炎的學術思想。

7　梁啟超：《論中國學術思想變遷之大勢》，《飲冰室文集之七》，57-58 頁，《飲冰室合集》第 1 冊，中華書局 1989 年。

與貶斥魏晉相關，名教、儒學所造就的東漢「風俗之美」成為中國歷史上的光輝典範，論之最著者為范曄《後漢書》的《黨錮列傳敘論》和顧炎武《日知錄》的《歷代風俗》。在《論中國學術思想變遷之大勢》中，梁啟超十分讚賞范曄的史論，説東漢「氣節之盛」主要是由於儒學之效，在朝政昏亂的情況下，是仁人君子的「心力」延續了國命。[8] 在寫於 1904 年的《論私德》中，梁啟超還把晚明對抗閹宦勢力的「黨人」與東漢黨錮君子相提並論，説「晚明士氣冠絶古今」，這應歸功於「激揚蹈厲」的陽明學和「嚴正忠實」的程朱學。[9]

章太炎對於魏晉時代學術和士風的全面推崇，一反歷代儒者之恆論，令人印象深刻。[10] 他指出，正是由於那個時代「禮法浸微」，才形成了學術思想自由繁盛的局面，玄學、神仙家、名法、陰陽家，還有鮑生的無政府主義，異彩紛呈，堪比晚周諸子時代：

> 當是時，辯智閎達，浸淫反於九流。[11]

但章太炎卻並沒有在反名教的意義上表彰魏晉風度，也從未提及魏晉時代的個人意識的覺醒、個性和感情的解放。相反，他力圖為魏晉士風翻案，指出，除了西晉這一短暫的時期，整個東晉南朝，儘管玄風大暢，「政事墮於上」，但士風民俗不僅非不賢於為人所艷稱的東漢，更是遠勝於其後國力強大、儒學漸興的唐朝。[12]

8　梁啟超：《論中國學術思想變遷之大勢》，《飲冰室文集之七》，53 頁，《飲冰室合集》第 1 冊，中華書局 1989 年。

9　梁啟超：《新民説》，126 頁，《飲冰室合集》第 6 冊，中華書局 1989 年。

10　有關論述集中於 1910 年所寫《五朝學》、《思鄉愿》，以及 1914 年-1915 年所寫《檢論》卷三《學變》、卷四《案唐》。

11　章太炎：《學變》，《檢論》卷三，《章太炎全集》（三），447 頁，上海人民出版社 1984 年。

12　章太炎：《案唐》，《檢論》卷四，《章太炎全集》（三），451 頁，上海人民出版社 1984 年。

　　與梁氏所論相反，章太炎於 1910 年所寫的《五朝學》中引據葛洪、王符、傅玄的記述，指出東漢士族社會奢侈虛偽，名實淆亂，漢末有法家色彩的政論正是有所激而作。范曄筆下的東漢「風俗之美」其實只是一個神話，後人因讀書不廣而誤信之。事實上的情況是：「漢之純德，在下吏諸生間，雖魏晉不獨失也。魏晉之侈德，下在都市，上即王侯貴人，雖漢不獨亡也。」[13] 對於所謂「晚明風烈」，他更是大不以為然，嗤之為「猥俗之論」，他說，考之於平時行誼，晚明那些敢於對抗王命的黨人並非道德修謹之士，所謂「義色形於在公，流涕彰於退食，骨鯁聞於王路，庸行闕於草茅」。他們那些勇於犧牲的義舉奇節，往往是因為激怒於君主的武斷暴慢，受到形勢的脅迫，被眾人所裹挾，總的目的還是「要利」。[14]

　　歷代儒者、史家包括梁啟超在內，他們對於魏晉、東漢之學術、士風與政治的評價，反映了儒家式的「學術」觀念以及對學術之政治、社會功能的認知模式。儒者心目中的「學術」，其真義並非在於客觀求知之學，而是養成人格、貢獻社會之學之術，是「內聖外王之學」，是「士君子」修己治人的種種門徑和知識。錢穆曾概論以儒家經學為代表的中國學術，其理想在於：「即由學問來完成一個人，再由此人來貢獻於社會，所貢獻的主要事業對象則為政治與教育。此等理想人格之最高境界，便是中國自古相傳所謂的聖人。因此，經學在中國，一向看為是一種做人之學，一種成聖之學。要做一理想人，要做一聖人，便該在實際人生社會中去做，此便是中國學術傳統中之人文精神。」[15]「學術」

13　章太炎：《五朝學》，《太炎文錄初編·文錄》卷一，《章太炎全集》（四），74 頁，上海人民出版社 1985 年。

14　章太炎：《思鄉愿》下，《太炎文錄初編·文錄》卷一，《章太炎全集》（四），134 頁，上海人民出版社 1985 年。

15　錢穆：《中國學術通義》，6 頁，臺北學生書局 1984 年。

造就「人才」，而「人才」形成「風氣」，所謂「風氣」，反映的是特定時代中士大夫階級整體性的思想傾向、人格素質和領導能力，與一個時代的學術思潮密切相關，而與政治之良惡有直接的關係，同時，又施加影響於一般的「民德」。當然，這樣一種對學術及其社會、政治功能的理解，其前提是「士」不但是社會中掌握「學術」的「智識分子」，更是政治上的統治階級，還擔負著領導社會、維繫民德之責。儒家「大學」即「內聖外王」之學正是要強調「學術」的根本目的在於養成「士君子」的道德意識和實踐能力。受教於康有為長興學堂的梁啟超，在東渡日本之後，儘管廣泛接觸各類現代學科，自稱「腦質為之改易」，但是，在《論中國學術思想變遷之大勢》中，他仍然是以「成德經世」的儒學真精神來衡量一個時代學術的盛衰高下。在晚清民初的時勢中，他所開出的救國藥方也總是歸結為有志之士要以「學術」自樹立，養成風尚，造出所謂「時代精神」，而影響於政治，以轉移世運。[16] 關於傳統儒者心目中的「學術」及其社會、政治功能，可以用張之洞在《勸學篇・序》中的一句話來加以概括：「竊惟古來世運之明晦，人才之盛衰，其表在政，其裡在學。」[17]

而章太炎有關魏晉、東漢、晚明之學術、士風的「反傳統」之見，從一個更深的角度來看，反映了章太炎有意識地突破兼知行而言之、以成德經世為旨趣的儒家式「學術」觀念，這一突破，不僅表現於他對「學術」有一種全新的概念，還在於他對「道德」、「政治」也給出了超越傳統的重新定義，且在此基礎上，對學術與政治、道德、風俗之間的分際和聯繫給予重新的界定。

16　參見本書第一章《論梁啟超「學術」觀念的儒學性格》。
17　張之洞：《勸學篇・序》，華夏出版社 2002 年。

二、「學術」以「真理」為歸趣

道咸以降，作為清代學術主流的經史考據學即「漢學」日趨沒落，整個學術思潮要求復歸於晚明清初經世求實的學風。當「西學」引介於中土，並以「科學」之名發揮威力時，大多數趨新士人皆認為「西學」的優勝之處在於它是一種真正的「實學」，研究的是實際存在的事物，方法上徵實有序，而又能經世致用。[18] 相較之下，章太炎和王國維對近代「學術」觀念的理解顯然更為深刻，他們不是在「實學」而是在「哲學」的層面深入到了「西學」的精神深處。

王國維曾批評張之洞所定中國新式大學之章程，其根本之誤在於不設哲學科，他倡言：「哲學之所以有價值者，正以其超出利用之範圍故也。」哲學是探求原理的學問，是理性思維的最高表現，是一切科學乃至一切學問的基礎。[19] 而科學固然顯示出致富強之大用，但其旨趣本在於追求高深普遍的學理，並與實用無涉。[20] 他抨擊康有為、譚嗣同、嚴復、梁啟超等人雖負輸入「西學」之盛名，但其興味皆不在於純粹之科學、無用之哲學，而往往抱政治之野心，懷實利之目的，這與中國學術傳統向來重在實際而非理論有莫大關係。他指出，必須樹立一種不求致用、不問目的、為學問而學問的學術觀念，而學術的發達必立於此種不以學術為手段的獨立精神。[21]

章太炎在 1902 年所著《訄書》重訂本《顏學》中，表達了他對哲

18　左玉河：《從四部之學到七科之學》，141-147 頁，上海書店出版社 2004 年。

19　王國維：《奏定經學科大學文學科大學章程書後》，傅傑編：《王國維論學集》，377 頁，中國社會科學出版社 1997 年。

20　王國維：《國學叢刊·序》，傅傑編：《王國維論學集》，403 頁，中國社會科學出版社 1997 年。

21　王國維：《論近年之學術界》，傅傑編：《王國維論學集》，215 頁，中國社會科學出版社 1997 年。

學之無用之用的理解，他說：

> 觀今西方之哲學，不鬻萬物為當年效用，和以天倪，上酌其言，而民亦沐浴膏澤。雖玄言理學，至於浮圖，未其無云補也。[22]

哲學乃是「遠西之玄學」，求普遍性的理則而不求實用，有論理之實而無實用之實，然其學表徵了抽象的理性思維的發達水準，是一切學術的根本。中國的玄學、理學和佛學，即具有哲學的性質。他指出，歷史上總有人抨擊「玄言理學，至於浮圖」是無用的空談，而把政治混亂國家衰弱的原因歸咎於之。其實，中國的「玄言理學，至於浮圖」之學的問題並不在於「玄」，而在於「虛」，在於論理的簡單粗糙和混亂。

更重要的是，在 1910 年所著《國故論衡‧辨性下》中，章太炎從他的「唯識」主義出發，對現代科學、哲學式的「學術」產生出一種獨特而深刻的批判性認識，他說：

> 人之見自我見始，以見我故謂生物皆有我，亦謂無生者有我（我即自體），由是求真，故問學思慮應之起。其以為有我者，斥其實，不斥其德業。……故諸有相可取者，取相不足，必務求其體，從是有學術，而其智日益騁。[23]

這是說，學術的前提是這樣一種思維方式：認為一切事物都有「自體」即本質即實在，事物的「自體」不在於事物的表象、性質（即

22　章太炎：《訄書》重訂本《顏學》，《章太炎全集》（三），153 頁，上海人民出版社 1984 年。

23　章太炎：《國故論衡疏證‧辨性下》（龐俊、郭永誠疏證），605 頁，中華書局 2008 年。

「德」，如石頭的堅與白）和功能（即「業」，如火之能熱物），而必須通過事物的表象、性質和功能去深究事物的本質。這就是要探求「真理」，這樣的認識追求即是「學術」。在這裡，章太炎所說的「學術」重在指示人的理性思維能力。然而，他進一步指出，一切表象背後的「自體」即本質、規律、實有等概念其實都是人為了認識和把握客觀世界而進行的必要的虛構和假設，是人的理性賦了世界的，是理性思維的認知模式，並非世界本身所實有。理性思維固然標誌著文明發達的水準，但是，文明人往往不能自覺理性思維的限制，把那些對客觀世界進行抽象而形成的「名」、「法」當作實有，陷入理性的虛妄，這是文明人過於野蠻人的「愚」。如果求理求真的學術「從是不知止，又不知返，其愚亦益馳騁。」在《國故論衡》中，章太炎將一篇重新詮釋先秦諸子哲學思想的文章命名為《明見》，他的意思是說，諸子之學皆以明「道」為旨趣，但是「道者彼也，能道者此也。」哲學其實是能道「道」之學即「見」，本無所謂「道」。[24] 章太炎對「學術」的「求真」之旨的認識、對近代科學、哲學意義上的「學術」觀念的認識，比之王國維是更加深刻的。

於是，章太炎在他的中國學術思想史論中，並不考慮其時儒學是否昌明能否養成士人的道德意識，他真正做到了以「語必徵實、說必盡理」的「科學」精神衡評一個時代學術的發展水準。[25] 那麼，在這一標準之下，魏晉六朝盛行的「玄學」絕非是一般儒者所詬病的「清談」，而代表著中國哲學思想發展的高峰。他在寫於 1910 年的《信史》中說：

24　章太炎：《國故論衡疏證·明見》（龐俊、郭永誠疏證），546 頁，中華書局 2008 年。

25　章太炎：《自述學術次第》，劉夢溪主編：《中國現代學術經典·章太炎卷》，643 頁，河北教育出版社 1996 年。

「上觀皇漢，智慧已劣於晚周，比魏晉乃稍復。」[26] 宋代理學興起，則標誌著中國哲學思想的再次復興，他在 1914-1915 年所著《檢論》之《通程》篇中說：「嗟乎！赫赫皇漢，博士黜之。魏晉啟明，而唐斬其緒。宋始中興，未壯以殀。不知新聖哲人，持名實以詔士大夫者，將何道也？又不知齊州之學，終一息不復熾邪！」[27] 章太炎在寫於 1910 年的《五朝學》中論證說，「玄學」與考據六藝的經學、算學、禮學、音律學、醫藥學在正名求理的思想方式上是相通的，都講究邏輯推理的周密和嚴謹：「其言循虛，其藝控實，故可貴也。」他舉出數例來說明高明的玄學家往往能兼通禮學、音律、刑名、算術和醫藥之學。正是由於玄學的「翼扶」，多種學術門類才在魏晉六朝時代獲得長足發展。章太炎還指出，凡是歷史上「名理」之學發達的時代，各門學術也隨之發達，反之則否。比如說唐朝，士人不講玄理之學了，經學和各種方技之學也隨之衰落。而宋、元時代儒家性理之學發達，算術也隨之「善巧」。[28]

正是以這樣的學術標準，章太炎把王符《潛夫論》、仲長統《昌言》、崔寔《政論》等具有名法家色彩的漢末雜說、政論從中國學術思想史的邊緣請到了上座。這固然與他推崇法家有關，但同時也是表彰其「辯章功實，而深疾浮淫靡靡」的學風。章太炎尤其推崇王充《論衡》不迷信權威時論敢於質疑謹於求證的精神，以為「漢得一人，足以振恥。至於今，亦鮮有能逮者也。」從此，王充的《論衡》成為中國學術思想史的重要篇章。[29]

章太炎對於陽明學、顏李學之得失利弊的評價，較之同時趨新學

26 章太炎：《信史》下，《太炎文錄初編·文錄》卷一，《章太炎全集》（四），68頁，上海人民出版社 1985 年。
27 章太炎：《通程》，《檢論》卷四，《章太炎全集》（三），456頁，上海人民出版社 1984 年。
28 章太炎：《五朝學》，《太炎文錄初編·文錄》卷一，《章太炎全集》（四），75-76頁，上海人民出版社 1985 年。

人，尤其顯得獨到，可以看出章太炎對於「哲學」思維、對於現代學術發展趨勢的深刻理解。近代學者如梁啟超、胡適都曾指出，懲陽明學之流弊，明清之際出現了反理學形上學的思潮轉向，是為中國學術、思想、文化之「近代化」的開端，梁啟超和胡適還將近三百年學術史冠以「文藝復興」之名。[30] 從此，推崇實踐實用的顏李學得到空前的重視，康有為、梁啟超對之表彰甚力。到了胡適那裡，顏李學更是得了杜威實驗主義哲學的精髓，成為戴震哲學的先驅，導引著中國科學時代的新哲學。[31] 而「陽明學」自明清之際以來就背上的「空談心性」之惡名則很難洗刷。

在《訄書》重刻本《王學》中，章太炎指出，關於精神現象的學問是極其精深細密的：「性情之極，意識之微，雖空虛若不可以卷握，其思理紛紜，人鬟魚網，猶將不足方物。」王學的問題其實根本不在於「空談心性」，而在於談起「心性」來十分薄弱貧乏，他用了「縵簡粗觕」、「抱蜀一趣」、「寠乏」、「薄質」等詞來形容王學的理論水準，以強調王學缺乏有組織有系統的分析論證，根本不足以成學。他感慨道，先秦諸子的思想理論是那麼有條理、有驗證、有規範、講邏輯，至於後世，卻只有簡單粗糙的王學橫行一時，這正是「中夏之科學衰」的可悲跡象。[32] 在《檢論》之《議王》篇中，章太炎更是明確批評顧炎

29　章太炎：重訂本《訄書·學變》，《章太炎全集》（三），144 頁，上海人民出版社 1984 年。

30　梁啟超：《清代學術概論》，3 頁，《飲冰室合集》第 8 冊，中華書局 1989 年；《中國近三百年學術史》，1-2 頁，《飲冰室合集》第 10 冊，中華書局 1989 年。胡適：《幾個反理學的思想家》，《胡適文集》第 4 冊，北京大學出版社 1998 年。

31　胡適：《戴東原的哲學》241、249 頁，《胡適文集》第 7 冊，北京大學出版社 1998 年。

32　章太炎：重訂本《訄書·王學》，《章太炎全集》（三），150 頁，上海人民出版社 1984 年。

武、王而農等人不懂哲學之學雖然「高遠」但有「實相」，可以用分析、推理的途徑得出令人信服的觀點，所以他們對於王學的批評是根本不得要領的。他深入地分析了王學的「知行合一」之論，指出王學對「知」、「行」及其相互關係都缺乏周密深入的探究和分析，「知行合一」作為王學宗旨根本就沒有堅實的認識論基礎。所以說，王學作為哲學的問題不在於「虛玄」而在於「有似剴切而不得分齊」。[33]

針對時賢對顏李學的推崇，章太炎指出，學術固然出於實用的需要，然而社會領域的分化、專門學術的出現並走向理論化乃是文明發展進化的結果。顏李學重視實踐鄙棄理論，甚至鄙棄書本知識，這樣的「實學」並非學術所應該具有的研究客觀事物之實、實驗之實、徵實之實，而其實是「滯於有形」，不懂得作為研究客觀世界之理的學術是必須進行概念抽象的，這樣的「實學」與學術的發展方向適相反對，是不可以張之過甚的。[34]

三、「學術」與「成德」

在章太炎的「學術」觀念中，學術以求「真」自立，而不服從於「求善」的目的，他曾說：

> 夫論物者宜棄捐善惡利害之見，和精端容，實事以效是。然則病民與否，非其所宜計也。[35]

---

33 章太炎：《議王》，《檢論》卷四，《章太炎全集》（三），459 頁，上海人民出版社 1984 年。

34 參見章太炎：《正顏》，《檢論》卷四；《訄書》重刻本《顏學》，《章太炎全集》（三），上海人民出版社 1984 年。

35 章太炎：《國故論衡疏證·辨性下》（龐俊、郭永誠疏證），601 頁，中華書局 2008 年。

然而，「學術」又的確與「成德」有密切關係，有移風易俗之用。在寫於 1910 年的《思鄉愿》中，太炎曾縱論晚周以至明清歷代士風高下及其與學術的關係，他指出：

> 嘗試論之，人之文學，多與其行相傳。執禮者質而有科條，行亦匡飭。禮過故矜，平之以玄，玄過故蕩。禮與玄若循環，更起迭用。兼之，老聃也，偏得之，孫卿、莊周也。又不能者，至於絕學而無憂矣。文辭者，故以行禮。文滅質，博溺心，轉益陵夷。[36]

學術大致可分兩種，一是質實求是而邏輯嚴謹，如禮制之學、考證六經之經學；一是思致高遠令人超越，如諸子學、玄學、理學。質實嚴謹之學使人誠實理智，嚴於自律，如果與使人超邁高明的「玄」學相濟為用，則能養成真道德。若一個時代辭章之學很興盛，而求是求理的學術不發達，文辭本身的重要性遠遠超過了其所要表達的「禮」或「理」，那麼，這個時代就是文勝於質了，其士風也不可能醇厚有德。東晉南朝時代的學術和辭章，在章太炎看來，就達到了一種合理的平衡：「玄禮班班，而辭章抒其情。」[37]那些出身高門的士族，正是因為有禮學的束縛、玄學的薰陶，才不至於窮奢極欲；而出身庶族的寒士，若無學術以自足自持，則難免歆羨富貴，節操不終。所以說，東晉南朝玄學和其他學術的發達，達到了「驕淫息乎上，躁競弭乎下」的客觀效果，其士風之良超過東漢，更無論唐、宋、明之世。[38]

---

36 章太炎：《思鄉愿》上，《太炎文錄初編·文錄》卷一，《章太炎全集》（四），130 頁，上海人民出版社 1985 年。

37 章太炎：《思鄉愿》上，《太炎文錄初編·文錄》卷一，《章太炎全集》（四），131 頁。

38 章太炎：《五朝學》，《太炎文錄初編·文錄》卷一，《章太炎全集》（四），76 頁，上海人民出版社 1985 年。

經魏晉六朝亂世，唐朝重新走上盛世之軌，士大夫以儒學立身，士風由浮華放達轉為崇德尚禮，這又是歷代史家、儒者的一個共識。而章太炎在《檢論》之《案唐》篇中，從分析唐代學術文風入手，大做翻案文章。王通在歷史上被視作盛世之治的學術淵源。但在章太炎看來，王通居然續寫《尚書》，還自以為是復古、法古，其實乃是誣古。又妄稱貞觀名臣多出其門下，這就涉嫌欺詐了。對於世人所盛稱的中唐古文運動，章太炎評價很低，他認為韓、柳諸人，自稱追步孟、荀，取法《詩》、《書》，但不過是從形式上加以摹仿，未能深達理要。如此復古其實不過是托古以自大，不免浮誇詐偽之嫌，對人心、士風都是極其有害的。不難看出，太炎之貶斥王通，其實是影射康有為，並暗諷梁啟超不過是「文章之士」，言過其實。在他看來，唐朝重進士科，歌詩文辭十分興盛，學風文風從整體上說都有著浮誇不實的性格。所以，盛世之唐朝就士行士風而言，「風俗淫佚，恥尚失所，學者狃為誇肆，而忘禮讓」，遠不及亂世之魏晉南朝。[39]

學術不必有益於道德風俗，但的確有移風易俗之用，不過，章太炎所謂的「學術」並非以養成人格為目標的儒學意義上的「學術」，而是「語必徵實，說必盡理」的具近代科學性格的「學術」，與之相應的人格重點落在自律自立，而非向外的道德承擔。若要深入理解章太炎所說的「學術」與「成德」的關係，就要論及章太炎所樹立的「道德」標準和典範，具有獨特的思想內涵，顯然不同於儒家所提倡的士君子之行。

就在革命黨和立憲派展開公開論戰的 1906 年前後，梁啟超和章太炎作為各自黨派的喉舌，幾乎同時對志士的道德問題給予極大關注。梁啟超大力提倡王學以圖有補於志士的進德，他所講的王學重在以極強的

39　章太炎：《案唐》，《檢論》卷四，《章太炎全集》（三），450 頁，上海人民出版社 1984 年。

意志端正道德動機，一心救世濟民的聖賢品質。[40] 而章太炎之推崇王學，則在於其厚自尊貴、悍然獨往的「超人」氣象：

> 王學深者，往往涉及大乘，豈特天人諸教而已；及其失也，或不免偏於我見，然所謂我見者，是自信，而非利己，猶有厚自尊貴之風，尼采所謂超人，庶幾相近。

> 排除生死，旁若無人，布衣鋌鞋，徑行獨往，上無政黨微賤之操，下作懦夫奮矜之氣，以此楬櫫，庶於中國前途有益。[41]

章太炎所說「超人」，雖以救世為最高目標，然其根基在於一種深刻的「個體主義」思想，已多有學者加以論述。[42] 章太炎曾倡言：「個體為真，團體為幻。」[43] 個人並不是為他人、世界、社會、國家而生，故個人對於他人、世界、社會、國家本無責任。無益於社會，無益於他人，絕不是不道德。[44] 那麼，真道德便是不為傳統習俗所縛、不為社會壓力所制，不以眾人之是非為是非，不為時代潮流所轉移，絕去依傍，獨行其所自是，這就是「超人」式的道德了。在《檢論》之《議王》篇中，章太炎論「至德」如下：

40　梁啟超：《德育鑒‧例言》，1-2 頁，《飲冰室合集》第 7 冊，中華書局 1989 年。

41　章太炎：《答鐵錚》，《太炎文錄初編‧別錄》卷二，《章太炎全集》（四），374-375 頁，上海人民出版社 1985 年。

42　王汎森：《章太炎的思想及其對儒學傳統的衝擊》，115 頁，臺北時報文化出版公司 1985 年；張灝：《危機中的中國知識份子》，163 頁，北京新星出版社 2006 年。

43　章太炎：《國家論》，《太炎文錄初編‧別錄》卷三，《章太炎全集》（四），458 頁，上海人民出版社 1985 年。

44　章太炎：《四惑論》，《太炎文錄初編‧別錄》卷三，《章太炎全集》（四），444-445 頁，上海人民出版社 1985 年。

精神之動，心術之流，有時犯眾人所公恭。誠志惆款，欲制而不
已者。雖騫於大古，違於禮俗，誅絕於《春秋》者，行之無悔焉！然
後義不外襲，而為至德之隆。諸足以縣群眾者，皆外德也。

至德者，惟匹士可以行之。[45]

章太炎所表彰的中國歷史上的「至德者」，多出於歷史史志之《獨
行傳》、《逸民傳》，如管寧、陳仲者流，而絕非那些造成一代風氣的
命世大儒。他說：「大抵成氣類則偽，獨行則貞。」[46]

在 1913 年幽禁中所寫《自述學術次第》中，章太炎提出了一種「自
有其中流成極」的人格理想，意思是，為人不可追求偉大非常之功業，
也不必向慕有用於世，更不要崇拜英雄豪傑，而是要「能當百姓」，不
離「百姓當家之事」，有一份足以維持經濟獨立的生業，並在此基礎上
形成不依附不屈從的獨立人格和自由精神。一切「見利思義，見危授
命，久要不忘平生之言」的奇節至行都建立在這一獨立人格的基礎上。[47]
這是一種很深刻的個人主義、自由主義思想，中國近世思想家鮮有論
及。儒家有人人皆可以成堯舜的理想，而章太炎說的是人人皆可以成
「超人」。他曾說過，如果人人都懂得「憑你蓋世的英雄，都不能牢籠
得人，唯有平凡人倒可以成就一點事業，這就是世界公理大明的時候
了。」[48]

45　章太炎：《議王》，《檢論》卷四，《章太炎全集》（三），460-461 頁，上
　　海人民出版社 1984 年。

46　章太炎：《思鄉愿》上，《太炎文錄初編·文錄》卷一，《章太炎全集》
　　（四），130 頁，上海人民出版社 1985 年。

47　章太炎：《自述學術次第》，劉夢溪主編：《中國現代學術經典·章太炎
　　卷》，655 頁，河北教育出版社 1996 年。

48　章太炎：《中國文化的根源和近代學術的發達》，吳齊仁編：《章太炎的白話
　　文》，17 頁，遼寧教育出版社 2003 年。

而這樣一種「自有其中流成極」的獨立人格，乃是以「學者」為典型的。1908 年，章太炎針對一些革命黨人批評他提倡佛教，在《民報》上發表《答夢庵》一文，論說中國文化盛衰廢興之命脈其實掌握在甘於隱逸的學者手中。章太炎說，中國早在秦漢之世就消滅了封建制度，世襲的貴族階級和嚴格的等級制度日漸消亡，社會趨於平等，民間社會有了充分發展，其民俗與「封建」遺風甚重的日本大有不同。日本人普遍以服從為美德，以功名為榮譽，賤守節而羞貧賤，而中國人則歷來尊崇不事王侯的隱士逸民。這樣的人能以學術自樹立，不為一時的權勢服務，卻傳承了文化命脈，為民族為社會積蓄精神上的能量，以「獨行之貞」在民間社會樹立道德榜樣。這樣的學者堪稱「為國民作潛勢力者」：

> 漢土自嬴政以來，藩侯絕跡，階級既平，民俗亦因之大異，所以為國民作潛勢力者，不在朝市不在庠序，而在蓬艾之間，故陋巷亡而王跡熄。[49]

他特別表彰「名德之士，聚徒千人，教授家巷」的中國私學傳統，強調中國歷史上學術之權在於民間，新的學術思想總是自民間興起，這是中國之所以立國的本原命脈所繫：

> 故夫玄德潛耀之事，深矣遠矣，與市府封建之俗反矣。斯乃中夏所以為故，其風廓然，百世而不可易者也。[50]

---

49 章太炎：《答夢庵》，湯志鈞編：《章太炎政論選集》卷二，397 頁，中華書局 1977 年。

50 章太炎：《程師》，《太炎文錄初編‧文錄》卷一，《章太炎全集》（四），139 頁，上海人民出版社 1985 年。

自道、咸以降經世思潮興起，時人往往以破碎無用責難經史考據之學。康、梁指控漢學學者外騖博學，無經世之志遠大之思，甚至把清朝士風之不振歸咎於漢學的興盛。[51] 而章太炎卻把樸學家樹立為學者的典範：

> 諸學皆可以訓致躬行。近世為樸學者，其善三：明征定保，遠於欺詐；先難後得，遠於徼幸；習勞思善，遠於偷墮。故其學不應世尚，多悃悃寡尤之士。[52]

而所謂真正的學者風範，在章太炎看來，乃是一種可為「白衣宗」的獨立自主的道德人格。1910 年，章太炎分別為他所親炙的晚清樸學大師俞樾、孫詒讓、黃以周、高學治等人作傳，他塑造的學者典範，有著耿介恬淡的個性、堅苦勤奮的治學態度，尤其是終身嗜學樂學的生活方式，盡顯遯世無悶的風義。孫詒讓，其父親深受道、咸以降時代思潮的影響，勸他轉治史學，足以經世致用，而孫詒讓不為所動，向慕漢代經師之隱淪獨善，鑽研先秦典籍，所著《周禮正義》、《墨子間詁》足以傳世。其行事也大有獨立之概，在地方上興辦學校，既能在長官面前堅持己見，又不為眾議所屈。[53] 高學治，雖年逾古稀仍然竟日研讀，從不午休。他告誡章太炎，為人為學要以兩漢經師為榜樣：「夫處陵夷之世，刻志典籍，而操行不衰，常為法式，斯所謂易直彌中，君子也。小

51　參見康有為：《講明儒學案及國朝學案》，《南海師承記》卷二，《康有為全集》第 2 冊，上海古籍出版社 1990 年；梁啟超：《新民說·論私德》，《飲冰室合集》第 6 冊，中華書局 1989 年。

52　章太炎：《學隱》，《檢論》卷四，《章太炎全集》（三），481 頁，上海人民出版社 1984 年。

53　章太炎：《孫詒讓傳》，《太炎文錄初編·文錄》卷二，《章太炎全集》（四），212-214 頁，上海人民出版社 1985 年。

子志之！」[54]

有著獨立的求是求理的價值和標準的「學術」，與獨立自由之人格密切相關，互為根基，我們應該在這個意義上來理解他所宣導的學術獨立的深層涵義。

陳寅恪曾借王國維之死強調學者之根本價值在於「獨立之精神，自由之思想」，他說：「士之讀書治學，蓋將以求脫心志於俗諦之桎梏，真理因以發揚。思想而不自由，勿寧死耳！」[55] 他的思想與章太炎是相通的。章太炎對於學術與成德之關係的理解，既是傳統「立德」精神的轉化，又具有全新的現代意義。

四、不以「真諦」壞「俗諦」

章太炎不但提出了「學術」要有相對於政治、社會的獨立性，他還強調指出，「俗」尤其是一個社會的倫理規範以及政法制度，相對於「真理」也有其獨立性。這個思想是同樣重要的，屬於章太炎思想的獨特之處。在成書於 1910 年的《國故論衡》之《原道》篇中，他說：

> 版法格令，不得剟一字也，操奇說者能非之，不以非之剟其法，不以尊法罪其非。君臣上下，六親之際，雅俗所守，治渺論者所駁也；守之者不為變，駁之者無所刑。[56]

對道德、政治、社會之原理的批判性研究，或是對政法制度、倫理

54　章太炎：《高先生傳》，《太炎文錄初編·文錄》卷二，《章太炎全集》（四），210 頁，上海人民出版社 1985 年。

55　陳寅恪：《清華大學王觀堂先生紀念碑銘》，《金明館叢稿二編》，246 頁，三聯書店 2001 年。

56　章太炎：《國故論衡疏證·原道下》（龐俊、郭永誠疏證），518 頁，中華書局 2008 年。

規範的歷史性研究，往往嚴重質疑約定俗成的制度和禮俗的正當性與合理性，這種批判和質疑乃是求真理之學術的本分，但是，「真理」絕不能夠輕易應用於實際的政治和教育之中，即不能以「真諦」壞「俗諦」。

章太炎曾自述其思想經歷，有「轉俗成真」和「回真向俗」兩個階段。經 1903 年至於 1906 年的「轉俗成真」之變，他以佛教唯識學、莊、老之學、西方近代哲學為媒介，形成了自己獨特的哲學思想體系，對傳統的乃至現代的種種思想信條進行批判，用他自己的話說，這就是用「出世法」破「世法」。寫於 1907 年的《國家論》、《五無論》，寫於 1908 年的《四惑論》，真可謂是驚世駭俗的「奇說」、「渺論」。在這一時期，章太炎對儒家思想評價甚低，他認為儒學作為義理之學，其思想水準遠在佛、老、莊之下。在寫於 1909 的《致國粹學報書》中，他明確地說，儒家言「此可為道德之訓言，不足為真理之歸趣」。[57] 儒學作為治術之學，也不如道、法家切於實用；[58] 儒學作為求道之學，尤不足以養成真道德：「用儒家之道德，故艱苦卓厲者絕無，而冒没奔競者皆是……用儒家之理想，故宗旨多在可否之間，論議止於含糊之地。」[59] 以故，儒家在教化風俗，維繫民德方面，也是無能為力的。他在寫於 1908 年的《答夢庵》中說：「然則三綱六紀，無益於民德秋毫，使震旦齊民之道德不亡，人格尚在，不在老、莊則在釋氏，其為益至宏遠矣。」[60] 章太炎在 1906 年以後力倡佛教以振作民德，與他對儒家人

---

57 章太炎：《與國粹學報書》，湯志鈞編：《章太炎政論選集》卷二，498 頁，中華書局 1977 年。

58 參見章太炎：重訂本《訄書》的《儒道》、《儒法》，《章太炎全集》（三），上海人民出版社 1984 年。

59 章太炎：《諸子學略說》，劉夢溪主編：《中國現代學術經典·章太炎卷》，484 頁，河北教育出版社 1996 年。

60 章太炎：《答夢庵》，湯志鈞編《章太炎政論選集》卷二，394 頁，中華書局 1977 年。

倫道德已不足以持世的斷定大有關係：「至所以提倡佛學者，則自有說。民德衰頹，於今為甚。姬、孔遺言，無復挽回之力，即理學亦不足以持世。」[61]

不過，要說明的是，終其一生，章太炎都以道德風俗而非政治、經濟為真正的立國之本，在這一點上，他又是極其「儒家」、極其「傳統」的。章太炎於 1906 年 5 月出獄主持《民報》不久，即發表《革命道德說》，批評革命黨人的道德品質不足以擔負救國大任。他感慨說，自從歷經憂患，才懂得以德立國的儒者恆論並非「席上之腐談」，其中凝聚了深刻的歷史教訓。章太炎在重刻本《訄書》中以大量篇幅討論朝代鼎革之際或是異族政權下士大夫的出處進退，他以經義為根據，辨析當種族大義、君臣大義、人倫大義發生矛盾時，應當怎樣抉擇去取才是合「禮」又合「理」的，他把忠君的「氣節」置換為民族「氣節」，[62]這就使得士人得以擺脫忠君思想的束縛，積極投入反滿革命。章太炎如此運用經學、禮學，反而說明了他對氣節、禮教的儒家道德觀念，始終是念茲在茲的，對中國民間社會體現並維繫人倫的種種禮制禮儀，更是自覺加以維護。這一點，與他在反滿革命時期激烈批判儒學甚至孔子，力求突破儒家思想之藩籬，是並行不悖的。

1913 年至 1916 年，章太炎於幽禁之中「感事既多」而思想大變，最重要的表徵就是他重新肯定儒學，向儒家回歸。不過，思致精深如章太炎者，他的所謂「肯定」儒學、「回歸」儒家，乃是「肯定」、「回歸」於他重新定義和定位的「儒學」、「儒家」。

61　章太炎：《人無我論》，《太炎文錄初編·別錄》卷三，《章太炎全集》
　　（四），429 頁，上海人民出版社 1985 年。

62　參見《訄書》重刻本《雜誌》、《別錄甲》、《別錄乙》，《章太炎全集》
　　（三），上海人民出版社 1984 年。又見《檢論》卷四《許二魏湯李別錄》，
　　卷八《揚顏錢別錄》、《雜誌》，《章太炎全集》（三），上海人民出版社
　　1984 年。

辛亥革命前後的政治腐敗、社會墮落給了章太炎很深的刺激，他把
這種狀況主要歸因於轉型時期舊道德的破產及其導致的社會共信的渙
散。[63]這一認識與「回真向俗」之變大有關係，經此一變，他更加確信
中國人必須遵從歷史上沿襲下來的儒家人倫禮教，在「俗」的層面上，
是不能激進破壞儒家思想的。在成書於 1915 年的《菿漢微言》中，有
一則論「出世法」可不壞「世法」：

> 「世法」可不壞「出世法」邪？不能也。……然彼「出世法」者
> 可以不壞「世法」，此義云何？此身為「正報」，此土為「依報」，
> 即白衣所謂「命」也。已墮「正報」、「依報」之中，「法」爾，受
> 其限制，以義務責人死節，以義務而自死節，無可奈何，即白衣所謂
> 「知命」，所謂「正命」也。莊生不欲以仁義攖人心，此純為「出世
> 法」之言也。又云：「子之愛親，命也，不可解於心。臣之事君，義
> 也，無所逃於天地之間。為人臣子者，固有所不得已，行事之情而忘
> 其身，何暇至於說生而惡死？」此不壞「世法」之言也。[64]

這就是說，個體為真，團體為幻，個人對於國家、社會、他人本無
責任之說，乃是「出世法」，「出世法」把「世法」相對化，令人破除
迷信，精神超越，思想解放，有「超人」之智慧和氣魄。然而，人從來
都是具體的社會的人、文化的人，必須遵守特定文化、社會環境中的道
德規範，尤其是對於社會群體來說，更是需要有「世法」的規範和教
育。對於「此土」來說，「世法」就是歷代相傳的儒家人倫禮教。從
「齊物」的境界來看，並無真理性的「此土」之「世法」乃是民族文化

63　參見章太炎：《大過》，《檢論》卷九，《章太炎全集》（三），上海人民出版社 1984 年。

64　章太炎：《菿漢微言》，《章氏叢書》下冊，14 頁，臺北世界書局 1982 年。

的特殊規定性所在，是該民族社會、政治及其法律系統的觀念基礎，是必須刻意加以保守的。

經「回真向俗」之變，章太炎將儒學定義為以「世法」化民成俗的「師儒之學」，並在這一意義上，重新肯定了儒家思想的價值。章太炎在寫於 1915 年的《菿漢微言》中，緊緊把握住儒家思想不離人生、政治之實用的宗旨，撇開歷來漢學、宋學、心學、理學之分野，重新劃分了宋以降理學的思想流派，又以造就人才、化成風俗的實效為主要標準，對各派的思想價值重新給予審視和評價，堪稱一部獨具特色的「中國理學史」。[65] 1918 年，他致書吳承仕說：

> 居賢善俗，仍以儒術為佳。雖心與佛相應，而形式不可更張。[66]

意思是説，從思想的層面上，要有破除執著的大智慧，認識到種種世間之「法」無非人心的虛構和假設，其存在皆是有時空條件的。但是，既生於人世，就要「回真向俗」，力求有益於生人之道，這就要用上修己治人的儒學了。章太炎對「儒學」的這一定義和定位，我們不妨理解為是對儒學的現代轉化之途徑的一種謀求。按照章太炎的安排，即使在現代的文化環境下，也需要「師儒之學」，它是進行精神修養、培養處事能力的道術之學，也是深化道德規範、養成良好風俗的社會教育。

民國之後，他始終認定當今時代最大的問題就出在「人格墮落，心術苟偷」，[67] 全面顛覆傳統文化的價值體系、鼓吹具有激進批判性的西

65　章太炎：《菿漢微言》，《章氏叢書》下冊，46-47 頁，臺北世界書局 1982年。

66　章太炎：《1918 年 12 月 6 日與吳承仕書》，馬勇編：《章太炎書信集》，309頁，河北人民出版社 2003 年。

67　章太炎：《1917 年與吳承仕論宋明道學利病書》，姚奠中、董國炎：《章太炎學術年譜》，281 頁，山西古籍出版社 1996 年。

方現代哲學、社會學說，在他看來，只能從根本上破壞社會道德的基礎乃至民族意識的根基。他不滿不平以至於憤怨反擊，在昔日學生的眼中，他日趨落伍而「漸入頹唐」而「和時代隔絕」。然而，當我們於今日平心細察他的「反動」言論，不難看出其思想漸變有著可以理解的自身軌跡，精深之義和陳腐之論錯雜其中，足令後人長思。

　　1922 年，章太炎於「整理國故」的熱潮中，以國學大師之名譽於上海演講《國學概論》，於中，他特別反省自己從前提倡佛學而貶抑儒家。指出，佛理固然令人思想得以擺脫「世法」的束縛，但從歷史事實來看，對於「虛無」的領悟不一定能帶來「徑行獨往」的徹底性和勇氣，在更多的情況下，則流於「滑易」或「猖狂」，在道德底線上站不住腳跟，相反，拘執於「世法」的「迂儒」反而能夠堅守氣節。[68] 進入 30 年代以後，在民族危機空前嚴重的時代氛圍下，他在演講中不止一次地倡言，哲學家的思想，懷疑一切，打破後壁，令人「智圓而行亦圓」，於國家社會極有害。[69] 他特別強調：「以哲學家之目光，施於政治，其害最巨。」[70] 他如此說，絕不是要取消哲學，而是在強調，具有批判性和顛覆性的哲學思想，從根本上動搖一切「世法」、「俗諦」的合理性，是不可輕易落實為社會政治主張的。他又曾在公開演講中說，一國的「禮法」、一鄉的「風俗」，其成立的基礎不在於「理」而在於「情」。若持客觀態度以追究，凡歷史上實存的道德法律系統皆不盡合理。所以，當此民族危亡之際，我們對深究名理的哲學或有所不取，而更應注重情感教育。[71] 這的確是非常保守落後之論，但卻是非常深刻的

68　章太炎：《國學概論》，張昭軍編：《章太炎講國學》，103 頁，東方出版社 2007 年。

69　章太炎：《歷史之重要》，馬勇編：《章太炎講演集》，152 頁，河北人民出版社 2004 年。

70　章太炎：《關於史學的演講》，馬勇編：《章太炎講演集》，173 頁，河北人民出版社 2004 年。

保守落後之論。美國當代保守主義政治哲學家列奧・施特勞斯也闡發過類似的保守之論。他認為，現代性最突出的兩個問題，一方面是「政治的哲學化」，相應的另一方面即是「哲學的政治化」。也就是說，「哲學」本是一種力圖以「真理」取代「意見」的知性活動，而任何「政治社會」的存在卻都離不開該社會的「意見」即該社會的主流道德和宗教信念，幾乎任何政治社會的「意見」都不可能是「真理」。但是，現代社會的政治變得必須從「哲學」的學說和主義出發才能奠定自己的正當性，往往號稱要以理性衡量一切歷史傳承的道德、宗教與習俗，前所未有地要求高度的理性化、哲學化，現代政治可以稱為「意識形態化的政治」。而另一方面，哲學也從一種具有私人性的純粹的知性追求變成了一種公共政治的武器和工具，前所未有地公共化、大眾化，現代哲學變成了「政治意識形態」。施特勞斯指出，這種「哲學」與「政治」的互相扭曲，既導致了社會政治的不穩定也妨礙了哲學的絕對自由，現代政治和現代哲學社會科學的很多弊病都導源於這一根本問題。[72]

李源澄曾評論晚年章太炎說：

　　先生每分學問為二節。一曰修己治人之學，二曰超人之學。先生平日教人者，則修己治人之學也。[73]

這實在是對章氏「回真向俗」之學的準確把握。

71　章太炎：《適宜於今日之理學》，馬勇編：《章太炎講演集》，186 頁，河北人民出版社 2004 年。

72　參見甘陽：《政治哲人施特勞斯：古典保守主義政治哲學的復興》，列奧・施特勞斯著，彭剛譯：《自然權利與歷史》中譯本卷首，三聯書店 2003 年。

73　李源澄：《章太炎先生學術述要》，林慶彰、蔣秋華編：《李源澄著作集》（三），1460 頁，臺北中央研究院文哲所 2007 年。

五、「分異政俗，無令干位」

錢穆於 1936 年章太炎去世後曾評論說：「太炎之望於政者雖觳，而期於俗者則深。」[74] 章太炎將道德風俗當作立國之本，這固然是儒者恆論，但是，他把「政治」與「社會」分為兩個相互獨立的領域，把「分異政俗，無令干位」作為社會構成的根本原理，[75] 這卻是為傳統儒家所不能知的。

章太炎的政治思想具有明顯的「法家」色彩，他不但反對儒家的「德治」，而且還反對現代的政黨政治和代議民主制。一些研究者將他稱作「新法家」。[76] 我在這裡要著重指出的是，章太炎「新法家」之「新」意，很大程度上在於，章太炎把政治看做是社會體系之中一個極其有限的「分業」，而且還是一個相對「穢惡」的領域，無論是專制政府還是立憲、民主政府，皆不具備神聖性、崇高性，不值得人民感恩頌美。政府只是維護、執行法律的機構，只是人民生活、社會運行的一個必要保障。政治除了執法維法之外，不能也不可給人民提供更多更高的東西。而除了賴以執法維法之外，人民於政治也應別無所求。他說：

> 故嘗論政府之於生民，其猶乾矢鳥糞之孳殖百穀耶？百穀無乾矢鳥糞不得孳殖，然其穢惡固自若。求無政府而自治者，猶去乾矢鳥糞而望百穀之自長。以生民之待政府而頌美之者，猶見百穀之孳殖，而並以乾矢鳥糞為馨香也。

74　錢穆：《餘杭章氏學別記》，《中國學術思想史論叢》第 8 集，337 頁，安徽教育出版社 2004 年。

75　章太炎：《國故論衡疏證·原道下》（龐俊、郭永誠等疏證），517 頁，中華書局 2008 年。

76　王汎森：《章太炎的思想及其對儒學傳統的衝擊》，149 頁，臺北時報文化出版公司 1985 年。

以法律為詩、書者，其治必盛；而反是者，其治必衰。且民所望
於國家者，不在經國遠猷，為民興利，特欲綜核名實，略得其平耳。[77]

作為「新法家」，章太炎以「分異政俗，無令干位」的原理對法家
政治思想進行了很深刻的批判。他指出，韓非以及法家的弊病確乎在於
「專制」，但並不像一般論者所說法家維護君主專制，其實，按照法家
思想，君主也要受到法律的制約，而法家的「專制」有甚於此。法家的
眼中只有「國家」，而沒有具體的「人」。國家由人組成而服務於人的
福利，但在法家看來，每個人都要絕對服從國家群體的需要，絕不容忍
有異於一般群眾的特立獨行之士：

世之有人也，固先於國。且建國以為人乎，將人者為國之虛名役
也？韓非有見於國，無見於人；有見於群，無見於孑。政之弊，以眾
暴寡，誅岩穴之士。法之弊，以愚割智。[78]

法家的眼中只有「政治」而沒有「社會」，要用法律的原理去統合
整個社會領域，實行「法」的專制，試圖以法律的制裁取代道德的教
育，否定學術、思想、藝術的價值。這樣的國家即使秩序井然，又富又
強，但生活於中，人不過是受利益驅使的「虎狼」、「牛馬」，而不成
其為人了：

韓非雖解老，然它篇促促以臨政為齊，反於政必黜，故有《六反》

77　章太炎：《官制索隱》，《太炎文錄初編·文錄》卷一，《章太炎全集》
　　（四），87頁，上海人民出版社1985年。
78　章太炎：《國故論衡疏證·原道下》（龐俊、郭永誠疏證），516頁，中華書
　　局2008年。

之訓，《五蠹》之詬。……然不悟政之所行與俗之所貴，道固相乏，所賞者當在彼，所貴者當在此。今無慈惠廉愛，則民為虎狼也；無文學，則士為牛馬也。有虎狼之民、牛馬之士，國雖治，政雖理，其民不人。[79]

章太炎對儒家「德治」、「尚賢」政治思想的批判，其要點則在於儒家無視政治領域的獨立性，將一切泛道德化。在重訂本《訄書》之《儒法》篇以及《檢論》之《原法》篇中，章太炎指責董仲舒是所謂「德治」的始作俑者，他以經義比附法律，從《春秋》經的褒貶義法引申出判案定罪的條例，法律條文自此變得可以隨意解釋，特別有利於在上位者根據一己好惡陷人以罪。其後，歷代君主、法司往往根據主觀動機之良惡而非客觀事實來給人定罪。尤其是明太祖、雍正帝，動輒深究「心術」之邪正，還派人監視大臣的私下言行。[80]這樣的「以德治國」，把「德」與「治」混淆在一起，其結果既導致法律的殘酷不公，有利於君主專制，又造成偽道德而敗壞風俗。章太炎在這裡又一次申明，必須將「政」、「俗」兩界區分開來，「師儒之學」應該在社會領域發揮道德教育之用，而政治領域則要交付給「法吏」之士：

籍令為民俗計者，乃在長老師父導之以德，齊之以禮，非法令所能就也。立法之意，止於禁奸。使民有偽行，慚德而已。[81]

79　章太炎：《國故論衡疏證‧原道下》（龐俊、郭永誠疏證），516頁，中華書局 2008 年。

80　參見章太炎：重訂本《訄書‧儒法》；《檢論》卷三《原法》，《章太炎全集》（三），上海人民出版社 1984 年。

81　章太炎：《原法》，《檢論》卷三，《章太炎全集》（三），436頁，上海人民出版社 1984 年。

　　章太炎還將戴震思想與程朱學的分歧，闡發為道德之「理」與政治之「理」的異趣。程朱學將人「性」分為「義理之性」和「氣質之性」，把「氣質之性」當作「惡」的根源，要求禁欲止情，以達致「至善」。而戴震則反對分別「義理之性」與「氣質之性」，說「性」就是合血氣心知為一體的「人心」，即自然人性，從而充分肯定情欲的正當性，主張「欲當為理」，「通情遂欲」。近代學者多就戴震思想頗具近代人道主義色彩而表彰其「進步性」，章太炎則指出，與作為道德哲學的程朱學說不同，戴震的「性理」之說，在實質上是一種政治哲學，可以成為政治領域的理論基礎。政府與國家的存在就是為了使百姓的飲食男女之欲得到合理的滿足，而提升人的道德境界並非政治的職能。如果我們追求的是治理社會、富強國家，就要充分認識和肯定人的自然情欲並加以利導：

　　　　長民者，使仁人得職，滌蕩其性，國以富強。上之於下，如大小羊羠相羵羳而已，本不可自別於鳥獸也。夫商鞅、韓非雖削，不逾法以施罪，剿民以任功，徒以禮義屬民猶難，況過其欲？民惟有欲，故刑賞可用。[82]

　　後人往往責難程朱學「以理殺人」，但章太炎指出，程朱學在實質上是一種道德哲學和道德修養的道術，一個人若追求道德完善、精神提升，當然要以非凡的意志力克己禁欲，以求止於至善。只是，這樣的「理」絕不可施於政治、法律領域，絕不能要求一般民眾都成為道德典範：

82　章太炎：《釋戴》，《太炎文錄初編‧文錄》卷一，《章太炎全集》（四），123 頁，上海人民出版社 1985 年。

洛、閩所言，本以飭身，不以肄政。震所訶又非也。凡行己欲陵，長民欲恕。陵之至者，止於釋迦。其次若伯夷、陳仲。持以閱世，則《關雎》為淫哇，《鹿鳴》為流洒，《文王》、《大明》為盜言矣。不如是，人不與鳥獸絕。洛、閩諸儒，躬行雖短，其言頗欲放物一二，而不足以長民。[83]

正是按照上述「政俗分異，無令干位」的原則，即學術、道德屬於社會領域，與政治良惡並無直接的因果關係，章太炎駁斥歷代儒者的「清談誤國」之論其實純屬偏見。他指出，魏晉六朝國勢削弱的最根本原因在於政治領域的問題：

五朝所以不競，由任世貴，又以言貌舉人，不在玄學。……其矜流品，成於貴賤有等，乃其短也。[84]

至於唐代，廢止九品中正制，以科舉取士，從庶族寒門中湧現出大量傑出的政治人才，這才是唐代出現盛世局面的根本原因。至於學術、風俗，號稱「治世」、「盛世」的唐朝遠不及被詆為「亂世」、「衰世」的魏晉六朝。[85] 後人將「國勢」與「民德」這兩個不同界域的事情混為一談，故而不明究竟：

世人以東漢賢於南朝，猶失其實。至乃尊唐而賤江左，直以國勢

83　章太炎：《釋戴》，《太炎文錄初編‧文錄》卷一，《章太炎全集》（四），123 頁，上海人民出版社 1985 年。

84　章太炎：《五朝學》，《太炎文錄初編‧文錄》卷一，《章太炎全集》（四），76-77 頁，上海人民出版社 1985 年。

85　章太炎：《案唐》，《檢論》卷四，《章太炎全集》（三），450 頁，上海人民出版社 1984 年。

盛衰，貤論民德，是非淆亂，一至是乎？[86]

　　章太炎有關東漢、晚明士風的「反傳統」之論，也需要從「分異政俗，無令干位」的意義上加以解讀。在章太炎的「齊物」世界中，良好的風俗和創造性的學術都是從民間社會自下而上興起的，這不是政治權威所能干涉、所應干涉。他說，東漢風俗令人追慕之處，並不在少數聞達天下的黨錮君子，而在於《後漢書》之《獨行傳》、《逸民傳》記載的那些卓然自立的「下吏諸生」。從中可以看到東漢確實有「賢儒」的存在，他們在民間社會發揮了道德教化的作用：

> 然則孝弟通於神明，忠信行於蠻貊；居處齊難，坐起恭敬；道途不爭險易之利，冬夏不爭陰陽之和；見利不虧其義，見死不更其守。此後漢賢儒所立，著於鄉里，本之師法教化者也。[87]

　　而士大夫形成「朋黨」，其實是形成某種政治勢力、利益集團，參加其中，就等於進入了政治、權力的角鬥場。「黨人」雖以道德高自標榜，但實質上道德已成為進行政治鬥爭的重要資本。「黨人」中並非沒有高德之士，但加入利益集團進行權力鬥爭的人，其行動不可能僅僅出於純粹的道德動機，而多是為形勢所激所迫。對於東漢「黨錮」君子，也應作如是觀，若以為其中盡皆「善士」，則大謬不然。至於所謂「晚明風烈」，就更是不足以說明當時道德人心的一般狀況了。嘉靖以來敢於與皇權、宦官拼死抗爭的「直臣」基本上都是「朋黨」中人，他們表

86　章太炎：《五朝學》，《太炎文錄初編・文錄》卷一，《章太炎全集》（四），76頁，上海人民出版社1985年。

87　章太炎：《思鄉愿》下，《太炎文錄初編・文錄》卷一，《章太炎全集》（四），133頁，上海人民出版社1985年。

現出來的「風烈」，不能僅從道德的角度來解釋，而需考慮到明代特殊的政治原因。明代尊崇儒學，儒士鄉紳在地方上既有特權又受到特殊禮遇，早已養成驕慢之氣。而在朝廷上，君主的專制苛暴又遠甚於前代，大臣往往因為與皇帝意見不合而受到遠超出法律範圍的嚴厲懲罰，更有甚者，還設有廷杖之刑折辱大臣。在這種情況下，被激怒的大臣冒死抗上，就不難理解了。總之，晚明黨人雖表現出慷慨赴死的氣概，但其所爭主要在於權力和意氣，明朝的亂亡與這種性命相搏的黨爭實在是不無關係。在此，章太炎特別強調，一代風俗之良否主要體現於民間的社會生活，必須要從「草野之衆」著眼；至於從政官員是否有敢於直諫的政治氣節，那畢竟是屬於政治領域的事，其真正的原因在於「王政」。他總結道：

> 要之，朝廟之行，應於王政，不應於師化。師化所行，齊私室而止。觀師化之稠薄者，質以私室，不質以朝廟。[88]

六、結語：「齊物」的世界

章太炎的「理想國」，是一個「真」「俗」分際、「政」「俗」分異的世界：學術以探求「真理」為職志，但是，學者又要自覺到構設種種抽象概念以把握世界的理性思維，其能力是有限度的；學術不服從於政治和道德的目的，政府不能干涉學術思想的自由；學術雖然不以成德為目標，但求真質實的學術與獨立人格、自由精神相互為用，在這個意義上，真正的學者堪當國民道德的典範；道德的真義在於獨行其所自是，個人道德當由個體負責，法律無權禁止人們採取自外於社會甚至對

---

88 章太炎：《思鄉愿》下，《太炎文錄初編·文錄》卷一，《章太炎全集》（四），135頁，上海人民出版社1985年。

他人毫無用處的生活方式；教化社會風俗的責任應當由「師儒之學」承擔，不屬於政治的責任；政法制度、人倫規範的存在，其根據不在於恆定的真理，而在於社會的需要和歷史的傳承，不能因為學術思想的批判而有所變亂，當然，又不能以顛覆傳統、破壞權威、惑亂人心的罪名取消學術研究和思想探索的自由。這樣一個「政」與「俗」、「真」與「俗」相界相分又相補相濟的社會，是符合「齊物」之道的：

> 莊周明老聃意，而和之以齊物。推萬類之異情，以為無正味正色，以其相伐，使並行而不害。其道在分異政俗，無令干位。故曰得其環中以應無窮者，各適其欲以流解說，各修其行以為工宰，各致其心以效微妙而已矣。[89]

　　章太炎所謂「齊物」之道，簡單的說，就是否定任何統一性、普遍性的標準和規範，也否定任何價值等級的合理性。承認諸「道」並行，相互矛盾、相互鬥爭，但同時又相反相成、互通互補，在整體的系統中各有位置與功能，彼此不能相互取代，故而皆不可或缺。章太炎正是以「齊物」思想為理論根據，闡發出上述頗為獨特的社會領域分化的學說。

　　與同時代的先進知識份子一樣，章太炎積極向「西學」汲取思想資源，但是他既不是膚淺地掇拾皮毛，也不是力求忠實地輸入介紹，而是藉以獲得啟發、刺激和靈感，在自己的胸懷中，感應時代變局，融入獨特性情，熔煉為自成一格的「獨見」，正如他所表白：

> 學術無短長，要以胸府獨見為貴。其時西來異書既寡，勤而後獲，

89　章太炎：《國故論衡疏證・原道下》（龐俊、郭永誠疏證），517-518 頁，中華書局 2008 年。

取諸其懷，非受之外師，錄之故書而已。[90]

　　他的思想即新即舊，不古不今，從「左」看則具有徹底的批判性，從「右」看則顯出深刻的保守性，很難用「現代」與「傳統」，「激進」或「保守」的現成框架來認知和解説。新文化運動以後，「整理國故」事業產生了新的「國學」典範，章太炎被擺入「先賢祠」，他的學術思想常常被一分為二，能為時代之前驅者，則倍受尊崇，與潮流對唱之反調，則被視為落伍者難免的局限。這種二分法過濾了其中既不能被其後「現代」思潮所容納又不能為其前「傳統」所範圍的思想內容，其實是對章氏學術思想的極度簡化。而這些思想內容是章太炎對其時代變局極具個性和思想深度的反應，往往能給我們習慣於某種思維定式的頭腦帶來衝擊和啟發。章太炎的「學術」觀念及其有關學術、政治、道德、風俗之際的看法，就屬於這樣的思想內容。

90　章太炎：《大過》，《檢論》卷九，《章太炎全集》（三），620頁，上海人民出版社1984年。

【第六章】
章太炎「六經皆史」說本旨、意涵及其變化

以《春秋》學為中心

一、引論

在 1898 年維新運動期間，章太炎上書李鴻章：「慨然念生民之凋瘵，而思以古道術振之」。[1]作為清代漢學主流「皖學」的嫡系傳人，章太炎身處晚清經世思潮興起、維新運動蓬勃開展的時代環境下，他所講求的學術是以「禮」為中心的典制治術之學，[2]這既是對「皖學」的繼承，又有所變古，可以視作是對漢學經世旨趣的發露。[3]他自言於 1891 年「始分別今古文」，[4]但在那以後的幾年中，他一直將「六經」看成是一個完整的思想體系，認為其中蘊含著孔子創制的「一

---

1 章太炎：《上李鴻章書》，湯志鈞：《章太炎政論選集》，53
   頁，中華書局 1977 年。

2 據章太炎《自定年譜》，他於 1897 年離開詁經精舍在上海任職
   《時務報》期間，「余所持論不出《通典》、《通考》、《通
   鑒》諸書，歸宿則在孫卿、韓非。」湯志鈞：《章太炎年譜長
   編》，38 頁，中華書局 1979 年。

3 清代漢學主流「皖學」標榜以文字音韻之學為方法，實際目標則
   是要考訂三代的典章制度即「禮」，並從中求得聖人之「道」，
   故「三禮」之學最精。可以說，清代的經學考據學標榜的固然是
   「實事求是」，但其中也蘊含著不可忽視的經世指向和思想意圖。

4 湯志鈞：《章太炎年譜長編》，13 頁，中華書局 1979 年。

王大法」。[5] 為了與康、梁之「尊孟」相拮抗,他尊荀子為「後聖」,認為荀子所論治道,最符合孔子之學的本意。[6] 這時,他顯然和康有為的「今文經學」同樣分享著「通經致用」、「道在六經」的傳統「經學」觀念。而且,他還援引今文經說,相信「孔子改制」和「微言大義」,他的「古文經學」基本籠罩在康有為「今文經學」的陰影之下。

直到 1904 年《訄書》重訂本的出版,才標誌著章太炎真正肅清康氏「今文經學」的影響,確立起「六經皆史」的古學宗旨。[7] 在重訂本《訄書》的《清儒》篇中,章太炎鮮明反對「通經致用」、「道在六經」的傳統「經學」觀念,指出「摶國不在敦古」,想從六經中找到萬世不易之「道」,純屬誇誕之談。他說,所謂「六藝」的本來面目是兼領「天官」的上古史官記錄並典藏的「官書」。而研究六經的正確方法應該是「夷六藝為古史」,從中知「上世社會汙隆之跡」。在《清儒》篇中,章太炎還初步構造出一個「短於風議」、「長於求是」、「而六藝復返於史」的「古文經學」的譜系,以為「經學」之正統。[8] 於是,

---

5 章太炎在初刻本《訄書‧公言下》中說:「上古以來,百王有政教,各持一端,而仲尼通之以三統,耘刈其謬戾,曰『為賢者諱』,非愛其人也,去其足以害教而已……漢之東建,有爭古今文,今益燧。……苟訂以法制,以新經之告成於赤爵,權輿眇慮,帝王不素有,壹不知因襲其纑,而纑之間乃特製矣!是故其陳於九《洛》者為一代,其陳於《後倉曲台》者為一代,其陳於《周官》者為一代。三統之既通,則政法何異同之與有?」《章太炎全集》(三),17 頁,上海人民出版社 1984 年。

6 章太炎於作於 1897 年的《後聖》中說:「是故《禮論》以鍵六經,《正名》以鍵《春秋》之隱義。其他《王制》之法,《富》、《強》之論,《議兵》之略,得其枝葉,猶足以比成、康。……同乎荀卿者與孔子同,異乎荀卿者與孔子異。」湯志鈞:《章太炎政論選集》,38 頁,中華書局 1977 年。

7 參見劉巍:《從援今文義說古文經到鑄古文經學為史學──對章太炎早期經學思想發展軌跡的探討》,《近代史研究》2004 年第 3 期。重訂本《訄書‧清儒》,《章太炎全集》(三),上海人民出版社 1984 年。

8 章太炎:重訂本《訄書‧清儒》,《章太炎全集》(三),158-159 頁,上海人民出版社 1984 年。

「經學」就被他轉化為考據六經之學，是為「史官支流」。而歷史上比附經義以發明治道的「經學」主流則被他一概斥為「今文經學」，是儒生曲學阿世的干祿之術，毫無價值可言。[9]

其後，他每每強調不要從「六藝」中求古今不易之「道」，而要將之當做歷史文獻來考求古史，如在寫於 1909 年的《與簡竹居書》中說：

> 《尚書》、《春秋》，左右史所記錄。學者治之，宜與《史記》、《漢書》等視，稽其典禮，明其行事，令後生得以討類知原，無忘國故，斯其要也！[10]

在 1910 年成書的《國故論衡》中說：

> 六經皆史之方，治之則明其行事，識其時制，通其故言，是以貴古文。[11]

自新文化運動以來，後世學者皆積極肯定章太炎的「六經皆史」之說繼承章學誠、龔自珍而翻上一層，破除由經見道、通經致用的「經學」思維，折經入史，將六經歷史文獻化，用研究歷史文獻的方法來解

9　章太炎於 1906 在《國粹學報》上發表《與人論樸學報書》，其中說：「故知通經致用，特漢儒所以干祿，過崇前聖，推為萬能，則適為桎梏矣。」《章太炎全集》（四），154 頁，上海人民出版社 1985 年。又於 1909 所寫《與簡竹居書》中說：「古今異變，宜弗可以同概，通經致用之說，則漢儒所以求利祿者，以之謏世取寵，非也。」《章太炎全集》（四），166 頁，上海人民出版社 1985 年。

10　章太炎：《與簡竹居書》，《太炎文錄初編·文錄》卷二，《章太炎全集》（四），166 頁，上海人民出版社 1985 年。

11　章太炎：《國故論衡疏證·明解故下》（龐俊、郭永誠疏證），356 頁，中華書局 2008 年。

經，使六經從神聖寶典下降到了古史資料地位，對於中國學術、思想的現代轉型，具有里程碑式的地位和意義。另一方面，又批評其「六經皆史」之說，終未能脫離儒家經學的羈絆，仍為尊經崇聖的觀念所困，章太炎到底也還是一個「古文經學家」，並未能進至於「六經皆史料」的科學認識。[12]那些身為新文化運動疑古思潮之領袖的學人，更是對章太炎的「六經皆史」說深致不滿，認為其說不能認清六經的真相，不能開闢科學探索中國古史的道路。錢玄同曾說，所謂「六經皆史」這句話是講不通的，即使把六經當作史書，其價值也遠在《史記》、《新唐書》之下。[13]另一位太炎弟子朱希祖也說，「六經皆史」很不確當，應該說「六經皆史材」才對。他認為先師之意也是要講「六經皆史材」的，只是不願明斥先賢才沒有明言。[14]顧頡剛更是批評章太炎的「六經皆史」說充滿強烈的信古之情，而章太炎本人只是「一個從經師改裝的學者」。[15]

---

12 參見侯外廬：《中國近代啟蒙思想史》，114 頁，人民出版社 1993 年；周予同：《從顧炎武到章炳麟》，朱維錚編：《周予同經學史論著選集》，上海人民出版社 1983 年；湯志鈞：《近代經學與政治》，312、315 頁，中華書局 1989 年；汪榮祖：《康章合論》，91 頁，中華書局 2008 年；姜義華：《章太炎思想研究》，315 頁，中國人民大學出版社 2009 年；王汎森：《章太炎的思想及其對儒學傳統的衝擊（1868-1919）》，189 頁，臺北時報文化出版事業有限公司 1985 年；劉巍：《從援今文義說古文經到鑄古文經學為史學──對章太炎早期經學思想發展軌跡的探討》，《近代史研究》2004 年第 3 期；路新生：《經史互動：章太炎的經學研究及其現代史學意義》，《天津社會科學》2006 年第 5 期。

13 錢玄同：《研究國學應該首先知道的事》，發表於 1923 年 8 月 5 日《讀書雜誌》第 12 期，收入《錢玄同文集》（四），256 頁，中國人民大學出版社 1999 年。

14 朱希祖：《章太炎先生之史學》，周文玖編：《朱希祖文存》，348 頁，上海古籍出版社 2006 年。

15 顧頡剛：《古史辨》第一冊《自序》，《古史辨自序》，43 頁，河北教育出版社 2000 年。

　　我認為，這種對章太炎「古文經學」的一分為二的認識和評價，從整體上來說尚未能擺脫基於新文化運動之立場的眼光：能為時代先驅者，則倍受讚賞闡揚，與潮流不符之論，則目為落後保守，不暇一哂。與此相關，又將章氏生平一分為二，前期高歌猛進，後期漸入頹唐，而「與時代隔絕」。這種二分法，往往過濾掉章太炎「古文經說」中那些既不太「現代」又不怎麼「傳統」的內容，不能把握其「古文經說」自身發展變化的思想脈絡並瞭解其全貌，難以從中窺見章太炎自身的思想意圖並平心瞭解和評價其獨特的思想價值。進一步地說，章太炎的「國學」是中國學術、思想現代轉型中的一個重要形態和階段，他號稱復興「古學」，但其實是對「傳統」的激進改造和重構。就筆者管見，他的學術思想世界既非「傳統」也反「現代」，極「激進」又極「保守」，不是任何一種既定的思想模式可以框定，這也正是章太炎的「迷人」之處，也是其超越時代的價值所在。對於章太炎的「國學」，若僅僅把它當做新文化運動「整理國故」事業的先聲和資源，而以「傳統／現代」、「進步／保守」的二分法框架之，那將是對章氏學術思想的極度簡化。

　　正如錢穆所指出，「今文經學」與「古文經學」之爭，起於晚清道、咸以下，與兩漢經學之實況大不相同。[16] 章太炎的「古文經學」絕非「墨守」東漢古文經學家之舊說，而是有著他自己的思想旨趣，富有時代性的思想意蘊。章太炎的《春秋》、《左傳》學是其「古文經學」的主幹。如錢玄同所提示，章太炎從早年的《春秋左傳讀》到後來的《春秋左傳讀敘錄》、《劉子政左氏說》，再到晚年的《春秋左氏疑義答問》，其經說「前後見解大異」。[17] 也就是說，隨著章太炎的思想變

16　錢穆：《兩漢經學今古文平議·自序》，《兩漢經學今古文平議》，3-4 頁，商務印書館 2001 年。

17　錢玄同：《與顧起潛書》，發表於《制言》第 50 期，轉引自湯志鈞編：《章太炎年譜長編》，32-33 頁，中華書局 1979 年。

化和時代變遷，其《春秋》學一直在發生變化，直到 1930 年代才形成
定論。可見，其《春秋》學能較充分地表現其「古文經學」形成發展的
自身軌跡。關於章太炎的《春秋》、《左傳》學，學界已有一些重要的
研究成果，[18] 本章側重的是，追跡章氏《春秋》學的變化發展，並試圖
以《春秋》學為中心，考察其「六經皆史」說的本意，提示其中值得重
新審視的思想內涵。

二、《春秋》「義經而體史」

　　章太炎於 1896 年寫成的《春秋左傳讀》，代表其《春秋》學也是
其「古文經學」的第一個階段。1891 年，康有為的《新學偽經考》問
世。為了證明以《公羊傳》為主的今文經是孔子「托古改制」之作，康

18　如張昭軍：《章太炎的春秋、左傳學研究》，《史學史研究》2000 年第 1 期；
　　氏著《儒學近代之境──章太炎儒學思想研究》第三章第二節《對儒家經學的
　　研究》，社會科學文獻出版社 2002 年；王汎森：《章太炎的思想及其對儒學
　　傳統的衝擊（1868-1919）》第三章《與清末今古文之爭》，主要以章氏《春
　　秋》學為主綜論其古文經學的基本思想，臺北時報文化出版事業有限公司 1985
　　年；侯外廬：《章太炎的科學成就及其對於公羊學派的批判》也以其《春秋》
　　學思想為主加以論述，收入章念弛編：《章太炎生平與學術》，三聯書店 1988
　　年；李學勤：《章太炎論左傳的授受源流》，收入《章太炎先生逝世六十周年
　　紀念文集》，杭州出版社 1996 年；洪順隆：《章太炎與左傳》，收入《章太
　　炎與近代中國學術研討會論文集》，臺北里仁書局 1999 年；末岡宏：《章炳
　　麟的經學及其相關思想史的考察──以春秋學為中心》，《日本中國學會報》
　　第 43 集，1991 年 10 月；胡自逢：《太炎先生左傳學》，《第三屆近代中國學
　　術研討會論文集》，國立中央大學中國文學系所 1997 年 5 月；楊向奎：《試
　　論章太炎的經學和小學》論述其《春秋》、《左傳》學，《繙經室學術文
　　集》，齊魯書社 1980 年；羅福惠：《章太炎經學述略》對其《春秋》、《左
　　傳》學有專門論述，收入《中國近代文化問題》，中華書局 1989 年；房德鄰：
　　《章太炎的經學思想》也論述其《春秋》、《左傳》學，收入《章太炎與近代
　　中國學術研討會議論文集》，臺北里仁書局 1999 年。上述研究主要側重於闡
　　發章氏《春秋》、《左傳》學的科學性及民族主義思想，且對章氏《春秋》、
　　《左傳》學的變化發展有欠注意。

有為繼承劉逢祿的觀點，力辨《左傳》是劉歆割裂《國語》、依《春秋》以編年而成的「偽作」，其中的「君子曰」、書法凡例皆是劉歆所偽造，劉歆甚至還遍偽群經、竄亂《史記》、假造傳承譜系以實其偽。就在同一年，章太炎「始分別今古」，至 1896 年，寫成了《春秋左傳讀》，其書雖未曾刊行，卻充分表明章太炎以《春秋》、《左傳》學作為攻擊「今文經學」、確立「古文經學」的主要學術陣地。他在晚年曾回憶說：

> 余幼專治《左氏春秋》，謂章實齋「六經皆史」之語為有見。……方余之有一知半解也，公羊之說，如日中天，學者煽其餘焰，簧鼓一世，余故專明左氏以斥之。[19]

《春秋左傳讀》有兩方面的內容，一是進行文字訓詁；一是搜集戰國至漢初「左氏先師」和兩漢古文經學家的舊說以解釋《左傳》義例和微言。[20] 正如不少學者所指出，章太炎力圖以《左傳》會通於康有為所云《公羊》大義，論說《左傳》同樣主張「改制革命」、「黜周王魯」、「大一統」、「通三統」乃至「大同」、「遜讓」之微旨。這表明，其時他的「古文經學」基本籠罩在康有為「今文經學」的陰影之下。[21] 故而，他始終未將《春秋左傳讀》正式刊行。

19　諸祖耿：《記本師章公自述治學之功夫及志向》，收入陳平原等編：《追憶章太炎》，69 頁，三聯書店 2009 年。

20　《春秋左傳讀敘錄·序》，《章太炎全集》（二），808 頁，上海人民出版社 1984 年。

21　參見湯志鈞：《近代經學與政治》，261 頁，中華書局 1989 年；王汎森：《章太炎的思想及其對儒學傳統的衝擊》，46 頁；張勇：《戊戌時期章太炎與康有為經學思想的歧異》，《歷史研究》1994 年第 3 期；劉巍：《從援今文經說古文經到鑄古文經為史學──對章太炎早期經學思想發展軌跡的探討》，《近代史研究》2004 年第 3 期。

在 1907-1908 年，章太炎於《國粹學報》刊完《春秋左傳讀敘錄》和《劉子政左氏說》，這代表了他《春秋》、《左傳》學的第二階段，也表徵著其「古文經學」的進展。這時，他已於重訂本《訄書》中確立了「六經皆史」的古學宗旨，以孔子為史家宗主，又初步構擬出孔子─左氏─太史公─劉歆的史學譜系。[22] 此後，章太炎反覆申說孔子之述作「六經」乃是「存古」之學，其大用在於啟發和維護國人的種族、文化自覺。[23] 但是，在這兩部書中，章太炎對《春秋》的定義是「義經而體史」。[24] 他繼續申說，孔子對於《詩》、《書》、《禮》、《樂》、《易》「但有校訂編次之勞」，而《春秋》則是孔子「自作」，異於「古書」。左丘明既是史官又是孔子弟子，與孔子「偕觀史記，助成一經，造膝密談，自知其義。」[25]

《春秋左傳讀敘錄》原名《《後證》砭》，寫於 1902 年，專門反駁劉逢祿關於《左傳》本非《春秋》之傳，其條例、說經之語、授受系統皆劉歆偽造的說法。同時，章太炎還針對劉逢祿的《箴膏肓評》寫了《駁箴膏肓評》，申明鄭玄對何休的駁斥及其為《左傳》所作辯解，力爭《左傳》書法義例非劉歆偽竄，合於《春秋》本意，合於「禮」。但《駁箴膏肓評》從未刊行，今存手稿。[26]《劉子政左氏說》，主要是就《說苑》、《新序》、《列女傳》中所舉《左氏》事義六、七十條，考

---

22 參見重訂本《訄書》之《清儒》、《訂孔》、《尊史》、《征七略》諸篇，《章太炎全集》（三），上海人民出版社 1984 年。

23 參見《與人論樸學報書》、《與簡竹居書》、《答鐵錚》，《太炎文錄初編‧別錄》卷二，《章太炎全集》（四），上海人民出版社 1985 年。

24 《春秋左傳讀敘錄》，《章太炎全集》（二），845 頁，上海人民出版社 1984 年。

25 《春秋左傳讀敘錄》，《章太炎全集》（二），829-830 頁，上海人民出版社 1984 年。

26 姜義華：《春秋左傳讀校點說明》，《章太炎全集》（二），卷首，上海人民出版社 1984 年。

證古文《左傳》不同於今本的文字、訓詁，尤其是其中的「大義」。在這時，他雖然已不講《公羊》學「黜周王魯」、「革命」、「大同」之說，但仍然相信，孔子在《春秋》中寄託了一套垂訓萬世的「文外微言」，包含在《左傳》的書法義例之中。[27] 他要證明的是，《左傳》中的書法義例能「見之於行事」，深切著明，得孔子真意，遠比《公羊》高明。

在《春秋左傳讀敘錄》的《後序》中，章太炎考證說，《左傳》傳世後百餘年，到戰國時代才有了《穀梁傳》，而《公羊傳》則起於秦末，其說或剽竊左氏，而失其真。[28]《春秋》「昭公三十二年」有這樣一條經文：「冬，仲孫何忌會晉韓不信、齊高張、宋仲幾、衛世叔申、鄭國參、曹人、莒人、薛人、杞人、小邾人城成周。」按照《左傳》的記載，其時晉國接受周天子的請求，派魏舒、韓不信會合諸侯的大夫進行增築成周城牆的工程。《左傳》借當時賢士之言，評論主持其事的晉國大夫魏舒「干位以令大事，非其任也。」[29] 又評論主張其事的周朝大夫萇弘「萇叔違天，……天之所壞，不可支也。」[30] 章太炎在《劉子政左氏說》中指出，在這裡，《左傳》要說的《春秋》「大義」是：

> 大命已去，則支壞無所用；王德未備，則天位不可干。斟酌損益，

27　章太炎於《1932 年 7 月 14 日與吳檢齋書》自述研讀經過：「始雖知《公羊》之妄，乃於《左氏》大義，猶宗劉、賈。」於 1932 年 10 月 6 日《與徐哲東論春秋書》說：「其《劉子政左氏說》，先已刻行，亦牽摭《公羊》於心未盡於慊也。」發表於《制言》第 17 期，轉引自湯志鈞編：《章太炎年譜長編》下冊，924 頁，中華書局 1979 年。

28　《春秋左傳讀敘錄・後序》，《章太炎全集》（二），864 頁，上海人民出版社 1984 年。

29　楊伯峻：《春秋左傳注》，1518 頁，中華書局 1981 年。

30　楊伯峻：《春秋左傳注》，1524 頁，中華書局 1981 年。

於是具矣。[31]

　　也就是說，周朝的衰亡已經不可避免，但在這種情勢下急於篡位，那是亂臣賊子之所為，而只能以「尊王」的名義盡力使天下維持一定的秩序。這正是孔子《春秋》進行褒貶的基本原則。章太炎說，劉向《說苑・修文》篇闡發的就是這一「大義」。而《公羊傳》於「宣公十六年夏」所說的「新周」之義，[32] 其實就是來源於春秋晚期的這一「時論」，而「獎借篡夫，過為側詭」，不如《左傳》義遠甚。[33] 另外，章太炎還指出，《穀梁傳》解釋「桓公二年春王正月戊申，宋督弒其君與夷及其大夫孔父」說，孔父之「父」乃其諡號，孔子不稱其名，「蓋為祖諱也。孔子故宋也。」《公羊傳》誤解了《穀梁傳》所謂「故宋」的意思，就發明出「新周」與之對偶。[34] 總之，《公羊傳》所說「黜周王魯」之義其實是風聞《左傳》史事又誤讀《穀梁》之文而恣意妄說。

　　《春秋經》「桓公十四年秋八月壬申，御廩災。乙亥，嘗。」《左傳》解釋其書法曰：「秋八月壬申，御廩災。乙亥，嘗。書不害也。」就是說，君主的糧倉遭到火災，但還繼續舉行嘗祭，並不懼怕這次火災而以之為害。而《公羊傳》卻說，《春秋》的書法是譏刺在「御廩」失火之後還照常舉行嘗祭。章太炎在《劉子政左氏說》中評論道，《公羊

31　《劉子政左氏說》，28 頁，《章氏叢書》上冊，臺北世界書局 1982 年。

32　《春秋公羊傳》於「宣公十六年夏，成周宣榭災。」一條說：「成周宣榭災，何以書？記災也。外災不書，此何以書？新周也。」何休《解詁》曰：「孔子以春秋當新王，上黜杞，下新周而故宋。因天災（宣王）中興之樂器，示周不復興。故系宣榭於成周，使若國文，黜而新之，從於王者後，記災也。」「十三經注疏標點本」《春秋公羊傳注疏》，363 頁，北京大學出版社 1999 年。

33　《劉子政左氏說》，27-28 頁，《章氏叢書》上冊，臺北世界書局 1982 年。

34　《春秋左傳讀敘錄・後序》，《章太炎全集》（二），865 頁，上海人民出版社 1984 年。

傳》所說書法大義是「老生常談」，而《左傳》所說書法大義則很「閎深」。他認為，劉向《說苑‧反質》篇關於「魏文侯御廩災」一則，說的正是《左傳》的書法大義：魏文侯「御廩」受災，公子成父不弔反賀，他說：「天子藏於四海之內，諸侯藏於境內，大夫藏於其家，士庶人藏於匣櫝，非其所藏者，不有天災必有人患，今幸無人患乃有天災，不亦善乎？」「御廩」之災正是要警戒君主不可大肆聚斂，使之避免更可怕的人禍。章太炎說，戰國初年，《左傳》學主要流傳於魏國，所以，公子成父的諫言是本於《左傳》書法大義的。[35]

　　此時，他仍然認為《左傳》中蘊含著一套「《春秋》家」所自定之「禮」，只是孔子的「改制」是根據歷史傳承損益四代而成，不是像晚清今文學家所說那樣托於堯舜發明「理想」而主張「驟變」。《春秋》「隱公元年秋七月，天王使宰咺來歸惠公、仲子之賵。」《左傳》解釋其書法大義是：「贈死不及屍，弔生不及哀，豫凶事，非禮也。」章太炎認為，劉向在《說苑‧修文》篇中首先引用上述《左傳》之說，接著又根據《公羊傳》和《荀子‧大略》篇解釋有關饋贈「賵」和「賻」以助喪的禮制，這說明劉向所說的「禮制」是此三家解釋《春秋》制禮的通義，即天子之「賵」，乘馬六匹，名為「乘輿」；諸侯之「賵」，乘馬四匹，名為「乘車」；大夫之「賵」，乘馬三匹，名為「參輿」；元士、下士之「賵」則不用車輿。接著，章太炎試圖解釋今文經和古文經關於天子之「賵」的禮制為什麼會出現不同說法的問題。他認為，按照「宗周舊制」，卿大夫以上所乘車輿皆名為「大路」，並沒有在名稱上分出尊卑等級，這與古文經《毛詩》所說「天子至卿大夫同駕四，士駕二」是相符合的。而真正傳承《春秋》大義的《左傳》不但要記載「宗周舊制」，更是要「損益四代」制定出理想化的禮制，所以，天子之

35　《劉子政左氏說》，9頁，《章氏叢書》上冊，臺北世界書局1982年。

「賵」為「乘輿」，諸侯之「賵」為「乘車」的禮制，「非周所有，亦非起於秦漢，乃《春秋》家所定爾。」《左傳》先師賈誼曾說過：「天子之車則曰『乘輿』，諸侯『乘輿』則為僭妄」，章太炎認為賈誼此說根據的就是《左傳》義例。今文經的孟京《易》說和《公羊傳》有關天子之「賵」的禮制也持同樣的說法。總之，古文經所述「禮制」乃是「宗周舊制」，而今文經所述「禮制」確乎是「《春秋》改制」。只是《公羊傳》只知道「《春秋》改制」，卻不懂得歷史，「不識周時舊章」。而《左傳》則一方面忠實地記錄了歷史事實，所謂「事從其舊」，如《左傳》「襄公十九年」記載：「鄭公孫蠆卒，王追賜之『大路』，使以行禮也。」忠實記錄了卿大夫以上所乘車輿都叫「大路」的「宗周舊制」；但另一方面，《左傳》又「法從其新」，據以褒貶的「禮制」乃是孔子的「一王大法」，兩方面結合才是「史官之能事」。[36] 這應該就是章太炎所說「《春秋》義經而體史」的意思。從這個例子也可以看出，章太炎為了證明《春秋》、《左傳》「義經而體史」，《左傳》有一套意旨深微的書法義例，也是極盡牽強附會之能事的。

　　重訂本《訄書》也還在講《春秋》「制禮」之說，並對所謂《春秋》「大一統」、「通三統」義有著一番自己的解釋。重訂本《訄書·官統上》說，夏、商信奉「五行」之教，出於《洛書》，所以夏、商的官制之數都以十進位；而周信奉「八卦」之教，出於《河圖》，所以其官制之數以三進位，即《周禮》所謂「三公、九卿、二十七大夫、八十一元士」等共為「三百六十官」。《周禮》是文王、武王、周公父子積思之作，體現了「不尚司天屬神之職，設官在於民事」的精神。在章太炎看來，《荀子·正名》篇所謂「後王之成名，刑名從商，爵名從周，文名從禮」，說的是《春秋》參酌夏、商、周三代而制定一套新的禮

36　《劉子政左氏說》，1-4頁，《章氏叢書》上冊，臺北世界書局 1982 年版。

制。[37] 按照荀子的說法，孔子《春秋》所定「禮制」，其官制爵名以富有人文理性的《周禮》為標準。而今文經的《禮記‧王制》、《尚書大傳》、董仲舒《春秋繁露‧爵國》篇也都主張三進位的官制。我們可以看出，章太炎還是相信孔子《春秋》有「通三統」之義，並側重於孔子參酌夏、商、周三代而制禮的核心觀點。章太炎還說，周得天下之後，排斥殷商「眩於神運」的「五行」教，用更具人文理性的「易」教統一天下之志，這就是所謂的「大一統」之義：「是故言『元年』者，以『王』為文王，而摒其子於海外營部之域，使去亂統。」[38] 章太炎還是認為「元年春王正月」的書法有著「大一統」的含義，但對之做出了自己的解釋。

三、孔子誠不制「禮」

此後，章太炎關於《春秋》、《左傳》的觀點一直在發生著變化，1910 年刊行的《國故論衡‧原經》和 1914 年刊行的《檢論‧春秋故言》集中表述了他在 1913 年前後即「回真向俗」之變時期的《春秋》學新義。其中最關鍵的變化，是他擺脫了廖平「以禮制平分今古」的經學框架，從而也真正擺脫了漢代古文經學家攀附《公羊》的《左傳》學，進而認識到並闡發《左傳》「以史傳經」的性質。

37　《春秋左傳讀‧哀公篇‧西狩獲麟》條有云：「《荀子正名》曰：『後王之成名，刑名從商，爵名從周，文名從禮，散名之加於萬物者，則從諸夏之成俗取期。……』麟舊謂作《春秋》為後王法，《荀子》之論乃《左氏》家說，作《春秋》之微言，於茲益信。先商，而周，而禮，則禮非商、周之禮，必為《春秋》所制之禮也。《公羊》有改制之說，實即《左傳》說也。三統迭建，救僿以忠，是以不言夏而夏即在禮中。《春秋》制禮，參夏、商、周而酌之，故《春秋》正是禮書，語本《荀子》。」《章太炎全集》（二），784 頁，上海人民出版社 1984 年。

38　章太炎：重訂本《訄書‧官統上》，《章太炎全集》（三），247 頁，上海人民出版社 1984 年。

　　章太炎原本相信廖平所説，漢今文經學和古文經學之別主要在於所主「禮制」的不同，今文經學以《禮記・王制》為宗主，是孔子「改制」，而古文經學則以《周禮》為宗主。同時，他又受到「素王改制」的今文家言的牽制，所以，他原以為，古文經所主禮制乃是「宗周舊制」，而《左傳》則記事從「宗周舊制」，褒貶從「《春秋》改制」，故其所言禮制往往不同於《周禮》。而今文經所主「禮制」，其中很大部分確實是孔子「損益四代」的製作。但在《國故論衡・原經》篇中，他完全打破前説，認為，西周晚期以來，綱紀大亂，典章禮制一直在發生不斷的變化。《左傳》所述禮制是「春秋時制」，所以不合於「成周之典」的《周禮》，但也絕非孔子創制。他在《劉子政左氏説》中曾以為，天子的車輿乘馬六匹，名為「乘輿」，這是孔子「損益四代」而自定的禮制，《左傳》正是據此以為褒貶。這時他卻説，「天子駕六」的禮制，蓋起於春秋之末，是「時王之制」，並非孔子所定。他強調指出「孔子誠不制法」，《禮記・王制》絕非孔子「制禮」，乃是戰國以後「禮家」的附會之作。[39] 他在同書《明解故》下篇中也論述説，《周禮》是成周之制，而《左氏內外傳》所記述乃周穆王以下發生了「浸移」的典法禮制。今文家不知「周禮」自西周中後期以來屢經變遷，誤把「時王新制」當作「《春秋》改制」。而且，他進一步打破了廖平「以禮制平分今古」的説法，正確認識到，在漢代無論今文家還是古文家其內部都有很多「自為參錯」的流別，出於今文家之後的古文家，往往採用今文經説加以比附，如賈逵等解《左傳》，就説《左傳》同於《公羊》者十有七八；而今文經説又往往有與《周禮》、《左傳》相應者。[40] 章太炎更認識到，漢代古文家的《左傳》學，皆以《公羊》附會

39　章太炎：《國故論衡疏證・原經》（龐俊，郭永誠疏證），309-310 頁，中華書局 2008 年。

《左傳》，依違於今、古文兩說之間，直到杜預的《春秋左傳集解》才不再雜糅《公羊》、《穀梁》，專就《左傳》解《左傳》，開闢了研究《左傳》的正途。他在 1913 年的《自述學術次第》中說：

余初治《左氏》，偏重漢師，亦頗傍采《公羊》，以為元凱拘滯，不如劉、賈宏通。數年以來，知釋例必依杜氏。古字古言，則漢師尚焉。其文外微言，當取二劉以上。[41]

在這時，他更傾向於將「孔子作《春秋》」的「作」解釋為「修」，[42] 還考證說，孔子的「筆削」有丘明之佐書；而《左傳》同時也可說是仲尼之手筆。[43] 這一說法當然不能證實，但章太炎想要說明的是，《春秋》與《左傳》合成一部史書，二者「丸揉不分」。後人研讀《春秋》應重在「實事」而非「義法」。

他認為《左傳》中的「五十凡」其實是西周末期史官編年記事之法式而為孔子所襲取。他考證說，孟子所說「王者之跡息而《詩》亡，《詩》亡而後《春秋》作」，說明了中國最早的編年國史產生於西周末年，就在《史記·十二諸侯年表》所記「共和元年」前後，而前此的史書或記大事或錄誓命，如同《尚書》，還不能以事繫年——章太炎關於中國史學起源的看法，得到後人廣泛承認。故而，他認為，所謂《春秋》「經世」，其原意指的不過是紀年而已。那麼，「五十凡」應出自

40　章太炎：《國故論衡疏證·明解故下》，359 頁，中華書局 2008 年。
41　章太炎：《自述學術次第》，收入《中國現代學術經典·章太炎卷》，644 頁，河北教育出版社 1996 年。
42　章太炎：《檢論》卷二《春秋故言》，《章太炎全集》（三），408 頁，上海人民出版社 1984 年。
43　章太炎：《檢論》卷二《春秋故言》，《章太炎全集》（三），410 頁，上海人民出版社 1984 年。

周宣王時的史官之手,而非杜預所說由周公創制。章太炎認為,列國的
史官都是周王朝派下去的,屬於「王官」而非諸侯之臣。春秋時代齊大
史董狐和南史氏的奮筆直書,其實是不屈從於諸侯權勢而行使王官之權
職。孟子所說「《春秋》,天子之事也」,其本意正在於此,而不是說
孔子作《春秋》「立一王大法」。孔子作為魯國故臣,依大史丘明而修
《春秋》,私自使用職掌於史官的修史義例,既有「盜取」又有「侵
官」之嫌疑,所以孟子說「其事則齊桓、晉文,其文則史,其義則丘竊
取之矣。」又說「罪我者其惟春秋乎!」[44] 如此說來,後人根據孟子這
些話認為孔子創制《春秋》書法義例而寓「素王改制」之微言,完全是
個誤解。

在章太炎看來,《春秋》不但既非「制法」之書,論政也非其所
長,上不如老子、韓非,下猶不及仲長統,[45] 其經世濟民的大用恰恰在
於它是中國最早的編年史書,並創造了中國史學的偉大傳統:

> 夫發金匱之藏,被之萌庶,令人人不忘前王,自仲尼、左丘明始
> ……令遷、固得持續其跡,訖於今茲,則耳孫小子,耿耿不能忘先代,
> 然後民無攜志,國有與立,實仲尼、丘明之賜。……籍令生印度、波
> 斯之原,自知建國長久,文教浸淫,而故記不傳,無以襃大前哲,然
> 後發憤於寶書,哀思於國命。[46]

章太炎還說,《春秋》主要記載五霸事蹟,具有「為中國存種姓、

---

44 章太炎:《檢論》卷二《春秋故言》,《章太炎全集》(三),408 頁,上海
人民出版社 1984 年。

45 章太炎:《國故論衡疏證・原經》(龐俊、郭誠永疏證),304 頁,中華書局
2008 年。

46 章太炎:《國故論衡疏證・原經》(龐俊、郭誠永疏證),303-304 頁,中華
書局 2008 年。

遠殊類」的自覺的民族主義思想。所以孔子從沒有自命為「素王」，而是認同於齊桓、晉文那樣的「伯主」：

> 綜觀《春秋》，樂道五伯，多其攘夷狄，抒族姓。雖仲尼所以自任，亦曰百世之伯主也，故曰：「竊比於我老彭」……今以立言不朽，為中國存種姓，遠殊類，自謂有伯主功，非曰素王也。[47]

四、孔子的「史識」

20 年代，在新文化運動的思潮下，錢玄同和顧頡剛重新提出劉歆偽造古文經之說，喚起晚清今古文之爭。但他們並非站在今文經學的立場上攻擊古文經學，而是要將今文經學和古文經學的家法一起打破，將六藝經傳當作迷霧重重的古代史料加以考辨，從而打破儒家世傳之古史系統以開啟科學研究古史的道路。錢、顧二人在疑古思潮中重提今古文關於《春秋》學的公案尤其是《左傳》偽造說，引發了撇開經學立場的對《春秋》、《左傳》作者與性質問題的科學化考辨。[48] 在整個 20 年代到 30 年代初，疑古派和考古派的學者大多傾向於認為孔子不修《春秋》，而《左傳》即使不是劉歆所偽造，也是出於戰國時代的一部獨立史書，與《春秋》沒有直接的關係。自 30 年代以來，關於《春秋》、《左傳》的作者、性質及其關係，學界屢有爭論。目前占主流的看法是，孔子很可能曾修訂過《春秋》並用以教學；《左傳》凡例書法以及說經之語並非漢朝人偽造，確系傳經之作，但與孔子無關，其成書大概

47　章太炎：《檢論》卷二《春秋故言》，《章太炎全集》（三），412 頁，上海人民出版社 1984 年。

48　參見錢玄同：《答顧頡剛先生書》、《〈春秋〉與孔子》、《〈左氏春秋考證〉書後》、《重論經今古文問題》，均收入《錢玄同文集》第四冊，中國人民大學出版社 1999 年；顧頡剛：《五德終始說下的政治與歷史》，收入《古史辨自序》，河北教育出版社 2000 年。

於戰國中期。[49]

　　當胡、錢、顧等人繼承章太炎的「六經皆史」說而至於「六經皆史料」，並以此徹底摧破六經的權威以及儒家綱常的真理性，章太炎卻沿著自己的思想進路於 1929 年寫成他關於《春秋》、《左傳》學的最後定論《春秋左氏疑義答問》。[50] 與前兩書相比，他終於明確指出，《春秋》「終是史書」，而《左傳》則是以「史」傳「經」。[51] 這時，他強調說孔子之「修」《春秋》其實「本以事實輔翼魯史，而非以剗定魯史之書」，其實刪改無多並有意保留了魯《春秋》的原貌，[52] 又重申「五十凡」是西周末年史官書寫歷史之法式，其間也有一些是魯國史官所增。[53] 那麼，很多被後人賦予「微言大義」的「書法」，其實不過是史官記事之法。如關於「元年春王正月」，以及「王二月」、「王三月」的書法，《公羊》學據此發揮「大一統」和「通三統」大義。章太炎原本相信其說，但在《疑義答問》中他正確指出，所謂「元年春王正月」者，是在「史法」上表示紀年的次序，並勸喻國君「必慎始也」。所謂「王正月」、「王二月」、「王三月」者，是因為當時諸侯國所用曆法不一，史官要統一紀年使「記事比考不差」。[54]

49　參見沈玉成、劉寧：《春秋左傳學史稿》，373-399 頁，江蘇古籍出版社 1992 年，。

50　章太炎於 1929 年寫成《春秋左氏疑義答問》，於 1932 年編入《章氏叢書續編》，於 1935 年刊刻問世。參見姚奠中、董國炎：《章太炎學術年譜》411、454 頁，山西古籍出版社 1996 年。

51　章太炎：《1932 年 6 月 24 日與吳承仕書》，馬勇編：《章太炎書信集》，360 頁，河北人民出版社 2003 年。

52　章太炎：《1932 年 7 月 14 日與吳承仕書》，馬勇編：《章太炎書信集》，361 頁，河北人民出版社 2003 年。

53　章太炎：《春秋左氏疑義答問》卷一，《章氏叢書》下冊，1019 頁，臺北世界書局 1982 年。

54　章太炎：《春秋左氏疑義答問》卷二，《章氏叢書》下冊，1029 頁，臺北世界書局 1982 年。

　　然而，上述他這些很「科學」的看法，其實是要得出一個很「不科學」的結論，那就是：《春秋》經傳「同作具修」，孔子親授旨意，還參做《左傳》，而《春秋經》之中又有左丘明的「佐書」。[55] 也就是說，《春秋》是《左傳》的大綱，《左傳》是《春秋》的內容，意旨通貫，合成孔子「良史之學」：「經據魯以守官，傳依周以閱實，苦心作述，正在於斯」。[56] 黃侃為《春秋左氏疑義答問》作序，專門針對疑古時論說道：

　　　　不知孔子有所治定，則云《春秋》不經孔子筆削，純錄魯史舊文，而修經之意泯；不知作傳之旨悉本孔子，則經違本事與褒諱抑損之文辭，屈於時君而不得申者，竟無匡救證明之道。[57]

　　章、黃如此「反潮流」地力證孔子「修」《春秋》而《左傳》和《春秋》皆出自孔子，既是為了維護《春秋》、《左傳》的信史價值，也是為了保證《春秋》確有一貫之「大義」且出於聖人，具有不朽的思想價值。

　　《左傳》中還有很多地方用「書」與「不書」來解釋《春秋》書法，章太炎基本認同杜預以之為「變例」，從中可見「仲尼新意」的原則，[58] 於是，他在《春秋左氏疑義答問》中用大量篇幅為《左傳》的

55　章太炎：《春秋左氏疑義答問》卷一，《章氏叢書》下冊，1020頁，臺北世界書局1982年。

56　章太炎：《春秋左氏疑義答問》卷一，《章氏叢書》下冊，1026頁，臺北世界書局1982年。

57　黃侃：《春秋左氏疑義答問‧序》，《章氏叢書》下冊，1017頁，臺北世界書局1982年。

58　章太炎：《春秋左氏疑義答問》卷一，《章氏叢書》下冊，1023頁，臺北世界書局1982年。

「書」與「不書」等所謂「變例」曲加解釋，以為能傳孔子修經之旨，牽強附會的地方實在不少。正如李源澄所批評：

> 《春秋左氏疑義答問》一書，……發明甚多，惟左氏說經，不無問題。雖以先生之才之學，終未能使其血脈貫通。[59]

不過，章太炎既否定了孔子「改制」說，那麼，其所謂《春秋》大義主要不是寓於書法義例的「微言」，而是「見之於行事」的良史之識。章太炎說，關於《春秋》大義，同為良史的太史公所言最為確當：「《春秋》人事浹，王道備。」而賈誼也明確指出「《春秋》者，守往事之合德之理之與不合，而紀其成敗以為來事師法。」劉向、歆父子也明白《春秋》大義其實是「史識」：「謂《春秋》因興以立功，就敗以成罰，非專為懲弒而作。」[60]

章太炎將作為孔子史識的《春秋》「大義」歸結為兩個要點，其一：

> 然則四夷交侵，諸夏失統，奕世以後，必有左衽之禍，欲存國性，獨賴史書，而百國散紀，難令久存，故不得不躬為採集，使可行遠，此其緣起一也。[61]

這即是說，孔子具有自覺的民族主義史學思想。關於章太炎借《春

59　李源澄：《章太炎先生學術述要》，林慶彰、蔣秋華編：《李源澄著作集》（三），1462 頁，臺北中央研究院文哲所 2007 年。

60　章太炎：《春秋左氏疑義答問》卷一，《章氏叢書》下冊，1018 頁，臺北世界書局 1982 年。

61　章太炎：《春秋左氏疑義答問》卷一，《章氏叢書》下冊，1019 頁，臺北世界書局 1982 年。

秋》大義闡發自己以歷史存「國性」的民族主義思想，前人多有闡發，不再贅論。我認為，同樣值得注意的是，章太炎所謂《春秋》「樂道五霸」的主旨還是一種明察世變、達於時勢的史家智慧，同時，也是一種深具歷史精神的政治原理。他這樣論述孔子修《春秋》之「緣起二」：

> 王綱絕紐，亂政亟行，必繩以宗周之法，則比屋可誅；欲還就時俗之論，則彝倫攸斁。其唯稟時王之新命，采桓文之伯制，同列國之貫利，見行事之善敗，明禍福之徵兆，然後可施於亂世，關及盛衰。[62]

在「禮崩樂壞」的春秋時代，孔子不是固守舊的「宗周之法」，不是屈從時勢隨波逐流，也不是自創一套理想秩序以取代現實，而是以「尊王」為號召，採取並規範在新形勢下發生變化的禮制，維持「霸政」秩序。《左傳》中「禮也」、「非禮也」的判斷，所根據固然不是「周禮」，但也不是孔子之創制，而是「時王新令」。[63] 孔子不是以「王道」繩「亂世」的理論家、理想主義者，而是一個歷史家和現實主義的政治家，他善於對「時勢」做出準確判斷，把握一定「時勢」下的人心向背，明察可能的歷史走向，然後因勢利導，依據現實提供的條件求得治理的方略。章太炎在 1935 年 3 月《答李源澄書》中曾論述說：

> 蓋《春秋》者，以撥亂反正為職志。周道既衰，微桓文起而匡之，則四夷交侵，中國危矣。故就其時制，以盡國史之務，記其行事得失，以為法戒之原。孫卿曰有治人無治法。則知聖人不務改制，因其制皆

62　章太炎：《春秋左氏疑義答問》卷一，《章氏叢書》下冊，1019 頁，臺北世界書局 1982 年。

63　章太炎：《春秋左氏疑義答問》卷一，《章氏叢書》上冊，1027 頁，臺北世界書局 1982 年。

可以為治也。[64]

無論漢學還是宋學，論《春秋》大義多持孟子之說，以為「仲尼之門，五尺童子羞稱五霸」。自宋代以來，嚴「王霸之辨」、謹「義利之別」的《春秋》大義更是深入人心。正是在這樣的思想指導下，「樂道五霸」的《左傳》才受到懷疑和貶低。而深通經學的章太炎卻徹底顛覆關於孔子思想的傳統認識，居然論證孔子並不打算發明什麼理想的「王道」，而是因時制宜地遵行「霸道」！在《春秋》學史上，被朱熹視為「雜學」的蘇軾和蘇轍倒是早就指出《左傳》以「史」傳「經」，最能傳達《春秋》意旨，而不甚重視「書法義例」。他們論孔子《春秋》大義與章太炎有驚人的相似：

> 春秋之際，王室衰矣，然而周禮猶在，天命未改，雖有湯武，未能取而伐之也。諸侯之亂，舍此何以治之？要之以盟會，威之以征伐，小國恃焉，大國畏焉，猶可以少安也。孔子曰：「桓公九合諸侯，一匡天下，民到於今受其賜。微管仲，吾其被髮左衽矣。」故《春秋》因其禮俗而正其得失，未嘗不予也。[65]

《四庫》館臣稱二蘇之學「究心於經世之學，明於事勢，又長於議論，於治亂興亡披抉明暢」。[66] 可見，章太炎所推尊的孔子確實是極具政治頭腦的歷史家或富有歷史智慧的政治家。

64　章太炎：《1935 年 3 月 2 日與李源澄書》，馬勇編：《章太炎書信集》，950頁，河北人民出版社 2003 年。

65　蘇轍：《春秋經解》卷一「隱西元年三月，公及邾儀父盟于蔑。」「叢書集成初編」本，商務印書館 1936 年。

66　《四庫全書總目》卷十一《經部‧書類一‧東坡書傳》，中華書局 1965 年。

　　上述章太炎所論孔子《春秋》大義，與他自己的政治思想傾向大有關係。當他尚未與維新派劃清思想界限，並竭力攀附康有為《公羊》學以論《左傳》的時候，他就著力突出自己政治立場的「歷史」性格並與康有為的「非歷史」相反對。他在初刻本《訄書》第一篇《尊荀》中說，孔子《春秋》所作「新法」是根據「周禮」因革損益而成，聖人創制立法的精義就是尊重歷史傳承而漸變：「變不斗絕，故與之莎隨以道古」。而康有為所説的孔聖「改制」，則蔑棄「近古」取法「太古」，想用一套出於理想的法制徹底變革現實，就像墨子想扔掉周代歷史直接回到大禹時代，也像李斯以「法泰皇」為號而大舉變法，這都是缺乏足夠的歷史意識，以為歷史能夠「驟變」。[67]

　　1906 年之後，章太炎經「轉俗成真」之變，從佛教唯識學中悟得「虛無」，又由《莊子》悟得「齊物」，犀利地批判「公理」、「進化」等現代觀念正如「上帝」、「天理」之名，同樣都是被現實霸權所假借而禁錮人心的「迷信」。[68] 於是，在他看來，只有歷史傳承形成的「約定俗成」而不是什麼「普世價值」或「歷史普遍規律」，才能成為制定或改革一國政法制度的依據以及判斷其好壞的標準：

　　　典常法度本無固宜，約定俗成則謂之宜矣。生斯世為斯民，欲不隨其宜而不可。[69]

67　章太炎：初刻本《訄書·尊荀》，《章太炎全集》（三），7 頁，上海人民出版社 1984 年。

68　參見章太炎《俱分進化論》，《太炎文錄初編·別錄》卷二；《五無論》、《四惑論》，《太炎文錄初編·別錄》卷三，《章太炎全集》（四），上海人民出版社 1985 年。

69　章太炎：《代議然否論》，《太炎文錄初編·別錄》卷一，《章太炎全集》（四），300 頁，上海人民出版社 1985 年。

在章太炎的思想世界中，存古而明變的史學，有著比興起民族主義更重要的作用和位置。

在《國故論衡・原道上》篇中，他曾借老子之「道」闡發他不問「公理」唯問「歷史」的政治思想。他說，老子是一位明察歷史之變的「征藏史」，老子所主張的治理之道，就是撇開一切「前識」、「私智」，「不慕往古」，「不師異域」，唯根據歷史積累傳承而來的具體現實，「清問下民以制其中」。而受業於老子的孔子自然繼承了老子的這一思想。[70]民國建立之後，章太炎往往根據其所見「大道之原」，反對盡變舊法而照搬歐美現成制度，強調要根據本國政法傳統、風俗民情，來創制中國現代的政治型態。他為《大共和日報》所撰《發刊詞》，典型地表述了他那以「歷史主義」為理據的政治「保守主義」：

> 政治法律，皆依習慣而成，是以聖人輔萬物之自然而不敢為，其要在去甚、去泰、去奢。若橫取他國已行之法，強施此土，斯非大愚不靈者弗為。君主立憲，本起於英，其後他國效之，形式雖同，中堅自異；民主立憲，起於法，昌於美，中國當繼起為第三種。寧能一意刻劃，施不可行之術於域中耶？[71]

五、結語：「六經」是孔子「良史之學」

在確立「六經皆史」之旨後，章太炎雖然多次申說：

> 素王修史，實與遷、固不殊，惟體例為善耳。⋯⋯世無孔公，史

70　參見章太炎：《國故論衡疏證・原道上》（龐俊、郭誠永疏證），中華書局2008年。

71　章太炎：《大共和日報發刊辭》，湯志鈞編：《章太炎政論選集》下冊，537頁，中華書局1977年。

法不著。[72]

　　《春秋》而上，則有六經，固孔氏歷史之學也。春秋而下，則有史、漢以至歷代書志、紀傳，亦孔氏歷史之學也。[73]

　　但他並沒有明確指出，孔子刪定「六藝」即是孔子的「歷史之學」，似乎孔子「述作」六經只是一般的保存整理古代文獻。在重訂本《訄書・清儒》篇中，章太炎強調的是，「六藝」是上古流傳下來的具有濃厚神教色彩的官書，要將之當作歷史文獻來研究。他非但沒有明言孔子的刪定之功，反而說荀子「隆禮義殺詩書」，使「其言雅馴近人世」。他還說，六經的內容「繁雜抵牾」，孔子「輗其什九，而弗能貫之以樞閒。故曰達於九流，非儒家擅之也。」[74] 也就是說，孔子並沒有通過「六經」建立一個思想體系，不如諸子遠甚。在同書《訂孔》篇中，他雖然稱說孔子是「古良史也」，但觀其所述，所尊之「史」乃是左丘明的《左傳》、《世本》之學，比之左丘明，孔子的「良史」之稱只是個虛銜而已。[75] 而在以後提到「六經皆史」時，他也多強調不要從「六藝」中深求古今不易之「道」，而要將之當做歷史文獻來研究古史。難怪「守舊」的劉咸炘激烈批評章太炎的「六經皆史」承章學誠之說而流於極端：

72　章太炎：《與人論樸學報書》，《太炎文錄初編・文錄》卷二，《章太炎全集》（四），154 頁，上海人民出版社 1984 年。

73　章太炎：《答鐵錚》，《太炎文錄初編・別錄》卷二，《章太炎全集》（四），371 頁，上海人民出版社 1984 年。

74　章太炎：重訂本《訄書・清儒》，《章太炎全集》（三），154 頁，上海人民出版社 1984 年。

75　章太炎：重訂本《訄書・尊史》，《章太炎全集》（三），313 頁，上海人民出版社 1984 年。

　　不意古文經學家因矯今文家之誕說，遂謂六經記事，不為化人，六籍只是古史陳賬，與孔子學術無關，孔子刪定六經，只是整齊故事，其功比於劉歆，此與今文家言各走極端，皆不可信。[76]

　　而我要強調指出的是，章太炎的「六經皆史」說，其實近乎劉咸炘所云，終以「六經」為孔子的「良史之學」。[77]「六經」不是「繁雜抵牾」的史料，也不是簡單的「存古」，而是貫穿著孔子的「刪定大義」。

　　在「訂孔」時代，章太炎對儒家乃至孔子的思想評價甚低，不但不能與佛學相比，且遠遜於道家、法家。直到 1910 年，他仍在《國故論衡・原經》篇中說：「《春秋》言治亂雖繁，識治之原，上不如老聃、韓非，下猶不逮仲長統。」[78] 但經過「回真向俗」之變，他認為孔子的哲理思想已達到「齊物」的高度，以《春秋》、《周易》為主幹的孔子之學，大有深意。[79] 在《菿漢微言・結語》中，他說自己通過專門研究「古文記傳」，而從中探求出孔子的「刪定大義」，「由是所見與箋疏瑣碎者殊矣」。[80] 又說，孔子學於老子，深於史學，「故能刪《詩》而作《春秋》」。[81] 經疑古思潮，學者們基本認定，「六經」之名之學成

76　劉咸炘：《文史通義識語》卷下《辨惑》，《推十書》第一冊，726 頁，成都古籍書店 1996 年。

77　島田虔次也曾指出，章太炎「六經皆史」說的意思是指「六經乃孔子之歷史學」，但他又把太炎所說「孔子的歷史學」僅僅當做「記載『事』的歷史書」，「留下了中華民族的歷史」。《日本學者研究中國史論著選譯》七，182-183 頁，中華書局 1993 年。

78　章太炎：《國故論衡疏證・原經》（龐俊、郭誠永疏證），304 頁，中華書局 2008 年。

79　章太炎：《檢論》卷三《訂孔下》，《章太炎全集》（三），426 頁，上海人民出版社 1984 年。

80　章太炎：《菿漢微言・結語》，《章氏叢書》下冊，961 頁，臺北世界書局 1982 年。

81　章太炎：《菿漢微言》，《章氏叢書》下冊，952 頁，臺北世界書局 1982 年。

於戰國晚期至於漢初的儒家後學，他們為了尊大其學而託名於孔子。而章太炎卻在 20、30 年代一再強調孔子定「六經」之名、立「六經」之學。[82] 在 1922 年於上海所作《國學概論》演講中，他這樣講「六經皆史」：

> 太史公說：「《易》本隱以之顯，《春秋》推見以至隱。」引申他底意思，可以說《春秋》是臚列事實，中寓褒貶之意；《易經》卻和近代「社會學」一般，一方面考察古來的事蹟，得著些原則，拿這些原則，可以推測現在和將來。簡單說起來，《春秋》是顯明的史，《易經》是蘊著史的精華的。[83]

《春秋》、《易》是「六經」的主幹，而《春秋》經與《左傳》一體相成，是孔子明察世變的史書，《周易》乃是孔子的「歷史哲學」，那麼「六經」究竟是怎樣的「史」，則思過半矣。如果說康有為把孔子改裝為一位神秘的教主，能預言百代，托古改制，章太炎則把孔子塑造成了一位空前絕後的大史家，他由「史」見「道」，而寓「道」於「史」。不過，這樣一來，孔子似乎也突破了「儒家」的範疇，他的歷史智慧傳承於老子而比肩佛陀、莊子。

這一「六經皆史」之要旨保證了以《毛詩》、《左傳》、《周禮》為主的古文經傳是「信史」，其中貫徹著孔子的「史識」，是具有自覺意識的中國「種族—文化」的起源歷史，是全部中國歷史文化的「本原」、「根基」所在，不可輕易懷疑。與此緊密相關，章太炎的「古文

---

82 章太炎：《1935-36 年章氏國學講習會講演記錄》，張昭軍編：《章太炎講國學》，212 頁，東方出版社 2007 年。

83 章太炎：《國學概論》，張昭軍編：《章太炎講國學》，76 頁，東方出版社 2007 年。

經學」其實就是他自己的一套中國「種族—文化」起源歷史，並自認為可以取代經學中的「神話」而為「國性」奠立根基。當然，在科學的疑古、考古派看來它仍然只是個「神話」。新文化運動諸子一方面繼承章太炎那取消「經學」之合理性而將六經歷史文獻化的「六經皆史之方」，一方面則在當時的思想文化鬥爭中把章太炎的經說簡化為對漢代古文經學的「固守」，而有意忽視了其中獨特的「史學」思想以及關於中國「民族—文化—歷史」的建構方案。因此，我們對於太炎的「古文經學」及其「六經皆史」之要旨，確實是有重新認識和評價的必要。

【第七章】
走出「拆散時代」：論章太炎辛亥後儒學觀念的轉變

一、引言

章太炎自述一生思想有兩次大的轉折，一是「轉俗成真」之變，一是「回真向俗」之變。[1] 經 1903 年至於 1906 年監禁期間的「轉俗成真」之變，他以佛教唯識學、德國唯心論哲學為媒介，形成了一套獨特的哲學思想體系，從此「衝決網羅」，不但對中國傳統也對現代西方的種種「雅俗所守」的思想信條進行攻駁，發明了甚多「奇說渺論」。不少學者都論述過，章太炎經「轉俗成真」之變，對儒學傳統衝擊激烈，導「五四」之先聲。[2]「回真向俗」之變，以《齊物

1　章太炎：《菿漢微言·結語》，《章氏叢書》，961 頁，臺北世界書局 1982 年。

2　錢穆認為章太炎以其「佛學」衡論中國學術史，立論怪誕，幸而影響不大，「否則其為禍之烈，恐當尤駕乎其所深惡的後起新文化運動之上。」（《太炎論學述》，刊載於 1978 年 6 月《中央研究院成立五十周年紀念論文集》，《中國學術思想史論叢》卷八，340 頁，安徽教育出版社 2004 年；侯外廬認為章太炎是「打倒孔家店」的先導，且比後來《新青年》的反孔思想更富有學術價值。《近代中國思想學說史》，834 頁，重慶生活書店 1947 年；王汎森指出，長期以來，章氏已被視為傳統文化的代言人，但他實際上已逐步背離了傳統。章太炎的思想實代表著傳統文化瀕臨崩潰

論釋》的撰寫為標誌，醞釀於辛亥前後，完成於 1913-1915 年的幽禁之中。經「回真向俗」之變，章太炎重新評價和肯定了孔子以及儒家思想。1917 年以後，他和新文化運動大唱反調，在南方講論國學，創辦《華國》、《制言》，重倡新「經學」欲以振薄俗（詳見下文）。

　　對於章太炎「回真向俗」後回歸儒家傳統的思想變化，後代學人有很多論述和評價。魯迅在章太炎去世後不久說：太炎「所想望之『以宗教增進國民道德，以國粹增進愛國的熱腸』，在民國初年的政治現實中，失卻實地，僅垂空文。」「雖先前也是革命家現身，後來卻退居於寧靜的學者，用自己所手造的和別人所幫造的牆，和時代隔絕了。……遂身衣學術的華袞，粹然成為儒宗。」[3] 這一觀點成為大陸學界熟知的「經典」之論，侯外廬對其說進行了有力的發揮。他說，章太炎作為資產階級民主革命時期的「農民思想家」，既對自身傳統喪失了自信，又對西方近代自由民主社會之種種有著強烈的懷疑和批判，章太炎那極端唯心的哲學思想正反映了這個「拆散時代」的迷茫和絕望。[4] 侯外廬將章太炎與其弟子魯迅相比，認為他們都能勇猛地拆散舊社會的三綱六紀，使「個性」挺立於舊文化的廢墟之上，又都對辛亥革命追求的資本主義及其自由民主的理想，發生著深刻的懷疑，看不到時代的出路，有著「時代痛苦的一致感慨」。但不同在於，章太炎向前無所，遂走入悲觀，只好寄希望於「回憶的幻境」，而魯迅則找到了歷史的出路，投入

　　的前夜，新文化運動諸子其實是他的思想繼承人。《章太炎的思想及其對儒學傳統的衝擊（1868-1919）》，176-177 頁，臺北：時報文化出版事業有限公司 1985 年；張昭軍也指出，章太炎的儒學思想對五四新文化運動產生了他始料未及的深刻影響。《儒學近代之境——章太炎儒學思想研究》，293 頁，社會科學文獻出版社 2002 年。

3　魯迅：《關於太炎先生二三事》，《魯迅全集》（六），547 頁，人民文學出版社 1981 年。

4　侯外廬：《近代中國思想學說史》，787 頁。

於共產黨領導的新民主主義革命。[5] 李澤厚指出，章太炎思想的「豐盛面貌」和「複雜性」在於：「一方面要求並積極參與客觀性質是資產階級民主革命的進步事業；另一方面主觀上又全面地強烈地反對、抨擊歐美日本近代資本主義的經濟、政治、文化、理論」。他代表著一種具有重大歷史影響力的中國近代思潮：「在中國近代資產階級革命中，有些思想家希望避免走西方資本主義道路，而又要反對封建統治，想建立一種既不同於封建古代，又不同於現代西方，既保留東方國粹又接受西方文明的『第三種』社會」。作為 80 年代大陸「新啟蒙思潮」的代表人物，李澤厚認為這種思潮反映的是資產階級民主革命中「小農」階級的希望和恐懼，有悖於現代化的歷史大趨勢。章太炎那主觀唯心主義的哲學世界觀，以及建立其上的「自貴其心」的「超人」精神，就是用來確立和開創這個「第三種社會」的，雖可以鼓勁於一時，熱狂於一陣，但畢竟由於現實物質力量的薄弱，受不住時間的考驗，而「終於與黑暗現實以至孔學儒家相調和妥協，最終走向相對主義、虛無主義、神秘主義。」[6] 侯外廬和李澤厚所論固然深刻，但都不免是自認為找到歷史出路的勝利者對章太炎這個失敗者居高臨下的評判。而身處新的時代語境，我們有必要重新認識和評價章太炎的「回真向俗」之變，更需「具瞭解之同情」而非「評判」章太炎的這一思想轉變及其自身邏輯，並重估其思想價值和啟示意義。

也是在章太炎去世後不久，錢穆寫《餘杭章氏學別記》，感歎「晚近世稱大師，而真能有民族文化之愛好者，其惟在太炎乎！」並認為章太炎的學術思想以史學為宗，「歸一於民族文化」。[7] 這是一位被稱作

---

5 侯外廬：《韌的追求》，214 頁，三聯書店 1985 年。
6 李澤厚：《中國近代思想史論》，410、419 頁，人民出版社 1979 年。
7 錢穆：《餘杭章氏學別記》，《中國學術思想史論叢》卷八，335-336 頁，安徽教育出版社 2004 年。

文化保守主義的學者對於章太炎力抗五四新文化運動之立場的肯定和闡揚。針對民國後新一代知識份子給予章太炎的「早年激烈、晚年保守」之評價，汪榮祖指出，章太炎早年批判傳統，原無意要消滅傳統；主張國粹，卻又能廣泛而深入地批判傳統，並尋求新的哲學體系的建構。無論「轉俗成真」還是「回真返俗」，章太炎始終追求在文化上作創造性的承前啟後的工作，探索出解決中國實際問題的思想趨向。然而，新文化運動所激發的「全盤西化」之風、「激烈反傳統主義」使整個傳統遭遇到覆滅的危機，章太炎乃不得已而維護傳統。[8]汪榮祖進一步分析說，與新文化運動諸子多持「文化一元論」不同，章太炎以「齊物」哲學為根據而深信文化的特殊性格，認為語言文字──文化──歷史世界是分殊的，並無普遍性可言，西方文化既可由古進今，中國文化也可由舊而新，但不能也不必趨於一途。所以說，太炎早年維護國粹，晚年講論國學，主旨皆在於保持中國文化的個性，建立一具有特色的現代中國文明，前後貫串，並無大變。[9]對於章太炎在「齊物」意義上對中國文化傳統的「保守」，王汎森則持折衷之論：「太炎的齊物思想之優點是提醒人們同情其他文化傳統與價值的多元性，其缺點是它為所有保守現狀的要求提供了理據。」[10]以上論述對於章太炎在新文化運動之後的「保守」立場，比較能給以「具瞭解之同情」，並揭示出章太炎「齊物」哲學及其文化立場在全球化、後現代的語境下所具有的思想價值。但是，這種看法畢竟忽略了章太炎一生重大的思想轉變，忽略了章太炎壯年時代激烈破除「舊軌道」時所深具的危機意識和虛無感，也就難以解釋章

8　汪榮祖：《康有為章炳麟合論》，《中央研究院近代史研究所集刊》，第 15 期上冊，115-170 頁，1986 年 6 月。

9　汪榮祖：《從傳統中求變──晚清思想史論》，426 頁，百花洲文藝出版社 2002 年。

10　王汎森：《章太炎的思想及其對儒學傳統的衝擊（1868-1919）》，240 頁。

太炎所自陳「回真向俗」之變的內涵和外緣。

本文試圖從文化價值理想和人生觀這一更為「內在」的線索上理解太炎這一生命和思想軌跡的重要轉變，在一定意義上把太炎經「回真向俗」之變而對儒學傳統的回歸，定義為他對時代危機的感受、把握和克服：在那個「天崩地解」的時代，舊的文化價值體系失去合理性，也喪失了說服和約束人心的能力，而新的文化價值體系並沒有建立起來，即侯外廬所說「拆散時代」。時代的大斷裂和大崩解，尤能使人領悟一切「世間法」的虛無性質，章太炎不但拆散著假借「天理」、「神聖」以為言的舊的「道」，同時也大力破除著「公理」、「自然」、「規律」、「進化」的思想根基，從而使生命個體及其個性成為這個世界唯一真實的出發點。需要指出的是，章太炎從來都不是一個虛無主義者，他預設了名為「真如」、「如來藏」、「圓成識自性」、「阿賴耶識」的絕對存在，正是從「真如」本體出發，才能洞識一切「世間法」的虛妄。他意欲建立新佛教以取代儒學，號召革命者以一種「無我」的大覺悟投身於救國救世的事業。但正如下文所述，他的「無」的哲學，畢竟包含著一種深沉的虛無感，辛亥革命志士打破生死關頭的大勇與這種對虛無的感受不無深刻關係；那種超脫一切束縛的解放和無畏也能導致無所持守的「猖狂」，帶來對一般社會規範的極大破壞。於是，經「回真向俗」之變，章太炎在「齊物」哲學的指導下重新回歸於「此土」人倫情感的日常生活，用具體的「語言文字─風俗─歷史」的生活世界填充了「存在」的「深淵」。他是在「世法」的意義上重新肯定了儒學維護「此土」生活世界的作用，為「拆散時代」之後的日用人生指示大道。

一個人生命和思想軌跡的轉變，往往是由複雜交錯的「因緣際會」促成的，在促成章太炎「回真向俗」之變的諸多因緣中，我想特別指出的是，章太炎所親歷和感受的辛亥時期的士風，也就是和他一樣的革命者的精神意態和人格傾向，對章太炎的思考和探尋是大有觸動的。

二、「志士」道德與「超人」氣象

經「轉俗成真」之變，章太炎認為儒學作為義理之學，其思想水準遠在佛、老、莊之下，在寫於 1909 的《致國粹學報書》中，他明確地說，儒家言「此可為道德之訓言，不足為真理之歸趣」。[11] 但儒學作為求道之學，又不足以養成真道德，他在 1906 年東京「國學講習會」上有意針對以康有為為首的立憲黨人，貶斥孔子以及儒家道德，說儒家信奉的中庸之道無非教人衡量當前形勢的利害得失，處身於因利乘便的地位，所以慣於托庇勢力以從事活動，只要容許他們活動，無論何種性質的權勢，他們都肯俯首遷就：

> 君子「時中」，時伸時絀，故道德不必求其是，理想亦不必求其是，惟期便於行事則可矣。用儒家之道德，故艱苦卓厲者絕無，而冒沒奔競者皆是。俗諺有云：「書中自有千鐘粟」，此儒家必至之弊。貫於征辟、科舉、學校之世，而無乎不遍者也。用儒家之理想，故宗旨多在可否之間，論議止於函胡之地。[12]

以故，儒家在教化風俗、維繫民德的方面也是無能為力的，他在寫於 1908 年的《答夢庵》中說：「然則三綱六紀，無益於民德秋毫，使震旦齊民之道德不亡，人格尚在，不在老、莊則在釋氏，其為益至宏遠矣。」[13] 章太炎在 1906 年以後力倡「新佛教」以「發起信心，增進國

11　章太炎：《與國粹學報書》，湯志鈞編：《章太炎政論選集》，498 頁，中華書局 1977 年。

12　章太炎：《諸子學略說》，劉夢溪主編：《中國現代學術經典‧章太炎卷》，484 頁，河北教育出版社 1996 年。

13　章太炎：《答夢庵》，湯志鈞編：《章太炎政論選集》，394 頁。

民道德」，與他對儒家人倫道德已不足以持世的斷定大有關係：「至所以提倡佛學者，則自有說。民德衰頹，於今為甚。姬、孔遺言，無復挽回之力，即理學亦不足以持世。」[14]

關於這個「新佛教」，他在 1906 年 7 月的《東京留學生歡迎會演說辭》中提出了兩個要點，一是「法相之理」，使人了悟一切有形的事物、無形的觀念「總是幻見幻想，並非實在真有」；一是「華嚴之行」，破除一切拘執束縛之後獲得向死而生的大勇，同時，能以個體生命的具體感受與眾生相感通，「勇猛無畏」地捨生救世。[15]緊接著，他寫了《建立宗教論》（發表於 1906 年 11 月 15 日《民報》第九號）、《人無我論》（發表於 1907 年 1 月 25 日《民報》第十一號），都是在理論上建構這個「新佛教」。

《建立宗教論》首先以「三性」解說存在：第一「自性」是「遍計所執自性」；第二「自性」是「依他起自性」；第三「自性」是「圓成實自性」，即「真如」、「法界」、「涅槃」。他批評西方哲學如「唯名論」、「本體論」、柏拉圖之「理念」說，都是將追求事物本質、追求存在的大本大原所得的抽象概念，當作了實在真有，他指出，這與基督教、淨土宗「於萬有之中，而橫計其一為神」其實是一回事，都是以「遍計所執自性」為「圓成實自性」。萬有皆神之說即泛神論，比之前者要高明，但「與其歸敬於外界，不若歸敬於自心……於彼外界起增益執，於此自心起損減執，實惟不了『依他』之故。」章太炎所說「依他起自性」，指的是個體生命相對於「他者」所起的「自我」意識，即一般人所說的「我」。而「今日當立之宗教」既要認識到「依他起自性」

14　章太炎：《人無我論》，《太炎文錄初編·別錄》卷三，《章太炎全集》（四），429 頁，上海人民出版社 1985 年。

15　章太炎：《東京留學生歡迎會演說辭》，湯志鈞編：《章太炎政論選集》，274-276 頁。

的虛幻，更要認識到「遍計所執自性」的虛幻，而「惟以自識為宗」，「以眾生同此阿賴耶識，故立大誓願，盡欲度脫等眾生界，不限劫數，盡於未來。」但是，章太炎又特別強調，雖然絕不能將「遍計所執自性」當做實有，受到任何抽象觀念的束縛，但卻不能盡斷人人自證有我的「依他起自性」：「夫『依他』固不可執，然非隨順『依他』，則無趣入『圓成』之路。」就是說，只能以個體生命的具體情感與眾生相感通，才能真正「一切以利益眾生為念」，最後證得涅槃。[16]《人無我論》講「我」有兩種，一種是常人所指為「我」，屬於「依他起自性」；一種是「恆常之謂我；堅住之謂我；不可變壞之謂我。質而言之，則『我』者即『自性』之別名」，屬於「遍計所執自性」。接著，他以唯識學瓦解這種將抽象概念當做實有的思維方式，但又指出：「雖然，人莫不有我見，此不待邪執而後得之。則所謂依他起之我者，雖是幻有，要必依於真相。」[17]

我要強調指出的是，首先，基於「法相之理」的「華嚴之行」，在破除「神明」、「天道」之舊迷信的同時，也以「公理」、「進化」、「唯物」、「自然」為新迷信，要求個體對之自求解放，超越於一切規範之上，空所依傍，為自我立法，為世界立法：

> 今人以為神聖不可干者，一曰公理，二曰進化，三曰唯物，四曰自然。
>
> 嗚呼！昔之愚者，責人以不安命；今之妄者，責人以不求進化。二者行藏雖異，乃其根據則同。以命為當安者，謂命為自然規則，背之則非義故；以進化為當求者，亦謂進化為自然規則，背之則非義故。

---

16 章太炎：《建立宗教論》，《太炎文集初編·別錄》卷三，《章太炎全集》（四），403-418頁。

17 章太炎：《人無我論》，《章太炎全集》（四），419-429頁。

自我觀之，承志順則，自比於斯養之賤者，其始本以對越上神，神教衰而歸敬於宿命，宿命衰而歸敬於天均，俞穴相通，源流不二。世有大雄無畏者，必不與豎子聚談微賤之事已！[18]

「新佛教」所提倡的「新道德」，厚自尊貴，悍然獨往，有過於儒家「狂者」風範，而充滿「超人」氣象 [19]，對此，章太炎有明確的自覺：

王學豈有他長？亦曰自尊無畏而已。其義理高遠者，大抵本之佛乘……王學深者，往往涉及大乘，豈特天人諸教而已；及其失也，或不免偏於我見，然所謂我見者，是自信，而非利己，猶有厚自尊貴之風，尼采所謂超人，庶幾相近。

排除生死，旁若無人，布衣鋥鞋，徑行獨往，上無政黨猥賤之操，下作懦夫奮矜之氣，以此楬櫫，庶於中國前途有益。[20]

18　章太炎：《四惑論》，《太炎文集初編・別錄》卷三，《章太炎全集》（四），456-457 頁。

19　尼采思想在 20 世紀初期傳入中國，曾對晚清民初和五四時期的中國思想界產生相當深刻的影響。關於尼采與 20 世紀中國思想的關係，請參見郜元寶編：《尼采在中國》，上海三聯出版社 2001 年。尼采在《查拉圖斯特拉如是說》中面對在傳統價值全面崩潰的時代，人如何重新確立生活意義的問題，提出了他的「超人」理想。關於尼采的「超人」學說，請參見《查拉圖斯特拉如是說》第一部《查拉圖斯特拉的前言》，尼采著，錢春綺譯，《查拉圖斯特拉如是說》，3-21 頁，上海三聯出版社 2007 年。章太炎心目中的革命「志士」，具有強大的精神力量和偉大氣魄，能批判並超越既有的規範和價值，為世界和自我立法，在充滿艱險和阻力的環境下，獨行其所自是，自尊無畏，剛毅不撓。正是在這個意義上，章太炎將革命志士比之於尼采「超人」。

20　章太炎：《答鐵錚》，《太炎文集初編・別錄》卷二，《章太炎全集》（四），456-457 頁。

　　其二，在這個破除「四惑」而「五無」的世界，唯一的並不實在的真實性，就是「依他起自性」，即個體生命相對於他者所起的自我意識，這一「幻有」的自我意識，不可斷絕也不能斷絕。章太炎在《國故論衡・辨性》中指出，「意根」執「阿賴耶識」念念以為「自我」，形成了「依他起自性」，其中具有「我愛」心和「我慢」心，「我慢」心即自尊好勝之心，是所謂「人性惡」的根源。[21] 章太炎從唯識學出發對「人性」的理解突破了儒家的「性善」論，而他的「道德」意識就建立在這種「人性」論之上。他在《五無論》中說：

> 性善之說，不可堅信，人心之爭，根於我見。[22]
>
> 芸芸萬類，本一心耳。因迷見異，以其我見自封，而無形之外延，因以張其抵力，則始凝成個體以生。是故殺機在前，生理在後，若究竟無殺心者，即無能生之道。此義云何？證以有形之物，皆自衛而禦他，同一方分，不占兩物，微塵野馬，互不相容。[23]

　　也就是說，一種存在，就是一定的界限，必然要在「自我」和「他者」之間作出分別和區隔，必然包含「肯定」和「否定」。無論個體、群體還是國家的存在，其實都是「因迷見異」而分出彼此，各立疆界，又以「我見」自封、自衛並相爭，從而確立自我的生存價值。人性之中，「生理」與「殺心」俱生，所謂「惻隱之心」其實與「好勝之心」相通：「人之所憐，在彼弱小於我，而所憎在其敵對於我。即彼惻隱心

21　章太炎：《國故論衡疏證・辨性上》（龐俊、郭誠永疏證），583-584 頁，中華書局 2008 年。

22　章太炎：《五無論》，《太炎文錄初編・別錄》卷三，《章太炎全集》（四），436 頁。

23　章太炎：《五無論》，《太炎文錄初編・別錄》卷三，《章太炎全集》（四），441 頁。

者，亦與好勝心同一根底。」[24] 以故，欲求「無政府」就必須先「無聚落」，又必須先「無人類」，真要「無人類」，則必須「無眾生」、「無世界」以斷「進化」之機。這簡直就是説，只要有眾生有世界就會出現人類，既然有人類，則人類必然合群以相爭，合群以相爭，就必然會產生國家，並樹立民族主義以為價值原理。基於這一「生理」與「殺心」並存的「自我意識」的不可斷除，在現實世界中最值得提倡的美德，就是利導好勝之心，使好勝之心戰勝好利之心而厚自尊貴：

> 蓋處時之社會者，非無好勝之心也，而常為利欲所制。故近世欲作民氣者，在損其好利之心，使人人自尊，則始可以勇猛無畏。[25]

　　章太炎尤其強調那種面對挑戰和侵凌，為求確立和伸張自我意志，為求「權藉在我」，而不惜與敵同歸於盡的踔厲敢死。如他所説，這是超過利害成敗之念的「感情的醉病」、「神經病」[26]，是超理性的決斷意志。如木山英雄所見：「比起主義表達利害欲望的虛偽來，只要存在侵略的事實，倒是向對方進行帶有侮辱性的挑戰以顯示華夷式的自尊心更為接近歷史的自然，也是更道德的。」「太炎的復仇論中最潔白的形態，是與仇人同歸於盡，這也體現了章氏革命論中濃厚的道德主義色彩，這種復仇情結滲入魯迅的心靈，成為魯迅作品中超理性決斷和反抗之象徵的原型觀念。」[27]

24　章太炎：《五無論》，《太炎文錄初編・別錄》卷三，《章太炎全集》（四），437 頁。

25　同註 24。

26　章太炎：《東京留學生歡迎會演說辭》，湯志鈞編：《章太炎政論選集》，272 頁。

27　木山英雄著、趙京華編譯：《文學復古與文學革命——木山英雄中國現代文學思想論集》，215-216 頁，北京大學出版社 2004 年。

章太炎提倡的「民族主義」正是這種「自我」確立之意志的延伸。他在 1907 年所寫的《社會通詮商兌》中痛斥嚴復所說「民族主義不足以遂強吾種」是一種的功利之説，如果從功利角度出發僅僅謀求富強，還不如像有些留學生所說，乾脆迎立「東聖」，或請「西方元首」，都比「自為立憲」更快捷保險。他諷刺説，這種最無恥的話，政客都説不出口，但嚴復一定會覺得其言有中。接著，他説：

> 光復舊邦之為大義，被人征服之可鄙夷，此凡有人心者所共審。
>
> 抑人之所志，固不當以成敗為臬極……而無若人之所致命遂志者，在欲得權藉何！夫既以權藉為期，則成敗固不暇慮，……法人有言：所志不成，當盡法國而成蒿里，以營大冢於其上。……雖劃類赤地，竟伸其志可也！[28]

辛亥時代的革命志士，以少數人而與多數社會相對抗，依借甚薄弱，章太炎以其哲學思想為根據所提倡的「志士」道德，不念成敗利害，唯求「竟伸其志」，以向死而生的絕望和勇氣，踐行救世理想，追求自我犧牲乃至自我毀滅以成就生命價值，喚醒國人，對當時革命者精神人格和行動方式的形成，產生著相當的號召力。如時人所說，「孫逸仙如加里波的，蓋革命實行之猛將也，而（太炎）先生如馬志尼，則革命道德之勇將也。」[29]

當時的革命黨人崇尚暗殺、自殺、劫持，一時成為風氣，很能體現辛亥時代革命者的精神風氣和行動方式。孫中山在 1923 年所寫的《中國革命史》中高度評價暗殺這種激烈行為在辛亥革命中發揮的重要作

---

28 章太炎：《社會通詮商兌》，《太炎文錄初編·別錄》卷二，《章太炎全集》（四），336-337 頁。

29 金陵生：《支那革命家章炳麟》，《鵑聲》，1907 年。

用：「其奮不顧身以襭執政之魄者，則有劉思復之擊恩銘，吳樾之擊五大臣，徐錫麟之擊恩銘，熊成基之擊載洵，汪精衛、黃復生之擊攝政王，温生財之擊孚琦，陳敬岳、林冠慈之擊李准，李沛基之擊鳳山。其身或死或不死，其事或成或不成，然意氣所激發，不特敵人為之膽落，亦足使天下頑夫廉、懦夫有立志矣。」[30] 從 1900 年史堅如首開暗殺之風，至 1911 年革命勝利，有史可查的在社會上發生重大影響的暗殺共 19 次，暗殺者都是書生出生的年輕革命黨人，往往在準備不充分甚至連武器使用都很不熟練的情況下，以身涉險，犧牲者多於成功者，主要的目的和造成的影響，不在於成功，而在於顯示必死的決心和救國意志，以鼓動萎靡不振的士氣民風。[31] 1905 年在北京車站刺殺出洋考察五大臣的吳樾在《遺書》中引述譚嗣同的觀點説：「若其機無可乘，則莫若為任俠，亦足以伸民氣，倡勇敢之風，是亦撥亂之具也。」「困於君權之世，非此益無以自振拔，民乃益愚弱而窳敗。」「今欲伸民氣，則莫若行此暗殺主義。」[32] 對於辛亥時代的革命者來説，成功與失敗的功利考量已經淡出了評價系統，而打破生死關頭的無畏犧牲才是最高追求。「伯夔」説：「得一英雄，誠不如得一烈士，英雄罕能真，烈士不可以偽也。一以權謀勝，一以骨氣稱。」[33] 汪精衛曾論「革命之道德」，他以「釜」比喻堅忍頑強、百折不撓的革命者的「恆德」，而以「薪」比

30　孫中山：《中國革命史》，《孫中山全集》第七卷，65 頁，中華書局 1981 年。

31　有關辛亥革命時代暗殺與自殺風氣的研究，筆者所見如王開璽：《簡論革命黨人的暗殺活動和清末政局》，《晉陽學刊》2011 年第 4 期；黃佳：《無政府主義的傳入與辛亥革命時期的暗殺風潮》，《湖南大學學報》2000 年第 2 期；趙寶泉：《辛亥革命前資産階級革命黨人暗殺風潮述評》，《山東師範大學學報》1992 年第 4 期；白純：《辛亥革命時期革命黨人的政治暗殺活動探析》，《學海》2001 年第 3 期；海青：《自殺時代的來臨？——20 世紀早期中國知識群體的激烈行為和價值選擇》，中國人民大學出版社 2010 年。

32　吳樾：《遺書》，《辛亥革命資料叢刊》第二冊，378 頁，中華書局 1961 年。

33　伯夔：《革命之心理》，《民報》，第二十四號，1908 年。

喻革命者的「烈德」:「薪之為德,在一烈字。炬火熊熊,光焰萬丈,
顧體質雖毀,借其餘熱,可以熟飯。此正如我革命黨人,一往獨前,捨
生取義。」並表示:「弟素鮮恆德,故不願為釜而願為薪。」[34]

章太炎很鼓勵暗殺、自殺行動,讚頌其中不計功利敢於自我犧牲的
精神。1906 年 12 月,陳天華投海自殺,「病己」在《民報》第十一號
上發表《敢死論》,批評陳天華本該把敢死精神用於更有利益之處,章
太炎於文後加《附識》説:

> 若必選擇死所,而謂鴻毛泰山,輕重有異,則雖值當死之事,恐
> 亦不能死矣。……自戕之風,當開之,不當戒之。[35]

民國建立後,章太炎為喻培倫寫傳記,文章一開始就強調革命黨人
以「輕生死外功名」的精神進行暗殺,對革命成功起到了至關重要的作
用:

> 民國之先,以氣矜懾清吏,獨行奇材相繼也。浙江則徐錫麟,於
> 廣東則溫生財,在四川則喻培倫、彭家珍。漢族光復,藉狙擊之威,
> 余烈迄於數歲。袁世凱已定江南,猶曰:「吾不畏南兵反攻,畏其藥
> 取人命於顧眄間。」[36]

辛亥時期革命黨人中盛行無政府主義思潮,一些革命黨人把無政府

34　汪精衛:《論革命之道德》,《民報》,第二十五號,1910 年。

35　章太炎:《病己《敢死論》附識》,《民報》第十一號,轉引自湯志鈞編:
　　《章太炎年譜長編》,236 頁,中華書局 1979 年。

36　章太炎:《喻培倫傳》,《太炎文錄續編》卷四,《章太炎全集》(五),181
　　頁。

主義與「唯識」佛學聯繫起來，而這種聯繫一直保留到民國初期。[37] 章太炎的結義兄弟張繼是宣傳無政府主義最重要的人物之一，張繼盛讚無政府主義「恐怖黨」之勇於自我犧牲，最能表達真誠的救國意志，也最能感動民眾：「蓋天地間最可懼可畏之事，莫甚於為人道犧牲之精神，其精神流布之速度，若傳染病然。」[38] 宋教仁曾記述 1906 年 12 月 6 日晚在《民報》社與章太炎談論哲學：「枚叔甚主張精神萬能之說，以為『萬事萬物，皆本無有，自我心之一念以為有之，始乃有之矣。所謂物質的，亦不過此一念中，以為有此物質，始乃有之耳。』余以惟我之理質之，並言『此我非內體之我，即所謂此之一念也云云。』枚叔以為然。」[39] 吳樾的《遺書》收錄有《與章太炎書》，其中說：「某聞先生之行事，閱先生之著作，雖未見先生之面貌，而先生之心志，早為某所洞悉而頂禮膜拜之矣。」[40] 可見章太炎的思想和精神氣質對革命黨人的影響。

辛亥革命前後，章太炎特別為光復會、共進會的死難烈士書寫傳記，在他的筆下，這些勇於自我犧牲以實踐救國意願的烈士，與傳統史書中描寫的仁人志士乃有大不同。太炎從不隱晦甚至是特別凸顯這些「獨行奇材」之士放恣激詭的性情，而這與他們沒身於大群命運的儒家式宗教熱忱、自我犧牲的勇決精神往往是一貫的。他們的性情和行動方式，充滿強烈的不祥和絕望色彩，傳記書寫也呈現一種冷峻而悽愴的風格。鄒容從來不能克制他的「憤激」，少時「與人言，指天畫地，非堯舜，薄周孔，無所避」，嚇壞了老師。在日本留學期間，因學監有奸私

37　德里克：《中國革命中的無政府主義》，65-66 頁，廣西師範大學出版社 2006年。

38　張繼（自然生）：《無政府主義及無政府黨之精神》（1904），《無政府主義思想資料選》（一），28 頁，北京大學出版社 1984 年。

39　宋教仁：《宋漁父遺著》，333-334 頁，文海出版社 1970 年。

40　吳樾：《遺書》，《辛亥革命資料叢刊》第二冊，392 頁，中華書局 1961 年。

事，他帶領學生「排闥入其邸中，榜箠數十，持剪刀斷其辮髮。」在愛國學社又因嘲諷諸生學英語，引得大家欲毆之。在獄中，他「不平」，「益憤激」，難以「懲忿自攝持」，得不明之症而猝亡，年僅二十一歲，「炳麟往撫其屍，目不瞑。」[41] 喻培倫少時自署「世界惡少年」，聞塾師講國家興廢、種族代起之事，輒動容。他體弱多病，早存「致命遂志」之念，在廣州起義的關鍵時刻，他號召大家：「等死，不如以身決之。」有人說：「公一廢臂，何苦自送？」「培倫奮曰：『諸公具四體，不如吾偏枯人也。』眾大感動。」[42] 徐錫麟從日本歸國時，有同志得知他將回國策劃起義，就勸他把家屬留在日本，為自己留下後代，徐錫麟卻說：「人皆有妻子，可悉移異域乎？以至安自處，詒人以危，吾恥之！」太炎論曰：「錫麟卓鷙越勁，蓋有項王風。其猝起不反顧者，非計短也，以寡助遇大敵，固以必死倡耳！」[43] 秦力山，師譚嗣同，參與唐才常起義，失敗後在日本留學生中宣導革命，是同盟會的創辦者之一。安慶起義失敗後，亡命緬甸，客居干崖土司刁安仁之所，他「時往來野人山，短衣負銃，為其民道漢族光復事」，「時作樂府道悲憤，往往若自嘲者。」招致刁安仁的疑忌，被暗害。太炎感歎道：「竄跡蠻左，不忘奮飛，豈謂藉是可以定大業哉？亦致命遂志而已。抱奇無施，卒遭陰賊，悲夫！」[44] 焦達峰，湖南瀏陽人，十九歲留學日本，參加同盟會。他不滿同盟會多在邊境發動小規模起事，遂與同志組織共進會，

41　章太炎：《鄒容傳》，《太炎文錄初編‧文錄》卷二，《章太炎全集》（四），215-216 頁。

42　章太炎：《喻培倫傳》，《太炎文錄續編》卷四，《章太炎全集》（五），180-181 頁。

43　章太炎：《徐錫麟陳伯平馬宗漢傳》，《太炎文錄初編‧文錄》卷二，《章太炎全集》（四），220 頁。

44　章太炎：《秦力山傳》，《太炎文錄續編》卷四，《章太炎全集》（五），185-186 頁。

打算在華中腹地發動武裝起義。當黃興質問焦達峰何故與同盟會立異，他説：「同盟會舉趾舒緩，故以是赴急，非敢異也。」又説：「異日公功盛，我則附公。我功盛，公亦當附我。」何等氣盛！武昌起義時，他在長沙力排衆議斷然回應，勝利後立為都督，不久因立憲派挑撥陷害，被部下所殺，年僅二十五、六歲。後譚延闓葬之嶽麓山，民國五年，湖南都督劉人熙為之立石冢，上書「瀏水墜淚之碑」。[45] 太炎所述諸人，都有強烈的反傳統思想和精神，不僅表現於非孔子薄聖人，更重要的是鄙棄傳統書本知識，崇尚實學實行，而暗殺行動即是能夠獨力實踐革命意願的最高表現。如徐錫麟，自學天文學和算學，能造渾天儀和地勢圖；從日本購置手槍，雖遭子彈反射，仍練習不輟，終於練就了「發即應指而倒」的本事。他有感於「士氣屢弱」，在紹興倡辦體育會、教習射擊，與弟子徒步循行浙東四縣，交接其地「奇才力士」；又曾徒步考察華北東北山川形勢。與徐錫麟一起犧牲的陳伯平，曾為自己刻「實行委員」之印用以自勵，又説：「革命之事萬端，然能以一人任者，獨有作刺客。」死時年僅二十六歲。[46]

辛亥時代革命者的精神意態，有一種尼采和中國傳統精神的奇異的融合，將虛無意識與犧牲精神相貫通，激詭、熱狂而壯烈，正是衝決了固有網羅而又向前無所的「拆散時代」特有的精神現象，象徵著那個時代的大絶望和大希望。而在更加傳統的錢穆看來，晚清士風自道咸以來，以龔自珍為驚動效慕的對象，崇尚狂者風範，一心打破陳規，「怪誕狂放，相習成風」。[47]

45　章太炎：《焦達峰傳》，《太炎文錄續編》卷四，《章太炎全集》（五），182-184 頁。

46　章太炎：《徐錫麟陳伯平馬宗漢傳》，《太炎文錄初編・文錄》卷二，《章太炎全集》（四），217-219 頁。

47　錢穆：《國史新論》，171-172 頁，三聯書店 2001 年。

三、太炎為何「思鄉愿」？

1910 年，章太炎發表《思鄉愿》，錢穆曾提示說：「又為《思鄉愿》，所言益沉痛」，蓋傷時之言。[48] 這篇文章是章太炎「回真向俗」之變的一個重要訊號。

《思鄉愿》針對當世之士風，縱論歷代士風與政治、學術的關係。太炎提倡的志士道德本偏向於「狂狷」，但在此文中，章太炎卻說，「狂狷」既成風氣，則其中多詐偽，不是才性使然，而是出於矯情、誇誕。真正的狂狷之士遯世無悶，不求聞達，而當今的狂狷之士則以奇行耀世，其實際用心在於名譽權力。與謹愿之士相比，他們大多放蕩猖狂，不守一般道德規範，沒有誠信，不可委託信賴，不足以成就事業。即使並非出於矯飾的狂狷之士，也往往難與共事，不可久處。總之，狂狷之士破壞有餘，建設不足：

> 狂狷者，有進取一概之操，雖闊略渺小哉，然不舍人倫之際，百姓當家之務，父子耘瓜，華冠縕袍，以自肆志，不求其名，故不崇偽；不歆其得，故不耀世。今即反是矣。不得中行，寧置狂狷，思鄉愿。古之狂狷者，自才性感概至；自唐以降之狂狷者，自辭章誇誕至。……其為狂者，不以為譽，即以為權藉也。……雖或近誠，狂者不可與久處約，太上貴德，其次務施報，非狂者所知也。狷者不振，棄王公而傲凡民，曹耦相處，動作屑屑，遇人非禮。夫狂狷有偽，於今則寧鄉愿也。鄉愿者，多持常訓之士，高者即師洛閩……至今草野有習是者，雖陋，猶少訛詐。大抵成氣類則偽，獨行則貞，此廩廩庶幾踐跡君子矣！雖有矯情，未如狂狷者甚也。屬之以事體而無食言，寄之以財賄

48　錢穆：《餘杭章氏學別記》，《中國學術思想史論叢》卷八，338 頁。

幸而無失。期會無妄出入，雖碌碌無奇節，亦以周用。[49]

　　章太炎的《思鄉愿》與他對革命黨人之作風的反省是大有關係的。
《思鄉愿》寫於 1910 年，是年，光復會與同盟會正式分裂，之前，章
太炎經歷了革命黨人內部激烈的內訌，而他是其中重要的角色。章太炎
不贊成孫中山、黃興白華南邊疆進行襲擊的革命策略，以為迁緩，又因
《民報》經費與孫、黃發生異議。陶成章主張在江浙或華北地區搞「中
央革命」，在策略和經費上也與孫、黃產生嚴重矛盾。1908 年 9 月，
《民報》在日本政府的逼迫下停刊，孫、黃不予援助，章太炎一度欲前
往印度出家。汪精衛主辦新《民報》在日本出刊，但偽稱在巴黎發行，
章太炎獲知後大怒，在《日華新報》上發表《偽民報檢舉狀》攻擊孫中
山，將他與同盟會領袖之間的矛盾公開化。次年，陶成章與同盟會的矛
盾也達到白熱化。據陶成章說，黃興屢次派人恐嚇章太炎，加之以「破
壞團體」的罪名，又在報紙上污蔑章太炎與已經叛變的劉師培有來往，
已淪為清政府的偵探。還派人詐取章太炎的圖章，在報紙上登出章太炎
與端方合謀欲出賣革命黨的信件，而章太炎又轉責黃興與端方交接。[50]
1909 年 9 月，黃興發表《為陶成章汙謗孫中山事致巴黎新世紀社書》，
指責章太炎發佈《偽民報檢舉狀》是「喪心病狂之舉」，使革命同志
「皆曉然於太炎人格之卑劣」。[51] 1909 年 12 月，孫中山致函吳稚暉，
要求他將章太炎的《檢舉狀》全文刊載於《新世紀》，並指摘其謬，又
讓他將劉師培所透露章太炎與端方「同謀通姦」的筆跡和照片寄來，用

49　章太炎：《思鄉愿》上，《太炎文錄初編・文錄》卷一，《章太炎全集》
　　（四），129-130 頁。

50　陶成章：《致鐵仙、若愚書》，湖南哲學社會科學研究所收藏手跡，轉引自湯
　　志鈞編《章太炎年譜長編》，304 頁。

51　黃興：《為陶成章汙謗孫中山事致巴黎新世紀社書》，《黃克強先生全集》，
　　118 頁，臺北國民黨黨史委員會 1973 年 10 月增訂本。

以證明章太炎所為卑劣，以破除其言論的效力。[52] 之前，光復會已經參加同盟會，但光復會的主要領袖徐錫麟、陶成章、李燮和皆對孫中山不滿。1910 年正月，光復會從同盟會中分裂出去，在東京成立總部，另辦《教育新語》雜誌作為機關報，由章太炎主辦。民國初建時期，革命黨人內部的矛盾和爭奪更加激烈複雜，章太炎與同盟會領袖在建國方略上有著根本的分歧，1912 年 1 月，他參與組織「中華民國聯合會」，擔任會長，創辦《大共和報》，自任社長，發表《大共和日報發刊詞》，提出：「政治法律，皆依習慣而成，是以聖人輔萬物之自然而不敢為，其要在去甚、去奢、去泰，若橫取他國已行之法，強施此土，斯非大愚不靈者弗為。」[53] 後又組建「統一黨」。因為與同盟會的矛盾，他一度傾向於與袁世凱合作。1913-1915 年，他在幽禁期間刪增《訄書》以成《檢論》，其中有《小過》一篇，檢討革命黨人的失政，主要指責南京政府的「主者」與武昌革命軍鬧意氣爭權力，排擠疏遠與自己政見不同的革命黨人，任用擁護自己又好說大話的投機分子當議員，制定國策，引導輿論。尤有甚者，年輕的革命黨人很快沾染了前清官員腐敗貪賄之習，風氣大壞，「得志之頃，造次忘其前事」，「侮脣齒之援，棄同德之好，遠憂勤之人，而任姓擾之士也！」[54]

　　革命黨人雖具有大無畏的犧牲精神，但這種精神和道德偏重於破壞，並不能在建設民國的事業中發揮作用，革命黨人缺乏進行建設的準備和能力，這是辛亥革命推翻清朝後卻並不能帶來政治和社會根本改變的一個重要內因——辛亥革命後，有一批曾參與革命的積極分子卻離開政壇，出國留學，便是出於這樣一種感受和意識。張奚若曾回憶說：

52　孫中山：《致吳稚暉書（1909 年 12 月 16 日）》，《孫中山全集》第一卷，430-431 頁。

53　章太炎：《大共和日報發刊辭》，湯志鈞編：《章太炎政論選集》，537 頁。

54　章太炎：《小過》，《檢論》卷九，《章太炎全集》（三），619 頁。

「在上海住了半年多，曾到南京去看過臨時政府的情形，也感覺很失望。……當時我頗感革命黨人固然是富於熱情、勇氣和犧牲精神，但革命成功後對於治理國家、建設國家，在計畫及實行方面就一籌莫展。因此除了推翻清室把君主政體換成所謂共和政體之外，革命是徒有其表的。……某些人說的『破壞容易建設難』一句話，不幸完全證實。在這種失望情形下，我決定到外國去讀書，預備學些實在的學問，回來幫助建設革命後的新國家。」[55] 汪精衛也自知年輕的革命黨人唯一可依賴的政治資本就是在革命時代形成的道德感召力，其實嚴重缺乏實際的政治能力，此輩黨人在民初複雜的局勢下投身政治，不僅不能有所作為，反而會誤國誤身。他對吳稚暉說：「人苟良心不死，莫不欲授銜響於社會而自為其牛馬，然為社會計，亦當以其苗壯始令服役。乃事勢所迫，竟以出生之犢引重致遠，甚且瞎馬駄盲人入於深池，為此小犢與瞎馬下一判語，直可曰：『其罪當誅，其心無他』，亦可曰『其心無他，其罪當誅』。在人才不足之社會中，此種苦痛，無能倖免。」[56] 正是在這種心情下，汪精衛於民國元年告別政壇赴法留學。

在《檢論·議王》中，章太炎借衡評陽明學以反省革命黨人的精神風尚和行動方式。革命黨人大多崇尚陽明學，章太炎指出，陽明學教人「敢直其身，行其意」，信念堅定，意志堅強，有剛斷果決、悍然獨往的氣概，能養成有真道德的「匹夫遊俠之才」，但以這樣的作風用於政治活動中，則有很大的壞處。王學之士善於在緊急動亂的情勢下，把握時機，出奇制勝以戰勝強敵，但治理社會，進行建設，養成一般民眾的

55　張奚若：《回憶辛亥革命》，《辛亥革命回憶錄》第一集，164-165 頁，文史資料出版社 1961 年。

56　汪精衛：《致吳稚暉函述革命與學問及研究國學之目的》，中國國民黨文化傳播委員會黨史館近代人物書劄，字 09564 號，臺灣大學圖書館藏數位資料。由友人中國社會科學院近代史所李志毓教授提供。

良好道德，謀一國長治久安之基，則絕非其所長：

> 且夫本王學以任事者，不牽文法，動而有功，素非可以長世也。
> 觀自文成以後，徐階復習其術，以仆嚴嵩，輔主數年，而政理昏憒，
> 子姓恣軼，又未能去嵩絕遠，此則其術足以猝起制人，不足以定天保，
> 僕大命，明矣！
>
> 世之苦朱、呂者，或貴陳、葉，或貴王、徐。將比而同之，誠未
> 可也。陳、葉者，規摹壺廣，誠令得志，緩以十年，勞來亭毒，其民
> 知方，可任也，而苦不能應變。王、徐者，其道陰鷙，善司短長，乍
> 有禍亂，舉之以決旦莫之勝，可任也，而苦不能布政。[57]

王學人物有長有短，一方面具有偉大的氣魄和膽識，另一方面則違
背日常道德標準，有嚴重的破壞性。更甚者，他們那種「壹意進取，迫
而僥倖」的作風，往往使人工於心計，善詐偽，做事不問手段，不守道
德底線，能嚴重敗壞人心風俗：

> 然效陳、葉者，闊遠而久成；從徐、王者，險健而速決。晚世人
> 人各自以為桀鷙，其誠慕王、徐，而虛言思齊陳、葉，固其所也。然
> 其飛鑽制伏之術，便習之，則可以為大佞。校其利害之數，而陳、葉
> 寡過矣。
>
> 剛略之人，不能理微，故其論大體則宏博而高遠，歷纖理則宕往
> 而疏越。好奇之人，橫逸而求異，故其造權譎則偶儻而瑰壯，案清道
> 則詭常而恢迁，此皆王學所偏短長也。不尚其敢，而多其能從政，壹
> 意進取，迫而僥倖。其不為外跰弛、內回邪者，幾何？[58]

57　章太炎：《議王》，《檢論》卷四，《章太炎全集》（三），458頁。
58　章太炎：《議王》，《檢論》卷四，《章太炎全集》（三），459頁。

1935年，章太炎邀請錢基博至蘇州章氏國學講習會講演，講演完畢後，錢基博與章太炎在書齋談論時事，錢基博從章太炎的《革命道德論》説起，認為革命時代的革命精神和鬥爭手段，適足以破壞日常道德標準，引起人心的動亂，而這卻是革命的前提條件：「然革命與道德，本非同物；非反道敗德，不能革命成功！幾見秀才，而成造反！自古英雄，多起草澤：以非反道敗德之人，不克摧社會之綱紀，而擾人心以久定也！」接著，他借《周易》中「革」卦的彖辭，指責革命黨人由於長期處於你死我活的危險境地，慣於使用非常手段保衛自己消滅敵人，革命團體內部在產生矛盾的時候容易互相猜忌，動輒用極端手段剷除異己，民國以來長期的動亂局面，不能不説與革命者的心態和作風有所關係：「湯武革命，應天順人，然聖人之彖『革』曰：『革，水火相息，二女同居，其志不相得曰革。』革命成功，幾見英雄；而革之為卦，取象二女，亦以革命之日久，習為猜忍；我殺人，安知人之不殺我；始以殺僇張威勢，繼以怯懦長猜忍，戈矛起於石交，推誠不見腹心，民不見德，唯亂是聞，舉凡丈夫之磊落，胥成女性之陰賊，聲聲同志，人人離心，異己必鋤，同氣相殘，人詆其陰狠，我知其內餒也！我革人命，人亦革我命。君以此始，亦以此終。故曰：『革，水火相息，二女同居，其志不相得曰革。』作易者其有憂患乎！」章太炎聽罷，為之憮然！[59]

《檢論》中又有《大過》一篇，極言民國初年整個社會的腐敗墮落，將之歸因於傳統道德的破產、社會共信的渙散：

民國既興三年，教學日媮，商賈多誑豫，在官者皆為須臾秩祿，亡長久心。

---

59 錢基博：《太炎講學記》，陳平原、杜玲玲編：《追憶章太炎》，382-383頁，三聯書店2009年。

今中土一切喪其恆信。命吏之呵人者，以持械寇暴為賊亂。誠診其實，嗛鼠藏而伏貍貓者遍滿也，則朝野皆遊閒賊民。意者中國其遂亡邪？是何昔人之有長思，而今專為墮身絕嗣之計也！[60]

革命成功得過於迅速，使人民以為僥倖得之，加上清朝舊官僚大多在位，政治上的黑暗貪腐得不到根本治理，在章太炎看來，都是敗壞風俗的重要原因：

今倡義不過四月，天步遂夷，而致居不及墨吏。人民見其成功之易，其他小事，謂愈可以僥倖得之。墨吏以舊日不罣刑誅，以為貪殘不足以喪望實。

循今之俗，前世所謂土崩瓦解者，尚不可以幸致也，直如魚爛而已。[61]

在《思鄉愿》中，章太炎對比晚明、東漢士風，用以說明，激於一時形勢產生的少數「狂狷」之士，往往不足以化民成俗，對一般社會起不到什麼作用，要想養成良好的社會風尚，還是要靠立足於民間社會的「師儒」，用「庸德庸行」教化一般社會，使廣大民眾有所師法，而這正是「師儒之學」最重要的作用：

後漢可慕，蓋在《獨行》、《逸民》諸傳，及夫雅俗孝廉之士而已，其黨錮不足矜。然則孝弟通於神明，忠信行於蠻貊，居處齊難，坐起恭敬，道途不爭險易之利，冬夏不爭陰陽之和，見利不虧其義，

60　章太炎：《大過》，《檢論》卷九，《章太炎全集》（三），621頁。
61　章太炎：《大過》，《檢論》卷九，《章太炎全集》（三），622-623頁。

見死不更其守，此後漢賢儒所立，著於鄉里，本之師法教化者也。……

若夫禮義之度，授受之際，日用於民，其亙於朝事遠矣！是故輔存程朱者，將以孳乳鄉愿，上希庸德，令邑有敦誨之賢，野有不二之老，則人道不夷於鶉鵲，利澤及乎百世，非欲苟得狂狷，為史書增華也。[62]

正是革命黨人的「小過」和民初更深重的黑暗腐敗即「大過」，使章太炎深有所感而成「回真向俗」之變，他在《自定年譜》中說：「余感事既多，復取《訄書》增刪，更名《檢論》，處困而亨，漸知《易》也。」[63]

1922年，章太炎在上海演講國學，他明確地說：

至於直接研究佛法容易流入猖狂。古來專講佛而不講儒學的多不足取，如王維降安祿山，張商英和蔡京輩往來，都是可恥的。因為研究佛法的居士，只有五戒，在印度社會情形簡單，或可維持，中國社會情形複雜，便不能維持了。歷來研究儒家兼講佛法的如李習之、趙大州口不諱佛，言行都有可觀。可見研究佛法，非有儒學為之助不可。[64]

這是說，「唯識」的佛學確實使人大徹大悟，但若看破一切而無所執著，也很容易流為無所不為。這與他在辛亥革命以前，欲以佛學為資建立新宗教取儒學而代之的意態，已是判若兩人。

---

62 章太炎：《思鄉愿》下，《太炎文錄初編・文錄》卷一，《章太炎全集》（四），133-135頁。

63 章太炎：《自定年譜》，《章氏叢書》附錄，25頁。

64 章太炎：《國學概論》，張昭軍編：《章太炎講國學》，102頁，東方出版社2007年。

四、「齊物」世界中的「儒學」

章太炎的「回真向俗」畢竟已經「轉俗成真」，絕對不是簡單地回歸或肯定舊有儒學，而是對儒學進行了一番重新定義和梳理，並安排於他那獨特的思想結構中，從而肯定其價值、闡說其意義。

章太炎在《檢論·訂孔》中自述平生「回真向俗」之變：

> 間氣相摶，逼於輿台，去食七日，不起於牀，皸然歎曰：余其未知羑里、匡人之事！夫不學《春秋》，則不能解辮髮，削左衽。不學《易》，則終身不能無大過，而悔吝隨之。始玩爻象，重籀《論語》諸書，驟然若有窺者。[65]

他發現，孔子其實已經達到了佛陀、老、莊的境界，是人類歷史上最高明的大思想家，其見道之言表現在《論語》和《易傳》之中。《論語》所說「忠恕」之道，與「齊物」之論異曲同工；而《周易》則是一套高深而獨到的歷史哲學，論及文明發展的動力，歷史的目的、意義和規律等問題，對「進化進步」之迷思痛下針砭，俱見《自述學術次第》和《檢論·易論》，與《俱分進化論》、《四惑論》、《五無論》有印證補充之處，也有後者所未言及者。

孔子之學有「真」與「俗」兩個層面，《論語》、《易傳》是「真諦」之學，而《春秋》則是經世濟民的「俗諦」之學。自「回真向俗」之變後，章太炎之學也分「真」、「俗」兩個層面，如李源澄所說：

> 先生每分學問為二節。一曰修己治人之學，二曰超人之學。先生

平日教人者，則修己治人之學也。[66]

《菿漢微言》中有一則論「出世法」即「真諦」與「世法」即「俗諦」的關係：

> 「世法」可不壞「出世法」邪？不能也。……在「世法」中，有時不死節者，不齒於人，是乃責人以必死也。然彼「出世法」者可以不壞「世法」，此義云何？此身為「正報」，此土為「依報」，即白衣所謂「命」也，已墮「正報」、「依報」之中，「法」爾，受其限制，以義務責人死節，以義務而自死節，無可奈何，即白衣所謂「知命」，所謂「正命」也。莊生不欲以仁義攖人心，此純為「出世法」之言也。又云：「子之愛親，命也，不可解於心；臣之事君，義也，無所逃於天地之間。為人臣子者，固有所不得已行事之情而忘其身，何暇至於說生而惡死？」此不壞「世法」之言也。[67]

「出世法」把「世法」相對化，令人破除迷信，精神超越，思想解放，有「超人」的智慧和氣魄。一切「有」皆是幻成，人本向死而生，種種世間之「法」無非人心的虛構和假設，其存在皆是有時空條件的。但是，人之生存，就是墮入「此身」、「此土」之中，從來都是具體的文化世界中的人，並且是一種情感的倫理的存在，活在歷史遺傳的有規範的日常生活之中，受到「限制」，也得到「規定」。從「齊物」的境界來看，並非「真諦」的「此土」之「世法」作為一個特定生活世界的規範、特性，乃是生存的最實在的基礎和理據。而對於中國人來說，

66　李源澄：《章太炎先生學術述要》，林慶彰、蔣秋華編：《李源澄著作集》（三），1460 頁，中央研究院文哲所 2007 年。

67　章太炎：《菿漢微言》，《章氏叢書》，931 頁。

「此土」之「世法」就是儒家人倫禮教。

《菿漢微言》中有一則論《中庸》「不誠無物」之說，對儒家崇尚的「氣節」作出一番很有意思的解說。按照章太炎的「人性」論，「意根」念念執「阿賴耶識」以為「自我」而產生「我見」、「我癡」、「我慢」、「我愛」，這就是「人性」的內容。[68] 按照他在《易》學中表達的歷史哲學，人生、事業、文明皆起於對「有」的迷妄執著，有所「沉溺惑蠱」，執著於在世的自我生命，必然有所「事」而造成「業」。[69] 那麼，《中庸》所謂「誠」作為儒家最高道德境界，其實是人性中的「我癡」，是「根本無明」。然而，正如《中庸》所說：「不誠無物」，就是說，只有迷妄執著於這個「生生」世界及其「仁義」法則的實在性，才能忠實堅守自己對於這個世界及其「諸法」的責任，而這就是立得住「氣節」：

> 非有「癡」相，則根身器界諸法不得安立焉。[70]

我們可以從這個意義上理解他在 1918 年致書吳承仕所說：

> 居賢善俗，仍以儒術為佳。雖心與佛相應，而形式不可更張。[71]

在思想的層面上，要有破除一切「法執」的大智慧，但是，這是對「超人」而非「常人」說法，即使是「超人」，既生於人世，也要「知

68　章太炎：《國故論衡疏證·辨性》（龐俊、郭誠永疏證），594-595 頁。

69　章太炎：《自述學術次第》，劉夢溪主編：《中國現代學術經典·章太炎卷》，646-647 頁。

70　章太炎：《菿漢微言》，《章氏叢書》，931 頁。

71　章太炎：《1918 年 12 月 6 日與吳承仕書》，馬勇編：《章太炎書信集》，309頁，河北人民出版社 2003 年。

命」而「正命」，「居賢善俗」，有利益於社會人生，這就要用上儒學了。經「回真向俗」之變，章太炎將儒學定義為以「世法」化民成俗的「師儒之學」，並在這一意義上，重新肯定了儒家思想的價值。他認為，晚世儒家諸子如二程、朱熹、陽明既皆儒家，其學說不離人生、社會之實用，故在哲理方面比較欠缺，達不到「真諦」的層次，而若就「世用」的不同目標和用處來看他們的為學宗旨，就會發現，他們的學說相濟互補、相互為用而構成完整的經世濟民之道：

> 余則操齊物以解紛，明天倪以為量，割制大理，莫不孫順。程、朱、陸、王之儔蓋與王弼、蔡謨、孫綽、李充伯仲，今若窺其內心，通其名相，雖不見全象，而謂其所見之非象則過矣。世故有疏通知遠，好為玄談者；亦有文理密察，實事求是者。及夫主靜主敬，皆足澄心；欲當為理，恒於宰世。苟外能利物，內以遣憂，亦各從其志爾。漢宋爭執，焉用調人？喻以四民，各勤其業，暇豫何為而不息乎？[72]

《檢論》中《通程》、《議王》兩篇、《菿漢微言》數則，就是按照「齊物」之理來重新分疏、整理儒家義理思想傳統。他緊緊把握住儒學不離人生、政治之實用的宗旨，撇開歷來漢學、宋學、心學、理學之分野，重新劃分了宋以降理學的思想流派，又以造就人才、化成風俗的實效為主要標準，對各派的思想價值重新給予審視和評價，堪稱一部獨具特色的「中國理學史」。

一、從程顥的《定性書》來看，他對「道」的認識，近乎老莊的「自然」，而非能盡之。他的「定性」之學其實是「南面之術」，是在講政治的要義，可以培養統治者。[73]自陽明心學確立之後，一般學者都

---

72 章太炎：《菿漢微言·結語》，《章氏叢書》，961頁。
73 章太炎：《通程》，《檢論》卷四，《章太炎全集》（三），455頁。

將其淵源追溯至大程子，而章太炎則指出，就宗旨和效用來說，大程子之學與陽明之學是截然不同的，其實最能傳大程子衣鉢的是湛若水。這一派「師儒之學」所教之人，為官一方則能順應民心，於無所為中有治平之效；若身處一鄉則能隨緣說法，使一般民眾能得教化。[74]

二、陽明學的宗旨在於成就個人的獨立意志和道德勇氣，其學對於人性的認識較為深入，進行精神修養的法門簡便直截，有利於養成自信、膽氣和意志力，使人果決、堅強、一心一意。比較起來，自詡「推倒一世豪雄」的陳亮更像是陽明的先驅。但是，從其學者只能成為「匹士遊俠之材」，或能抓住時機成就一時功業，但不足以相容並包，收效長遠，成為真正的政治家。[75]

三、陳傅良、葉適的永嘉之學講求修身治國的實用技能，但是鄙棄理論思維，思想水準很低。到了顏李學派，其「實學」僅以「六藝」為範圍，規模更加狹隘了。[76]

四、朱熹之學是「儒生禮官之學」、「侍從鄉儌之器」，意思是，從其學者堪當輔政之才、顧問之用。[77]朱子學存「天理」滅「人欲」的修養之道，能使人嚴於律己、「固足寡過」，但用於治民則不能體察民情、順勢而治，「不能以百姓心為心」。章太炎贊同章學誠的主張，認為戴震確是朱子之學的真正繼承者，他以考據的方法治經，其成就遠在朱熹之上；[78]又修正朱熹的人性說，將「氣質之性」與「義理之性」合為一元，肯定自然情欲，其「性理」之說實質上是一種政治學說，使執政者懂得，政府與國家的存在就是為了給百姓謀福利，使百姓的飲食男

74　章太炎：《菿漢微言》，《章氏叢書》，947 頁。

75　章太炎：《議王》，《檢論》卷四，《章太炎全集》（三），頁 457-461；章太炎，《菿漢微言》，《章氏叢書》，947 頁。

76　章太炎：《菿漢微言》，《章氏叢書》，947 頁。

77　章太炎：《議王》，《檢論》卷四，《章太炎全集》（三），460 頁。

78　章太炎：《菿漢微言》，《章氏叢書》，948 頁。

女之欲得到合理的滿足，而提升人的道德境界並非政治的職能。如果我們追求的是治平之效，就要充分認識和肯定人的自然情欲並加以利導。而程朱的「性理」之說在實質上是一種道德哲學和進行道德修養的道術，是針對個體道德完善而言的，這兩種「性理」之說的指向根本不同，而各有其用。[79]

五、章太炎從哲學形態上把周敦頤、邵雍、張載之學劃歸一類，他們都把世界萬有的「本體」當作實有，或曰「太極」或曰「皇極」或曰「太虛」，這種形上學是宗教神學的思維遺留。章太炎將神化孔子要把儒家宗教化的晚清「今文學」也歸入這一類。章太炎的意思是，即使是著眼於一般群眾而講求「世法」的「儒學」，也不能失其「學術」之性質而墮落成「迷信」。[80]

1910 年，《文始》、《新方言》、《國故論衡》、《齊物論》同時面世，這對於我們理解太炎的思想世界來說，是很有意義的。章太炎在寫於 1908 年的《印度人之論國粹》中說：

> 釋迦氏論民族獨立，先以研求國粹為主，國粹以歷史為主。自餘學術，皆普通之技，惟國粹則為特別。[81]

1908 年他與吳稚暉及其主辦的《新世紀》就是否廢除漢語漢字而改行世界語進行論戰，有這樣一段話特別值得注意：

79　章太炎：《釋戴》，《太炎文錄初編・文錄》卷一，《章太炎全集》（四），122-124 頁。

80　章太炎：《菿漢微言》，《章氏叢書》，948 頁。

81　章太炎：《印度人之論國粹》，《太炎文錄初編・別錄》卷二，《章太炎全集》（四），366 頁。

> 文字者，語言之符；語言者，心思之幟。雖天然語言，亦非宇宙
> 間素有此物，其發端尚在人為，故大體以人事為准。人事有不齊，故言
> 語文字亦不可齊。[82]

太炎又在寫於 1913 年的《自述學術次第》中說道：

> 凡在心在物之學，體自周圓，無問方國。獨於言文歷史，其體則
> 方，自以己國為典型，而不能取之域外。[83]

歷史與語言文字是「國粹」最重要的兩端，非「天然」、「普通」
之存在，而是「人為」之物，其體為方，自為典型，「不齊」亦「不可
齊」。那個「言文—歷史」世界在其源起處獲得了特殊的規定性，即成
為「有」，它不是「真諦」意義上的實在，但也不是一場「春秋大
夢」。由「因緣際會」、「輾轉緣生」的不斷積累而生成的「言文—歷
史」世界及其「自性」，是「無常」的歷史性存在，其特性乃是「依他
起自性」。[84] 若執著於這一「無常」的、特殊規定性的「有」，將之抽

82　章太炎：《規新世紀》，《民報》，第二十四號，1908 年。

83　章太炎：《自述學術次第》，劉夢溪主編：《中國現代學術經典·章太炎
　　卷》，646-647 頁。

84　章太炎在《檢論》卷二《易論》中說，《易傳》所講的宇宙和歷史作為「生
　　生」之道，既沒有本源，也沒有先驗的目的和規律，因而也沒有意義可言。
　　《易·繫辭上》說：「易有太極，是生兩儀，兩儀生四象，四象生八卦。」
　　「乾」卦的象辭說：「大哉乾元，萬物資始」，又說「首出庶物」，章太炎指
　　出，這確實是給宇宙萬物設定了一個形上本體，所謂「太極為群動宗」。但
　　是，《易傳》之言「太極」其實是「通俗之言」，其「真審之義」卻在於
　　「乾」卦的象辭：「群龍無首」，「天德不可為首也」，「群動本無所宗，雖
　　『太極』亦糞除之矣。」即宇宙萬物的生成運動沒有本源，也沒有先驗的目
　　性和必然的規律性，《易·繫辭上》所說「故神無方而易無體」才是《易傳》
　　關於「生生之道」的最根本綱領，更進一步地說，就是「易無體以感為體」。
　　（《章太炎全集》（三），381-383 頁。）正如他在《四惑論》中所說「物無

象化、本質化、固化為「普遍規律」，其實是「神教」思維的遺存，將導致崇奉一尊的後果，而離「平等」絕遠。然而，這「依他起自性」卻是我們的生活最實在的規定性，若不能「隨順」之，也就真的淪於虛無了。章太炎的「齊物」世界，不是一個理性獨斷的一元的世界，也不是一個多元的不可比較、沒有聯繫的世界，而是各種「分殊」因差異而相濟互用並因而完整的世界。[85] 按照「齊物」論，他肯定「分殊」的「言文—歷史」世界及其「諸法」的有限實在性，儘管這個世界是「無盡緣起」、「輾轉緣生」，絕無既定的目的、秩序和意義論證並支撐任何「法」及其「普遍性」、「合理性」。

章太炎以分殊的、無常斷滅的、「依他起自性」的、作為「俗諦」的「言文—歷史」，作為人存在的基本境況和條件，並以「歷史」為唯一理據和標準，來論證並設想「中華民國」的建國規模。在發表於1908年的《代議然否論》中，他指出，只有歷史傳承形成的「約定俗成」而非任何普遍性的「理」，才能成為制定或改革一國政法制度的依據以及判斷其好壞的標準：

> 典常法度本無固宜，約定俗成則謂之宜矣。生斯世為斯民，欲不隨其宜而不可。[86]

自性，一切為無常法所漂流」，「萬物皆輾轉緣生」，且「此輾轉緣生之法，亦由心量輾轉緣生。」（《太炎文錄初編·別錄》卷三，《章太炎全集》（四），454-455頁。）既然萬物「生生」都是「無常法所漂流」，是萬物相「感」而「輾轉緣生」的過程，那麼，宇宙、歷史就不可能指向道德理性的方向，也並沒有一個美好的烏托邦等在歷史的盡頭，成為我們生活的目標，並為我們的生活訂立標準。

85 參見張志強：《「操齊物以解紛，明天倪以為量」——論章太炎「齊物」哲學的形成及其意趣》，《中國哲學史》，2012年第3期。
86 章太炎：《代議然否論》，《太炎文錄初編·別錄》卷一，《章太炎全集》（四），300頁。

在《國故論衡‧原道上》篇中，他曾借老子之「道」闡發他不問「公理」唯問「歷史」的政治思想。他說，老子是一位明察歷史之變的「征藏史」，老子所主張的治理之道，就是撇開一切「前識」、「私智」，「不慕往古」、「不師異域」，唯根據歷史積累傳承而來的具體現實，「清問下民以制其中」。而受業於老子的孔子自然繼承了老子的這一思想。[87] 民國建立之後，章太炎往往根據其所見「大道之原」，反對盡變舊法而照搬歐美現成制度，強調要根據本國政法傳統、風俗民情，來創制中國現代的政治型態。他為《大共和日報》所撰《發刊詞》，典型地表述了他那以「歷史」為理據的政治「保守主義」：

> 政治法律，皆依習慣而成，是以聖人輔萬物之自然而不敢為，其要在去甚、去泰、去奢。若橫取他國已行之法，強施此土，斯非大愚不靈者弗為。君主立憲，本起於英，其後他國效之，形式雖同，中堅自異；民主立憲，起於法，昌於美，中國當繼起為第三種。寧能一意刻劃，施不可行之術於域中耶？[88]

新文化運動之後，「以科學方法整理國故」成為學界主流，帶動著中國學術的現代轉型。胡適的《中國哲學史大綱》聲名尤著，其所示從「哲學」角度研究中國傳統學術思想的門徑對學人產生了示範作用，而其「截斷衆流」從老、孔講起，並平議儒家與諸子，正如時人所論：「開思想自由之風。實代表新文化運動對於改革傳統思想的方案。」[89] 接著，「古史辨」運動打破今文經學和古文經學的壁壘，以科學態度考

87　參見章太炎：《國故論衡疏證‧原道上》（龐俊、郭誠永疏證）。

88　章太炎：《大共和日報發刊辭》，湯志鈞編：《章太炎政論選集》下冊，537頁。

89　賀麟：《五十年來中國哲學》，20頁，商務印書館 2002 年。

證一切古代文獻，既徹底顛覆了儒家價值體系的歷史根基，又有力宣導著「為學問而學問」的實證學風。章太炎之提倡「儒學」，並對「儒學」觀念進行進一步的修正，正是激於如此時勢。1922 年 8 月，章太炎發表《致柳翼謀書》，説自己 1906 年所作《諸子學略説》是激於康有為之提倡孔教，乃「狂妄逆詐之論」，而「中年以後，古文經典篤信如故，至詆孔則絶口不談。」又指出，胡適等人的考辨古史與康有為今文經學有直接關係，其流極而必至於「抹殺歷史」。[90] 章太炎還多次批評「西洋哲學」有近於「清談名理」，不能使人躬行獲用，而儒家義理學則能免於此病。1920 年 11 月他在湖南第一師範演講《研究中國文學的途徑》，説：「於造就人才上，中勝於西。西洋哲學雖從物質發生，但是到得程度高了，也就沒有物質可以實驗，也就是沒有實用，不過理想高妙罷了。……中國哲學就是到了高度，仍可用理學家實驗心的方法來實驗，不像西洋哲學始可實驗，終不可實驗，這是中勝於西的地方。」他反省自己從前傾倒佛法，鄙薄孔子、老莊，後來才發覺孔子、老莊所講比佛法更切近人事，而孔子又比老莊更有法度可尋。[91] 在 1922 年的《國學概論》中，他説，「西洋哲學」辨析哲理雖然既深且密，但終究還是文字、理論上的學問，偏於「求是」而非重在「應用」，不關乎行己之道。他提出哲學要「以直觀自得求進步」，強調求「理」要能內證於心，成為精神修持的真正功夫。主張「我們研究哲學，從宋人入手，卻也很好，因為晉人空談之病，宋人所無，不過不要拘守宋學，才有高深的希望。」[92] 在 1924 年發表的《救學弊論》中，章太炎更是強烈批

---

90 章太炎：《致柳翼謀書》，發表於《史地學報》第一卷第四期（1922 年 8 月），引自馬勇編：《章太炎書信集》，740-741 頁。

91 章太炎：《研究中國文學的途徑》，馬勇編：《章太炎講演集》，77-78 頁，河北人民出版社 2004 年。

92 章太炎：《國學概論》，張昭軍編：《章太炎講國學》，119-121 頁。

評今之「新學術」專務「智識」而不重「躬行」和「志趣」，偏重「求是」而無論「致用」，無法培養出當時中國社會形勢所迫切需要的人才。[93] 1932 年淞滬抗戰後，章太炎北上在燕京大學演講《論今日切要之學》，他說：「合致用與求是二者冶於一爐，才是今日切要之學。詎今日之學風適反乎此，日惟以考古史古文字學、表墨辯之說是尚，反棄目前切要之學而不顧。此風若長，其害殊甚，速矯正，以免遺誤於將來。」[94]

進入 30 年代以後，在民族危機空前嚴重的時代氛圍下，他轉而倡言，哲學之弊害不僅止於「清談」，更危險的是，哲學家的思想，懷疑一切，打破後壁，令人「智圓而行亦圓」，於國家社會極有害：

> 以哲學家之目光，施於政治，其害最巨。哲學有害人倫常理，今知圓行且圓，出乎為人之道。中國此時，不可危言聳聽以誤事。[95]
>
> 古人有言，智欲圓而行欲方，今哲學家之思想，打破一切，是為智圓而行亦圓，徇己逐物，宜其愈講而愈亂矣。余以為欲導中國入於正規，要自今日講平易之道始。
>
> 今乃有空談之哲學，疑古之史學，皆魔道也……其足以亂中國者，乃在講哲學講史學，而恣為新奇之議論。[96]

其意在於強調，具有批判性和顛覆性的哲學思想，從根本上動搖一

93　章太炎：《救學弊論》，發表於《華國》第一卷第十二期，收入《太炎文錄續編》卷一，《章太炎全集》（五），96-104 頁。

94　章太炎：《論今日切要之學》，馬勇編：《章太炎講演集》，93 頁。

95　章太炎：《關於史學的演講》，這是 1933 年 5 月太炎在無錫國專的演講。收入於馬勇編：《章太炎講演集》，173 頁。

96　章太炎：《歷史之重要》，這是 1933 年 3 月章太炎在江蘇省立師範學校的演講。馬勇編：《章太炎講演集》，152-153 頁。

切「世法」、「俗諦」的合理性，是不可輕易落實為社會政治主張的。他又曾在公開演講中說，一國的禮法、一鄉的風俗，其成立的基礎不在於「理」而在於「情」。若持客觀態度以追究，凡歷史上實存的道德法律系統皆不盡合理。所以，當此民族危亡之際，我們對深究名理的哲學或有所不取，而更應注重情感教育：

> 立身之道，發乎情，不能一斷以理。一國有其禮法，一鄉有其風俗，皆因情而立制，不盡合於理也。[97]

社會政法制度風俗道德的基礎和根據，不在「理」而在有文化特殊性的「情」、「意見」，美國當代保守主義政治哲學家列奧・施特勞斯也闡發過類似見解。他認為，現代性最突出的兩個問題，一方面是「政治的哲學化」，相應的另一方面即是「哲學的政治化」。也就是說，「哲學」本是一種力圖以「真理」取代「意見」的知性活動，而任何「政治社會」的存在卻都離不開該社會的「意見」，即該社會的主流道德和宗教信念，幾乎任何政治社會的「意見」都不可能是「真理」。但是，現代社會的政治變得必須從「哲學」的學說和主義出發才能奠定自己的正當性，往往號稱要以理性衡量一切歷史傳承的道德、宗教與習俗，前所未有地要求高度的理性化、哲學化，現代政治可以稱為「意識形態化的政治」。而另一方面，哲學也從一種具有私人性的純粹的知性追求變成了一種公共政治的武器和工具，前所未有地公共化、大眾化，現代哲學變成了「政治意識形態」。施特勞斯指出，這種「哲學」與「政治」的互相扭曲，既導致了社會政治的不穩定也妨礙了哲學的絕對自由，現代政治和現代哲學社會科學的很多弊病都導源於這一根本問

97　章太炎：《適宜於今日之理學》，馬勇編：《章太炎講演集》，186頁。

題。[98]

章太炎意識到，若重視儒家理學則於今日之世必將「易入於西洋哲學」，所以理學亦非急務，而必須再次重新定義「儒學」。他於 1933 年 10 月在無錫國專演講《適宜今日之理學》，提出：

> 吾嘗謂理學之名，不甚妥當……心學之名，較精確矣。然心學末流，猖狂妄行，不顧禮法，正為其專趣高明之故，吾謂當正其名曰儒學。

> 儒家之學，本以修己治人為歸宿。當今之世，講學救國，但當取其可以修己治人，不當取其談天論性。談天論性者，在昔易入於佛法，今則易入於西洋哲學。[99]

在平生最後一次的國學演講中，章太炎將儒學劃分為「修己治人」之學與「明心見性」之學兩大線索，指出：

> 修己治人之儒，不求超出人格；明心見性，則超出人格矣。[100]

「明心見性」的儒家理學引人入「哲學」，必將質疑乃至打破「此土」風俗、道德、政法制度的合理性。而孔子雖然領會到極高深的玄理，但他平居教人，多修己治人之言。[101]儒學的本旨、正道乃是「修己

---

98 參見甘陽：《政治哲人施特勞斯：古典保守主義政治哲學的復興》，列奧·施特勞斯著，彭剛譯：《自然權利與歷史》，卷首，三聯書店 2003 年。

99 章太炎：《適宜於今日之理學》，馬勇編：《章太炎講演集》，187 頁。

100 章太炎：《章氏國學講習會講演記錄》（1935-1936 年蘇州），張昭軍編：《章太炎講國學》，300 頁。

101 章太炎：《章氏國學講習會講演記錄》（1935-1936 年蘇州），張昭軍編：《章太炎講國學》，295 頁。

治人」之學，主要包含「經學」和「史學」。

早在 1928 年，章太炎在致馬其昶的信中曾表示要重建一種適時的新「經學」。[102] 1932 年淞滬抗戰後，章太炎北上講學，當年秋即赴蘇州講學，聽講人士決定組織「國學會」，章太炎撰寫《國學會會刊宣言》，提出「四經二賢」，宣導新「經學」。所謂「四經」，指的是《孝經》、《大學》、《儒行》、《喪服》。《孝經》、《喪服》重在提倡「孝道」、敦風化俗；《大學》、《儒行》重在養成力求致用於社會又崇尚氣節的人格。「二賢」即范仲淹和顧炎武，范仲淹首倡儒道、振作士風而不取明心見性；顧炎武力反心性之學而開「行己有恥，博學於文」的實學風氣。[103] 1933 年 3 月，章太炎在無錫國專的演講中說：

> 國學不尚空言，要在坐而言者，起而可行。十三經文繁義賾，然其總持則在《孝經》、《大學》、《儒行》、《喪服》。《孝經》以培養天性，《大學》以綜括學術，《儒行》以鼓勵志行，《喪服》以輔成禮教。……經術之歸宿，不外乎是矣。經術乃是為人之基本，若論運用之法，歷史更為重要。[104]

在 1935 年於蘇州舉辦的章氏國學星期講演會上，章太炎「論經史儒之分合」，他糾正了壯年時所提倡的「六經皆史」之說，認為「經學」兼重修己治人，「史學」更詳於治人，「經學」與「史學」應合於「儒學」：

---

102 章太炎：《與馬其昶》，馬勇編：《章太炎書信集》，887 頁。
103 章太炎：《國學會會刊宣言》，《太炎文錄續編》卷三，《章太炎全集》
　　（五），158-159 頁。
104 章太炎：《歷史之重要》，馬勇編：《章太炎講演錄》，148 頁。

經兼修己治人，史則詳治人而略修己，自《論語》出而修己之道燦然大備，儒之可重者在此。

如此則經、史二部，亦固可合於儒。若「六經皆史」之說，微有語病，因經所含不止史學，即儒家之說亦在其內也。[105]

章太炎所說「史學」，並非他所曾提倡而大盛於時的「考古史」之學，而是「讀畢舊史」主要是二十四史、《通鑒》、典制史、奏議、《讀史方輿紀要》的「通史」之學。讀「經」用以養成氣節、堅定志行，讀「史」則通曉全民族的「家譜、帳簿」，深思興亡盛衰之故尤其是典章制度的沿革變遷、文化風俗的消長進退，以增進認識現實改良社會的實踐能力。這樣的「經學」與「史學」相互配合而為當今切要之學，也是最能適應時勢的「儒學」──以歷史文化進行「情感的」和「道理的」教育，使人立得住忠實於在世責任的「氣節」而又有應對世變的智能。按照章太炎的安排，即使在現代的文化環境下，也需要「師儒之學」，它是進行精神修養、培養處事能力的道術之學，也是深化道德規範、養成良好風俗的社會教育。章太炎對「儒學」的這一定義和定位，我們不妨理解為是對儒學的現代轉化之途徑的一種謀求。

五、簡短的結語

章太炎宣導的「志士」道德，立基於對「無」、「唯識」的徹悟，生命個體從天理、神聖、規律、法則、倫理和道德中解脫出來，甚至生命個體本身也是幻有，又以對於人生、歷史的極大悲觀，加深存在的強力意志，而承載舊有的儒家式救世理想。從思想觀念上來說，這樣的人生觀遠遠越出了以「有」、「天」、「道」、「理」為核心概念的儒家

---

105 章太炎：《章氏星期講演會記錄》，張昭軍編：《章太炎講國學》，163頁。

思想範疇；從精神氣質上說，雖有近於儒家「狂者」之風，但充滿了孤獨無畏的「超人」氣象。章太炎的「唯識」哲學和「志士」道德，頗能體現辛亥時代革命者普遍性的精神意態和行動方式，他們大多具有強烈的反傳統思想和精神，在裂變的時代中獲得了從文化歷史的廢墟中醒覺而出的新的個體意識，又以這樣的具有虛無色彩的個體負擔著儒家那種投身於大群命運的宗教精神。辛亥時代的「革命精神」有一種特有的因絕望而勇決的悲涼氣息。然而，革命和民國肇建的切身經驗使章太炎「感事既多」，轉而反省並批判立足於「無」的世界觀和道德，對日常道德破壞極大，不足以摶成革命團體以成就事業，也不能重建社會道德規範，成為現代中國建國的久大之基，反而要為民國初期民風士風的極度敗壞承擔責任。

經「回真向俗」之變，章太炎對儒學進行了一番重新定義、闡釋和安排，他把「儒學」規定為以「世法」化民成俗的「師儒之學」，並在這個意義上重新肯定其價值。章太炎以「齊物」論為依據肯定「分殊」的「無常」的「言文―歷史世界」及其「情理」、「意見」的實在性，將之作為中華民國創制立法的唯一理據。回到歷史的日常的生活世界，進行維護和建設，使我們墮身其中的生活世界得以自我確立和完善，成為「齊物」世界不可或缺之「道」，才是走出「拆散時代」的人生大道。在這個意義上，作為「此土」之「世法」的「儒學」成為重建道德主體和文化主體的重要資源。章太炎為儒學在現代社會與文化境況下的「創造性轉化」，提供了很有創見和啟發性的方案，他的實踐雖未見成功，但未必不能有所啟示、有所感發。

【第八章】
胡適的「幽靈」

胡適研究與 80、90 年代以來的思想動態

50 年代，中國大陸曾兩度展開清算胡適思想的運動，胡適被畫上了丑角的臉譜。在新文化運動中，他就是一個阻撓新民主主義革命浪潮的反面人物，日後更是墮落成五四革命傳統的叛徒以至死敵，甘當帝國主義和國民黨在文化戰線上的「乏走狗」。然而，自 80 年代以後，胡適的「幽靈」重新在中國大陸徘徊，胡適的思想、學術、政見及其多方面的實踐活動，胡適在中國現代史上的地位和作用，持續引起熱議，研究成果不斷湧現。不誇張地說，胡適研究乃是近 30 年來思想學術界的一個熱點。

80 年代，在現代中國「啟蒙與救亡的雙重變奏」中，胡適代表的是「啟蒙」旋律，儘管被「救亡」的革命主調壓倒，但終於在歷經變亂之後的中國大地上重新唱響。自 90 年代初期以來，當代中國自由主義隨著反激進思潮出場亮相，胡適遂升格為中國自由主義的「至聖先師」，他的思想最接近自由主義的西方正典，先知一般警醒著國人近一個世紀以來陷入整體社會改造工程的烏托邦迷狂。而且，他還從一個「啟蒙」人物微調成了「中國文藝復興」之父，指示著唯一正確的中國道路。而在「反思現代性」的思潮之下，胡適的示範性似乎發生了嚴重的危機……。在當代中國知識思想

界，胡適的形象確實是一個頗具路標意義的符號，指示著近 30 年來某些重要的思想動向，也連帶出一些引人思考的重要問題。在這個意義上，胡適研究構成了當代中國思潮趨勢的重要一環。

一、五四啟蒙運動的「急先鋒」

1980 年代，伴隨著以「現代化」為指向的改革開放事業的深入進行，思想解放大潮匯聚成了所謂的「新啟蒙運動」。「啟蒙運動」而「新」，意思是要「重新回到五四去」並超越「五四」。在積極參與這一運動的知識份子心目中，當今之勢，我們的任務是要進行一場真正走出「中世紀」、促進現代化事業順利發展的思想運動、文化變革，是要繼承和發揚五四啟蒙運動的未竟之業。[1]這個「新啟蒙運動」需要對「五四」及其歷史意義進行新的定義。「五四」運動的歷史定位，從愛國反帝的政治運動，轉移為思想文化層面的現代化運動、真正確立科學民主現代價值的啟蒙運動。在紀念五四運動 60 周年的學術討論會上，周揚、胡繩、黎澍等人已經有意識地突出了五四運動的思想啟蒙方面。[2]在《走向未來》1986 年創刊號上，李澤厚發表《啟蒙與救亡的雙重變奏》一文，進一步強調五四新文化運動有別於「救亡」的「啟蒙」意義，並以「救亡」壓倒「啟蒙」解釋中國現代革命史的主線，號召今天要繼續五四啟蒙事業並超越之。[3]對「五四」運動及其歷史定位的這一番重新闡

1　許紀霖、羅崗：《啟蒙的自我瓦解——1990 年代以來中國思想文化界重大論爭研究》，8 頁，吉林出版集團有限公司 2007 年。

2　參見周揚：《三次偉大的思想解放運動——在中國社會科學院召開的紀念五四運動六十周年學術討論會上的報告》；黎澍：《關於五四運動的幾個問題》；胡繩：《論五四新文化運動中的民主與科學》；《紀念五四六十周年學術討論會論文選》，中國社會科學出版社 1980 年。

3　李澤厚：《啟蒙與救亡的雙重變奏》，《中國現代思想史論》，東方出版社 1987 年。

發，很快引發了對胡適及其在新文化運動中乃至在中國現代歷史中地位的重新認識和評價。胡適研究於是成為 80 年代思想解放運動中的一個學術熱點，一次意義重大的學術發現。

在 1979 年五四運動 60 周年前夕，胡適的存在及其對五四新文化運動的功績和地位，被少數學者提了出來。而到 1989 年五四運動 70 周年前夕，要求對胡適重新評價的呼聲達到了高潮。[4] 在此期間，大陸出現了第一批試圖「還胡適以本來面目」的研究論著。其中，以 1985 年出版的耿雲志所著《胡適研究論稿》最有代表性。[5] 耿著將胡適定位為一個「資產階級改良主義思想家」，按照「封建主義─資本主義─社會主義」的歷史演進規律，對他採取了「辯證」的分析：一方面，胡適雖然與馬克思主義相對立，但另一方面，他對封建主義各種權威迷信的批判打擊又是「進步」的，胡適的新文學思想、歷史學、實驗主義皆具有這樣的「兩重性」。易竹賢所著《胡適傳》、朱文華所著《胡適評傳》、白吉安所著《胡適傳》，基本上都將胡適作為資產階級民主主義者、改良主義者和啟蒙思想家，對他進行了這種一分為二的評述。

耿雲志特別強調，在胡適鼓吹的資產階級啟蒙思想中，尤其以「個性解放」的思想最為重要，對封建主義人身依附和倫常束縛的破除也最

---

4 胡明：《胡適批判的歷史理解與文化詮釋》，劉青峰主編：《胡適與現代中國文化轉型》，香港中文大學出版社 1994 年。

5 耿雲志的《胡適研究論稿》寫於 1978 至 1984 年間，四川人民出版社 1985 年出版。就筆者所見，這一時期較有影響的胡適研究論著還包括：易竹賢：《胡適傳》，湖北人民出版社 1987 年；沈衛威：《胡適傳》，河南大學出版社 1988 年；朱文華：《胡適評傳》，重慶人民出版社 1988 年；王鑒平、楊國榮：《胡適與中西文化》，四川人民出版社 1989 年。此外，一些 90 年代出版的論著，從思想基調上來說也可歸入「80 年代」，如白吉安：《胡適傳》，人民出版社 1993 年；易竹賢：《胡適與中國現代文化》，武漢大學出版社 1993 年；胡曉：《胡適思想與現代中國》，安徽人民出版社 1993 年；宋劍華：《胡適與中國文化轉型》，黑龍江人民出版社 1996 年。

為有力。而且，即使是馬克思主義，也肯定「每個人的自由發展」，並把「一切人的自由發展」作為理想目標。[6] 這一論點帶著鮮明的 80 年代思想解放運動的氣息。在 1979 年紀念五四運動 60 周年的學術討論會上，著名的馬克思主義中國近代史專家胡繩就曾指出，五四啟蒙運動提出個人主義是有積極意義的，爭取個性的發展、爭取個人獨立自主，對當時的青年人有著莫大的感召作用。[7] 1986 年《走向未來》創刊號上發表的《啟蒙與救亡的雙重變奏》在當時有很大影響。李澤厚認為，科學、民主的現代西方文化的基礎乃是自由、獨立的「現代個體人格」。宣導自由、獨立、平等的「現代個體人格」，取代中國傳統的「集體主義」意識與無意識，才是五四「啟蒙」思潮的真正核心。當今「新啟蒙運動」應該超越五四啟蒙運動的地方，就是要真正確立「現代個體人格」，使之成為中國現代文化的新的出發點。[8] 在 80 年代，「主體性」、「個性解放」、「人的發現」、「現代個體人格」的確是當時思想界的關鍵字。而以後在紀念和稱述五四運動時，「自由」也往往被冠於「德先生」與「賽先生」之前。直到 1999 年，耿雲志為他編著的《胡適評傳》寫《綜論》，仍然認為，新文化運動最中心的內容就是「人的解放」，這是走出中世紀建設現代社會的最基本課題。而胡適作為新文化運動的領袖，其最大的歷史功績正在於此。胡適第一次明確闡述了個人主義的真正意義，並將個人的解放與建設現代自由民主國家的目標緊密地聯繫起來。[9]

　　不過，在 80 年代的「激進」氣氛中，胡適那堅持點滴漸進的溫和

6　耿雲志：《胡適與五四時期的新文化運動》，原文發表於《歷史研究》1979 年第 5 期，收入《胡適研究論稿》，四川人民出版社 1985 年。

7　胡繩：《論五四新文化運動中的民主與科學》，《紀念五四六十周年學術討論會論文選》，中國社會科學出版社 1980 年。

8　李澤厚：《啟蒙與救亡的雙重變奏》，《中國現代思想史論》，東方出版社 1987 年。

改良的自由主義，並沒有得到什麼特別的稱道，相反，研究者普遍延續了革命知識份子對自由主義的一貫輕視態度，認為胡適的溫和自由主義是中國近代資產階級軟弱性的反映，與獨裁者妥協合作是其必然的結局。如李澤厚在《胡適　陳獨秀　魯迅》一文中，把胡適在政治上和學術上都拒絕談「主義」談「根本解決」，當作其世界觀、方法論乃至個性的一個重大缺陷。他認為，胡適在政治和政治思想上都極其淺薄，唯一值得我們注意的，就是他為何由一個主張西方民主的自由主義者，最終走向了蔣介石的獨裁政權。[10] 耿雲志也論證說，胡適從五四時期的民主主義者轉變到三十年代初期的「國民黨官方學者」，其害怕革命、脫離群眾的改良主義起了很大作用。[11] 胡適晚年曾寫《容忍與自由》一文，把對於異己和反對意見的容忍當作自由的根本要義，並反省自己在新文化運動中也曾贊同陳獨秀「必以吾輩所主張者為絕對之是」的武斷，實在是很不容忍的態度。王鑒平、楊國榮在所著《胡適與中西文化》中以「在理想與現實的衝突中走向容忍」為題，評述胡適一生政治思想與立場的變化，指出這種態度其實是將自由消融於對現實的逆來順受之中，是轉向右翼的自由主義知識份子的悲劇。[12]

　　80 年代的知識思想界接續了晚清以來文化的中西古今之辨，以「中國文化與現代化」、「中西文化比較」、「中國文化傳統批判」為主題形成了所謂的「文化熱」。文化問題的討論其實是為改革開放的「現代化」指向提供了文化上的論證，明確、強化了「現代化」的社會發展方

9　耿雲志：《胡適評傳》，2-3 頁，上海古籍出版社 1999 年。是書集合了當時有一定影響的胡適研究者所寫的有關胡適生平、政治、學術的論文。

10　李澤厚：《胡適　陳獨秀　魯迅》，原載於《福建論壇》1987 年 2 期，收入《中國現代思想史論》，東方出版社 1987 年。

11　耿雲志：《從五四到三十年代初期胡適政治態度的變化》，《胡適研究論稿》，四川人民出版社 1985 年。

12　王鑒平、楊國榮：《胡適與中西文化》，237 頁，四川人民出版社 1989 年。

案。從這個意義上說，80 年代的「新啟蒙運動」確實又回到了「五四」，要重新確立一心一意現代化的歷史方向，要防止「傳統」總是改頭換面地對現代化進程形成牽制、阻礙，要把「中」與「西」、「古」與「今」對立起來，並把前者看做是現代化運動的頑強障礙以大力掃除之。「反傳統」成了 80 年代思想知識界的一種彌散性的情緒。甘陽為《文化：中國與世界》所寫的發刊詞《80 年代文化討論的幾個問題》代表了「文化熱」當中一種比較典型的立場。他說，直到當今之世，中國的現代化才算真正邁開步伐，以前都還是準備階段。而我們要完成的任務就是面臨文化衝突，把傳統的文化形態轉變為現代的文化形態。近現代所有的東方文化論者、本位文化論者，其實都是「中體西用」說的變種，都犯了一個根本的錯誤，就是把古今之差誤認為中西之別，模糊了走向「現代」這個根本的歷史方向和歷史課題。甘陽還論述說，所謂的「傳統」，不是過去的東西，而是在歷史中不斷創造和變遷的過程：

> 不管這種變遷是多麼劇烈，多麼深刻，它都是中國人自己在改造自己，中國文化自己在發展自己。所以，不管變遷之後的未來與變遷之前的過去會是如何地面目全非、大不一樣，它都是中國人自己的發展，中國文化自己的創造，因而內在地構成了中國人或中國文化自己的傳統之一部分。[13]

這樣的說法不由得讓人想起胡適在 1935 年「中國本位的文化建設」討論中的立場，他力主中國文化必須接受西方文化的充分滲透和改造，而其結果必將是中國文化自身的發展：

13　甘陽：《八十年代文化討論的幾個問題》，《文化：中國與世界》第 1 輯，三聯書店 1987 年。

我們肯向前看的人們，應該虛心接受這個科學工藝的世界文化和它背後的精神文明。讓那個世界文化充分和我們的老文化自由接觸，自由切磋琢磨，借它的朝氣銳氣來打掉我們的老文化的惰性和暮氣。將來文化大變動的結晶品，當然是一個中國本位的文化，那是毫無疑問的。[14]

胡適自五四新文化運動以來，終其一生堅持對中國文化傳統的批判態度，與現實中各種東方文化派、傳統復興論進行論戰，唯恐他們要開歷史倒車，力主「全心全意的現代化」。胡適的這一「啟蒙」主義的文化立場，在 80 年代乃至在 90 年代，贏得了大陸許多研究者的鼓掌讚譽，在他們看來，胡適以先見之明看準了中國歷史的發展方向，真正把握住了歷史的潮流大勢。耿雲志在《胡適研究論稿》中把梁啟超、梁漱溟的「東方文化論」視為「封建主義」學者的見識，充分肯定胡適作為資產階級啟蒙思想家，儘管常常流露民族虛無主義傾向，但在文化問題上畢竟是具有世界眼光和進步意義的。[15] 進入 90 年代之後，耿雲志仍然堅持己見，他針對當時批判五四運動之激進主義的思潮，寫了《胡適的文化觀及其現代意義》、《胡適的文化心態形成的背景及其特點》、《五四新文化運動的再認識》等文，指出，胡適並非林毓生所說是一個「全盤性反傳統」主義者，他也從未否定儒學和孔子的歷史地位，胡適的文化態度是理性的、開放的、世界主義的，他所主張者乃是結合中西文化以創造新文化，這個基本目標至今有待我們努力加以實現。而胡適領導參與的新文化運動，其最大功效就是為科學、民主開路清障的「啟

14　胡適：《試評所謂「中國本位的文化建設」》，《胡適文集》第 5 冊，452 頁，北京大學出版社 1998 年。

15　耿雲志：《評胡適的中西文化觀》，《胡適研究論稿》，四川人民出版社 1985 年。

蒙」作用。[16] 王鑒平、楊國榮在《胡適與中西文化》中對80年代的「文化熱」顯然有所反省，他們稱讚胡適在激烈的反傳統成為主流思潮的五四時期，能提出「再造文明」從而把舊傳統的否定與正面重建結合起來，這是有超前意識的。對於胡適與「東方文化派」以及「中國文化本位派」的論戰，他們熱情表彰胡適突破了「中體西用」之舊格局，確定對西方文化的整體認同，堅定不移地促進中國文化的現代化。其「全盤西化」的主張看似偏激，但表明了胡適充分認識到文化傳統的惰性和文化變革的艱鉅性，作為一種文化變革的手段並非那麼不可取。[17] 胡明的《胡適思想與中國文化》收錄了作者80年代末以及90年代研究胡適文化、學術思想的論文。他指出，儘管在90年代初海內外的一些學者強調胡適與五四運動要為「激進化」負一定責任，但是他仍然認為在中國現代史乃至在現實當中，胡適起到的「啟蒙」之功是更有意義的。「新文化運動」是中國文化結構全面更新的肇始，胡適是其中的「急先鋒」。他在文學、倫理、教育、思想、政治、社會等方面革新了舊文化範式及其價值體系，從文化史的角度來看，「現代中國」的序幕就是胡適拉開的。[18] 胡曉所著《胡適思想與現代中國》、宋劍華所著《胡適與中國文化轉型》也都持相似看法。

上述論者對胡適「啟蒙」主義文化立場的熱情擁護，表明他們與胡適所持的歷史觀、文化觀也是大體一致的：樂觀的歷史進化論、對「現代化」前途天真而堅定的信心、頗有「唯物」色彩的文化觀念和文化一元論。而這些觀念在今天看來實在問題多多。20年代初，胡適批評梁漱

16　上述諸文均見耿雲志：《胡適新論》，湖南出版社1996年。

17　王鑒平、楊國榮：《胡適與中西文化》第9章《中國文化的出路》，四川人民出版社1989年。

18　胡明：《關於胡適中西文化觀的評價》、《論胡適的中西文化觀》，收入《胡適思想與中國文化》，廣西師範大學出版社2005年。

溟把西方、中國、印度說成是三種根本不同的文化路向是完全錯誤的。
在他看來，文化是人類應付環境的產物，是千百萬人為了生存而創造的
生活方式，從根本上是大同小異的。[19] 耿雲志特別讚賞胡適的這一「文
化」定義，以為接近「唯物史觀」。[20] 而這一文化觀念，正如當年梁漱
溟反批評所指出的那樣，簡單地認定各民族文化都在同一條道路上進
化，過於否定文化特異性，無視文化多元類型的存在。[21] 這就會導致用
同一標準衡量不同的文化事物，將文化差異看成是高低優劣的等級差
別。而所謂的文化交流，就不過是「高級」文化單方面向「低級」文化
輸出了，而所謂的「世界化」、「現代化」其實也就意味著「西化」。
上述論者一般都為胡適辯護，說他既不是一個全盤西化論者，也不是一
個民族虛無主義者，而是充分認識到中國文化現代化發展方向的啟蒙主
義者。但是，如果沒有充分反思和撥正胡適那一元主義的單薄的文化觀
念，所謂中國文化的「現代化」，就只能被理解為是西方現代文化對中
國文化傳統的全面改造和剪裁。耿雲志和胡明尤其肯定胡適在 30 年代
「中國文化本位」論戰中所持的文化變革觀：關於文化選擇，不能人為
地設定目標，只能由「優勝劣敗的文化變動的歷程」來自然地抉擇去
取。「先進的高級形態的文化」會自動地、自然地淘洗「落後的低級形
態的文化」，但那「自動的」淘汰和吸收，只能使「優秀的」文化傳統
保留下來並格外發輝光大。由此看來，胡適對於固有文化的信心要比文
化保守主義者更實實在在。[22] 這與其說是相信固有文化經得起文化衝突

19　胡適：《讀梁漱溟先生的《東西文化及其哲學》》，《胡適文集》第 3 冊，193
　　頁，北京大學出版社 1998 年。
20　耿雲志：《胡適的文化觀及其現代意義》，《胡適新論》，湖南出版社 1996
　　年。
21　梁漱溟：《答胡評《東西文化及其哲學》》，《梁漱溟全集》第四卷，753 頁，
　　山東人民出版社 1991 年。
22　耿雲志：《胡適的文化心態形成的背景及其特點》，《胡適新論》，湖南出版

的考驗，毋寧說是論者與胡適一樣抱持著對「現代化」前景的無比信心。他們相信「歷史的演化」就像公正的神明一樣，能準確無誤地選中「優」者而捨棄「劣」者，相信現代化的歷史潮流能自動地去粗取精。然而，文化衝突和變革的現實已經論證，歷史進步道路並不是一條從低向高的直線，所謂不合時宜者往往會因時移世易而彰顯出巨大價值，因此在文化變革過程中進行有意識的抵制和保護其實是很必要的。要想在現實中正確對待文化遺產，首先就要反省這種盲目信任歷史進步大勢的歷史觀。

二、現代中國自由主義的「先知」

90 年代伊始，思想知識界氣候驟變，從疾呼全面徹底的現代化變革、激烈的「反傳統」，轉而反思、批判甚至否定「五四」以來直到 80 年代「新啟蒙運動」中的「激進主義」。林毓生於 1986 年底在大陸出版了《中國意識的危機——「五四」時期激烈的反傳統主義》。在 1988 年的增訂本中，他批評五四「全盤性反傳統主義」其實沿襲了傳統一元論的思想模式，有違博蘭尼、哈耶克以「豐富而有生機的傳統」維持社會、文化的穩定同時促成進步的自由主義教導。[23] 他的觀點在當時受到眾人的批駁。余英時於 1988 年在香港中文大學的演講《中國近代思想史上的激進與保守》，把中國社會、文化不能順利實現現代轉型的病因歸結為全面反傳統、謀求全盤改造現狀的「激進主義」，[24] 在當時也沒

社 1996 年；胡明：《論胡適的中西文化觀》，《胡適思想與中國文化》，廣西師範大學出版社 2005 年。

23　林毓生：《中國意識的危機——「五四」時期激烈的反傳統主義·增訂再版前言》，貴州人民出版社 1988 年。

24　余英時：《中國近代思想史上的激進與保守》，收入《錢穆與中國文化》，上海遠東出版社 1994 年。

有受到太多關注。然而，在 90 年代初，他們兩人的言論在大陸思想知識界卻產生了應者雲起的效果，此後，「激進—保守」成為分析中國現代史的一個重要範疇。反思乃至反激進主義在當時之所以能抓住人心，大致有三方面的機緣湊合：一、1992 年市場化進程全面啟動後，在商業大潮面前，人們發現現實中已無任何文化壁壘可言，「傳統」只是一個空心箭靶，更急切的現實需要毋寧說是重建文化傳統；二、一些「新銳」的思想圈子把對革命意識形態的批判與反思推進到更深的理論層次，發現對「革命」的迷信背後潛藏著一種相信可以根據理性全盤變革現實的激進主義思維，而這種激進主義思維與革命後形成全權主義社會秩序有密切關係，其來源是「法俄式的激進民主主義」，與「英美式的漸進改良的自由主義」形成顯著的思想分野。後者則尊重固有傳統及其道德價值與秩序，堅信自由的秩序是從舊社會內部生長出來的結果，以故主張漸進改良的現代化之路。[25] 三、80 年代很多中青年知識份子要求全盤、迅速地移植歐美式的政治體制、文化思潮，到了 80 年代末，大家已感覺到這一方案多少脫離了中國現實和歷史條件，很可能帶來脫序和社會動盪。相反，在穩定和秩序中漸進改革倒是一條更可取的道路。[26] 反思「激進主義」的一個重要結果，是中國的當代自由主義逐漸形成自己的論述疆域。到了 90 年代中後期，發生了影響深遠的「新左派」與「自由主義」的論爭。在這之後，整個中國近現代思想史的版圖，呈現出革命激進主義、自由主義、文化保守主義三分天下的格局。90 年代重

25　參見甘陽：《揚棄「民主與科學」，奠定「自由與秩序」》，《二十一世紀》（香港）1991 年第 3 期；傅鏗：《大陸知識份子的激進主義神話》，《二十一世紀》（香港）1992 年 6 月號；朱學勤：《道德理想國的覆滅》，上海三聯書店 1994 年。

26　關於 90 年代前半期「激進」與「保守」的思想爭論，參見李世濤主編：《知識份子立場——激進與保守之間的動盪》，時代文藝出版社 2000 年。

新出場的中國自由主義，號稱繼承「英美式漸進改良的自由主義」之統緒，保守偏右的「新古典自由主義」者哈耶克、波普爾、柏林等人成為引介最多的理論資源。他們從學理上深刻檢討革命激進主義的唯理性主義迷思、全盤變革的烏托邦幻想、一元論整體主義謬誤、大眾民主的理想主義高調，從而主張尊重歷史演變形成的現實秩序和文化價值，放棄激進的批判精神，反對整體性的社會改革計畫，關注局部、具體的問題，對現實採取承認、妥協的態度。不能不說，中國當代的自由主義與胡適有一種精神氣質上的契合。於是，歐陽哲生想起了張愛玲的預言：「摩西是被以色列人殺死的。事後他們自己諱言，年代久了又倒過來仍舊信奉他。」[27] 余英時「在和大陸知識界的朋友們多次交談中」發現：「胡適的幽靈似乎又開始在中國大陸上遊蕩了。」[28] 1995 年 6 月，在上海舉行的「胡適與中國新文化」國際學術研討會上，胡適及其代表的自由主義，作為有別於激進主義和保守主義的中國近現代思潮，成為會議研討的主要內容。[29]

將胡適定位於現代中國自由主義的譜系，用以闡發現代中國自由主義的理念，不但是 90 年代以來的思潮趨勢所致，也受到海外胡適研究的啟發。傑羅姆‧B‧格里德所著《胡適與中國的文藝復興──中國革命中的自由主義》於 1989 年在大陸出版，對促進胡適自由主義思想的研究起了較大作用。他把胡適定位為在中國近現代歷史上第一個真正明確並堅持自由主義核心理念的人，那就是個人主義、懷疑主義和批判精神。他絕不把個體的獨立自由作為實現集體目標的手段。這是一種中國

27　歐陽哲生：《自由主義之累──胡適思想之現代闡釋》，7 頁，上海人民出版社 1993 年。

28　余英時：《重尋胡適歷程：胡適生平與思想再認識》，255 頁，臺北聯經出版事業股份有限公司 2004 年。

29　徐思彥：《胡適與中國新文化國際學術研討會綜述》，《歷史研究》1995 年第 5 期。

社會思想傳統中從無先例的理想。比之嚴復、梁啟超、章太炎這些先行者，胡適更深得自由主義之精髓。格里德很是遺憾地指出，在血與火的現實之中，胡適無法給出實現自由、民主、法律、節制和容忍的有效途徑，他也沒有提出任何具體的社會分析，而只是呼籲中國受過現代教育的智識分子要信守這些正確的東西。最後，他發出充滿悲情的感慨：「他的希望的受挫，和籠罩在那個光明前途之上的陰雲，恰會使我們再一次發問：在一個被毫無節制和殘忍的一次次革命震撼的世界中，溫和、容忍、思想自由、個人自由，以及法律和理性的準則等等這些理想的命運到底是什麼呢?!」[30] 余英時雖然指責五四運動打開了「激進主義」的潘朵拉盒子，但他在胡適百年誕辰之際寫了《胡適與中國的民主運動》一文，讚譽胡適是「最具代表性的而且是畢生不渝的中國自由主義思想家」。胡適在 1947 年的一次演講中，面對強大的革命思潮，仍然強調「個人的自由」、「人的基本權利」才是民主制度的核心，認定共產黨要實行的人民民主專政是歷史「逆流」。這在余英時看來，足以證明胡適是一位偉大的自由主義先知。余英時還特別舉出胡適於 1941 年在美國的演講《意識形態的衝突》，他將極權與民主的衝突歸結為「急進的革命」與「漸進的改革」、「控制劃一的原則」與「個體發展的原則」的對立，指出「暴力革命」、「計劃經濟」皆是「自由」的敵人。這已經與哈耶克《到奴役之路》和波普爾《開放社會及其敵人》的運思同其方向了。[31] 周策縱的《五四運動史》於 1960 年在美國出版，於 1996 年底以《五四運動：現代中國的思想革命》之名在大陸翻譯出版。胡適曾多次將五四運動定義為一場「文藝復興」式的文化思想革新運動，而

---

30 傑羅姆・B・格里德：《胡適與中國的文藝復興——中國革命中的自由主義》，371 頁，江蘇人民出版社 1989 年。

31 余英時：《胡適與中國的民主運動》，《重尋胡適歷程：胡適生平與思想再認識》，臺北聯經出版事業股份有限公司 2004 年。

將其政治化當作一種不幸的干擾與中斷。周策縱側重於從胡適式的自由主義觀點詮釋五四運動。在他的「五四」圖景中，胡適及其代表的自由主義、由文化學術領域領導的現代化路向、社會變革的漸進方案，獲得了「正宗」的位置。[32] 他有關胡適的研究論文集《胡適與近代中國》也於 1991 年在臺北出版。[33] 此外，曾任康奈爾大學東亞圖書館館長的周明之所著《胡適與中國現代知識份子的選擇》、普林斯頓大學教授周質平所著《胡適與現代中國思潮》也分別於 1991 年、2002 年登上大陸。[34]

在大陸學界，用後革命時代自由主義話語詮釋胡適的典型之作，當推於 1993 年問世的歐陽哲生所著《自由主義之累：胡適思想之現代闡釋》。全書《引言》之前，有一段「作者手記」：「在一個非理性的時代，真正的思想成就不可能由狂熱分子完成，思想只屬於鎮靜、冷沉、忍受孤獨，保持獨立人格和超越精神的自由人。」[35] 由此可見作者對胡適式自由主義強烈而鮮明的認同。作者把胡適安排在中國近現代自由主義最終確立的關節點上，他前承嚴復、梁啟超，在思想理論、行為範式上為自由主義提供一套典範，使自由主義得以自立疆界，與革命激進主義、保守主義鼎足而三。[36] 作者始終是在與激進主義的對照之中闡析胡適的自由主義思想，於是，胡適的自由主義思想就成了對激進主義先知先覺似的徹底覺悟和全面批判。而他的自由主義理念，竟與冷戰時期哈

32　周策縱：《五四運動：現代中國的思想革命》，江蘇人民出版社 1996 年，是書以《五四運動史》之名於 1999 年由嶽麓書社再版。

33　周策縱：《胡適與近代中國》，臺北時報出版社 1991 年。

34　周明之：《胡適與現代中國知識份子的選擇》，四川人民出版社 1991 年；周質平：《胡適與現代中國思潮》，南京大學出版社 2002 年。

35　歐陽哲生：《自由主義之累——胡適思想之現代闡釋》，1 頁，上海人民出版社 1993 年。

36　歐陽哲生：《自由主義之累——胡適思想之現代闡釋》，417-423 頁，上海人民出版社 1993 年。

耶克、波普爾等人通過反思現代極權政治和計劃經濟所表達的新古典自由主義思想若合符節，這意味著胡適及其所代表的中國自由主義在思想上已達到世界先進水準了。

波普爾曾提出「烏托邦社會改造工程」與「點滴漸進社會改造工程」的概念，按照他的分析，前者依據一個確定的計畫和藍圖，對整個社會進行徹底改造。其核心是一種整體主義的方法，而其背後蘊含著法德傳統的唯理主義知識論，即崇拜人類理性，相信人類能夠掌握真理、設計理想的社會藍圖並實現之；而後者不把社會看做一個整體來重新設計，採取漸進修補的方式，通過不斷改進的小規模調整來實現目的。其背後乃是經驗主義的認識論，即對人的理性限制有一種現實主義的估計，認為沒有終極真理，其真理觀建立在相對的無知論上，因而主張存疑、嘗試。「烏托邦社會改造工程」是法國式激進民主主義的遺產，而「點滴漸進社會改造工程」依據的則是英式自由主義傳統，主張個人自由的優先性，強調人類文明制度不是理性設計的結果，而是自發演化積累的成就，不能事先預設一個崇高目標，而必須在不斷試錯的過程中通過修補調整獲得一個能保障大多數人權益的社會制度。[37] 歐陽哲生以「後見之明」來看，在新文化運動之中，胡適和陳獨秀的思想分歧，儼然就是整體主義、唯理主義法俄式「烏托邦社會改造過程」與經驗主義、自由主義英美式「點滴漸進社會改造工程」的對立衝突，自由主義和激進主義在當時即形成分明的壁壘。胡適的《新思潮的意義》是中國「自由主義」新文化運動的綱領，他提出的「一點一滴的造成」文明、「一點一滴的進化」無疑就是「點滴漸進社會改造工程」的核心思想；而陳獨秀主張的質變的躍進式的進化論，則為其「烏托邦社會改造工

---

37 卡爾·波普爾：《歷史決定論的貧困》，杜汝楫等譯，50-55 頁，華夏出版社 1987 年。

程」提供了思想基礎。胡適在留學期間深受英美自由主義傳統的浸染，他強調存疑，反對信仰的態度，這屬於經驗主義的知識論，邏輯地導致在試錯、調整中改良社會的現代化方案；而陳獨秀作為法國大革命的崇拜者，態度強硬武斷，表現出唯理主義知識論的傾向，自然得出全盤激進改造社會的現代化方案。胡適著眼於百年樹人，從文化重建入手，為社會改造建設穩固的基礎；而陳獨秀則將文化思想變革作為政治革命的手段；胡適雖然也激烈地反抗和批判舊傳統，但「整理國故」的事業畢竟有著尊重歷史傳承的意味，把文化轉型看做是一個漸進的演化過程；而陳獨秀則主張全面推翻破壞傳統文化，這將使縱向的繼承與轉化失去可能。[38]

作者最重視胡適晚年以後的自由主義思想，稱：「40 年代末 50 年代初，正是中國社會發生翻天覆地變化的時候，胡適結合中西方社會政治的歷史，結合中國近代社會變革的經驗，從理論層面對其自由主義思想做了系統的闡釋。胡適晚期的自由主義思想不僅未改初衷，而且變得渾厚、深沉、圓熟，可以說是集五四以來中國自由主義思想發展之大成。」[39] 胡適自 40 年代中期以來有關「自由」、「民主」的種種闡說，在作者看來都是自由主義的證道之言。首先是「個人自由」原則的不可讓渡、不可妥協，尤其強調面對勢不可擋的時代潮流、變動時代的紛紜意見而能保持獨立判斷的態度和能力；其二是認清了民主的生活方式與極權的生活方式的根本區別，前者容許差異的存在和個人的自由發展，後者則企圖整齊劃一、排除異己。前者本質上是個人主義的，胡適即從個人主義立場出發重新肯定了私人產權、自由企業制度、市場經濟的合

---

38 歐陽哲生：《自由主義之累——胡適思想的現代闡釋》第 2 章《新文化規範的設計》，上海人民出版社 1993 年。

39 歐陽哲生：《自由主義之累——胡適思想的現代闡釋》，368 頁，上海人民出版社 1993 年。

理性；其三是提出了容忍反對派、不同意見對於自由的根本意義，作者高度評價胡適的「容忍」思想，以為切中中國近代鬥爭之風盛長的時弊；其四是區別「急進革命」與「逐漸改革」，很清楚地指示我們，一切急進主義必然走上極權政治的道路。而「逐漸改革」才能造就民主的生活方式的基礎。[40] 但是，作者也指出，胡適的自由主義思想存在一個重大問題，那就是胡適自新文化運動以來就和激進主義結盟，強烈地反對文化保守主義，這很不符合新古典自由主義維護傳統的「保守」教義。面對自由主義不得伸展的困境，胡適晚年開始重新審視自由主義與傳統文化的關係，謀求在兩者之間做一些會通的工作。但作者承認，胡適並沒有真正理順自由主義與中國人文傳統的內在關係。[41]

作者筆下的自由主義思想大師胡適簡直就是當代新古典自由主義在中國的代言人。他敢於以一人之力對抗被革命浪潮主宰的歷史大勢，一個人孤獨地走在時代的前面，他留下的自由主義之音就象洪鐘巨響一樣，對中國近代歷史以及當代現實都具有莫大的警世意義：

> 近代中國自戊戌變法以來，那種目標預設型的整體主義改造工程在大部分時間裡主宰和支配了中國的歷史進程和發展前途，而漸進的社會改造工程往往只能以邊際化的身份充當歷史的配角，在洋溢著烏托邦浪漫主義的時代背景下，胡適以其充滿英美經驗主義傳統的理性聲音，借鑒西方現代化成功經驗，批判充斥著社會政治領域的整體主義思維，這在當時確屬難得的真知灼見。[42]

40　歐陽哲生：《自由主義之累——胡適思想的現代闡釋》第 8 章《晚暮看中國傳統與未來》第 2 節《自由主義的真諦》，上海人民出版社 1993 年。

41　歐陽哲生：《自由主義之累——胡適思想的現代闡釋》，385 頁，上海人民出版社 1993 年。

42　歐陽哲生：《自由主義之累——胡適思想的現代闡釋》，436 頁，上海人民出版社 1993 年。

作者對胡適的詮釋所表達的，分明是當代中國自由主義在後革命時代的思想信念：將歐美資本主義社會現實當作「歷史的終結」、唯一可能的現代化方向，肯認現實資本主義為自己所做的合理性論說，寄希望於市場經濟的發展自然帶來中產階級與市民社會，從而漸進地合法地實現憲政民主。這種自由主義立足於個人主義和消極自由，放棄對共同處境的憂患、焦慮，放棄對共同理想的追求與提供，反對整體性社會改革，關注個人境遇和具體問題。這種自由主義不看重對社會現實的認識和參與，並沒有鮮明的批判力與政治性。它認為最正確的選擇就是像胡適一樣「力求以一個自由知識份子的獨立人格與整個黑暗、暴亂、急躁的社會相抗衡」，如同一隻自由主義的「獅子與虎」，「獨來獨往」，象徵自由的存在。[43] 胡適的失敗和無奈，那種抱著心中的象牙之塔遺世而獨立的姿態，其實就是一些當代自由主義者追求的最高目標。

不過，需要提到的是，以自由主義為主線研究胡適的論著，並非都站在聲討激進主義、認同新古典自由主義的立場上，也有學者持一種相對客觀的研究態度甚至是批評檢討的態度。如 1992 年出版的章清所著《胡適評傳》，由姜義華作序。姜義華在序言中，堅持激進主義對自由主義「軟弱、依附性、脫離實際」的一貫評價，認為自由主義思潮對解決中國政治與經濟問題，始終沒有提出過真正切實可行的方案，沒有形成足以吸引民眾投入其中的實際的政治運動。這是自由主義在歷史鬥爭中失敗的內在必然原因。[44] 章清又於 2004 年出版了《胡適派學人群與現代中國自由主義》一書。他明確表示，正是在 90 年代初中國自由主義言說重新浮出水面的背景下，他以胡適派學人群為中心展開了對現代中國自由主義的歷史追尋。他的問題意識，一是客觀呈現胡適派學人群

43　歐陽哲生：《自由主義之累——胡適思想的現代闡釋》，425-426 頁，上海人民出版社 1993 年。

44　章清：《胡適評傳》，1-4 頁，江西百花州文藝出版社 1992 年。

以建設一個「學術社會」為自由主義運動的中間環節，並形成了一定的「權勢網路」和「論述空間」；二是從自由主義的政治思想觀念和實踐來尋找其失敗的內在原因，他將這一內在原因歸結為自由主義者們的「發言位置和問題意識」與「現代中國的問題結構」有著很大的距離。[45]

三、從「啟蒙先師」到「中國文藝復興之父」

當代自由主義者檢討自身歷史，所得最重要的一個教訓，就是中國自由主義極其錯誤地堅持激進反傳統的文化立場。如林毓生所說：

> 20世紀中國思潮的主流卻偏偏是：一方面企盼與要求自由、理性、法治與民主的實現與發展，另一方面則是激烈反傳統主義的興起與氾濫。這是中國近代與現代思想發展的最大矛盾之一，也是過去中國自由主義內在的最大困擾之一。[46]

這一覺悟，不僅僅來自新古典自由主義尊重歷史傳統的教義，更得自於中國近現代歷史和現實的啟示，而為90年代以後的知識界所共認：傳統與現代並不是簡單的二元對立關係，那些長期演化而來的傳統價值、道德、習俗，儘管未必能為理性所充分理解，但卻是社會秩序最堅固的基礎。對傳統文化全盤否定的態度與思想方法，會導致嚴重的失範和無根化，最終不利於一個開放、自由、民主的現代社會的誕生。胡適，作為中國自由主義最具代表性的發言人，他對傳統與現代之關係的認識、他在文化的「中西古今之辨」中的態度立場，繼續成為90年代

45　章清：《胡適派學人群與現代中國自由主義》結語《自由主義式的言路及其在現實世界的兩難境況》，上海古籍出版社 2004 年。

46　林毓生：《中國意識的危機——「五四」時期激烈的反傳統主義·增訂再版前言》，3 頁，貴州人民出版社 1988 年。

胡適研究的焦點問題，並引起新的爭議。

胡適激烈反傳統力主現代化的「啟蒙」立場，在 80 年代得到強烈認同和熱情讚譽，而在反思激進主義的語境下，則遭到相當嚴重的責難。在《中國意識的危機──五四時期激烈的反傳統主義》一書中，林毓生把胡適作為五四式全盤反傳統主義、全盤西化論的一個典型加以批判性分析。在他看來，胡適在文化立場和主張上是表現出矛盾的：一方面主張漸進地改革中國的傳統，一方面激烈摒棄這一傳統。但總的來說，他只是在本民族文化傳統中發現了科學精神與方法的萌芽，以及少許的自由和民治，而西方卻沒有什麼要向中國學習，既然如此，中西方文化的綜合是無從談起的。正是認定中國文化乃是現代西方文化的低級階段，胡适才承認中國文化可以漸進地有機地吸收現代西方文化。胡適雖然一向看重中國文化傳統中的理性因素，但他又認定中國已深患痼疾，靠自己的力量無法治癒，只有借助西方文化之手才能得到拯救。中國社會只要進化，自然就是西化。所以說，胡適的漸進改革主義是實現全盤西化的手段，而不是如他有時表達的那樣，全盤西化只是讓中國文化重新煥發活力的手段。他真正關心的是中國向西方現代化方向的進步，而不是尋求中國的現代化過程與中國文化的認同。[47] 在五四運動 80 周年之際，林毓生特別指出，胡適的自由主義式的漸進改革主張，與他的全盤反傳統是相矛盾的。在中國傳統如何進行創造性轉化這一重要問題上，胡適的一元式反傳統主義與一元式西化論使他採取了一種搪塞含混的態度。他仍然沒有從傳統一元論的思想模式中解放出來，沒有獲得靈活、精微、多元而辯證的思想方式和分析方法。這就是「作為啟蒙運動思想家的胡適的不足之處。」[48]

47　林毓生：《中國意識的危機──「五四」時期激烈的反傳統主義》第 5 章《胡適的假改革主義》，貴州人民出版社 1988 年。

48　林毓生：《平心靜氣論胡適》，《讀書》1999 年第 9 期。

　　格里德也毫不含糊地指出，在文化立場上，胡適與他拼命反對的共產主義是更相近的，共產主義者應該感謝他那把傳統翻了個兒的「整理國故」。儘管胡適作為一個實用主義者，是看重歷史連續性的，總想把新的東西移植到活的歷史經驗之上，但是，他的歷史探討，不是出於對中國某部分文化傳統的熱愛之情，而是更關心那應該替代傳統的現代是否能順利發展，所以，他從中國那豐富的遺產中挑選的，是完全符合他希望在中國形成的那種現代的觀念。[49]

　　然而，在另一位反激進主義思潮的推手余英時那裡，胡適發生了微妙而重要的變形：他由一個堅定的「啟蒙」主義者潛移默運為「中國文藝復興」的思想導師，胡適對中國傳統文化的「現代化改造」，變成了胡適對中國傳統文化的「創造性轉換」，其中顯示的重視歷史繼承的精神、試圖溝通傳統與現代有機聯繫的文化態度，和他堅持點滴改良、反對全盤激進革命的自由主義思想立場，乃密切相關，互為因果，是其自由主義的精義所在，並代表著百年來文化「中西古今之辨」的正確方向。

　　余英時在 90 年代和 21 世紀初寫了若干篇有關胡適生平思想的論文，於 2004 年結集出版。其中《文藝復興乎？啟蒙運動乎？——一個史學家對五四運動的反思》著力重塑了一個「中國文藝復興之父」的胡適形象。余英時特別強調胡適 1917 年所寫英文博士論文《先秦名學史‧序言》的重要性。胡適在是文中表示，他謀求以一種更好的方式吸收現代文明，以與我們固有的文明配合、協調而又連接。胡適曾說這一切「端賴於新中國思想領導人的先見之明與歷史連續感，同時也有賴於機智與技巧」。余英時認為，這表明胡適在其思想學術生涯的一開始，就沒有打算與中國的過去全然決裂。胡適寫於 1919 年的《新思潮的意

49　傑羅姆‧B‧格里德：《胡適與中國的文藝復興——中國革命中的自由主義》，336-340 頁，江蘇人民出版社 1989 年。

義》，是新文化運動的一份綱領性文件，它提倡與「調和」適相反對的「評判」態度，要求「重估一切價值」。但在余英時看來，胡適提出的「輸入學理、研究問題、整理國故、再造文明」的「新文化方案」，其思想實質其實是接續或者說回到了胡適於 1917 年就提出的那個問題：「將西方文明與我們自己文明裡最好的事物做連接」。胡適不僅僅是提倡西方價值與理念，亦非局限於指責以儒家文化為主幹的中國傳統，而是把這一切納入「研究問題」的範疇。「新思潮」的「評判」的精神，余英時以為，可以用「中西學識指導下的批判精神」來加以定義，追求的是中西學術「相互闡發以達到最終某種創造性的綜合」。[50] 針對林毓生對胡適「一元式反傳統主義」的指控，余英時強調：「胡適從不把中國傳統看成是籠統一片，相反的，他對傳統採取歷史分析的態度，他要辨別其中哪些成分在今天還是有生命力的，哪些是已經僵死的。」[51] 正是基於這一正確的文化態度，胡適在他一生的「整理國故」事業中，總是在為科學、民主、自由、人權尋找中國的歷史基礎，這種移花接木的工作在他的英文著作中尤其突出。胡適曾多次將五四運動定義為「中國的文藝復興」，而反對「啟蒙運動」式的詮釋。余英時認為，這其中的深刻含義在於，胡適所追求的五四新文化運動，是要把新生命吹進中國的古文明，是深入中西傳統，謀求在會通綜合的基礎上重建中國新文化。也就是說，胡適追求的現代化是對傳統的再生和煥發，他關注的是中國文化連續性發展，是中國文化如何吸收西方的新文化而不失故我的認同，他在晚年尤其回到了這個立場。余英時強調指出，在這一點上，

---

50 余英時：《文藝復興乎？啟蒙運動乎？——一個史學家對五四運動的反思》，《重尋胡適歷程：胡適生平與思想再認識》，臺北聯經出版事業股份有限公司 2004 年。

51 余英時：《重尋胡適歷程：胡適生平與思想再認識》，262 頁，臺北聯經出版事業股份有限公司 2004 年。

胡適與那些他批評過的文化保守主義者如梁漱溟、梅光迪並無根本的分歧，而且，胡適還對陳寅恪、王國維、湯用彤非常尊重，互致敬意。[52]顯然，余英時要將胡適重塑為一個「政治上的自由主義和文化上的保守主義」，這個「胡適」及其領導的「新文化運動」，應該是余英時在世紀末回望 20 世紀中國歷史道路時所能肯定的唯一正確道路，也是他要指示的中國的未來道路。

其他海外研究者如上文提到過的周策縱、周質平、周明之，他們普遍為胡適的文化立場辯護，說胡適在具體的論述與研究中並沒有任意武斷地否定中國文化傳統的價值，在抗戰後尤其是 49 年以後，更是越來越肯認中國固有傳統可以成為現代性的文化基礎。他也沒有認真地主張過全盤西化，其真實意思是「充分世界化和現代化」。不過，他們基本上將胡適的文化立場定位於激進主義與保守主義之間，不像余英時那樣明顯地要把胡適的自由主義和文化保守主義調和一處。就筆者所見，大陸學者郭淑新所著《胡適與中國傳統哲學的現代轉換》倒是應和了將胡適視作「中國文藝復興之父」的論調，認為胡適的「哲學革命」會通中西，對中國傳統哲學的思想和方法加以「批判地繼承」，其實促進了中國傳統哲學的「創造性轉換」，如此說來，就可以把馮友蘭、賀麟、牟宗三都籠統地歸入胡適開闢的道路上。[53]

臺灣學者周昌龍所著《超越西潮：胡適與中國傳統》，深入研究了胡適思想中的中國傳統因素，以及胡適思想與明清以來思潮動向的繼承關係，重構出作為「中國文藝復興之父」的胡適的思想體系。要指出的

52　余英時：《文藝復興乎？啟蒙運動乎？——一個史學家對五四運動的反思》，《重尋胡適歷程：胡適生平與思想再認識》，臺北聯經出版事業股份有限公司2004 年。

53　郭淑新：《胡適與中國傳統哲學的現代轉換》第 3 章《兼治中西哲學，實現中國傳統哲學的現代轉換》、第 6 章《胡適勇於創新的精神燭照著中國哲學的現代化征程》，安徽人民出版社 2005 年。

是，周著不僅僅是客觀性的研究，而具有著強烈的思想傾向以及重新勾勒、定義中國近現代思想史線索的企圖。周著將嚴復、康有為、章太炎、梁啟超、胡適作為中國近現代思想史一脈相承的主線，但這個主線不是從傳統走向現代的直線進步，而是承襲豐厚的傳統資源，尤其是繼承明清以來重視「情欲、個身、智識、經世」的思潮動向，選擇性地吸收並有機融會西學資源，既打破了傳統格局，卻又順延著明清以來的文化思潮走向。[54] 也就是說，中國近現代思想的大動脈就是「中國文藝復興」之路，而胡適則是其中重要的一環。

針對林毓生、劉述先等人把胡適當作一個膚淺的反傳統的啟蒙人物，周昌龍指出，很多新材料的出版如《胡適遺稿與秘藏書信》、《胡適書信集》、《胡適英文文存》、《胡適早年文存》等，應該能使胡適呈現出一個不同以往的新面貌。在英文著作中，在 1930 年代以後的作品中，在嚴肅的學術著作中，胡適往往能避免存心教化國人的啟蒙性，也擺脫了對守舊勢力復辟的戒懼，而持平地表達自己對中國文化或傳統儒學的學術性立場，呈現出一種嚴謹客觀的面貌。在中國學術史上出現的胡適，顯然不是為了宣揚西方理念就不顧中國傳統甚至排拒中國傳統的人。周昌龍和余英時一樣，強調胡適對五四新文化運動所作的「文藝復興」的定義，他說，胡適使用「文藝復興」一詞，所著重是「我們祖宗有了這個資本，到這個時候給我們來用，由我們復興它」。而本土基礎有各種不同的歷史積澱，要向現代化之途邁進，就得努力發掘靠近科學、民主一系的「祖宗資本」，憑藉西方資源以發揚光大之，完成文藝復興的民族使命。這就是說，胡適所追求的現代性是本土基礎可以容納轉化的現代性，是中國文化的「創造性轉化」。[55] 即使「魯莽滅裂」如

54　周昌龍：《超越西潮：胡適與中國傳統》，1-5 頁，臺灣學生書局 2001 年。

55　周昌龍：《超越西潮：胡適與中國傳統》第 1 章《學術史上的胡適》第 1 節《啟蒙或文藝復興》，臺灣學生書局 2001 年。

白話文運動，其實也有著「以質救文」這一深厚的中國文學傳統的淵
源。[56] 如此說來，胡適確實是一個文化上的準保守主義了。根據周昌龍
的研究，胡適對中國學術思想遺產的整理，著重凸顯了自然主義、理智
主義的思想線索；胡適從思想、制度、生活方式等多方面闡述中國的自
由傳統，而他那以人格自由為根本的自由主義思想，滲透著中國情味，
他的與人格密切相關的精英政治的政治理念，深受儒家傳統影響；胡適
接續明清以來重視吃飯穿衣、遂情達欲的新思潮，從而全面肯定科學和
物質文明，將情欲、個體、物質生活等議題充分展開，力圖形成精神與
物質合一、個人與社會合一、理論與效果合一的新道德觀，胡適的個人
主義以及新道德觀不是純然來自西方，而是將明清以來本土的新思潮帶
入了更系統化、更具有近代意義的論域……。[57] 如此種種，胡適以人本
主義、理性主義、自由主義對中國文化思想傳統的重新架構、系統改裝
──用胡適自己的話說是「具體而微的哥白尼革命」，在周昌龍看來，
乃是對中國傳統秉持嚴謹學術態度的客觀呈現，好像這一切原本塵封於
國故之中，而被胡適召喚出來一樣。

應該說，周昌龍的研究確實揭顯了胡適思想的中國根柢，確實呈現
出自維新運動以來中國近現代思想家包括胡適是在明清以來文化思潮的
背景下對西潮加以吸收採用的。在這個意義上，中國近現代思想史的主
線確實不僅僅是「走向世界」，而是明清以來新思潮的連續性進展。也
就是說，中國現代思想世界是在中西近代思潮的會合碰撞中展開的，中
國人對西方、現代思想的吸收總是以自身傳統的因素做酵母的。這是考

56　周昌龍：《超越西潮：胡適與中國傳統》第 5 章《胡適與中國文學傳統》第 1
　　節《以質救文》，臺灣學生書局 2001 年。

57　周昌龍：《超越西潮：胡適與中國傳統》第 1 章《學術史上的胡適》、第 2 章
　　《胡適與中國自由傳統》、第 3 章《胡適的個人主義與新仁愛觀》，臺灣學生
　　書局 2001 年。

察中國近現代思想史一個很有意義的新視界。

但作者在本書中回避了一個重要面向：胡適為了移花接木而對中國傳統所進行的「哥白尼革命」，往往會對原有對象造成相當嚴重的割裂和扭曲，不很尊重原有對象的有機性和獨特性質，從而遠離了他所標榜的客觀性。正如周昌龍在另外一項研究中所揭示，胡適明明知道宋儒「今日格一事，明日格一事」是為了追求那豁然貫通的絕對智慧，他也清楚地瞭解程頤所說「涵養須用敬，進學在致知」是進行道德人格之修養的兩條進路，但他仍然將「格物致知」定義為一種客觀求知的精神與方法，而把「涵養須用敬」摒棄為中古迷信的遺存。這樣一來，程朱學開「中國近代智識主義哲學」之先河，導引出中國近代的「文藝復興」。然而，這樣的詮釋是在用相當單一的科學標準評判理學在中國思想傳統中的地位，而罔顧理學自身的旨趣、體系和價值，因此無法使人如其所是地瞭解儒家義理思想傳統及其本來的性質和內涵。胡適對戴震思想的詮釋，也同樣帶著強烈的主觀目的。他片面突出戴震「教人處處用心知之明去剖析事物，尋求事情的分理條則」的智識主義一面，使戴震看上去很像一個清代的實用主義者，而對戴震哲學中同樣重要並產生巨大影響的「以情絜情」論，卻有意貶低忽視，以為不必要。[58]

周昌龍闡述胡適的文化立場時強調說，胡適作為一個「文藝復興論」者或者說「轉化論」者，他並不覺得現代科學文明與中國固有精神文明之間會有什麼緊張性——如梁漱溟等文化保守主義者所著重的那樣。在他看來，中國文化本來就具有自然主義、理性主義、人本主義、自由主義的傳統，中國根柢就是現代之苗，中國的現代化乃中國本身當有之發展，是從理上展現出來，不該帶一絲一毫的勉強。所以說，中國

58　周昌龍：《戴東原哲學與胡適的智識主義》，《新思潮與傳統——五四思想史論集》，臺北時報文化出版公司 1995 年。

全心全意現代化或世界化的結果，當然不會是民族文化本位的喪失，恰恰相反，是向「中國根柢」更高層次的回歸，是真正的「文藝復興」。[59]如此說來，周昌龍和胡適一樣，未免太不肯正視中國傳統與西方現代之間的「緊張性」，以為古今、中西之間的忤逆抵觸可以輕易從理上就抹殺消除。這樣一種對現代化方向的肯定和維護是不夠自覺的，有盲目性的。揆諸中國的近現代歷史，中國以現代西方為榜樣的古今之變，並沒有如此輕鬆流暢地從「理上展開」，而是充滿了曲折艱困，既讓我們見識了固有傳統對現代化進程的強大阻力，又讓我們震撼於現代化進程對傳統的破壞所帶來的惡性效應。那麼，像胡適那樣過於簡單樂觀地使中國傳統認同於現代價值，即使是為了打消人們因轉型過程而產生的懼疑，也是既無法合理解釋傳統也無法有效應對現實的，因此是無法取信於人的。

四、「反思現代性」境域中的胡適

1992 年以後，以市場化為主導的現代化、全球化趨勢已經勢不可擋、無法回頭了，它在瓦解和改變傳統社會主義體制的同時，催生了種種複雜的新的社會分化和矛盾，也強力侵蝕著人心和日常生活。蘇東解體之後，雖然西方有人歡呼「歷史的終結」，但中土人士卻對自由化、市場化、私有化產生了戒懼之心，雖然極少有人真想開歷史倒車，但現代化不再具有不言自明的正當性，人們開始親身痛感社會轉型、一切傳統壁壘崩壞所帶來的失序、分化和不安，現代科技物質文明以及自由民主啟蒙信念的幽暗面，也成為廣為人知的思想常識。90 年代後期，「反思現代性」的提出以及對「中國現代性」的探討，正是觸動了這樣一種

59　周昌龍：《超越西潮：胡適與中國傳統》第 1 章《學術史上的胡適》第 3 節《文藝復興與充分世界化》，臺灣學生書局 2001 年。

現實感覺，表達了很多人內心的希望：當代中國的發展能否提供對現實資本主義的批判甚至某種意義的超越？[60] 在「反思現代性」的思潮背景下，胡適，這個 20 世紀前半期中國現代化最有力最堅定的鼓手，他的思想價值開始發生真正的危機。

　　首當其衝的，是胡適的「傳統」觀以及他對「傳統」的詮釋方式，這與「學術史熱」有密切關係。90 年代初，發軔於《學人》雜誌創刊號上一組筆談的「學術史熱」，其本意是要矯正 80 年代空洞偏激的反傳統，致力於發掘中國近現代學術、思想的多元路徑、多種遺產，為真正的文化建設尋找更多的資源。胡適、傅斯年等自由主義知識份子在現代中國力圖建設一個獨立的「學術社會」的志業，得到了強烈的同情和肯認。[61] 而隨著「反思現代性」問題的提出，以及西方「後現代主義」的輸入，人們對中國近現代文化保守主義者的抗拒和憂憤有了越來越多的「具瞭解之同情」，當年錢穆呼喚的「對傳統的溫情和敬意」成為相當普遍的精神需求。在 90 年代初反激進主義思潮下，傳統作為現代化的加速器和潤滑劑得以正名；而在此時，「傳統」既是「現代化」橫霸之勢下的受害者，又是對「現代化」破壞力量的一種正當的緩衝和補救。學術史研究出現了明顯的熱點轉移：對中國近現代文化保守主義一系進行重新發掘和估價，同時重新省思中國學術現代化科學化進程的利弊得失，文化保守主義者所提供的文化學術現代轉型的另類可能性受到空前重視。[62] 當歷史的聚光燈打到了文化保守主義者的身上，胡適的「陰

60　汪暉：《當代中國的思想狀況與現代性問題》，發表於《天涯》1997 年第 5 期，收入《死火重溫》，人民出版社 2000 年。

61　陳平原等：《學術史研究筆談》，《學人》第 1 輯，江蘇文藝出版社 1991 年。

62　如羅志田：《裂變中的傳承──20 世紀前期的中國文化與學術》，中華書局 2003 年；《國家與學術：清季民初關於國學的思想論爭》，三聯書店 2003 年；桑兵：《晚清民國的國學研究》，上海古籍出版社 2001 年；陳平原：《中國現代學術之建立──以章太炎、胡適之為中心》，北京大學出版社 1998 年；

影」就出現了：他對傳統的闡釋構建，犯了以「現代」剪裁「傳統」的大忌，變成了「再造」，這在今日之世，怎麼看怎麼彆扭。胡適的「學術」不過是其「思想」的表達工具，其「學術」價值不高，難以傳之久遠。

羅志田所著《再造文明之夢：胡適傳》於 1995 年出版，又於 2006 年出版了修訂本。[63] 羅志田並不淡化胡適的激進色彩，而是反覆檢討何以本以建設自居的胡適，卻主要以破壞自任，追隨並推進激進化而不知所止。余英時曾指出，胡適之所以「暴得大名」，是因為他在一個關鍵時刻突破了「中體西用」的舊格局，而把中國的現代化問題提升到文化的高度。對此，余英時是首肯的，認為從此國人對中西文化問題有了更深入的重新認識。[64] 而羅志田則把從「西學為用」走到「中學不能為體」看做是一條激進化的不歸路，並引用錢穆的話說，既然中學不能為體，「在空洞無把柄的心理狀態中，如何運用得別人家的文化成績？」[65] 在激進化的時代裡，胡適直到晚年，只能自認他的主要作為是自覺批評中國之種種，而畢生追求的為中國再造文明的夢想，終成虛願。[66] 羅志田對胡適學術成就的評價，微辭就更多了。他肯定胡適的《中國哲學史大綱》有樹立新典範、開啟新的治學門徑之功，但緊接著就檢討了胡適所開風氣不無流弊。這部書作為胡適「整理國故」的典範之作，其實犯了胡適自己批評別人的問題：存一個「門户成見」去看歷史，不肯真的

左玉河：《從四部之學到七科之學》，上海書店出版社 2004 年。這些著作皆引起學界的廣泛關注。

63　羅志田：《再造文明之夢：胡適傳》，四川人民出版社 1995 年。修訂本《再造文明的嘗試：胡適傳》，中華書局 2006 年。

64　余英時：《中國近代思想史上的胡適》，《重尋胡適歷程：胡適生平與思想再認識》，臺北聯經出版事業股份有限公司 2004 年。

65　羅志田：《再造文明的嘗試：胡適傳》，24 頁，中華書局 2006 年。

66　羅志田：《再造文明的嘗試：胡適傳》，319 頁，中華書局 2006 年。

實事求是,總要尋找事實來證明自己的成見。胡適的「門戶成見」,羅志田以為最嚴重的一點,就是他標榜的「祖孫的方法」,羅志田稱之為「倒著放電影片」的進化論。這是一種「目的論線形歷史觀」,它以某種現實存在為以往歷史演化的目的,所謂研究歷史,往往是從現實出發,尋找造成現狀的一系列前因,構成一條歷史連續性,而過去時代那些與現實存在不連續的東西,都被遮蔽割除。其目的則是綁架歷史以證明現實的合理性,這種歷史態度反而是最不尊重歷史的。羅志田引用柳詒徵之語,批評胡適「出新意而大刀闊斧」不免「誣古而武斷」又「強詞奪理」。[67] 羅志田不無戲謔地說,胡適對國故文學的整理,乃是以「另闢蹊徑」的取向,用「一種倒著放電影然後重新剪輯的方法」,集歷代「旁行斜出」之大成,自說自話,根本不與原來的「主流」對話。[68]

　　徐雁平所著《胡適與整理國故考論──以中國文學史研究為中心》,更深入詳實地論述了羅志田所指控的「流弊」,對胡適重新繪製的中國文學史的整體圖像,表示出明顯的批評甚至顛覆之意。他說,胡適的文學史,是打破原來的「正統」,再撿起其中可供利用的碎片,與「民間的」、「俗的」、「淺的」、「活潑的」邊角材料會合,然後重拼出中國文學史的主線,這就把原來的「正統」和「異軍」打了一個顛倒。其「文學史公式」呈現出「死的舊文學」、「傳統的古文文學」與「活的新文學」、「進化的白話文學」的二元對立,這個「二元模式」和「以民間為主動力的演進觀」迅速被採納為主要的文學史寫作範式,一直延續到 20 世紀 70、80 年代。作者指出,從這種重寫文學史顯示出來的整理國故的科學方法,主要是以追求通則為目的,而將每一門知識系統化條理化,而這種條理系統實在不是「國故」所固有之條理系統。

67　參見羅志田:《再造文明的嘗試:胡適傳》,169-170 頁,中華書局 2006 年。

68　參見羅志田:《再造文明的嘗試:胡適傳》,112 頁,中華書局 2006 年。

追求建構系統的學術導向，很容易造成「讀書不廣，索理不精」而「先務立說」的粗浮學風。以胡適為代表的新學人主要是用「線性歷史觀」將舊學加以系統化，這種「進化論」統領下的述學、明變、求因、評判，難免章太炎所批評的急功近利、穿鑿附會。[69] 桑兵撰文《橫看成嶺側成峰：學術視差與胡適的學術地位》，批評胡適開創「新範式」的同時也開創了以現代西學剪裁本土思想材料的不良學風。是文廣徵博引民國學人對胡適學術研究的批評，指出以現代自覺的統系比附古代斷片的思想，幾乎成了近今中學研究者的通病。不過，桑兵為了尊崇深入研究問題的學者，對思想家型知識份子的造成一代風氣貶低過甚，持論不免偏頗。[70] 陳平原所著《中國現代學術之建立——以章太炎和胡適之為中心》，對胡適以「大刀闊斧」的精神為中國文學史建立新的系統，倒是十分稱讚，畢竟從此之後中國文學史成了「具備某種內在動力且充滿生機的有機體」。對於胡適在學術日益專業化的 30 年代，自動放棄大手筆而拿起了繡花針，倒是充滿遺憾之情，從中可見作者對當代學風自 80 年代至 90 年代的轉移並不甚滿意。不過，他的重點與上述諸人一樣，是批評胡適的治學思路不脫「用西方概念來剪裁中國思想」，造成嚴重的對中國文化的偏見，在當今已日益暴露其內在缺陷。在他看來，比胡適「落後」的章太炎，儘管非常注重汲取西學，但總還是能回到自身傳統之中尋找資源，這樣的「述學傳統」，或許更有助於我們調整學術思路。[71]

69　徐雁平：《胡適與整理國故考論——以中國文學史研究為中心》第 4 章《白話文學史的建立及其影響》，安徽教育出版社 2003 年。

70　桑兵：《橫看成嶺側成峰：學術視差與胡適的學術地位》，《歷史研究》2003 年第 5 期。

71　陳平原：《中國現代學術之建立——以章太炎、胡適之為中心》第 5 章《作為新範式的文學史研究》、第 6 章《關於經學、子學方法之爭》，北京大學出版社 1998 年。

五、餘論：如何超越胡適式「自由主義」及其對傳統的「創造性轉化」？

將近一個世紀以前，留學美國的青年胡適說：「夢想作大事業，人或笑之，以為無益，其實不然。天下多少事業，皆起於一二人之夢想。」[72] 胡適一生的第一個大夢，是建設中國為一個自由、法治、民主的現代國家。然而，在中國近現代歷史上，以胡適為代表的自由主義路線始終無法實現其政治社會主張，甚至建設一個相對獨立的學術社會的事業，也遭到了「枝葉始欲茂，忽值山河改」的命運。以胡適為代表的中國自由主義一路，他們對中國現實的診斷以及開出的藥方，和中國尖銳的社會矛盾、緊迫的實際需要距離很大，以至成了書生之見。自由主義理念成了他們心目中的象牙之塔，適足以使他們與大多數中國民眾的所思所想相隔絕而有「高等華人」之嫌。

在20世紀90年代重新打出旗號的當代中國自由主義，盛讚胡適不隨歷史潮流而轉移的忠貞，悲慨歷史的無情，還表示要像胡適一樣做一個守望自由的孤獨先知。他們對胡適的塑造和尊崇，恰恰暴露了自身的嚴重問題。他們似乎仍然滿足於祖述西方自由主義的純正原意，關心的主要是測量中國自由主義與西方正典的差距，並據以撥正、填充中國的自由主義理念，然後悲歎中國社會現實的落後和扭曲，然後在「眾人皆醉我獨醒」的悲憤中與現實疏離甚至對立。如果不能深自檢討自由主義不能中國化、不能與中國實際相結合的歷史教訓，而總是以自由主義的純正理想來批評中國現實之種種，自由主義就只能繼續不接中國的「地氣」，無法具有論述中國現實、進入中國現實的能力，也就無法成為塑造中國歷史的真正力量。與當代自由主義者不能真正面對作為中國革命

72　曹伯言整理：《胡適日記全編》，1915年3月8日，安徽教育出版社2001年。

之後果的社會現實有關，他們雖然標榜最尊重歷史連續性，但卻對「中國革命史」採取了非歷史的態度。胡適作為自由主義「先知」要告訴我們的，似乎是說，歷史由於沒有好好聽取胡適的教導，所以走錯了路。他們不是檢討自由主義為何無法在中國現代史上發揮大用，而是譴責中國革命的狂濤巨浪使自由不得生根，使科學民主事業夭折。胡適的啟示，就是要讓我們走出激進的、盲從的歷史迷津，回到革命所要反叛、超越的歐美資本主義的道路上。由激進主義主導的革命，既然犯了整體主義、唯理主義、烏托邦主義的學理錯誤，那它的歷史過程、它所造成的社會現實也就全無價值了，其中並無需要繼承的歷史基礎、需要肯定的歷史經驗。由此看來，當代自由主義在否定革命史這一點上，不但犯了「激進主義」的錯誤，還明顯具有他們力圖避免的整體論的思想模式和「借思想、文化以解決問題」的思維方式。

胡適的另一個大夢，是再造將「德先生」、「賽先生」有機內化於自身的中國新文化。在新文化運動近百年後，這項事業仍在艱難的建設途中。胡適確認中國文化必須完成「古今之變」，而不能以文化的「東西之別」來模糊「古今之變」的問題，這個見解在今天看來，無疑是透徹準確的。但是，他基本上持一種生物決定論與環境決定論的文化觀念，是一個簡單粗糙的文化一元論者，把中西文化之別認定為不同文化發展階段的高低之差，認定被現代化進程自然淘汰的東西本無價值，把自身文化傳統中不同於現代西方的東西都看作糟粕，去之而後快。在這樣的思想前提下，儘管胡適並非全盤西化論者，並非對中國傳統持一概反對和抹殺的態度，但是，胡適式的對傳統的「創造性轉換」，正如許多研究者所指出，並沒有真正尊重「傳統」相對於「現代」的獨立性，而是拿「現代」對「傳統」做了精華與糟粕的二分，「傳統」並無任何意義上的「自性」，而只是未得充分發育的「現代」胚胎，其價值僅在於具有成為現代性的可能性。胡適往往通過對中國思想家和學派的闡

釋，來表達他自己的「思想」，不惜對原有對象造成相當嚴重的割裂和扭曲，不很尊重原有對象的有機性和獨特性質，從而遠離了他所標榜的客觀性。胡適式的對「傳統」的「創造性轉換」，意味著以現代思想觀念為探測器在「傳統」的廢墟中探寶，「傳統」成了各種各樣現代思潮尋根的淵藪，裡面充滿了已知未知的現代思想「萌芽」，「傳統」總是跟隨著現代思潮的轉換而變換著他的面目和價值。

今天，當我們身處後現代之境，「傳統」對於我們的意義正在發生重要的變化，「傳統」能夠對現代文化的種種潮流和結構產生一種批判與制衡的作用，也可以在全球化的世界格局中為我們自己提供某種重要的歸屬感，提供具有歷史深度與精神個性的文化資源。這就要求我們在「傳統」面前變得謙卑，重新估價「傳統」與「現代」的緊張和差異，真正把「傳統」當作「他者」，尊重「傳統」的「自性」，總之，我們要把一種使我們的一切相對化的能力還給「傳統」，而我們對「傳統」的學習也將增進自己的反省能力。自 90 年代以來，一些敏銳的學者開始反省胡適的「傳統」觀及其對「傳統」進行「創造性轉換」的方式，表達出一種超越胡適「典範」的意願。他們宣導的是，對傳統文化和思想的詮釋要盡力還歷史語境化，尊重中國學術、思想、文化自身固有的系統，將古人所思所想置於具體的歷史語境以明其所指和意義，不再以線形進化論將二千年貫串一線，從而將「傳統」高度簡化和教條化。所有的西來學說和方法，只能成為我們研究的工具，而不能直接用作重構傳統的整體間架。這種自覺將使我們有可能超越胡適式的對「傳統」的「創造性轉換」，而在後現代之境中重新開啟「傳統」的思想價值。

【第九章】
具體而微的哥白尼革命
胡適對中國學術思想傳統的「再造」

一、引言

　　1919 年 12 月，胡適在《新青年》上發表《新思潮的意義》，提出了「整理國故」運動的綱領，號召以「評判的態度」、「科學的精神」，重新估定中國固有文化的價值，做一番「整理國故」的工夫，達到「再造文明」的目的。[1]胡適的「整理國故」主要集中於「再造」中國文學史和學術思想史，這是他「再造文明」的核心所在。

　　晚年，胡適於《口述自傳》中總結評價自己一生「整理國故」的業績，自認在現代中國學術史上，其意義相當於一次「具體而微的哥白尼革命」，他說：

　　　　我也曾提到我對我自己所說的「價值重估」這一概念的認識和執行。那就是把千百年來一向被人輕視的東西，在學術研究上恢復它們應有的正統地位，使傳統學術方法和考據原則等等也可用之於對小說的研究。在現代的中國

1　胡適：《新思潮的意義》，原載 1919 年 12 月 1 日《新青年》第 7 卷第 1 號，《胡適文集》第 2 冊，551 頁，北京大學出版社 1998 年。

學術裡，這一個轉變，簡直與西洋思想史上，把地球中心說轉向太陽中心說的哥白尼的思想革命一樣。在中國文化史上我們真也是企圖搞出個具體而微的哥白尼革命來。我們在學術研究上不再獨崇儒術。任何一項有價值的學問，都是我們研究的對象。把漢學研究的範圍擴大，本來也是我個人野心的主要目標。在這些年裡，我個人所從事的批判性的整理國故的工作，至少也有兩大目標：一個便是中國文學史，另一個便是中國哲學史。後來我總喜歡把中國哲學史改稱為中國思想史。這兩方面也是我留學歸國以後，整個四十年成熟的生命裡學術研究的主要興趣之所在。[2]

　　無論在「中國文學史」還是「中國思想史」上，胡適進行的「哥白尼革命」主要是推翻向來的「正統」，使「異軍」復活，而建立新的「正統」。[3] 這一「革命」是以這樣的方式實現的：按照他所崇信的現代文明之理想，從中國傳統文化的邊緣和異端汲取「現代」因素，重新結構，將之拼接成連續性的歷史脈絡，置換為中國文化的重心和主軸。胡適發明出一套「文藝復興式」的中國文化史敘事，將中國文化史描述成一個以不斷返本開新的方式走向現代的進化歷程，從而將中國文化的現代化說成是歷史的「自然」發展。在這一「宏大敘事」中，胡適及其整理國故運動處於古今之變的轉捩點上，他是中唐以來不斷走向「文藝復興」的中國古代文化的終結點，同時，又是中國新文化的出發點。胡適就是在這樣一個位置上，以他自己的思想價值體系為座標，向前倒推

2　胡適：《胡適口述自傳》，268-269 頁，安徽教育出版社 2005 年。

3　胡適於 1932 年 5 月 10 日給錢玄同信中說：「……並且這事可以表示近年中國學術界的一個明顯的傾向。這傾向是正統的崩壞，異軍的復活。在思想方面，李覯、王安石、顏元、崔述、姚際恒等人的抬頭，與文學方面的曹雪芹、吳敬梓的時髦是有同一意義的。」《胡適書信集》上冊，570 頁，北京大學出版社 1996 年。

出來了一個中國學術思想的新的「道統」相傳。在中國現代學術史上，儘管已經有不少先行者對中國固有學術思想傳統進行「價值重估」，但真正給出一個新的「全面結構」和「全部系統」的，確乎是胡適。

1928 年 5 月，針對常乃悳對其小說考據於 20 世紀中國到底有何「大用處」的質疑，胡適說，他只是要教人一個「思想學問的方法」，讓人可以破除迷信，敢於懷疑一切神聖和權威。[4] 胡適將「整理國故」的精髓歸結為考據方法，又把考據方法說成是對懷疑、理性之科學精神的展示，實在是有些大題小作了。他在「小心求證」之前，早已經「大膽假設」了中國思想文化傳統的新的整體性詮釋框架，其史學成就又豈在「考據」？ 20 年代是胡適「大刀闊斧」的時代，以後則多拿「繡花針」，基本上是在 20 年代，胡適以他所理解的實驗主義之精義也是現代文明之精義對中國學術思想傳統重施條貫，形成了「整理國故」事業背後的「基本概念」，實現了對中國文化史的「哥白尼革命」，以後雖有不斷的調整、補充，但並無大的變化。1923 年 2 月，胡適為《東方雜誌》寫《一個最低限度的國學書目》，已經勾勒出了他的新的中國文學史和思想史的「歷史線索」和「天然系統」，[5] 梁啟超評論說，他「這個書目正是表示他自己思想的路徑與所憑藉的材料」，所見甚是。[6] 胡適一生，自詡要把金針度與人，強調方法的傳授，這個按照他的「文藝復興史觀」給出的中國思想文化史的「歷史線索」和「天然系統」，對於後學來說，是比任何考據方法乃至十字真訣都更有用的「金針」。

4　胡適：《廬山遊記》，原載 1928 年 5 月 10 日《新月》第 1 卷第 3 號，《胡適文集》第 4 冊，152 頁，北京大學出版社 1998 年。

5　胡適：《一個最低限度的國學書目》，原載 1923 年 2 月 25 日《東方雜誌》第 20 卷第 4 號，《胡適文集》第 3 冊，87 頁，北京大學出版社 1998 年。

6　梁啟超：《評胡適之的《一個最低限度的國學書目》》，胡適《一個最低限度的國學書目》附錄，《胡適文集》第 3 冊，120 頁，北京大學出版社 1998 年。

關於胡適對中國文學史的「再造」，已有相當深入詳實的研究論著，如徐雁平所著《胡適與整理國故考論──以中國文學史研究為中心》。[7] 周昌龍《超越西潮：胡適與中國傳統》、羅志田《再造文明之夢：胡適傳》、陳平原《中國現代學術之建立──以章太炎和胡適之為中心》、桑兵《橫看成嶺側成峰：學術視差與胡適的學術地位》對胡適關於中國思想史的重施條貫、背後的整體概念及其在思想、學術上的影響，從不同立場、角度給予了總結和評價，詳見前章所論。[8] 本章側重研究的是，胡適如何通過他的學術研究構建出中國學術思想史的新的整體圖景，他怎樣通過對中國固有學術思想的闡析而進行了一番「翻轉」和「再造」，從而重構出具有現代意義的全新的「中國學術思想傳統」。最後，想提出討論的是，我們怎樣超越胡適式的對傳統的「創造性轉換」。

二、人本主義和理智主義的「中國根底」

在胡適以「文藝復興」為主軸的中國文化史大敘事中，春秋中葉以至於戰國末期的諸子時代，處於神聖的「起源」位置，是中國歷史的回心之軸，規定著中國歷史的根本方向。1942 年 10 月，胡適在紐約用英文發表《中國思想史綱要》，為日後欲專心從事的思想史研究作一總體規劃，是文將中國思想史分成「古典時代」、「中古時代」和「近世」，「古典時代」即西周末至於秦漢之際的西元前一千年，而以諸子

7　徐雁平：《胡適與整理國故考論──以中國文學史研究為中心》，安徽教育出版社 2003 年。

8　羅志田：《再造文明之夢：胡適傳》，四川人民出版社 1995 年；修訂本《再造文明的嘗試：胡適傳》，中華書局 2006 年；陳平原：《中國現代學術之建立──以章太炎、胡適之為中心》，北京大學出版社 1998 年；周昌龍：《超越西潮：胡適與中國傳統》，臺灣學生書局 2001 年；桑兵：《橫看成嶺側成峰：學術視差與胡適的學術地位》，《歷史研究》2003 年第 5 期。

時代為中心。胡適説,「古典」中國的遺產,是人文主義、合理主義和
自由精神。所謂「人文主義」,就是關注人生的精神,對死後世界並無
沉思之興趣;所謂「合理主義」,是指中國思想從未訴諸超自然或神秘
的事物以作為思想和推理的基礎;而人文主義的興趣與合理主義的方法
論結合起來,則給予古代中國思想以「自由精神」。這樣的古典中國的
遺產成為中國文化的　種強固傳統,　種根本指向,用以估定一切域外
輸入的理念和制度,「一旦中國思想變得太迷信、太停滯、太不合乎人
文精神時,這個富有創造性的理智遺產,總會出來挽救。」[9] 1960 年 7
月,胡適在華盛頓大學演講《中國的傳統與未來》,最後一次系統表述
了他的「中國文藝復興史觀」。他再次重申,中國文化傳統的基本特
色,多少都是「經典時代」的幾大哲學塑造琢磨出來的。這個時代波瀾
壯闊的百家爭鳴,構成了「那個飽經風雨侵蝕而更可以看得明白透徹的
中國根底」,即「人本主義與理智主義的中國。」每當中國文化不幸地
偏離了「進化」的「正軌」,這個「中國根底」總是最終會把它「救
醒」,而構成中國史上的一次「文藝復興」,並在晚近之世,因為接觸
新世界的科學民主文明而「明白透徹」,而完全「復活」起來。[10]

　　這個以諸子時代為軸心的歷史圖景,並非胡適的發明,它在晚清就
已經輪廓鮮明了。梁啟超於 1902 年發表《論中國學術思想變遷之大
勢》,以先秦諸子為「全盛時代」,並能衝決儒家網羅而平視諸子。
1904 年,梁氏續寫「近世之學術」一章,雖以反漢學的今文經學立場,
判清代學術為中國學術思想最衰落之時期,但卻説清代學術由東漢之學
進而為西漢之學進而為諸子學復興,呈現出向「起源」復歸的趨向,總

9　　胡適:《中國思想史綱要》,《胡適文集》第 10 冊,414-419 頁,北京大學出
　　　版社 1998 年。
10　　胡適:《中國傳統與將來》,《胡適講演集》上冊,220-242 頁,臺北中央研
　　　究院胡適紀念館 1978 年。

可名為「古學復興時代」。[11] 革命黨的國粹學派也大倡「古學復興」之說，以周秦諸子比擬於歐洲「古典」時代，而當今之世正是「古學復興」之世。[12] 章太炎在他的《諸子學略說》和《國故論衡》中抨擊儒家思想，對孔子及其在中國文化中的地位進行再評價，推尊莊、老、韓、墨，並已經深入闡釋了墨學、名學中科學的邏輯學。胡適明確承認，自己的「中國哲學」研究是以二氏為先導的。[13]

胡適學術思想事業的開端，就是承繼前人並第一次完整地勾畫出中國文化史同步於世界文明潮流的新「原點」，從而樹立了「整理國故」事業的典範。胡適在 1919 年 2 月出版的《中國哲學史大綱》上卷《導言》中論「中國哲學史的區分」，已經大概講出了他的「文藝復興史觀」，而將諸子時代置於中國史的「回心之軸」。他說，中國哲學史可分為古代、中世、近世三個時代，「古代哲學」即蘊含著現代科學、哲學之萌芽的諸子百家；「中世哲學」不幸造成漢帝國的儒教，遂使「老子到韓非三百年哲學科學的中國」退化成一個「方士的中國」，繼而印度哲學大盛，將中國原有學術掩遮其下；而自北宋以來的「近世哲學」，從印度思想中突圍而出，回到「正心誠意齊家治國平天下」的入世主義；清代是那固有「古學」昌明的時代，又恰當西洋現代學術思想的輸入，中國終於走上了返本開新的現代歷程。[14]

11　梁啟超：《論中國學術思想變遷之大勢》，《飲冰室文集之七》，100 頁，《飲冰室合集》第 1 冊，中華書局 1989 年。

12　參見羅志田：《中國文藝復興之夢：從清季的「古學復興」到民國的「新潮」》，《裂變中的傳承：20 世紀前期的中國文化與學術》，中華書局 2003 年；鄭師渠：《晚清國粹派文化思想研究》，122 頁，北京師範大學 1997 年。

13　胡適：《四十自述》，《胡適文集》第 1 冊，73 頁，北京大學出版社 1998 年；胡適：《五十年來中國之文學》，《胡適文集》第 3 冊，228 頁，北京大學出版社 1998 年。

14　胡適：《中國古代哲學史》，《胡適文集》第 6 冊，166-168 頁，北京大學出版社 1998 年。

　　胡適的《中國哲學史大綱》上册於 1919 年 2 月面世之後，遂引起洛陽紙貴的轟動。時人評論説：「自從胡先生的《哲學史》出版以後，中國舊思想真相畢露，眉目為之一新，觀念為之一變，影響所及，而整理國故的聲浪漸高。」[15] 這本書，較之前人的現代意義的諸子學研究，其新意在於以一種系統的西方哲學觀念即實用主義去定義中國思想的根本問題並對之進行系統架構，他不但在「西元前五、四、三世紀中那些偉大的非儒學派」中找到了「現代」在中國「遙遠但卻高度發達」的「先驅」，使「非儒學派」的思想重要性超過了儒學，成為新文化運動思潮中一次重要的思想革命，[16] 而且，我在這裡要重點討論的是，胡適以他的實用主義思想，接續了明末以來反理學形上學的「實學」思潮，對中國思想傳統尤其是孔子之學的根本問題和基本性格進行了一種幾乎是「革命性」的重新詮釋。

　　胡適曾指出，按照實用主義的哲學觀念，「哲學」不是「認識論」而是要探求「認識與改善環境的方法」，哲學所探求的「科學精神與方法」是一種「有根據有條理的思想作用」，是一種「創造的智慧」，「使生活的內容外域永遠增加，使生活的能力格外自由，使生活的意味格外濃厚。」[17] 那麼，當然，每一部哲學史的最主要部分就是這「科學精神與方法」的發展。30 年代以後，時人大多認為胡適的「中國哲學史」作為先驅已經過時，但胡適自己卻堅持認為：「我這本書的特別立場是要抓住每一位哲人或每一個學派的『名學』方法（邏輯方法，即是知識思考的方法），認為這是哲學史的中心問題。……可惜後來寫中國

15　郭湛波：《近五十年中國思想史》，221 頁，山東人民出版社 1997 年。

16　賀麟指出其書「提倡非儒家的諸子哲學的研究，以減輕儒家一尊的束縛，而開思想自由之風。實代表新文化運動對於改革傳統思想的方案。」《五十年來的中國哲學》，20 頁，商務印書館 2002 年。

17　胡適：《實驗主義》，《胡適文集》第 2 册，231 頁，北京大學出版社 1998 年。

哲學史的人,很少能夠充分瞭解這個看法。」[18]

　　對於中國思想的根本概念「道」,胡適說:「實際上它簡單的意義只是方式或方法:個人生活的方式,社會接觸的方式、公共活動和治理的方式等等。」[19] 於是,所有中國哲學家的中心問題,也是所有西方大哲學家的中心問題,就是尋求「道」,就是探求「整頓、理解和改善世界秩序的方式和方法」,用中國古人尤其是儒家的話說,就是「修身齊家治國平天下」。那麼,孔子的「中心問題」自然應當是尋求整治天下之道,變「無道」為「有道」,而孔子的「方法」就是通過「正名」建設一種公認的是非真偽的標準,以便現實世界趨近和模仿。胡適特別指出,「一以貫之」和「忠恕之道」並非如前人成說,是推己及人的人生哲學,而是孔子認識世界和改善世界的「方法論」。這種方法論裡面含有一種信仰知識的精神,即認定宇宙間天地萬物雖然頭緒紛繁,卻有系統條理可尋,「一以貫之」就是要能尋出事物的條理系統──這就是構成「中國根底」的「理智主義」;胡適又繼承章太炎的說法,把「忠恕之道」也說成是一種知識論:「心能推度曰恕,周以察物曰忠。」「恕」即是推論,以類似為根據,要使人聞一知十、舉一反三。但孔子「正名」的方法,是由事物的「名」而追溯其本來的「象」,從中掌握理想的涵義,作為現實事物應該依循的正確標準,其重點不在於考察實際的現實事物本身,而在於回復其「古已有之」的本來狀態,所以,孔子所說的「忠」並非章太炎所說,是周密如實地觀察經驗事實,而只是紮進故紙的學問中。孔子的「正名」方法不能看重效果,從實效著眼,只能算是半個古代實用主義。[20]

18　胡適:《《中國古代哲學史》臺北版自記》,《胡適文集》第 6 冊,159-160 頁,北京大學出版社 1998 年。

19　胡適:《先秦名學史》,《胡適文集》第 6 冊,24 頁,北京大學出版社 1998 年。

　　墨子比孔學更加具有「科學的精神與方法」。墨子認為人類制度是根據某種實際的需要和目的而建立起來的，所以，要建立檢驗人間事物是非善惡的標準，就必須從這些事物所產生的實際效果著眼。「三表法」是墨子的論證法，尤其是注重考察「百姓耳目之實」的這一法，確實是科學發展的正確方向。但是，墨子的問題在於把「用」和「利」理解得太狹窄了，只是看重眼前的表面的用。老子哲學最有價值之處就是他首先提出了「自然天道觀」，把以前有意志的主宰性的「天道」變成了類似「自然法」的東西。荀子的「天道」觀最有現代精神，竟類似於培根的主義了，但不耐煩做「思物而物之」的科學家功夫。這些具有「科學精神和方法」的先秦諸子，他們的「實用」僅僅以是否有益於治為標準，不能真正開闢科學發展的大道而只能算做「極端短見的功用主義」。[21] 胡適在老、孔、墨、孟、荀、莊、韓的思想中努力尋找著「可以有機地聯繫現代歐美思想體系的合適的基礎」，同時又試圖解答中國為什麼有「科學精神和方法」的萌芽，但卻終究發展不出科學的原因。

　　胡適鄙棄儒學傳統中「成聖」、「成德」的目標旨趣，將儒學「內聖外王」之道「整理」得只剩下「整治天下」即「外王」之道。他把孔子說成是半個實用主義者，為了治國經世而探求出理知的認識方法，而孔子的人生境界和人生哲學反而是不重要的。胡適說，最早儒家只注重實際的倫理和政治問題，到了《大學》、《中庸》的時代，則從「外務的儒學」進入「內觀的儒學」。[22] 這樣一來，胡適就把「外務的儒學」

20　參見胡適：《中國古代哲學史》第四篇《孔子》第四章、第五章，《胡適文集》第 6 冊，北京大學出版社 1998 年。

21　參見胡適：《中國古代哲學史》第六篇《墨子》第三章，第三篇《老子》第四章，第十一篇《荀子》第二章，第九篇《莊子》第一章，《胡適文集》第 6 冊，北京大學出版社 1998 年。

22　胡適：《中國古代哲學史》，346 頁，《胡適文集》第 6 冊，北京大學出版社 1998 年。

即儒學傳統中功利主義一系「翻轉」成了儒學的正統和主流。按照實用主義哲學的標準，墨子顯然比孔子更為「進化」，尤其是別墨學派，甚至發展出來了真正的邏輯方法和自然科學，只可惜其傳承不幸中斷，不能替代儒家成為整個中國文化的主流。當時有不少學者都指出，胡適其書的一個重要特點，就是把墨子墨學抬高到比孔子儒學更高的位置上。如賀麟說，胡適以實用主義觀點評論各家學說，特別批評儒家，表揚墨家的實用主義。在學術上，於《墨經》的考訂，貢獻較大。[23] 郭湛波也指出，胡適整理「舊思想」成績最佳者就算是墨家了，他闡發表彰二千年絕亡的墨家墨學，使之得以與儒、道比肩。[24]

對胡適以實用主義哲學觀點系統架構先秦諸子的「整理」，及其對中國思想根本觀念「道」尤其是孔子之「道」的翻轉式詮釋，同時代的「新」、「舊」學者曾有過明確尖銳的批評，今天看來，有些意見頗能切中肯綮。梁漱溟在 1921 年出版的《東西文化及其哲學》中批評胡適全不懂得孔子的生活態度、人生哲學，而他對以孔子為代表的中國文化的「哲學」詮釋，也處處針對胡適。他說，胡適自己是講實驗主義的，所以對墨子的哲學覺得很合脾胃，而對孔子的哲學就不得其解。墨子較接近「西洋的生活態度」，那是一種講求用處、理智計較的算賬的態度，而孔子式的「中國的生活態度」與此相反，孔子提倡的「仁」的生活恰恰反對算賬，要義在於培養好善的敏銳的直覺，那是一種發乎內在真實的情感，如生趣之盎然。那種「靜」的、「無私心」、「無欲」的修養方法，正是要養出敏銳準確的直覺。梁漱溟批評胡適把孔子的「一貫之道」講成是一種謀求認知和改善世界的理智主義方法論，是要把握這個世界運動的基本原理以求達到自己的目的。梁漱溟說，這根本上是

23　賀麟：《五十年來的中國哲學》，20 頁，商務印書館 2002 年。

24　郭湛波：《近五十年中國思想史》，221 頁，山東人民出版社 1997 年。

「認定前面而計慮」的「西洋的人生態度」，絕非孔學之精義。[25] 梁漱溟意識到，胡適將孔子之學徹底扭轉為「外務的」，而鄙棄一切「內觀」式的人生哲學，其背後的目的是在宣導一種從根本上反傳統的向外進取和征服的人生觀。1923 年 12 月 9 日，梁漱溟在北大演講《批評胡適之先生的人生態度並述我自己的人生態度》，他把胡適的《不朽》、陳獨秀的《人生真義》、陶孟和的《新青年之新道德》和李大釗的《今》一起合觀：

> 他們那些話完全見出那種向外要有所取得的態度，雖然不應與貪婪的風氣混為一說，但實在都是那一條路子，就是說同樣的是向外找而不在自身上體認人生的價值。[26]

梁啟超對胡適的批評與梁漱溟同調而更加系統。1922 年 3 月 5 日，梁啟超在北大哲學社作《評胡適之《中國哲學史大綱》》的演講，胡適同坐在臺上，並當場進行辯駁，形成了一次小小的論戰。梁啟超無法同意胡適對中國思想之根本概念「道」的「實用主義」式的定義，在他看來，「中國哲學上最重要的問題」應該是「怎麼樣能夠令我的思想行為，和我的生命融合為一？怎麼樣能夠令我的生命與宇宙融和為一？」這個根本的大問題，用莊子的話說是「天與我並生而萬物與我為一」，用儒家的話說是「天地萬物一體之仁」。梁啟超批評胡適只是用「知識論」的眼光對「中國哲學」加以「截取」，而對「中國哲學」所追求的生命境界及其價值沒有認識。在梁啟超看來，孔子之「學」明明是一種提升生命境界的學問，「是屢空，是心齋，是克己復禮，是三月不違

25　梁漱溟：《東西文化及其哲學》，136-140 頁，商務印書館 1999 年。

26　梁漱溟：《批評胡適之先生的人生態度並述我自己的人生態度》，《梁漱溟全集》第四卷，765 頁，山東人民出版社 1991 年。

仁，是不改其樂，是無伐善無施勞，是有不善未嘗不知，知之未嘗復行」，絕不僅僅是求治國經世之實效。胡適其書最大的問題，就是用「應用的學問」來詮釋這種「受用的學問」。[27] 1922 年底，梁啟超在東南大學演講《先秦政治思想史——中國聖哲之人生觀及其政治哲學》，專門闡發這種「受用的學問」，以對治現代工商業文明產生的兩種根本矛盾：向外的物質欲求與精神生活之間的矛盾；社會組織的日益機械化與人的個性發展之間的矛盾。[28]

《中國哲學史大綱》出版後，胡適寄送章太炎，章太炎回信批評胡適不該將莊子「萬物皆種也，以不同形相禪」一句說成是生物進化論。這一批評表現出二人在世界觀和文化立場上的根本分歧。章太炎經「轉俗成真」之變後，即對一元文化觀、直線進步史觀採取批判反省的態度，提出了「俱分進化論」和「齊物論」。他的「齊物」世界是一個多元文化多元價值互相制衡互相補充的場域，沒有高下之序，沒有絕對的統一標準，所以他認定莊子的那句話絕不是在講一元的直線進化論，而是在講「無盡緣起」即一種多元的沒有一概標準和秩序的世界觀。在他看來，胡適的詮釋不能把握諸子之學的宗旨，而是「斷章取義」之所為。[29]

1923 年，陸懋德《周秦哲學史》一書出版，是書針對胡適《中國哲學史大綱》詳於墨學名學，而於道家、儒家、法家之說「擇焉不精，語焉不詳」，特欲發明道家、儒家、法家道德政治學說之精詣。[30] 柳詒徵

27 梁啟超：《評胡適之《中國哲學史大綱》》，《飲冰室文集之三十八》，60-65頁，《飲冰室合集》第 5 冊，中華書局 1989 年。

28 梁啟超：《先秦政治思想史》，183 頁，《飲冰室合集》第 9 冊，中華書局 1989 年。

29 章太炎：《1919 年 3 月 27 日與胡適》，馬勇編：《章太炎書信集》，665 頁，河北人民出版社 2003 年。

30 陸懋德：《周秦哲學史·自敘》，3 頁，京華印書局 1923 年。

隨即發表《評陸懋德《周秦哲學史》》一文，借此闡發他對先秦諸子之
學的理解而反對胡適的詮釋路徑。柳詒徵說，中國聖賢之學注重躬行心
得而非客觀求知，不可謂之「哲學」而只能叫做「道學」。中國聖賢不
信奉進化、進步之觀念，而持一種「陰陽消息」循環往復的世界觀，以
為「野蠻之時代有最文明之精神，文明之時代有最野蠻之舉動，而人類
之苦樂，亦復互有消長，不可以一概論。」這「陰陽消息」的世界觀乃
是「中國哲學」的根本。柳詒徵還著重就老莊之學，來講中國聖哲所抱
之世界觀的「反現代」性質。今人尚積極而反消極，追求「物質之變
化、制度之改革、知識之分析、嗜欲之擴張」，而老莊之學則講致虛守
靜，損之又損，始能返於淳樸，歸根復命，專門要人不為知識嗜欲所迷
溺。他認為，孔子之學「教人就其毗陰毗陽之德而引之於中道」，並注
重於人倫日用之間加以指示，這是中國古代「道學」的最高理想。而胡
適輩宣揚信奉的是進步的世界觀以及向外積極進取的人生態度，顯然與
古老的「理想」格格不入、方鑿圓枘。[31]

張君勱在抗戰的背景下寫《胡適思想界路線評論》一文，意欲使中
國思想風氣走出新文化運動而有一新的轉向。他批評說，胡適《中國哲
學史大綱》「是一篇知識論，或名學思想之發展史，絕不能道出孔孟之
注意人倫，注重行為之真精神。誠以西方之長在知識、在名學，所短在
人倫與心性之修養。中國之長在人倫，在行為，而所短在知識，在名
學。挾彼所長之觀點，來衡孔孟以來之知識論，則吾國思想家之精神與
吾國文化之精神，何由而表現乎？」[32]

31　柳詒徵：《評陸懋德《周秦哲學史》》，原載 1924 年 5 月《學衡》第 29 期，
　　桑兵、張凱編：《近代中國學術批評》，39-47 頁，中華書局 2008 年。

32　張君勱：《胡適思想界路線評論》，原載 1940 年《再生》第 51 期，鄭大華
　　編：《兩棲奇才——名人筆下的張君勱，張君勱筆下的名人》，382 頁，東方
　　出版中心 1999 年。

　　馮友蘭的《中國哲學史》上冊於 1930 年出版，是書在廣度和深度上超越了胡適的「範式」而開闢了中國哲學史研究的新規模。他在《緒論》中特別指出，「哲學」本一西洋名詞非中國所固有，今日，我們講「中國哲學」和「中國哲學史」，是在講「中國之某種學問或某種學問之某部分之可以西洋所謂『哲學』名之者也」。他指出，「中國哲學家」多講所謂「內聖外王」之道，其最高理想即實有聖人之德，實舉帝王之業，故「中國哲學家」多未有以知識之自身為目的，不為知識而求知識。與此相關，「中國哲學家」也未顯著地將人與宇宙分而為二，沒有「我」的充分自覺，沒有主觀與客觀之分，故「知識論」從未成為「中國哲學」上的大問題。這樣的看法其實是在批評胡適以「名學」即知識論問題為中國哲學史的主要線索。馮友蘭還指出，宋明以後的「義理學」也是有其方法論的，即講求「內聖」的「為學之方」，它不是求知識的方法而是求善的方法，這一部分雖然不能用「哲學」名之，但並不能因此就否定其價值。[33] 這種態度比之胡適完全否定「內聖」路線及其人生取向與為學之方，還是有更多的「具瞭解之同情」。所以，金岳霖在他的《審查報告》中表揚馮友蘭的「中國哲學史」能「僅以普通哲學形式來寫中國哲學史」，而沒有以一種哲學的成見即哲學觀點來寫中國哲學史。他批評胡適的「中國哲學史」有太深的實用主義的成見，以至其詮釋不免牽強附會。顯然，同樣出身哥倫比亞大學的金岳霖對於實用主義這種哲學「成見」的成見是很深的，他說：「在工商業那樣發達的美國，競爭是生活的常態，多數人民不免以動作為生命，以變遷為進步，以一件事體之完了為成功，而思想與汽車一樣也就是後來居上。胡先生既有此成見，所以注重效果，既注重效果，則經他的眼光看來，樂天知命的人難免變成一種達觀的廢物。」[34]

33　馮友蘭：《中國哲學史》，1-25 頁，中華書局 1961 年。

　　30 年代留學德國專攻德國古典唯心主義哲學的賀麟，在 1945 年抗戰勝利後出版《當代中國哲學》以回顧和反省時代思潮的演變，他嚴重批評胡適在《中國哲學史大綱》中所持所宣傳的實用主義重行輕知，重近功忽遠效，重功利輕道義，在理論上缺乏堅實的系統，在主義上無確定的信仰。其理論是消極的破壞意義居多，積極的建設意義很少，「不談主義，多談問題」正是實驗主義者最率直的自白。這種零碎片段的作風，其結局在哲學上不能成立偉大的系統，在行為上無團體的組織，無堅定不移的理想和信仰。故無論在政治方面還是在理論方面，都不能滿足現時代青年精神生活的要求。而馬克思主義辯證唯物論則提供了一個堅定的信仰，提出了解決中國問題的政治方案，還使青年得以形成具體的組織，於是，當馬克思主義在 30 年代興起，實用主義就只好聞風而退了。[35]

三、宋代新儒學的「主內派」和「主外派」

　　在胡適以「文藝復興」為主軸的中國文化史上，宋代新儒學運動處於一個關鍵的轉捩點上，那「人本主義和理智主義」的「中國根底」終於從印度化的宗教中「改竄」而出，走上了「復興」的光明大道。胡適對程朱理學的思想內涵和歷史意義，進行了重新詮釋和定位，經過他的一番「整理」，程朱理學向上接續了胡適所定義的真正的孔學傳統，向下開啟了清代學術的科學精神與方法，使中國文化迎來了真正的「文藝復興」。我在這裡尤其要著重指出的是，胡適在「道學」之外，還「發現」了另外一條宋代新儒學的路向，即相對於「主內派」的「道學」的「主外派」，在胡適看來，宋代新儒學的「主外派」才真正傳承了孔子

34　金岳霖：《馮友蘭《中國哲學史》審查報告》，馮友蘭：《中國哲學史》附錄，中華書局 1961 年。

35　賀麟：《五十年來的中國哲學》，67 頁，商務印書館 2002 年。

之學的真諦，是中國「文藝復興」本該有的正途，標誌著中國思想文化的主動脈，相對於這個「主外派」，程朱理學其實只是一條「歧路」。

胡適至少在留學期間已經意識到，朱子學與清代考據學之間有著一脈相通的學術傳承關係。在《口述自傳》中，胡適説，他自幼所讀四書五經都是朱熹的注解，直到留學前夕，才在楊景蘇的指導下讀《十三經注疏》，並為漢儒與朱熹之間明顯的差異感到迷惑，而有了鑽研的念頭。也就是在這個過程中，他認識到貶斥「宋學」標榜「漢學」的清代考據學其實是以朱子學為先導的。[36] 1923 年，胡適發表《科學的古史家崔述》，他指出清代學者那種疑古辨偽的理性精神、古韻的研究、古書的考訂、古訓詁的整理，全是宋儒首先發起的。他明確論述了從「宋學」到「樸學」的學術演進的歷史：

> 漢學和宋學，表面上似乎很不同，其實清代的漢學大師，除了惠棟、江藩一班迷信漢儒的人之外，和漢儒的精神相去最遠，和宋儒、朱熹一派倒是最接近的。他們無論怎樣菲薄宋儒，無論怎樣抬高漢儒，但學術史上演進的線索是終究瞞不住的。於今事過境遷了，我們冷眼觀察清代三百年的學術，不能不認那推崇朱子的崔述和那攻擊朱子最屬害的毛奇齡、戴震同是一條路上的人。他們都很接近朱熹而很不接近毛公、鄭玄！[37]

胡適用「祖孫的方法」所建立的「宋學」與「樸學」之間的「一貫之道」，並不僅僅停留於在「道問學」上的譜系傳承，更根本的是，胡適對程朱理學的思想旨趣和體系進行了一番「科學化」的重新詮釋和架

36　胡適：《胡適口述自傳》，129 頁，安徽教育出版社 2005 年。
37　胡適：《科學的古史家崔述》，第一章和第二章原載于《國學季刊》第一卷第二號，《胡適文集》第 7 冊，165 頁，北京大學出版社 1998 年。

構，經過他的「整理」，程朱理學的精神實質發生了重大的位移，幾乎呈現出全新的面貌。

理學以「天理」為貫通自然、社會、人生的形上本體，「天理」既是客觀實在，又內具於人心。善端之起，不學而能，不慮而知。但天地間有「理」有「氣」，人心有「性」有「情」，又有「氣質之性」與「義理之性」的區別，所以良知本心往往有所遮蔽障礙，而為學的目的就在於去蔽去障，澄明本心發揚良知。程朱一系雖然重視「道問學」，但其為學的最終目標卻不是增益對客觀世界的「聞見之知」，而是回到主體，豁顯「德性之知」。但胡適卻有意識地將理學「尊德性」的目的和「道問學」的方法割裂開來，另賦予「道問學」的方法以客觀求知的「科學」目標，從而將理學的「致知格物」引申為中國「科學精神和方法」在近三百年「復興」的前因。胡適在 1919-1921 年所寫《清代學者的治學方法》中，首先說到清代學者的「科學方法」來自「中國近世哲學」即理學的「方法論」，即《大學》所述「八條目」。對於儒者「大學」之道，胡適單拈出「致知在格物」一條，以為最重要，他尤其重視朱熹將「格物致知」解釋為「即物而窮其理」，他說，承認「人心之靈莫不有知，而天下之物莫不有理」而主張「即物窮理」，是要求自己去到客觀事物上尋出「物」的道理來，這便是歸納的精神；而朱熹所說「即凡天下之物，莫不因其已知之理而益窮之，以求至乎其極」，這完全符合科學研究的程序，「倘宋代的學者真能抱著這個目的做去，也許做出一些科學的成績。」其實，朱熹所致之「知」，當是「德性之知」，所窮之「理」乃是內具於心的「性理」即「天理」，而胡適的解釋卻把「格物」的方法和「求道」的目的分割開來，使「格物」變成了面對客觀世界探求理則性知識的方法，這當然絕非「格物致知」的本意。胡適注意到，朱子曾觀察地質變動，從山石中發現螺蚌殼，從而推想山陵或為河谷。對於朱熹來說，自然物理與道德倫理只是一個天理，

他的本意是從這自然現象中深思剛柔高下相倚互變之理。而胡適卻說，這種觀察本可以成為「歷史的地質學」的開端，可惜包括朱熹在內的宋儒，他們的「格物」只是被動的觀察，沒有假設的解釋，也不用實驗的證明，故而不能達致科學的發明。不過，胡適又清楚地指出，朱熹所說「即物窮理」的「理」，其實並不是這個「物」的理和那個「物」的理，而是那「一旦豁然貫通」則「眾物之表裡精粗無不到，而吾心之全體大用無不明」的絕對智慧。[38]

　　1927 年 11、12 月間，胡適在上海東亞同文書院講演《幾個反理學的思想家》，他拎出程頤的「涵養須用敬，進學在致知」，當作理學的思想綱領。他並非不知道，「用敬」和「致知」乃是體認天理澄明本心的兩條途徑，但他卻把「致知」和「用敬」截然分開，似乎「致知」指向一個與「用敬」截然不同的方向。他說，「致知」是一條新開的路，即是「格物」，即是「窮理」，明白承認知識是行為的嚮導，「譬如行路，須要光照」；而「敬」卻是中古宗教態度的遺留。[39] 在這裡，胡適直把「窮理」當作了窮究自然事物之理和改善社會之理。胡適還曾說，程朱一派雖然知道「理」在事物，但卻又深信「理」在人心，正因為他們對「理」字不曾有徹底的瞭解，所以他們的「格物」說才不夠徹底，不能真正走上科學家窮理和發明的道路。[40] 但是，「理」若只在事物而不在人心，此「理」如何還是孔孟之道，「理學」又怎麼還能算做「儒學」？

38　胡適：《清代學者的治學方法》，原載 1919 年 11 月、1920 年 9 月、1921 年 4 月《北京大學月刊》第 5、7、9 期，《胡適文集》第 2 冊，282-288 頁，北京大學出版社 1998 年。

39　胡適：《幾個反理學的思想家》，原載 1928 年 1 月 25 日至 2 月 15 日《貢獻》第 6 至 8 號，《胡適文集》第 4 冊，64 頁，北京大學出版社 1998 年。

40　胡適：《戴東原的哲學》，《胡適文集》第 7 冊，269 頁，北京大學出版社 1998 年。

　　值得指出的是，胡適雖然以「明心見性」為中古宗教遺存，但他卻曾論述理學的這並不「進步」的一面在中國歷史上的進步作用。在《戴東原的哲學》中，他說，理學接續了孔孟對個人人格的看重，其心性義理之說在不知不覺中將個人的價值抬高，使宋明以來的智識階級敢於以「理」抗「勢」，和君主朝廷的威權進行不屈不撓的鬥爭，且無一次不是理學家獲得最終的勝利，儘管生前竄逐殺身，但死後無不追封賜謚甚至配享孔廟。胡適列舉北宋的元祐黨禁、南宋的慶元黨禁、明成祖時的皇位之爭、明代學者與宦官和權相的鬥爭直到東林黨案，可見宋明六百年士氣之伸，全靠一個「理」字做清議的武器，爭自由，破迷信，攻擊暴君奸相，養成特立獨行之風氣。[41] 他在《日記》中特別摘引明儒呂坤的一段話，其中說「天地間唯理與勢最尊，理又尊之尊也」。胡適很有感情地評論說，自宋明以來理學家在爭自由的奮鬥史上佔有很重要的地位，「在這一方面，我們不能不頌讚理學運動的光榮。」[42]

　　在胡適的「中國學術思想史」上，即使是開出「格物致知」之新路的程朱學派，卻也是「中國近世哲學」的一條歧路，而另有一條中國「文藝復興」本該有的正途，這就是他所說的宋代新儒學運動中的「主外派」。在這裡，胡適對宋學又進行了一次「具體而微的哥白尼革命」，他使原本被湮沒的「異端」和「邊緣」重放光彩，還把他們推上了更能代表中國思想向「現代」之境發展的主流位置。從學術的角度看，胡適的「另具只眼」確實具有拓展中國學術思想新資源、新傳統的意義。

　　1922 年 11 月，胡適在《讀書雜誌》上發表《記李覯的學說——一

41　胡適：《戴東原的哲學》，《胡適文集》第 7 冊，266-267 頁，北京大學出版社 1998 年。

42　曹伯言編著：《胡適日記全編》第 4 冊，1923 年 12 月 18 日，安徽教育出版社 2001 年。

個不曾得君行道的王安石》，他在北宋發現了一個真正堪稱「實用主義」的儒家思想家李覯。與傳統儒家「正其誼不謀其利，明其道不計其功」不同，李覯倡言功利、主張富強，反對盛於一時的「王霸之辨」，他的「富國強兵」的改革主張是王安石變法的先導。在哲學觀點上，他能完全擺脫中古宗教的遺存，回到自然主義、人本主義的世界觀。他的人性論最接近孔子之說，他認為「性」只是一塊可以如此可以如彼的質料，全靠人力方能有成，正如孔子一樣重視習慣的養成，而不論「性」之本然。這一人性論與理學「如有物焉得於天而具於心」的形上學人性論相比，無疑更具近代性格，而後者則拖著中古宗教生活的尾巴。李覯還表現出正面看待情欲的近代人道主義的思想苗頭，他論「禮」，主張要「順人之性欲而為之節文」，而且要求「禮」必須表現為具體的「法制」。在胡適看來，李覯代表了儒家真正的「正統」，沒有絲毫「內聖」派的習氣，只講實用的富國強兵之道和順遂人情的禮制。他進而將李覯上接歐陽修，下續王安石，「發現」了所謂「江西學派」的譜系，並把他們的思想路線、政治路線與程朱理學對立起來，構成了宋代新儒學運動內部的兩條互相鬥爭的主線：

> 要使儒家相傳的禮教──凡所以修身正心養生送死──回復他們舊有的勢力，範圍社會的一切生活，滿足「民之耳目鼻口心知百體」的需要。這是中國近世哲學的中心問題。
>
> 懂得這個中心問題，方才可以瞭解近世哲學。李覯、歐陽修、王安石一班人想從禮樂刑政一方面來做那「自大其教」的事業，程頤、朱熹一班人想從身心性命一方面來做那「自大其教」的事業。[43]

---

43 胡適：《記李覯的學說》，原載 1922 年 11 月 5 日《讀書雜誌》第 3 期，《胡適文集》第 3 冊，38-39 頁，北京大學出版社 1998 年。

胡適通過對孔子和先秦儒家的重新詮釋，基本上把孔學說成是純粹的「主外派」，在這裡，他又以宋代「江西學派」接續「孔學」，基本上建構出了功利主義儒家的譜系，並將之「翻轉」為儒學「正統」，這實在是對儒學史的一個不小的革命。

在 1925 年 5 月的一次演講中，胡適講述中國哲學的發展道路，他把「江西學派」的歐陽修、蘇軾、王安石、李覯等人說成是對中古宗教迷信採取激進態度的「懷疑派」，而道學乃是調和激進的懷疑派與傳統迷信的結果，從而相容了道家佛家的一部分宗教思想。胡適說，從歷史上看，實際處於「正統」地位的哲學，一般都是調和新舊思想衝突的結果，道學正是如此，而真正的「新」思想的價值往往要到後世才能被人們意識到。而現如今，梁漱溟、梁啟超、張君勱諸人所提倡的「東方哲學」，分明只是宋明理學的傳統遺留，根本做不到「調和」新舊思想，也就是說，以上諸人在思想史上的位置，沒有一點點進步性，遠遠不如他們所傳承的道學。[44]

胡適還講到宋代新儒學「主外派」和「主內派」的競爭與當時政治鬥爭有密切聯繫。1928 年 4 月，胡適在上海東吳大學法學院講授中國哲學，他特別強調了「道學」起源與熙豐黨爭的密切關係。司馬光是「新法」反對黨的領袖，同時是道學的真領袖，他們共同組成「洛陽派」。王安石一派主張改革法制，他們就主張正心治心；王安石一派欲有為，他們就講無為；王安石一派菲薄太古而推崇變古的先王，而他們就講古今無異，反對變革。「江西派」與「洛陽派」的鬥爭既是政治上的又是哲學思想上的。道學之重視「心性」之學更是與兩黨的政治鬥爭密不可分，道學家都是受壓迫和摧殘的反對黨，在政治迫害之中，唯有此心是

44　胡適：1925 年 5 月 17 日北大哲學研究會演講《從歷史上看哲學是什麼？》，
　　《胡適文集》第 12 冊，285-288 頁，北京大學出版社 1998 年。

自由的，理學對「心」的強調、對「理」尊崇都表示著受迫害者的心理。[45] 胡適又將「洛陽派」與「江西派」的鬥爭溯源至於中唐時代，他曾辨析韓愈、李翱哲學思想的不同，說退之平實而習之玄妙，退之要恢復一個「正德利用厚生」的文化的主旨，而習之的「復性」之說沾染了更多的印度風習。以後，李德裕、范仲淹、李覯、王安石走的是《原道》指示的路，而道學走的是《復性書》開闢的路。[46]

胡適把韓愈、范仲淹、歐陽修、李覯、王安石聯繫起來，編織成有別於「道學」的宋代新儒學的另一條進路，劃分出宋代新儒學的分野，強調不能以道學代替宋代新儒學的全貌，應該說是一個很重要的學術發現。錢穆於《宋明理學概論》中曾著重提出「宋學」的概念，他將「宋學」分為初期宋學、中期宋學、南渡宋學三期，指出，「道學」、「理學」只是中期宋學諸儒的學術，並不能代表整個宋學的氣象，尤其不能概括初期宋學的博大局面。初期宋學的風氣，多導源於韓愈，宣導文學革新，展開新的經學研究，在政治舞臺上有轟轟烈烈的表現，闊大浩博，元氣淋漓。而道學諸儒雖在思想上更加精微，人格氣象更加純粹，但於政治、教育的「外王」事業轉為遜色，活動領域也狹隘多了。[47] 鄧廣銘於 80 年代寫《略論宋學》一文，他也指出，理學形成為一個有廣泛影響的學術流派是在南宋前期，故而不能以理學來概括整個北宋的學術思想。所以，他認為應該將萌生於唐代後期大盛於北宋中葉以後的新儒家學派叫做「宋學」，「宋學」初期的代表人物如范仲淹、歐陽修、李覯、司馬光、胡瑗、王安石、三蘇，他們在「致廣大」即「治國平天

45　曹伯言編著：《胡適日記全編》第 5 冊，1928 年 4 月 4 日，安徽教育出版社 2001 年。

46　曹伯言編著：《胡適日記全編》第 6 冊，1937 年 6 月 15 日，安徽教育出版社 2001 年。

47　錢穆：《宋明理學概論》，26-28 頁，九州出版社 2010 年。

下」方面的抱負和作為是後來道學家所遠不能及的。[48]他們的講法都證明胡適將「宋學」分為「主外派」和「主內派」，頗有發微索隱之功，值得在學術史上寫上一筆。

胡適的「整理國故」是要「重新估定一切價值」，他認為中國的「近世」自宋代始，即是意識到自身所處時代與宋代思想學術實有著相當直接的活的精神聯繫。他以近代的人道主義、理性主義思想價值去重新「把握中國近世哲學的中心問題」，從而重構了道學的思想體系，也重構了「宋學」的基本面貌。他仍然是要繼承「漢學」對「宋學」的批判，但又要比「漢學」更進一步——「漢學」雖然以樸實的考據功夫拆解了「宋學」的思想基礎，但並不能給出真正取代「宋學」的思想價值系統，而他要真正觸及、洞穿「宋學」的義理核心，真正完成對「宋學」的辯證否定，以近代人道主義、理性主義的思想價值取代程朱之教。

四、清代的「新經學」與「新理學」

胡適是在留學期間，切身領悟到清代樸學的校勘、訓詁和考據方法與近代歐洲的歷史文獻的科學批判方法是相通的，而其思維程序也頗符合杜威所傳授的有系統的推理思考過程。[49]五四新文化運動期間，胡適繼承清末「古學復興」的説法，而在一個新的意義上，把清代樸學升格為中國的「文藝復興」時代。他從清代樸學的考據方法中紬繹出「大膽的假設，小心的求證」十字真言，將之歸結為漢學家瑣碎功夫背後真正有價值的「一以貫之」之道，即「科學的精神」，他指出，清代樸學發展出的各種分支學問並非零碎堆砌的知識，而能自成系統條理，概括出通則，按照科學的標準來説，已堪稱「科學的學問」。[50]然而，讓胡適

48 鄧廣銘：《略論宋學》，《鄧廣銘治史叢稿》，北京大學出版社1997年。
49 胡適：《胡適口述自傳》，127-129頁，安徽教育出版社2005年。
50 胡適：《清代學者的治學方法》，原載1919年11月、1920年9月、1921年4

深感遺憾的是，近三百年來中國「科學的精神與方法」卻沒有達到「哲學」的自覺，似乎沒有人能對考據學中的科學方法加以綜合的條貫和表出，使之圓滿，並普遍化至於一切人生領域。清代學者雖然標榜「漢學」而與「宋學」相反對，但人們的世界觀和人生觀仍然籠罩於程朱之教，無法開出新的局面：

> 清儒有鑒於宋、明學者專靠理解的危險，所以努力做樸實的功力而力避主觀的見解。這三百年當中，幾乎只有經師，而無思想家；只有校史者，而無史家；只有校注而無著作。……所以他們儘管辛苦殷勤的做去，而在社會的生活思想上幾乎全不發生影響。他們自以為打倒了宋學，然而全國的學校裡讀的書仍然是朱熹的《四書集注》、《詩集傳》、《易本義》等書。……三百年第一流的精力，二千四百三十卷的《經解》，仍舊不能替換朱熹一個人的幾部啟蒙的小書！[51]

於是，胡適對清代學術的總結和闡發，遂集中於在「新方法」之外探求「新思想」，在「新經學」之外探求「新理學」，他先後研究並重釋章學誠、崔述、戴震、顏李學派、費氏父子，最後，以戴震學為中心，前接顧炎武、顏李，遠紹費氏父子，建構出中國「文藝復興」時代「新理學」的完整線索和思想系統，一直通向胡適在「科玄論戰」中提出的「科學人生觀」。於是，完成於胡適的真正現代意義的中國「科學哲學」和「科學人生觀」有了一個完整的進化歷程。

1921 年春，胡適養病在家時開始寫作《章實齋年譜》，至 1922 年

月《北京大學月刊》第 5、7、9 期，《胡適文集》第 2 冊，302 頁，北京大學出版社 1998 年。

51 胡適：《國學季刊發刊宣言》，原載 1923 年 1 月《國學季刊》第 1 卷第 1 號，《胡適文集》第 3 冊，8-9 頁，北京大學出版社 1998 年。

1 月寫成。1923 年初,他開始做崔述的年譜,因南下養病而擱置,遂將寫成的兩章先行發表於《國學季刊》。胡適將章學誠和崔述主要放置在中國科學的「新史學」而非「新理學」的前驅位置上。他將崔述稱作「科學的古史家」,崔述宣告了戰國秦漢之書尤其是儒家傳注中的上古史的荒謬可疑而要求直接反求「六經」,遂將疑古矛頭直接引向「六經」。[52] 他將章學誠所說「六經皆史」解釋為「六經皆史料」,這樣一來,章學誠就成了以六經為史料而研究上古歷史真相的思想先驅。[53] 無論崔述和章學誠的本意如何,胡適對崔、章之學說的闡釋,卻實實在在地導引出推翻傳統古史系統而重建科學古史的疑古學派。

根據《胡適日記》的記載,他是在 1922 年 3 月開始研讀戴震《孟子字義疏證》而發願為戴震做「學案」。[54] 1923 年 10 月,梁啟超發起戴震誕辰二百年紀念會,邀請胡適參加,以此為契機,胡適於本年 12 月開始做《戴東原的哲學》一書,至 1925 年 8 月成稿。胡適將戴震哲學定位為宋明理學即「中國近世哲學」經過辯證否定後的「中興」,是為「新理學」。胡適為戴震哲學找到的直接淵源,一個是顧炎武的「新經學」,一個是顏李學派的「新理學」。在晚明清初,宋明理學的思想基礎遭到摧毀式的打擊,以一套宇宙本體論論證「天理」的先天象數之學和那靜坐主敬以修養的心性之學,因一個玄遠難知、一個無以為用而皆遭否定。顧炎武開闢了一片「新經學」的天地,即以多種工具和求實的考據方法考求六經本意,將「格物致知」之說演進為一套增進具體知識的有效治學方法,天下才智爭趨此路。其時,又有顏李學派從哲學上攻

52　胡適:《《崔東壁遺書》序》,《胡適文集》第 7 冊,129-135 頁,北京大學出版社 1998 年。

53　胡適:《章實齋年譜》,《胡適文集》第 7 冊,114-115 頁,北京大學出版社 1998 年。

54　曹伯言編著:《胡適日記全編》第 3 冊,1922 年 3 月 26 日,安徽教育出版社 2001 年。

擊舊理學，謀求用一套新的理學代替舊的理學，雖然並不成功，但其實構成了戴震「新理學」的思想來源。顏李學派在哲學上的重要性，一是取消了「天命之性」與「氣質之性」的二元對立，反對靜坐涵養，自明心性的修養途徑；又取消了形上本體意義上的「理」、「道」概念，主張「理在事上」，「理」非別為一物，離開事物則沒有所謂「理」，所以必須就具體的學術、技藝以及人倫道德求其理則。顏李學派取消形上本體和先驗心性，以「正德利用厚生」作為學問的根本目標，把「理」當作具體事物的理，要求在實踐活動中探求具體的理則，頗具「實用主義」的意味。但是，在胡適看來，顏李學派反對程朱理學提出的「格物致知」、「即物窮理」的正確方向，堅決排斥一切遠離實際事務的書本知識、理論知識，有反智主義的傾向，雖然提供了哲學的批判和新的思想基礎，但不能夠指示「科學方法和推理程序」的充分發展，不能完成建設「新哲學」的事業。而顧炎武開闢的經學考據學正好提供了科學思維程序和方法的訓練，有了堪稱「科學」的質素。只有經受「新經學」的洗禮，發展具體有效的堪稱科學的方法途徑，以探求客觀事物的理則，然後才能建設「科學的致知求理的中國哲學」。「程朱非不可攻擊，但須要用考據的武器來攻擊。哲學非不可中興，但須要用考證的工具來中興。」「打倒程朱，只有一條路，就是從窮理致知的路上超過程朱，用窮理致知的結果來反攻窮理致知的程朱。」[55] 戴震綰合了顏李學派的哲學見解和顧炎武發明的更詳備更精深的「格物」方法，完成了這個事業：

> 戴氏是一個科學家，他長於算學，精於考據，他的治學方法最精

55　胡適：《戴東原的哲學·引論》，《胡適文集》第 7 冊，239-249 頁，北京大學出版社 1998 年。

密,故能用這個時代的科學精神到哲學上去,教人處處用心知之明去剖析事物,尋找事情的分理條則。他的哲學是科學精神的哲學。[56]

胡適對顏李學派的評價,暴露了他的「實用主義」有著強烈的「智識主義」傾向。顏李學派在反對主敬主靜的修養方法的同時,特別反對程朱「讀書窮理」的求道方向。梁啟超倒是十分讚賞顏李學派對程朱之學的徹底反對,他借顏李學派之抨擊「讀書窮理」,對「為學術而學術」、「為知識而知識」的實證主義學風痛下針砭,藉以強調學術不能回避主體的價值定向和對社會現實問題的關懷。他把顏李所謂「理見於事」、「因行得知」、「先格其物而後知至」,解釋成要出於對社會的責任意識而開出各種知識技能,要面對具體所遭遇的人生、社會問題而求理論求知識。雖然梁啟超完全回避了顏李學的反智傾向,但他對主體價值定向的強調、對知識的社會效用的重視,反而更接近杜威「實用主義」的真義。[57]而胡適雖然是實用主義的信徒,但他的「科學」觀念仍然是傳統的排斥價值取向的純粹客觀的求知活動,他更加重視的是如何才能產生精密高深的理論知識。他那「大膽假設,小心求證」的十字真言,主要運用於對既有歷史事實的證實,重視的是經驗的、歸納的以獲得可靠知識的方法,而不是追求那種以主體價值取向指導、控制社會變化方向的實用主義意義上的「知識」和「理論」。

胡適又為顏李學找到了「先聲」——同樣活躍於晚明清初的費經虞、費密父子。費密徹底反對理學形上學的運思方向,說「天道遠而難知」、「人道實而可見」,一句話把那些「天道」、「性理」的本體問

---

56 胡適:《幾個反理學的思想家》,原載 1928 年 1 月 25 日至 2 月 15 日《貢獻》第 6 至 8 號,《胡適文集》第 4 冊,84 頁,北京大學出版社 1998 年。

57 梁啟超:《顏李學派與現代教育思潮》,《飲冰室文集之四十一》,3 頁,《飲冰室合集》第 5 冊,中華書局 1989 年。

題放到存而不論的位置上，而要讓人們關注那些治平天下社會的實事實功，胡適比之於赫胥黎的存疑主義。胡適又說，費密拿「家國民生」作為有用無用的標準，頗近於「狹義的實用主義」，並發揮道：「凡與人生日用沒交涉的，凡與社會國家的生活沒關係的，都只是自了漢的玄談，都只是哲學家作繭自縛的把戲，算不得『道』。」[58] 胡適將晚明清初「狹義的實用主義」思潮，與宋學「主外派」、南宋葉適、陳亮所謂「功利」派相連貫，又遠溯荀子，追源孔子，勾勒出一條「實用主義」儒家的思想線索。他們都把「儒者」看做是一種「政治匠」，職業就是「治天下」，他們把「正德利用厚生」作為目標，把「道德」看做是建立事功、搞好政治。[59] 他們心目中的「道統」就是政治史，而不是什麼「心法」秘傳。在胡適的心目中，這條「思想史」的譜系才是中國儒學乃至整個中國思想傳統的「道統」所在。

　　胡適對戴震哲學的詮釋，突出、強調了其中的反形上學傾向尤其是重智傾向，對戴震思想體系做了一種「智識主義」的扭轉式的重釋。正如周昌龍教授所指出，胡適借戴震哲學要闡明的，是他自己的「智識主義」道德觀與人生觀，他對戴震的詮釋表述出他自己所努力改造的「一種科學的致知窮理的中國哲學」，與此同時，胡適也把他從杜威那裡學來的「實驗主義」變成了「智識主義」。[60]

　　戴震確實反對先驗的本體意義上的「理」，而把「理」完全放到經

58　胡適：《費經虞與費密──清學的兩個先驅者》，1924 年 9 月寫成，原題是《記費密的學說》，原載 1924 年 10 月 12 日至 15 日、17 日《晨報副鐫》，《胡適文集》第 3 冊，41-72 頁，北京大學出版社 1998 年。

59　胡適：《費經虞與費密──清學的兩個先驅者》，1924 年 9 月寫成，原題是《記費密的學說》，原載 1924 年 10 月 12 日至 15 日、17 日《晨報副鐫》，《胡適文集》第 3 冊，55-56 頁，北京大學出版社 1998 年。

60　參見周昌龍：《戴東原哲學與胡適的智識主義》，《新思潮與傳統：五四思想史論集》，臺北時報文化出版公司 1995 年。

驗領域,也反對去情欲復其初的「明心見性」,以為那樣所得之「理」
無非「意見」而不具有普遍性。他主張完全用經驗的辦法來求「理」,
或同情理解於他人之所欲所求,或瞭解掌握具體的事理倫理。而胡適則
將戴震的「經驗主義」拔高到以自覺的科學精神對理學的半宗教性進行
徹底革命的意義上,認為戴震徹底貫徹「進學在致知」,已經走上了一
條「純粹理智主義」的道路。[61] 這其實是把胡適所指示的中國思想的現
代趨勢強加為戴震思想的旨趣。胡適強調的是,戴震推翻了「如有物焉
得於天而具於心」的先驗「天理」,而能把這個時代的科學精神運用到
哲學上去,以科學家求知求理的態度與方法求得人生實際問題之解決,
所以,戴震「新理學」的重要意義在於其徹底的「理智主義」。對於戴
震的「以情絜情」之說,胡適則著意貶低:

> 我們讀戴氏的書,應該牢記他的「以情絜情」之說與他的基本主
> 張不很相容;若誤認「以情絜情」為他的根本主張,他的流弊必至於
> 看輕那「求其輕重,析及毫芒,無有差謬」的求理方法,而別求「旁
> 通以情」的世故方法。[62]

戴震所謂「心知」有同情感通之能,又有權衡剖析之能,從而得
「情」、「欲」之中,為人倫立準極,「知」與「情」、「欲」是不可
分的。而胡適對他的詮釋則有意識的把「情」、「欲」和「知」斷開:
一方面說戴震指出「理」存乎「情」、「欲」,展現出人道主義的精
神;一方面又說戴震能以「知」求「理」,開出「純粹理智主義」的進

---

61 胡適:《戴東原的哲學》,《胡適文集》第 7 冊,279 頁,北京大學出版社
    1998 年。

62 胡適:《戴東原的哲學》,《胡適文集》第 7 冊,306 頁,北京大學出版社
    1998 年。

路;一方面表彰戴震能打破形上之「理」而就事物求「理」的科學精神,而否定他那同情感通以求「理」的方法;一方面又表彰戴震否定「理欲二元論」,認為「理」存乎「欲」而為「情」之不爽失,主張通情遂欲,近於「樂利主義」。如此一來,戴震就被分割為一個「智識主義」者加上一個「人道主義」者。

　　胡適片面強調戴震哲學的重智傾向,反不能理解戴震哲學的真意和真正難題。戴震以「欲」、「情」、「知」來定義「性」的內涵,他所謂人之「心知」偏重於人倫日用之間知惻隱、知羞惡的獲得價值知識的能力,而不是設定目標然後求以達之的智識能力。戴震強調儒者之學乃是「治人」者之學,所以要用「心知」體民之情,遂民之欲,而達到「道德之盛」。而戴震所謂「理」也是指人倫日用之間的事理和倫理,這樣的「理」與「情」大有關係:「理者,情之不爽失者也。未有情不得而理得者也。」人倫事物的「理」不能捨「情」以求,否則就是不近人情的「意見」。妨礙人們正確地明「理」而達到「道德之盛」的障礙有兩種,一是「私」,一是「蔽」,與此相應,求「理」的方法一個是「以情絜情」以「去私」,一個是「就事物剖析至微」以「去蔽」,就是說,要通過「問學」以擴充對人事之「理」的認知,正如梁啟超所指出,強調「問學」以「去蔽」是戴震對儒家修養踐履之道的獨特貢獻,它和「以情絜情」之道相配合而不可分。[63]

　　1923 年春、夏間,關於人生觀的「科玄論戰」在中國思想界掀動風波。同年 10 月,強調生命的原動力乃是一腔熱誠「情感」而「帶有神秘性」的梁啟超,發起戴震二百年紀念會。在梁啟超看來,戴震哲學在中國思想史上的偉大意義在於其提出了一種具有科學精神的「情感哲學」,他遂將戴震定位為他自己那「事上磨練」的「新道學」之前驅。[64]

63　梁啟超:《戴東原哲學》,77 頁,《飲冰室合集》第 5 冊,中華書局 1989 年。

與此針鋒相對，胡適則把戴震當作「科學的致知窮理的中國哲學」之先聲，而與梁啟超、張君勱、梁漱溟援引柏格森、倭鏗以證其古老心性之學的半宗教、半玄學適相反對。胡適在其書最後，顯然針對「科玄論戰」中的兩派寫道：

> 我們關心中國思想的前途的人，今日已到了歧路之上，不能不有一個抉擇了。我們走哪條路呢？我們還是「好高而就易」，甘心用「內心生活」、「精神文明」一類的揣度影響之談來自欺欺人呢？還是決心不怕艱難，選擇那純粹理智態度的崎嶇山路，繼續九百年來致知窮理的遺風，用科學的方法來修正考證學派的方法，用科學的知識來修正顏元、戴震的結論，而努力改造一種科學的致知窮理的中國哲學呢？我們究竟決心走哪一條路呢？[65]

在「科玄論戰」中，胡適南下養病並沒有親臨「戰場」。1923 年 12 月，這次論戰的文集《科學與人生觀》在亞東圖書館出版，胡適為之作序。他說，在「科學派」裡，只有吳稚暉做了最重要的工作，即正面地提出「一個新信仰的宇宙觀及人生觀」。接著，胡適借表彰吳稚暉而聲稱，宇宙觀和人生觀的問題雖不能以經驗事實科學地加以實證，但是，「我們信仰科學的人」不能讓這個領域保持神秘留給「玄學鬼」，而要大膽地以近三百年發明的科學常識做「一番大規模的假設」，重建宇宙本體論，發明一套「科學的人生觀」，把傳統的唯心論的宇宙觀和價值

64　梁啟超：《戴東原生日二百年紀念會緣起》，《飲冰室文集之四十》，38 頁，《飲冰室合集》第 5 冊，中華書局 1989 年。

65　胡適：《戴東原的哲學》，《胡適文集》第 7 冊，306 頁，北京大學出版社 1998 年。

系統徹底打掉。[66] 胡適繼承戴震並完成了清代「新理學」的未竟之業，對近三百年的「科學方法」進行哲學總結，並將之應用於人生領域，以真正取代程朱之教。在 1927 年底，胡適在上海同文書院講演，他把顧炎武、顏元、戴震和吳稚暉並舉而連成一線，我們看到，近三百年那「新理學」的步步展開終於成就了胡適闡發的「科學人生觀」。[67] 這「科學人生觀」正是中國近世三百年「文藝復興」運動的正果，同時也是中國「現代」文化的起點。

這「科學人生觀」要義，就是要以科學技術為工具，一心「提高人類物質上的享受，增加人類物質上的便利與安逸」。在這個過程中，人類的同情心也逐漸擴大，以這種「擴大的同情心」為基礎，而建立「社會化」的新宗教和新道德，即「個人」、「小我」為不朽的「全種萬世」而生活。[68] 胡適在《我們對於西洋近代文明的態度》中說：

> 人世的大悲劇是無數的人們終身做血汗的生活，而不能得著最低限度的人生幸福，不能避免凍與餓。人世的更大悲劇是人類的先知先覺者眼看無數人們的凍餓，不能增進他們的幸福，卻把「樂天」、「安命」、「知足」、「安貧」種種催眠藥給他們吃……多數人不肯努力以求人生基本欲望的滿足，也就不肯進一步以求心靈上與精神上的發展了。西洋近代文明的特色便是充分承認這個物質的享受的重要。[69]

66　胡適：《《科學與人生觀》序》，《胡適文集》第 3 冊，163-165 頁，北京大學出版社 1998 年。

67　演講原名為《中國近三百年的四個思想家》，後成文《幾個反理學的思想家》，原載 1928 年 1 月 25 日至 2 月 15 日《貢獻》第 6 至 8 號，《胡適文集》第 4 冊，北京大學出版社 1998 年。

68　胡適：《《科學與人生觀》序》，《胡適文集》第 3 冊，164 頁，北京大學出版社 1998 年。

69　胡適：《我們對於西洋近代文明的態度》，原載 1926 年 7 月 10 日《現代評論》第 4 卷 83 期，《胡適文集》第 4 冊，4-5 頁，北京大學出版社 1998 年。

又在《幾個反理學的思想家》中説：

> 人是制器的動物。器械愈備，文明愈高。科學愈進步，道德越進
> 步。[70]

時至今日，這種對於物質文明、科學技術的發展必然帶來道德之進
步的信念，已經被證明是很不「科學」的一廂情願的幻想。正如有論者
指出，胡適為「全種萬世而生活」的人生觀是以「幸福」為人的最後價
值祈向的樂利主義人生觀，在自覺的理論層面，它並不為自己提出終極
意義的價值理想。胡適對通過正德而祈於崇高的這一人生向度未能予以
如同「幸福」那樣的重視。[71] 從反思現代性的視野看去，當年的「玄學
鬼」針砭政治領域的國家主義和民族主義、經濟領域的工商政策、知識
領域的科學主義，想把古老的「心性之學」轉化為抵抗現代西方文明所
引發的社會、文化危機的精神源泉，這一思路在今天看起來並沒有那麼
荒謬。在「科玄論戰」中被目為「玄學鬼」的張君勱在 40 年代對胡適
文化觀點的批評，不可謂無見：

> 適之思想以歐洲文藝復興為出發點，尤富於歐洲啟蒙時期理性主
> 義彩色……然其觀點之病不獨限於歐洲文化主奴之見，尤其胡氏對於
> 中國舊文化之估價，因其偏於知識，偏於機械主義、自然主義、樂利主
> 義之故，而抑揚高下之差，更有為吾人所不及料者矣。[72]

---

70 胡適：《幾個反理學的思想家》，《胡適文集》第 4 冊，97 頁，北京大學出版
社 1998 年。

71 黃克劍：《胡適「科學人生觀」的得與失》，耿雲志編：《現代學術史上的胡
適》，224-225 頁，三聯書店 1993 年。

72 張君勱：《胡適思想界路線評論》，原載 1940 年《再生》第 51 期，鄭大華
編：《兩棲奇才——名人筆下的張君勱，張君勱筆下的名人》，381 頁，東方
出版中心 1999 年。

五、從「中國哲學史」到「中古思想史」

在 20 年代中期，胡適打算以禪宗史的研究為起點，接著《中國哲學史大綱》上冊，續寫《中國中古哲學史》，將「中古」時代那些富有宗教色彩、神秘色彩的思想化為「臭腐」和「平常」。對禪宗偽造法統的揭露，是這個工作的第一步。[73] 然而，在 1930 年，他決定放棄「哲學史」轉而探索以「思想史」的方式來整理和呈現中國思想傳統，相繼根據講課內容整理出《中國中古思想史長編》和《中國中古思想小史》。又試圖重寫「古代思想史」，而有《說儒》之作。在這之後，除了 40 年代開始的《水經注》研究，胡適在學術上再無重要的著作。

關於胡適從「哲學史」到「思想史」的轉向，當今學者有不同的說法。如桑兵認為，在 30 年左右，《大綱》地位動搖，胡適寫作《中古思想史》之後又寫《說儒》，是他重建學術權威的重要表現。[74] 王汎森則著重指出胡適受到傅斯年廢「哲學」、中國無「哲學」等觀點的影響。[75] 1926 年 8 月，當胡適在巴黎搜求敦煌文獻期間，傅斯年從德國趕來會晤。在這之前他曾致信胡適，談到自己最近的學術思想，並批評胡適的《中國哲學史大綱》，以為其長久價值反不如小說考證，用「哲學史」的方式研究中國思想是很不恰當的，中國文化嚴格說來並沒有西方意義上的「哲學」。先秦時代的諸子之學與其叫做「哲學」不如叫做「方術」，因為他們「大多數是些世間物事的議論者，其問題多是當年的問題。」而少有西方古代、近代的「哲學」問題。因此，用「哲學」

73　胡適：《整理國故與「打鬼」》，《胡適文集》第 4 冊，117 頁，北京大學出版社 1998 年。

74　參見桑兵：《橫看成嶺側成峰：學術視差與胡適的學術地位》，《歷史研究》2003 年第 5 期。

75　王汎森：《傅斯年對胡適文史觀點的影響》，《中國近代思想與學術的系譜》，302-306 頁，河北教育出版社 2001 年。

來解說之，「不是割裂，便是添加」。[76] 傅斯年回國後，於 1928 年在中山大學任教，講授《戰國子家敘論》。在這部講義的一開始，他發表了一番得自於德國歷史語言學派的對於「哲學」的見解：所謂「哲學」的高深問題，不過是特別煩瑣的語言所製造出來的一些語言遊戲，並沒有真實的意義。所以，印度、希臘、德國因其語言的煩瑣特質而「哲學」特別發達。而中國的語言語法簡單，不富有抽象名詞，故「哲學」斷難憑以發生。而中國無「哲學」，這絕不是中國文化的缺陷而恰恰是其優長。[77] 在 1928 年 8 月，胡適在《禪學古史考》中寫道，中國人的頭腦與唯識學的煩瑣哲學不能相容，「中國的文字也不配玩這種分析牛毛的把戲，故五世紀以下的禪學趨勢便是越變越簡單，直到呵佛罵祖而後止。」[78] 傅斯年的影響確實清晰可見。

當然，以《中國哲學史大綱》成名的胡適之所以能接受傅斯年那「中國無哲學」的觀點，當有其自身的思想憑藉和線索，他那中國式的實用主義本身即傾向於否定「哲學」的意義，而主張用實證科學取代「哲學」。正如余英時指出，胡適深受晚明晚清經世致用的「實學」思潮之影響，他是從重視人生實踐和實效的「中國背景」去接受杜威哲學的，同時，又用他所理解的實驗主義精義去重構中國思想傳統。[79] 1923 年 2 月，他撰文介紹《五十年來之世界哲學》，引用杜威的話說：「如果哲學不弄那些哲學家的問題了，如果變成對付人的問題的哲學方法

---

76 傅斯年：1926 年 8 月 17、18 日《致胡適》，《胡適論學往來書信選》，1263-1265 頁，河北人民出版社 1998 年。

77 傅斯年：《戰國子家敘論》，《傅斯年全集》第二卷，251-254 頁，湖南教育出版社 2003 年。

78 胡適：《禪學古史考》，原載 1928 年 8 月 10 日《新月》第 1 卷第 6 號，《胡適文集》第 4 冊，225 頁，北京大學出版社 1998 年。

79 參見余英時：《中國近代思想史上的胡適》，《重尋胡適歷程：胡適生平與思想再認識》，臺北聯經出版事業股份有限公司 2004 年。

了，那時候便是哲學光復的日子到了。」並據此批評以羅素為代表的新唯實主義，雖然能用近代科學的結果來幫助解決哲學史上相傳下來的哲學問題，但畢竟還是重視「哲學家的問題」而輕視「人的問題」，不如杜威用不了了之的辦法就把那些經驗與理性、個體與名相之類哲學家作繭自縛的問題，一舉解決。[80] 1929 年 6 月，胡適在上海大同中學講演《哲學的將來》，明確主張要取消「哲學」，而以「思想」和「科學」取代之。他說，過去的哲學只是「幼稚、失敗和錯誤的科學」，所謂「宇宙論」的問題，其實是天文學、物理學、生物學、生物化學的研究領域；所謂「本體論」，其實是物理、化學、生物、物理化學、生物化學的研究領域；所謂「知識論」，乃是物理學、心理學、科學方法的領域；所謂「道德哲學」，無非是社會學、人類學、心理學、生物學、遺傳學的知識；而「政治哲學」也可以具體分解為經濟學、統計學、社會學、史學……。[81] 就在胡適否定「哲學」和「中國哲學史」而欲以「思想史」代之的時候，中國現代哲學卻呈現出諸家爭鳴、齊頭並進的蓬勃態勢，而青年也正亟需「哲學」幫助他們解答時代造成的困惑，指示一條人生與社會的坦途，馬克思主義的辯證唯物論正因其提供了關於宇宙、歷史、人生的一攬子解決方案而征服著時代人心。胡適和傅斯年的取消「哲學」論，其實際效果是使他們信奉的自由主義放棄了自己的思想陣地。

不過，從學術的角度看，以「思想史」的方式整理中國思想傳統，比之「哲學史」至少有兩個不同的特點：一、按照馮友蘭和金岳霖的釐清，所謂「中國哲學史」其實是「在中國的哲學史」，這意味著要從中

80　胡適：《五十年來之世界哲學》，《胡適文集》第 3 冊，293、300 頁，北京大學出版社 1998 年。

81　胡適：《哲學的將來》，胡頌平：《胡適之先生年譜長編初稿》第 3 冊，790-792 頁，臺北聯經出版事業公司 1984 年。

國的學術思想遺產中尋找那些堪稱「哲學」的思想因素而加以系統的梳
理和總結，再構建出「中國哲學」的發展譜系，以之為中國文化的骨架
和靈魂。也就是說，以「中國哲學」取代了傳統的「經學」而成為對中
國學術思想傳統的主要表達。這是中國學術思想實現其「現代」轉化的
一個關鍵性步驟。而「思想史」則意味著，不以「哲學」和「哲學史」
的方式架構中國學術思想傳統而使之具有「普遍性」和「現代性」，而
是將中國學術思想的原有形態如經學、義理、史學、政論、宗教等等都
包括在內，呈現其在中國文化中的實際地位和在歷史上的實際影響。

二、「思想史」更重視對中國固有學術思想進行「史」的還原而非「哲
學」的架構。傅斯年曾說，在「古代方術」、「六朝玄學」、「唐朝佛
學」、「宋明理學」之間，並不一定有「一線不斷的關係」，故不可
「以二千年之思想為一線而集論之」，將之貫串成一部邏輯井然的「哲
學」發展史。他主張用「史」的方式來研究中國思想：「我終覺——例
如——古代方術家與他們同時的事物關係，未必不比他們和宋儒的關係
更密。轉來說，宋儒和他們同時事物之關係，未必不比他們和古代儒家
之關係更密」，「我以為，如果寫這史，一面不使之於當時的史分，一
面亦不越俎去使與別一時期之同一史合。如此可以於方法上深造些。」[82]
將二千年思想「為一線而集論之」為「中國哲學」及其發展歷史，等於
重新建構了中國文化的精神傳統和內在骨幹，意味著中國文化自有其理
性的「哲學」式的思想傳統作為整個文化歷史的核心與主幹，從而可以
成為中國現代思想和文化的活的根源和基礎。而傅斯年主張的「思想
史」則意味著，不再謀求將中國學術思想傳統的那個「統」轉換成具有
現代意義的「統」，而是徹底使之成為「史」，送進「博物館」。也就

82　傅斯年：1926 年 8 月 17、18 日《致胡適》，《胡適論學往來書信選》，1262
　　頁，河北人民出版社 1998 年。

是說，中國固有學術思想不再自動地具備中國現代思想文化之基礎與來源的資格。胡適和傅斯年宣導的有別於「哲學史」的「思想史」，要將「思想」看做是具體時空環境的產物即「史」的一部分，而非面對永恆問題努力排除歷史偶在性的「真理」性思考，從學術的意義上說，則比較注重從地域、民族、文化、社會、政治等因素構成的有機聯繫中去解釋「思想」所以產生的具體的歷史緣由，並據以解釋「思想」的時代性、民族性、社會性、政治性的特徵，也就是說，要解答「思想」是在怎樣的民族文化環境中產生，在什麼時代、針對什麼問題、由什麼人發明等等問題。這種「思想史」相對於「哲學史」來說，自有其不可取代的學術價值。

1930 年，胡適在上海任中國公學校長，講授「中國中古哲學史」，而講義當年由中國公學油印時，已更名為《中國中古思想史長編》，其中《讀呂氏春秋》、《述陸賈的思想》、《司馬遷替商人辯護》皆收入《文存》，《淮南王書》於次年由上海新月書店出版。1931 年伊始，胡適任北大文學院院長、中文系主任，自 2 月起，開設《中國中古思想史》一課，至 1932 年 5 月，寫成十二章，是為《中國中古思想小史》。

在胡適那以「文藝復興」為主軸的中國歷史圖景中，「中古」即是「黑暗時代」的代名詞，而「黑暗」指的主要是思想、人生觀上的「宗教化」或者說「印度化」趨勢。諸子時代的「理智主義和人本主義的中國根底」逐漸黯然湮沒，而非理性的宗教迷狂和出世冥想的人生觀佔據了思想界的主流。[83] 胡適提醒人們，從秦漢至於清代，整個中國傳統思想文化都沾染著「中古世界」的氣息。[84] 只有經過新文化運動，中國的

---

83 胡適：1932 年 12 月在武漢大學演講《中國歷史的一個看法》，《胡適文集》第 12 冊，102-108 頁，北京大學出版社 1998 年。

84 胡適：《中國中古思想小史》，《胡適文集》第 6 冊，629-630 頁，北京大學出版社 1998 年。

思想文化才得以真正擺脫「中古」的陰影，那燦爛輝煌的哲學科學的諸
子時代才能真正復興。然而，一千年「黑暗」的中古時代畢竟迎來了新
儒學運動即第一次中國的「文藝復興」，又建立了在同時代的世界歷史
上堪稱先進的漢唐國家。這意味著，在一千年的中古思想世界，存在著
「黑暗」與「光明」的對立，存在著「中國根底」與「宗教化」、「夷
狄化」的頑強鬥爭。「黑暗」的譜系是：混合起來的中國本土宗教迷信
「齊學」──「齊學化」的儒學即「儒教」──道教興起──佛教的征
服；「光明」的譜系是：道家自然主義的天道觀和無為政治主張──賈
誼、晁錯、董仲舒以至王莽的儒家社會改革運動──王充的理性批判精
神和黨錮君子的抗議精神──禪宗運動。

　　胡適的「中古思想史」特別能表現以「種族─地理─文化」史觀來
解釋「思想」之產生及其特質的「思想史」路數。他將戰國晚期的混一
思潮劃分為三大地域性的思想集團：「秦學」、「魯學」和「齊學」，
而以「陰陽家」為主的「齊學」打開了以後二千年中國思想之變局。傅
斯年在寫於 1928 年的《戰國子家敘錄》中也強調，論戰國諸子是必須
注意其地域性的。他將戰國諸子分為四大地域性思想集團，指出，秦漢
以後中國政治上的統一固然由於秦國的武功，但就文化而言，卻是「齊
學」以宗教與玄學統一中國；「魯學」以倫理和禮制統一中國；「三晉
之學」以「官術」統一中國。[85] 胡適從「齊學的民族的背景」即齊民族
的文化特性來解說「齊學」的氣質和特點，他說：「這個民族有迂緩闊
達而好議論的風氣，有足智的長處，又有誇大虛詐的短處。足智而好議
論，故其人勇於思想，勇於想像，能發新奇的議論。迂遠而誇大，故他
們的想像力往往不受理智的制裁，遂容易造成許多怪異而不近情實的議

85　傅斯年：《戰國子家敘論》，《傅斯年全集》第二卷，277 頁，湖南教育出版
　　社 2003 年。

論。」「齊學」的第二種重要的「民族的背景」是齊國的民間宗教：據
《史記・封禪書》的記載，齊民族自古以來有「八神將」的信仰，是在
拜物拜自然的初民迷信基礎上加以組織而成，而以「陰陽」兩種勢力解
說世界。秦統一後，出自「齊學」的「五德終始之說」成為帝國制度的
理論基礎，陰陽家與神仙家混合搞出了烏煙瘴氣的帝國宗教。[86]

從「思想史」的思路出發，胡適對秦漢帝國的國家祭祀給予相當的
重視。這種思想形態很少「哲學」的意味，在「哲學史」上不可能佔據
重要的位置，但它在古代社會實際的影響和作用卻遠大過「哲學」。胡
適說：「講思想史必不可離開宗教史，因為古來的哲學思想大都是和各
時代的宗教信仰有密切關係的。這個關係在中古時代更明顯更密切，所
以我們要時刻留心中古宗教。」[87] 胡適在他的「中古思想史」中以相當
篇幅概述佛教、道教興起之前的「統一帝國的宗教」，他將秦漢統一以
前的本土宗教梳理為三大系統，一是表現於《九歌》中的楚國南方民族
的宗教；一是「四時」和「陳寶祠」代表的秦國西方民族的宗教；一是
以「八神將」信仰和「方仙道」為代表的齊、燕東方民族的宗教。根據
《史記・封禪書》和《漢書・郊祀志》的記載，秦統一後，各民族宗教
都成為秦帝國祠祀的一部分；漢高祖不但繼續保留秦帝國的宗教制度，
還在長安設立帝國之內各地方的祭祀。漢武帝建立的「帝國宗教」實在
是儒生和方士合作的結果，可稱之為「儒教」。但是，董仲舒講出的那
一大套陰陽五行的儒教系統多少還有一點點制裁皇帝之神權的意義。從
董仲舒到王莽的百餘年間，「災異」的儒教變成「符讖」的儒教，即使
到了東漢光武帝，其時的迷信黑暗也並不亞於漢武帝時代。[88]

86　胡適：《中國中古思想長編》，《胡適文集》第 6 冊，427-430 頁，北京大學
　　出版社 1998 年。

87　胡適：《中國中古思想小史》，《胡適文集》第 6 冊，632 頁，北京大學出版
　　社 1998 年。

　　以《呂氏春秋》為代表的「雜家」和以《淮南王書》為代表的「道家」，其中有著哲學觀念作為理論基礎，但其旨趣不在於成為一套解釋世界的哲學，而在於給出統一帝國的「治理之道」。黃老道家只能稱作「道術」而不能叫做「哲學」，它在哲學史上或佔據不了重要的位置，但卻是漢初佔據統治地位的政治指導方針，深刻地影響著中國古代社會的政治和民性。在胡適的「思想史」中，黃老道家的自然天道觀和「無為」治術，不但屬於「中古」時代的「光明」，而且是整個中國文化中富有現代價值的思想因素。他稱讚《呂氏春秋》有一種健全的貴己貴生的個人主義，並在此基礎上建立了「健全的樂利主義的政治思想」，正如近世的樂利主義者邊沁和穆勒，皆從個人的樂利出發。胡適指出，整個中國古代的「道術」幾乎都有一個中心問題：怎樣防止和避免世襲君主制的危險？當時有三種重要的解答：一是提倡禪國讓賢；第二是主張對於暴君有革命之權利，如孟子；第三就是提倡法治的虛君制度，韓非、慎到皆是這一路。而《呂氏春秋》雖不主張純粹的法治主義，卻主張君主無為，而把治國責任歸於丞相，可稱「虛君的責任內閣制」。又極力提倡直言諫議的必要性，給諫官制度的建設提供了學理的基礎。[89]抗戰爆發以後，在時局影響下，胡適越來越重視擴大和闡發中國固有文化傳統中的現代性基礎。1942 年 3 月，胡適在華盛頓演講《中國抗戰也是要保衛一種文化方式》，他對比日本文化和中國文化，指出，中國的現代化因為缺乏強有力的領導中心而較之日本更加遲緩，恰恰因為其人民更習慣於「民主生活方式」而非「極權生活方式」。自漢代以來，黃

88　胡適：《中國中古思想長編》第六章《統一帝國的宗教》；《中國中古思想小史》第三講《統一帝國之下的宗教》、第五講《儒教》，《胡適文集》第 6 冊，北京大學出版社 1998 年。

89　胡適：《中國中古思想長編》，《胡適文集》第 6 冊，453-466 頁，北京大學出版社 1998 年。

老「道術」及其「無為而治」的政治傳統，養成了一種崇尚和平和無為的政風，造就了相當強固的「個人自由和地方自治精神」，這些，都是中國「自由、民主、和平生活方式」的最重要內容。[90]

胡適在《中古思想小史》中簡要勾勒了「印度宗教侵入──中國思想反抗」的中古思想史第二期（300-1000）的綱要，而他的研究主要集中於禪宗運動的興起及其中國屬性──這是「理智主義和人本主義的中國根底」從中古宗教的迷霧中走出的歷史關鍵點。對於胡適的禪宗史研究，頗有學者批評他徒事考據而不理會禪學義理。而正如周昌龍所指出，胡適固然沒有鑽研禪學的興趣，但也絕不是僅有「考據癖」。他的「禪宗史」作為他的「中國中古哲學史」的重要開篇，所要解說的是，禪宗的「頓悟」之說和側重「知見解脫」，其實是把印度宗教從此納入中國傳統思想框架，重返中國理智主義的哲學傳統。[91]胡適通過其禪學史的研究，意在重新架構他心目中以「理智主義」為重心的中國思想傳統。早在 1919-1921 年間寫作的《清代學者的治學方法》中，他已經將禪宗作為「中國系的哲學」復興的前兆。[92]正是在這一思路的指示下，當胡適在 1924 年 7 月至 11 月間開始研究「禪宗史」時，他對於禪宗自述的傳法譜系不斷發生疑問，並發現了神會這個「神秘」的禪宗運動的實際推手。1926 年 8、9 月間，胡適在倫敦、巴黎訪求敦煌遺書，從中發現神會的《顯宗記》和《語錄》，後整理編成《神會和尚遺集》，並寫成《荷澤大師神會傳》，證實了自己的「大膽假設」：傳世的禪宗法統乃是唐代中期禪宗各派互相爭奪的產物，而出於南方慧能門下的神會

90　胡適：《中國抗戰也是要保衛一種文化方式》，《胡適文集》第 12 冊，784 頁，北京大學出版社 1998 年。

91　周昌龍：《超越西潮：胡適與中國傳統》，7-12 頁，臺灣學生書局 2001 年。

92　胡適：《清代學者的治學方法》，《胡適文集》第 2 冊，283 頁，北京大學出版社 1998 年。

真正確立了「南宗」的正統地位，自此以後，「中國禪」成立，完成了
對印度宗教的革命。[93] 1953 年 1 月，胡適在蔡元培 84 歲誕辰紀念會上
演講《禪宗史的一個新看法》，是為其禪宗史研究的一個總概括，他以
歡愉流暢的口吻描述出以「禪宗革命」為轉捩點的一部中國近世「文藝
復興」史：

> 佛教極盛時期的革命運動（700-850），在中國思想史上、文化史
> 上，是很重要的，這不是偶然的。經過革命後，把佛教中國化、簡單
> 化後，才有中國的理學。佛教的革新，雖然改變了印度禪，可仍然是
> 佛教。韓退之在《原道》一千七百九十個字的文章中，提出《大學》
> 的誠意、正心、修身，不是要每一個人作羅漢，不是講出世的；他是
> 有社會和政治的目標的。……韓文公以後，程子、朱子的學說，都是
> 要治國平天下。經過幾百年佛教革命運動，中國古代思想復活了，哲
> 學思想也復興了。[94]

六、以「中年的見解」重寫「中國古代思想史」

胡適晚年曾回憶說，1929 年「萬有文庫」打算重新刊印《中國哲學
史大綱》上卷時，他在上海正著手寫「中國中古思想史長編」。這時，
他已經決定不再繼續用「中國哲學史」的方式「整理」中國學術思想傳
統了，而是打算將來寫完《中古思想史》和《近世思想史》之後，再以
「中年以後的見解」重寫一部《中國古代思想史》。[95] 1934 年 5 月，胡

93　胡適於 1929 年 12 月寫成《荷澤大師神會傳》，於 1930 年 12 月出版《神會和
　　尚遺集》，收入《胡適文存四集》。
94　胡適：《禪宗史的一個新看法》，《胡適文集》第 12 冊，395 頁，北京大學出
　　版社 1998 年。
95　胡適：《《中國古代哲學史》臺北版自記》，《胡適文集》第 6 冊，158 頁，
　　北京大學出版社 1998 年。

適僅用兩個月的時間寫成五萬字的《說儒》，發表於《中央研究院史語所集刊》。在這篇長文中，胡適以「思想史」的方式，使用新的資料，將原來《中國哲學史大綱》上卷中關於儒家包括老學、墨學的部分加以重新改造。

正如他自己所意料，是文發表後，雖受到當時學術界的足夠重視，但也與其「老子先於孔子」論一樣，引起了種種質疑和反對。馮友蘭先是在 1934 年 5 月發表《讀《評論近人考據老子年代的方法》答胡適之先生》，[96] 次年 4 月，又發表《原儒墨》對《說儒》進行駁詰；[97] 9 月，江紹原發表《讀胡適之《說儒》和馮友蘭《原儒墨》》平議兩家之說；[98] 1937 年 5 月，還在日本的郭沫若發表《借問胡適》，後改題為《駁《說儒》》，針對胡適的觀點提出了有力的反證；[99] 錢穆也有《駁胡適之《說儒》》之作。[100] 種種駁議，證明其說只是一個思路新穎開闊的大膽假設，但胡適在晚年總結一生的學術成就時，卻特地強調《說儒》提出了一個「新理論」，並自信根據這個新理論，「可將西元前一千年中的中國文化史從頭改寫」，又說，這篇文章加上傅斯年《周東封和殷遺民》等古史論文，「實在可以引導西元前一千年即所謂古典時代（自商朝末年至於西漢末年）的中國文化、宗教和政治史的研究，走向一個新方向。」[101]

96 此文刊於《大公報·世界思潮》85 期，蔡仲德：《馮友蘭先生年譜初編》，145 頁，河南人民出版社 1994 年。

97 此文刊于《清華學報》十卷二期，蔡仲德：《馮友蘭先生年譜初編》，155 頁。

98 此文刊于《北平晨報》，蔡仲德：《馮友蘭先生年譜初編》，159 頁。

99 郭氏《借問胡適》發表於 1937 年 7 月 20 日出版的《中華公論》創刊號上，後收入《青銅時代》，改題為《駁《說儒》》。

100 錢穆：《駁胡適之《說儒》》，載于香港大學《東方文化》1954 年 1 卷 1 期，收入氏著《中國學術思想史論叢》卷二，安徽教育出版社 2004 年。

101 胡適：《胡適口述自傳》，277 頁，安徽教育出版社 2005 年。

　　胡適所說的《說儒》中的「新理論」，和傅斯年的影響密不可分。傅斯年在 30 年代初寫成了《夷夏東西說》和《周東封與殷遺民》等重要古史論文，他利用出土材料和文獻材料，從「種族—地理—文化」史觀出發構建出一個中國古代史的「全形」：夏、商、周三代歷史其實是東、西兩大民族—文化相互爭鬥，更迭代興的歷史。東方的殷民族被西方的周民族征服，周民族成為政治上的統治階級，而殷遺民成了被統治的大多數百姓，但是在其後的七百年間，作為「下層」的殷民族的文化卻轉而影響甚至同化了居於「上層」的周民族。胡適在《說儒》中運用「種族—地理—文化」史觀，根據傅斯年提出的古代史「全形」，勾勒出了古典時代「中國思想史」的「全形」，對此，他曾概括如下：

> 　　我的理論便是在武王伐紂以後那幾百年中，原來的勝負兩方卻繼續著一場未完的文化鬥爭、在這場鬥爭中，那戰敗的殷商遺民，卻能通過他們的教士階級（即儒者），保存一個宗教和文化的整體；這正和猶太人通過他們的祭師，在羅馬帝國之內，保存了他們的猶太教一樣。由於他們在文化上的優越性，這些殷商遺民反而逐漸征服了，至少是感化了一部分他們原來的征服者。
>
> 　　我想，這一反征服的最好的例子，便是三年之喪了。三年之喪毫無疑問的是一種殷周的制度。但是這種最不方便、最難實行、最無理可講的制度，居然逐漸通行全國，並且被一直沿用了有兩千年之久。[102]

　　老子與孔子都是這個殷遺民教士階級中的成員。老子是「舊儒」，以亡國遺民的心態，主張柔順以取容的哲學與人生觀。而孔子則以博大的胸襟、透徹的歷史見解總結、調和三代文化，將那被征服民族的思想

---

102 胡適：《胡適口述自傳》，276 頁，安徽教育出版社 2005 年。

和宗教改造、昇華為普遍性的以「仁」為中心的「新儒」。胡適用殷、周民族—文化的代興、鬥爭和融合來解釋孔子儒家的興起及其思想性格，經過五、六百年的殷、周文化的互相融合，「周禮」已經是殷、周包括夏的文化的集合，而孔子及其儒家，其實是這個融合後的新興文化的產物和精華。

從 1928 年至 1932 年，正當中國社會史論戰方酣之時，出版於 1930 年的郭沫若《中國古代社會研究》，運用「唯物史觀」提出了對中國上古史的「全形」解釋。胡適是否讀過其書，並無直接證據，但胡適對社會史論戰是很關注的，且批評陶希聖、周谷城從「唯物史觀」出發對中國社會史的解釋「含混籠統」，「幾同符咒」。[103] 但是，胡適卻如此讚賞傅斯年以「種族—地理—文化」史觀構建的對中國上古史的整體性解釋，並據此重新解說老學、儒家以至墨家興起，蓋有意乎？而郭沫若的《駁《說儒》》不但就胡適關於「三年之喪」的說法提出有力反證，更是抨擊胡適以「種族—文化」觀點解釋「儒士」的產生和儒家的興起是膚淺之論，而他則從階級代興的觀點來看待這個問題，認為所謂「儒」其實出自「祝宗卜史」之類的奴隸主貴族，他們在社會變遷之際淪落到社會中下層，以他們掌握的貴族階級的禮文知識服務於新興的「暴發戶」，同時下層的庶民也學習儒業以謀求社會上升。孔子就是這個歷史時期產生的儒學大師。[104]

---

103 胡適於 1930 年 7 月 29 日《日記》轉錄了他在《新月》二卷十號上發表的批評周谷城的文章，以及周谷城在《教育雜誌》上發表的反駁文章、胡適的回應文章。曹伯言整理：《胡適日記全編》（五），740-745 頁，安徽教育出版社 2001 年；胡適於 1935 年 5 月 27 日在《獨立評論》一五三號上發表《今日思想界的一個大弊病》一文，批評陶希聖《為什麼否認現在的中國》，轉引自胡頌平編著：《胡適之先生年譜長編初稿》（四），1369-1373 頁，臺北聯經出版公司 1984 年。

104 參見郭沫若：《駁《說儒》》，《中國古代社會研究》，437-443 頁，河北教育出版社 2000 年。

　　《說儒》一文充分表現出胡適在 30 年代以後在思想上一個很有意義、很重要的進展，那就是他從「思想史」的角度對孔子儒學及其思想價值、歷史作用給出了重新的認識和評價。胡適的「整理國故」將中國文化原有的「中心」和「邊緣」進行了一番倒置，而在《說儒》中，孔子原本是「亡國民族的教士階級」，卻變成調和三代文化的師儒，擔起了「仁以為己任」的絕大使命，從「邊緣」重新回到了「中心」。胡適雖以老子先於孔子，孔子之學出自老子，但他要強調的是，孔子能百尺竿頭更進一步，變老子的「柔道」為「剛道」，用「吾從周」的博大精神，提出以「仁」為中心觀念的「新儒學」。孔子及其儒學用胡適的話是「主宰了千百年來的中國人的生活和理想」，而其真精神正是胡適所尊奉的「健全的個人主義」，也是胡適所認定的自由主義的精髓，即確立起獨立的人格，又能以「謙恭而強立」的「弘毅」精神擔負起對社會全體的責任。胡適在此文中對孔子及其儒學、對中國文化主流的這種新認識、新評價，不能不說標誌著他的思想上的重大轉變。胡適晚年在《口述自傳》中辯解說，他「並不要打倒孔家店」，相反，他對孔孟、朱熹是十分崇敬的，所舉例子就是《說儒》之作。[105]

　　抗戰爆發之後，胡適對於中國文化傳統的詮釋方向發生了重大的轉變，《說儒》之作即是其思想轉變的主要標誌。其後，胡適主要就中國歷史文化與現代性的契合度進行高度評價，他努力擴大中國文化具有現代意義的內涵和方面，極力表彰中國文化本身是一種富有自由、民主、和平精神的生活方式，而這種生活方式的思想基礎，是在諸子時代奠定的。1942 年 3 月 23 日，胡適在華盛頓演講《中國抗戰也是要保衛一種文化方式》，他重申，中國在兩千一百年前，即已廢棄封建制度，發展成為一個幾乎沒有階級的社會組織；自宋代以來，政府官吏的產生都是

105　胡適：《胡適口述自傳》，272 頁，安徽教育出版社 2005 年。

經由科舉考試的競爭選撥出來；數千年來崇尚文治，從不鼓勵武力侵略。而日本則長期延續軍國封建制度，有一個世襲武士階級，有尚武傳統並將之演變成近代軍國主義，相對於日本而言，中國文化乃是一種「自由、民主、和平的生活方式」。而「中國的自由、民主、和平觀念與理想」、「中國民主思想形成的哲學基礎」則產生於春秋戰國時代（西元前 600-200 年）的諸子思想：一是黃老道家主張的「無為而治」的政治形態；一是墨家鼓吹的「兼愛」理想；一是孔子儒家「有教無類」的平等原則；一是儒、道兩家主張言論自由、鼓勵直言諫諍的思想傳統；一是孟子提出的「以民為本」、主張抗暴的思想傳統；一是儒家主張的「均產」的社會思想。而諸子時代提出的有自由、民主精神的理想和觀念，在秦漢以後兩千年的歷史中曾得到了長期的貫徹施行，成為相當強固的普及於中國人民中間的生活方式和心理習慣。胡適特別指出，「新文化運動」對於中國文化傳統無論宗教、君主體制、婚姻和家庭制度以至於聖賢本身，都無所顧忌地加以檢查、懷疑和批評，這種「自由批判與懷疑的精神」乃出自於我們固有的崇尚思想自由的傳統，而絕非「舶來品」，就這種自由、理性的批判精神而言，中國的現代化程度其實超過了日本。[106]

　　1947 年以後，整個知識界「左傾」，胡適卻「反潮流」地堅持自由主義立場，抨擊蘇式社會主義制度和法西斯政權一樣，其實都是一種現代極權政治，在他看來，歐美式的自由民主資本主義才是唯一的「人間正道」，這樣一來，在現實中，胡適就不得不把自己的命運和失去人心的國民黨政府捆綁在一起。晚年的胡適，更傾向於將中國文化定義為富有自由主義精神的文化傳統，他想表達的是，這樣一種「自由的」文化

---

106 胡適：《中國抗戰也是要保衛一種文化方式》，《胡適文集》第 12 冊，781-790 頁，北京大學出版社 1998 年。

和民性並不能長期容忍極權主義的共產黨政權，而必將走上自由主義的正途。[107] 正是在這樣的思想主導下，胡適拿出了一個「自由」與「極權」的二元模式來重新框架「中國古代思想史」。1954 年 3 月，胡適在臺灣大學演講《中國古代政治思想史的一個看法》，他說，經過了 30 多年的世變，尤其是親眼見證了幾個大的極權政府的盛衰，回頭再來看諸子的書，尤其是墨子還有以前沒有太注意的商君和韓非的書，才算是真正「懂了」。他認為，諸子時代的中國古代思想世界存在著「自由」與「極權」之爭。老子的「無為主義」和孔孟的「仁」的思想都屬於「自由」的一方。孔子所謂「修己以安人」，曾子所謂「士不可以不弘毅，任重而道遠。仁以為己任，不亦重乎！死而後已，不亦遠乎！」孟子所謂「自任以天下之重」，一直到范仲淹講「先天下之憂而憂，後天下之樂而樂」，顧亭林講「天下興亡，匹夫有責」，都是在講一種「健全的個人主義」，就是要將自己看做是一個有歷史責任、社會責任的人，個人的尊嚴建立在這種嚴肅而沉重的責任之上，正是這種責任和尊嚴賦予個人以「雖千萬人吾往矣」的勇氣和能力。這就是說，整個儒家傳統的主流，整個中國士大夫階級所受到的基本教育，從根本上說是自由主義、個人主義式的。而墨子和法家是主張「極權」的一方。胡適從現在的眼光看來，他在《中國哲學史大綱》上卷中揚墨抑儒的評價，其實是矯枉過正的。《墨子・上同》篇所主張的正是如今甚囂塵上的「民主集中制」，墨子其實是一個「極右的右派」，秦孝公時的商鞅變法就是在實行這種主張，建設了一個極權的警察國家，在不到一百年的時間裡用武力統一天下，最後還全面禁止了思想和言論的自由。但是，胡適的中國古代政治思想史還有「第四件大事」，就是極權主義的秦朝二世而

---

107 胡適：1949 年 3 月 27 日在臺北中山堂演講《中國文化裡的自由傳統》，《胡適文集》第 12 冊，682-686 頁，北京大學出版社 1998 年。

亡，繼起的漢朝實行無為政治，並使中國兩千多年來的政治思想、政治
制度、文化心態都受到了「無為而治」的恩典。他想說的是，極權主義
在中國固然能勝利於一時，但終將無法摧毀那深遠悠久的自由主義和理
性主義的「中國根底」。[108]

七、超越胡適式「對傳統的創造性轉換」

早在 1917 年，胡適在博士論文《先秦名學史》的《前言》中，其
實就已經提出了他一生「整理國故」事業的基本旨趣和目標：

> 因此，真正的問題可以這樣說：我們應怎樣才能以最有效的方式
> 吸收現代文化，使它能同我們的固有文化相一致、協調和繼續發展？
> ……這個大問題的解決，就我所能看到的，惟有依靠新中國知識界領
> 導人物的遠見與歷史連續性的意識，依靠他們的機智與技巧，能夠成
> 功地把現代文化的精華與中國自己的文化精華聯結起來。
>
> 我們當前比較特殊的問題是：我們在哪裡能找到可以有機地聯繫
> 現代歐美思想體系的合適的基礎，使我們能在新舊文化內在調和的新
> 的基礎上建立我們自己的科學與哲學？[109]

從那時起，他開始以「機智與技巧」對整個中國思想史進行了一番
重新詮釋，他的詮釋建立了中國思想史的新的譜系和結構，實現了一次
對中國固有學術思想傳統的「哥白尼式的革命」，等於對「傳統」的
「再造」。

---

108 胡適：《中國古代政治思想史的一個看法》，《胡適文集》第 12 冊，178-194
頁，北京大學出版社 1998 年。
109 胡適：《先秦名學史》，《胡適文集》第 6 冊，9-10 頁，北京大學出版社 1998
年。

　　胡適將中國思想史按照他的「文藝復興史觀」分成了古典、中古和近世的三段式。「古典時代」是指從西周末到秦漢之際的一千年，也經常下延至於東漢初佛教傳入中國之時，這個「古典時代」的中國思想世界是以先秦諸子為重心的。在新文化運動期間，胡適認為，要實現中國文化的現代化，首先必須要把中國思想傳統從儒家道德倫理的枷鎖中解放出來，移植現代價值的合適土壤不在儒家——這個中國文化固有的主流，而在各種非儒學派。作為「整理國故」運動的典範，《中國哲學史大綱》上卷主要是從墨子和道家思想中找到了現代科學和哲學的「遙遠而高度發達了的先驅」。同時，胡適也以他的實用主義思想，接續了明末以來反理學形上學的「實學」思潮，對孔子儒學的根本問題和思想性格進行了一種幾乎是革命性的重新詮釋。他把孔子說成是半個實用主義者，為了治理現實社會而探求理知的認識方法，這樣一來，「外務的儒學」即儒學傳統中功利主義一系就「翻轉」成了儒學的正統和主流。

　　在胡適那以「文藝復興」為主軸的中國歷史圖景中，「中古」即是「黑暗時代」的代名詞，「黑暗」指的是諸子時代的「理智主義和人本主義」逐漸暗沉，而非理性的宗教迷狂和出世人生觀佔據了思想主流。中古時代始於秦漢帝國的建立而結束於唐宋之際，其標誌是禪宗發起了佛教的中國化運動，從此，固有的理智主義和人本主義的「中國傳統」從宗教迷霧中走向「復興」。30年代初，胡適以「思想史」的方式勾勒了中國「中古」思想世界的全景，胡適的「中古思想史」是一個「黑暗」與「光明」的二元對立圖式，他把那以陰陽五行學說為主的「齊學」，充滿災異讖緯的兩漢儒學，西漢末興起的道教，自東漢初以來逐漸主宰人心的佛教，都劃歸「黑暗」的一方；而引導中國思想走出宗教迷信的理性力量包括了道家自然主義的天道觀和無為而治的政治思想，賈誼、晁錯、董仲舒以至王莽的儒家社會改革運動以及以王充為代表的理性批判思想。

中國思想史的「近世」真正開始於宋代的新儒學運動，那「理智主義和人本主義的中國根底」終於從印度化的宗教中「改竄」而出，走上了「復興」的光明大道。新文化運動期間，胡適對程朱理學的思想旨趣和體系進行了一番「科學化」的重新闡釋和架構，他有意識地將理學「尊德性」的目的和「道問學」的方法割裂開來，另賦予「道問學」的方法以客觀求知的「科學」目標，這樣一來，理學的「致知格物」就成為中國的「科學精神和方法」在近三百年全面「復興」的前因。他還在北宋找到了一個「徹底的」實用主義思想家李覯，然後將李覯上接歐陽修，下續王安石，「發現」了宋代新儒學「主外派」的譜系即「江西學派」，這個「江西學派」才真正接續了「孔學」正統，也是中國「文藝復興」本該有的正途。胡適繼承清末「古學復興」的說法，在一個新的意義上把「近三百年」升格為中國的「文藝復興」時代，他從清代樸學的考據方法中紬繹出「科學的精神與方法」，又建構出「近三百年」探求「科學哲學和人生觀」的完整思想譜系，這個「新理學」的思想譜系以戴震為中心，前接顧炎武、顏李學派，遠紹費氏父子，「新理學」的步步展開終於成就了胡適的「科學人生觀」，給出了能真正取代理學的思想價值系統。

30年代以後，胡適力圖運用「種族—地理—文化」史觀，重新勾勒古典時代「中國思想史」的「全形」。胡適在《說儒》中，塑造了一個從「邊緣」重新回到「中心」的孔子，他那以「仁」為中心的「新儒學」的真義，正是自由主義的精髓——「健全的個人主義」。抗戰爆發以後，尤其是共產黨奪取全國政權以後，胡適越來越注重闡發中國傳統文化與現代性的高度契合，努力擴大現代化的本土文化基礎，也越來越傾向於以自由主義界定中國文化傳統的基本精神，於是，儒家——固有的中國文化主流，也被胡適重新定義為一種根本上是自由主義的思想和精神傳統。

　　90年代以來，隨著反激進主義思潮的興起，胡適往往被尊奉為中國「文藝復興」而非「啟蒙運動」的導師，論者強調胡適對中國傳統文化的詮釋是一種「移花接木」的工作，是在為科學、民主、自由、人權等現代價值尋找中國的歷史基礎，是努力發掘靠近科學、民主一系的「祖宗資本」而憑藉西方資源以光大之。胡適對中國文化的「創造性轉換」，表現了　種重視歷史繼承、試圖溝通傳統與現代有機聯繫的文化態度，而這種文化態度和胡適堅持點滴改良、反對激進革命的自由主義思想立場，是密切相關、互為因果的。[110] 其實，早在1927年，一位曾酷評「整理國故」的作者「浩徐」就曾說過，「整理國故」之功關鍵在於使國人能「從西洋文明的立腳點來看察過中國文明」，而覺其無可留戀，遂決心走現代的路。[111] 格里德也指出，作為一個實用主義者的胡適，他的歷史探討不是出於對中國某部分文化傳統的熱愛之情，而是更關心那應該替代傳統的現代是否能順利發展，所以，他從中國思想的豐富遺產中挑選的，是完全符合他希望在中國形成的那種現代的觀念。[112] 胡適式的對傳統的「創造性轉化」，並沒有真正尊重「傳統」相對於「現代」的獨立性，而是拿「現代」對「傳統」做了精華與糟粕的二分，「傳統」並無任何意義上的「自性」，而只是未得充分發育的「現代」胚胎，其價值僅在於具有成為現代性的可能性。胡適往往通過對中國思想家和學派的闡釋，來表達他自己的「思想」，不惜對原有對象造成相當嚴重的割裂和扭曲，不很尊重原有對象的有機性和獨特性質，從而遠離了他所標榜的客觀性。他為了「移花接木」而構建的中國思想發

110　參見上章。

111　浩徐：《主客答問》，胡適《整理國故與「打鬼」：給浩徐先生信》附錄二，《胡適文集》第4冊，122頁，北京大學出版社1998年。

112　傑羅姆・B・格里德：《胡適與中國的文藝復興——中國革命中的自由主義》，336-340頁，江蘇人民出版社1989年。

展的歷史邏輯，是以自己所崇信的現代價值尋摘中國傳統中的現代因素，將之拼接成連續性的歷史脈絡，再置換為中國文化的主幹。胡適那以理性主義、人本主義、自由主義為基本線索給出的中國思想史的完整框架，至今雖仍有莫大影響，但這種對傳統的「創造性轉換」實際只能說明「傳統」對於自身的價值完全喪失了信心。

今天，當我們身處後現代之境，「傳統」對於我們的意義正在發生重要的變化，「傳統」能夠對現代文化的種種潮流和結構產生一種批判與制衡的作用，也可以在全球化的世界格局中為我們自己提供某種重要的歸屬感，提供具有歷史深度與精神個性的文化資源。這就要求我們在「傳統」面前變得謙卑，重新估價「傳統」與「現代」的緊張和差異，真正把「傳統」當作「他者」，尊重「傳統」的「自性」，對傳統文化和思想的詮釋要盡力還歷史語境化。總之，我們要把一種使我們的一切相對化的能力還給「傳統」，而我們對「傳統」的學習也將增進自己的反省能力。作為人文學術的研究者，我們要認真自問的是，如何真正超越胡適式的對「傳統」的「創造性轉換」，而找到一種新的讓「傳統」煥發生機的方式？

【附錄一】
傅斯年的「中國大歷史」

　　傅斯年，是科學歷史考據學的領軍人物，一提到他，大家首先想到的就是那句「史學就是史料學」的斷語。在《史語所之旨趣》這篇名文中，他明確地反對疏通，反對著史，主張「存而不補」、「證而不疏」。[1] 30 年代初，他主持北大史學系，專門強調斷代史的精深研究而不主張開通史課程。無怪乎錢穆在抗戰期間酷評號稱「科學」的考據派，說他們既無意於把握全史，又不能幫助人們理解當身所處之現實，且對先民的文化精神無所用其情，所從事者無非是用「活的人事」換為「死的材料」。[2]

　　然而，這個「典型」到了偏激的學院派史學家，只是傅斯年留在歷史上的一種影像。在現代中國，傅斯年還是五四新文化運動的領袖，是中國現代學術事業的規劃者和領導者，是一個著名的自由主義知識份子和政治活動家。於是，當我們通讀《傅斯年全集》，就會不出意外地發現：他其實是胸中有全史。而且，他對於全史的把握，與他對於當時中國現實及其應有路向的判斷，是密切相關、互為論證的。他

1　　傅斯年：《歷史語言研究所工作之旨趣》，《傅斯年全集》第三卷，9-10 頁，湖南教育出版社 2003 年。

2　　錢穆：《國史大綱‧引論》，3-4 頁，商務印書館 1996 年。

還曾計畫寫一部中國史通論，可惜未能畢其功。

俞大維曾送給傅斯年一個雅號：「Bundle of Contradictions」，傅斯年引以為知己之言，又不甘心地自辯說：「矛盾可以相成，此是辯證法，也正是中國古所謂『成均』（harmony）也。」[3] 傅斯年當然並沒有做到「成均」，但是，他的「排蕩於兩極」向我們呈現出一個充滿張力的精神世界和人格狀態，也使我們意識到，標榜純學術的科學歷史考據學其實具有著強烈的政治性格，其確定不移的知識成果內蘊著時代性的思想品質。

一

關於傅斯年的歷史思想，論者多注意其「種族─地理─文化」史觀。早在 1918 年 4 月，還在北京大學國文門上二年級的傅斯年，已能以「種族─地理─文化」的眼光，提出一套很有新意的中國史分期。[4] 留學歸來後，傅斯年致力於古史重建，他從「種族─地理─文化」的視角，運用高明的想像力又「補」又「疏」，把夏、商、周三代史「疏通」為東西兩大民族─文化的對峙相爭、更迭代興，寫成《夷夏東西說》和《周東封與殷遺民》，提供了一個中國古代史的「全形」。在《夷夏東西說》的最後一章，傅斯年還將三代史一直通到有了平漢鐵路的當今之世。他寫道，在「東平原區」，遠古的祖先要選擇那些高出平地的地方住，因而很多地方就叫做「丘」；在「西高地系」，祖先要選擇近水流的平地住，於是很多地方就叫做「原」……[5]。我們的家鄉還叫

3　傅斯年：《丁文江一個人物的幾片光彩》，《傅斯年全集》第五卷，480 頁，湖南教育出版社 2003 年。

4　傅斯年：《中國歷史分期之研究》，《傅斯年全集》第一卷，29-36 頁，湖南教育出版社 2003 年。

5　傅斯年：《夷夏東西說》，《傅斯年全集》第三卷，226-228 頁，湖南教育出版社 2003 年。

著祖先起的名字,我們的腳下還是祖先生息的土地,在他的筆下,那些遙遠以至於渺然的祖先遺跡居然鮮活地連通於我們的生活。這篇史學論文的強烈詩意,使我意識到,傅斯年與中國歷史有著一種血脈相聯的關係,按照今天的標準,他並不是一個「純正」的自由主義者。不過,在這裡,我要著重強調的,是傅斯年有關「中國社會」性質以及「中國社會史」的論述,其政治性格無疑更加鮮明突出。

在五四新文化運動中,傅斯年卻對「社會的自覺」投入了更多的關注。他多次提示,五四運動不僅是愛國運動,也不僅是文化意義上的啟蒙運動,更是一場再造「社會」的運動,是中國「平民運動」的開端。[6]日後,當他回顧五四運動時,也仍然強調,五四時代在思想文化上發動的革命,其實是一種「探本」的努力,是為中國「社會的改造」準備前提,它終將落實為一個新的建國運動。[7]在這一點上,他與胡適很是不同,胡適後來越來越強調的是,五四新文化運動應該是一場「文藝復興」,這場運動的政治化是不幸的。[8]這種不同,至少說明傅斯年的「自由主義」含有更積極的政治動能。

五四事件過後不久,傅斯年以《新青年》記者的身份對山東西北部東臨地區(他家鄉附近)的「中國鄉土社會」進行實地考察。考察所見,當地農村固有的自治事業少得可憐,又缺乏聯絡結合,整個農村呈現出一種「無治的自治」,正如老子筆下那個「小國寡民」的原始狀態。中國社會本來就存在著「上層」和「下層」接觸不良的問題,如

6　傅斯年:《時代與曙光與危機》、《中國狗與中國人》,《傅斯年全集》第一卷,355 頁、299 頁,湖南教育出版社 2003 年。

7　傅斯年:《論學校讀經》,《傅斯年全集》第五卷,43 頁;《陳獨秀案》,《傅斯年全集》第四卷,49 頁,湖南教育出版社 2003 年。

8　胡適:《五四運動是青年愛國的運動》,《胡適講演集》下冊,568-569 頁,臺北胡適紀念館 1978 年;又見胡適:《胡適口述自傳》,202 頁,安徽教育出版社 2005 年。

今，受到西潮影響的大城市與閉塞的鄉村小鎮幾乎隔絕難通，成了兩個世界。傅斯年感到，凋敝的農村生活滋長著嚴重的不安而又沒有正當出路，長此以往「必有大潰決的一天。」[9]

這次農村調查之後，傅斯年寫了一篇很長但未完成的文章：《時代與曙光與危機》。作為一個「啟蒙」人物，傅斯年認定要以「時代的趨向潮流」重新評判中國的「遺傳下的現狀」，並為中國的未來指示方向，而所謂「認清時代」當然是把握西方引導的「進步」大勢。在社會主義思潮影響下，傅斯年認為世界歷史的大方向，是以理性為根據，一步一步要求平等；經過了幾個世紀「個性的發展」，近幾十年進入「社會性發展」的進程，就是要造成一個人人平等的互助團結的社會。這樣的「社會」是由獨立能動的個人通過交流協作而結成的組織，既堅實又具有動能，充滿著民族整幅的「真精神」。按照這樣的標準來看，中國的社會，實在是太缺乏「社會」的實質：「中國的社會只有群眾，並不是社會。這都由於一切的社會之間，太沒有聯貫的脈絡，太少有動的力量。」這樣的現實當然有其歷史遠因：在兩千年之前，中國就結束了「封建」，它是從專制一統的中央大帝國跳入「現代」的，而歐洲、日本則是從「封建」社會邁進「現代」的。這就造成了彼此建設「現代社會」的基礎和質素大不相同。傅斯年所謂的「封建」社會，是從社會組織方式著眼的，指的是封土建侯的國家形態，共奉一主的貴族政治，家族宗法的社會集團，懸隔不通的等級秩序。按照傅斯年的觀點，「封建」誠然不是好制度，卻還存在著貴族階級這個「少數人」自治的精神，貴族畢竟構成了凝聚社會力量的一個核心，相對於「國家」的「社會」還是有所發育的。而專制制度下的社會平等，造就的是「一盤散

9　傅斯年：《山東底一部分的農民狀況大略記》，《傅斯年全集》第一卷，371頁，湖南教育出版社 2003 年。

沙」的群眾，只有個人的責任心而不知社會的責任心。中國在建設現代民族民主國家中遭遇的最大難局，就是這種由兩千年專制歷史陶鑄而成的國民「質性」。[10]

在一年以後的 5 月 4 日，已在倫敦留學的傅斯年敬告中國青年要以「無中生有的造社會」作為自己的志業，而造成「社會」的更根本事業則在於造就　個「真我」。他重申道：中國「只有一堆的人，而無社會，無有組織的社會。所以到現在無論什麼事，都覺得無從辦起。」然後，他又一次起訴秦以後兩千年的中國歷史：其政治的組織以專制的朝廷為中心，文化的組織則以科舉制度為中心。專制政治必盡力破壞社會力的產生，科舉制度則驅策天下聰明才智趨於一途。在這兩件事下面，中國社會的組織力遂無法發育，止步於幼稚狀態。[11]

傅斯年這一番中國有「專制」無「社會」的史論，淵源自晚清維新人士而以梁啟超最有代表性。戊戌變法失敗後，梁啟超對比日本明治維新的成功而追溯歷史原因，認為日本與歐洲一樣是從「封建」進化到「現代」的，「封建」制度固然最不平等最不自由，卻能造就立憲政治的現實土壤，而中國的「封建」制度消滅於兩千年前，「以廣土眾民同立於一政府之下，人民復無自治力以團之理之」。[12]「專制」比之「封建」，更能摧折民性，導致中國不具立憲之「元氣」。[13] 經歷了民初立憲試驗的失敗，他轉而強調中國的現代化要探索適應自身文化特點的

10　傅斯年：《時代與曙光與危機》，《傅斯年全集》第一卷，345-357 頁，湖南教育出版社 2003 年。

11　傅斯年：《青年的兩件事業》，《傅斯年全集》第一卷，385 頁，湖南教育出版社 2003 年。

12　梁啟超：《中國專制政治進化史論》，《飲冰室文集之九》，71 頁，《飲冰室合集》第一冊，中華書局 1989 年。

13　梁啟超：《新民說·論中國群治不進之原因》，58 頁，《飲冰室合集》第六冊，中華書局 1989 年。

「調適」之路。於是，他屢次論說，雖然專制政治最足以錮滅人民的良知良能，但由於歷朝歷代常採取無為政策，中國人其實有著了不起的自立精神和自治能力，這在生計組織和教育事業上有突出表現，如今亟需發揚而光大之。雖然中國沒有壁壘高深的貴族階級，社會過於平均散漫，代議制度無法驟成，資本集中也難以進行，但這樣的歷史傳統畢竟造就了平等的觀念、互助均富的理想，適足以成為建設更公平合理的現代社會的基礎。[14] 他在 1927 年所著《中國文化史》中，以廣東新會茶坑鄉的自治組織為例，稱讚中國歷史上的「鄉治」能以極自然的互助精神，作簡單合理之組織，雖然是宗法社會的產物，但對於中國全民族的生存發展，起到了極重大的積極作用。[15] 而五四一代如傅斯年，則一方面仍然把中國問題歸結為「專制」摧殘了「社會」，造成「一盤散沙」的民眾；但在另一方面，又激烈抨擊固有的宗族社會和儒家倫理，既壓抑「個人」的發展，又妨礙「國家」的建成，根本沒有資格成為中國現代社會建設的歷史基礎。顯然，傅斯年是按照西方歷史的進步歷程，設計了「個人—社會—國家」的再造中國之路，這確乎是一項「無中生有」的事業。

　　如此說來，中國歷史上有無某種具有自治性格的「社會」領域？其與「國家」的關係如何？是否可以成為建設現代社會與國家的歷史基礎？這些問題並非 90 年代引進「市民社會」、「公共領域」理論才興起的新思潮，而是晚清以來隨著中國現代「國家」和「社會」的建設就已經產生的老課題。

14　丁文江、趙豐田：《梁啟超年譜長編》，578-580 頁所引梁啟超 1922 年 3 月在中國公學的演說，上海人民出版社 2009 年。

15　梁啟超：《中國文化史》，58-60 頁，《飲冰室合集》第十冊，中華書局 1989 年。

二

　　1926 年 11 月，傅斯年在回國任教中山大學的前夕，致信顧頡剛《論孔子學說所以適應於秦漢以後的社會的緣故》，五四時期形成的現實感覺以及對中國歷史的大判斷，在這時變成了更細緻的有指導性的史學觀點。經過了數年的歐洲遊學，歐洲歷史演進的邏輯似乎成了他心目中的一座「象牙寶塔」，持這一標準來衡量，戰國秦時代的古今之變實在不能算是中國之幸：「中國離封建之局（社會的意義），遂不得更有歐洲政治的局面，此義我深信深持。」而且整部中國歷史竟是步步倒退了。

　　他將殷周直至春秋時代的中國社會稱為「家國」，是指封建宗法制度下的政治組織，有著家國不分、公私不異的特點。這種「家國」在長期的歷史過程中養成「公室貴族」與「平民」接觸較密、聯繫緊固的「社會組織」，「人民之於君上，以方域小而覺親，以接觸近而覺密。試看《國風》那時人民對於公室的興味何其密切。那時一諸侯之民，便是他的戰卒，但卻不即是他的俘虜。」他把進入戰國之後在兼併戰爭中形成的新型國家叫做「官國」，其統治者要把所有的權力收歸中央，不願其下層人民多組織，人民對於公室之興味，也愈來愈小。如秦始皇遷天下豪傑於咸陽，明顯是要破除「人民的組織」，以便「虜使」其民。所以說，中國由春秋時代的「家國」演進為戰國時代的「基於征服之義」之國，雖然使中國人可以有政治的大組織，維持了幾千年的民族生命，但同時「也使中國的政治永不能細而好」，「想變到歐洲政治之局面是一經離開封建制以後就不可能了」。自蒙古滅宋後，元明清三代專制日愈，中國變成了一個陳腐的「中央亞細亞大帝國」。唐宋的政治雖腐敗，但比起明清來，到底多點「民氣」。

　　由「封建之天下」入於「郡縣之天下」，傳統史家一般認為是由秦朝「變古太驟」而完成的。傅斯年卻說，這一重大歷史變遷其實完成於

春秋戰國之交，七國制、秦制、漢制都差不多。而戰國時代的社會變遷有著不徹底性，讓「舊」的拖住了「新」的。君主專制中央集權的「官國」雖然消滅了「封建」式的社會組織，但卻不能真正脫離宗法社會，建立由國家統制到底的「軍國」，而只能稱作「官國」。因此，儘管專制王朝用「黃老之道、申韓之術」治國，但社會倫理始終受到宗法制度的支配，這使儒家終於成為獨尊的「國教」：「儒家之獨成嫡者的生存，和戰國之究竟不能全量的變古，實在是一件事。」

自維新到五四時代，為「專制」張目成為儒家最大的罪狀，而傅斯年卻指出，儒家其實是一種小「國家」而大「社會」的主張，顧炎武那篇反對中央集權主張地方自治的《郡縣論》，最能代表純正的儒家理想。這是因為「孔孟之道」產生於春秋與戰國初期的魯國，魯國因其國小而文化久，在戰國時仍有「封建」社會和文化的大量遺存，因此，「儒家的理想，總是以為國家不應只管政刑，還要有些社會政策、養生送死、乃至儀節。」儒家以宗法社會的人倫作為國家的組織原理，政教不分，而以「教」為主。因其「從不能有一種超予倫理的客觀思想」，故而不能產生法治的觀念，無法限制君主、政府濫用權力。漢以後，儒家雖為國教，但儒家的政治理想在專制大帝國統治下始終不能完全實現，二千年的儒教帝國其實不過是以「儒」為表而以「法」為裡的。然而，法家的政治理想，是要把所有人包括君主都置於「法」的統制之下，國家要成為一個客觀的執法的機器，這樣的政治理想，「三晉思想家所立的抽象的機作，亦始終不可見，但成君王之督責獨裁而已。」這即是說，中國歷代王朝的現實政治，取儒、法兩家之短而盡棄其長。[16]

傅斯年將「社會」的發育程度看做中國歷史盛衰的重要指標，從這

16 以上引文均出自傅斯年：《論孔子學說所以適應於秦漢以後的社會的緣故》，《傅斯年全集》第一卷，湖南教育出版社 2003 年。

個角度，他多次提示唐宋之際發生了重大的歷史變局。他在 1924 年 1、2 月間與顧頡剛的一封信中說：「東漢至唐，世家之漸重，實在是當時社會組織上很大的一個象徵，宋以後世族衰，是一個社會組織上很大的變化。」[17] 這一歷史變局最重要的表徵，莫過於「書生」、「文人」者流的社會地位、精神意態發生了大的變化。在《中國古代文學史講義》中，傅斯年對此有一段精彩的論說。他說，唐朝及以前的書生，多出身清門，與統治階級每不是一回事。他們在詩文中所表現出來的意態感受，正像是「在這樣華貴的社會中做客」，不像宋朝人可以隨便以天下事自任。經五代之亂，世族門閥掃地以盡，北宋以後的書生每以射策登朝，致身將相，所以文風、詩風從此一變，直陳其事，求以理勝者多。這個變化，慶曆間已顯然，至元祐而大成。[18] 不過，在傅斯年看來，門閥士族的衰落，「書生」階級的興起，另有其「大弊」的一面：從此，中國社會更趨向於無自由、無自治的平等，「國家」之外的「社會」更無力量。隨著這個「書生」階級的日漸墮落，中國在遭遇西方入侵、面臨社會變革之時，遂難以產生一個像日本「藩士」集團那樣強有力的「政治中心勢力」，「自上而下」的政治、社會革新運動也總是遭到失敗的命運。

三

30 年代以後，傅斯年主持「史語所」和北大史學系，使科學的歷史考據學成為學術主流。1927 年到 1937 年的十年間，也成為令後人追慕不已的學院文化的盛世。然而在青年人眼中，一頭扎進專深學術的五四

17　傅斯年：《評丁文江《歷史人物與地理的關係》》，《傅斯年全集》第一卷，429 頁，湖南教育出版社 2003 年。

18　傅斯年：《中國古代文學史講義》，《傅斯年全集》第二卷，40 頁，湖南教育出版社 2003 年。

先驅們如今在思想上已經大大落伍，無法取得他們的信仰。1928 年至
1933 年，「中國社會史論戰」蓬勃展開，十分熱鬧。儘管以胡適為首的
自由主義者也發起了對「中國問題」的討論，但他們的聲音在這場論戰
中顯然是個「低調」，不再有新文化運動時的風光。

　　1930 年 4 月間，胡適發表了《我們走哪條路》一文，算是自由主義
者參與論戰的一篇綱領性文章。結果這篇文章遭到梁漱溟尖銳的「敬以
請教」：「中國社會是什麼社會？封建制度或封建勢力還存在不存在？
這已成了今日最熱鬧的聚訟的問題，論文和專書出了不少，意見尚難歸
一。先生是喜歡做歷史研究的人，對於這問題當有所指示，我們非請教
不可。」若只是平列「疾病、愚昧、貧窮、貪污、擾亂」這五大惡現
象，全不提出自己對中國社會的觀察論斷來，要想推翻當今革命家的理
論和號召，「亦太嫌省事！」[19] 直到 1932 年 8、9 月間，在迫切的民族
危機之下，胡適寫了《慘痛的回憶與反省》，算是對梁漱溟「請教」的
一個回答。他的「中國社會史論」主要是說，中國自秦漢以後無「封
建」；宋以來無「士大夫」；元明以後，「三家村的小兒」靠讀幾部刻
板書，念幾百篇科舉時文，就可以有登科做官的機會，中國的社會太過
拉平。加之人民太貧窮，教育太不普及又太幼稚，以致既沒有一個有勢
力的資產階級，也沒有一個有勢力的智識階級，而對於君主政體的信念
又被那太不像樣的滿清末期完全毀壞，於是，「中華民國」的建設事業
因為缺乏一個「天然候補的社會重心」而無法順利進行。1924 年以後，
孫中山改組的國民黨本有望成為一個簇新的「社會重心」，不幸這個新
的重心卻「能唱高調而不能做實事，能破壞而不能建設，能箝制人民而
不能收拾人心」，又漸漸失去了做「社會重心」的資格。[20]

19　梁漱溟：《敬以請教胡適之先生》，《梁漱溟全集》第五卷，41 頁，山東人民
　　出版社 1992 年。

　　這時，傅斯年對中國之病症及其歷史根源的診斷，與胡適大體一致，可以說是繼續重申其早在五四時期就形成的觀點：中國曾以繁榮的工商業、優美的藝術文學以及大帝國的組織力昭示光榮，今日之患，主要在乎沒有「政治重心」。無論是國民黨還是其他的什麼黨，只要是一種能拿得起政治的「階級」或「集團」，若能當得起「政治重心」之責，則一切事情都可望進步。而此失「心」之症，根源於中國脫離「封建社會」太早，在帝制的長久訓練之下，人民、社會逐漸無能無力，宋以來症候日深，遂成一「一盤散沙」之國。[21] 他開出的藥方，是切實從教育入手，尤其從大學教育入手，要把大學建設成一個「力學」的園地，要以專業技能的訓練為中心，培養出「以其技能自成一種社會的『技術階級』」，他們將構成社會的「中等階級」，成為自由民主的現代社會的中堅力量。他說：「若想中國成一個近代國家，非以職工階級代替士人階級不可；若想中國教育現代化，非以動手動腳為訓練，焚書坑儒為政綱不可。」[22] 他之主張科學的歷史考據學，一心一意造就一個象牙塔般的「學院」，蓋與他心中的「中國大歷史」以及建立其上的中國現實觀密不可分。

　　傅斯年主要關切為中國造「社會」的問題，因為按照從西方歷史抽象出來的普世性「進步」邏輯，當然應該先有一個以中等的「技術階級」為中堅的「社會」，然後從中自然成就一個政治中心勢力。但是，隨著幾千年王朝制度的終結，中國近代不僅存在「社會」殘破的難局，

20　胡適：《慘痛的回憶與反省》，《胡適文集》第五冊，378-384頁；又見胡適：《領袖人才的來源》，《胡適文集》第五冊，415-416頁，北京大學出版社1998年。

21　傅斯年：《「九一八」一年了！》，《傅斯年全集》第四冊，37頁，湖南教育出版社2003年。

22　傅斯年：《教育崩潰之原因》，《傅斯年全集》第五冊，7頁，湖南教育出版社2003年。

更面臨著「國將不國」的迫切危機，也就是說，同時還存在造「政治」的問題。像傅斯年、胡適這樣的自由主義者其實也不得不面對這個問題，所以，在實際上，他們寄希望於國民黨能先把自己打造成真正的「政治重心」，解決「國將不國」的問題，然後再按照歷史「進步」的程序，「自上而下」地造「社會」。可是，這個並非產生自「技術階級」的新的「政治重心」，當然沒有培養一個以「技術階級」為主體的「社會」的動力。

大約於 1930 年，時值「中國社會史論戰」方酣之際，傅斯年計畫寫作一部通論性的中國文化史，名曰《赤符論：一個開啟中國歷史之正形之嘗試》，其中有《泛論》，主要是他的歷史思想、歷史哲學：

一、論歷史各時代之價值不相等

二、論歷史由種族、物質建制的遺傳合起來成一甚複雜之函數

三、論歷史為有機體或可喻為人

又有《胎論》，即從「家國」到「官國」之變的「上古史」論綱；又有《旨論》，即自秦漢至於北宋的「中古史」論綱；又有《枝論》，論「中古」時代之文學、文藝、學術；又有《輔論》，就「中古史」、「近世史」的大題目而論之：

二七、論五胡

二八、論北朝隋唐之佛教

二八、論唐之「一統天下」

二七、論宋理學

二八、論蒙古之征服中國

二九、東來航路之開通及耶穌會士

三十、論滿洲咸豐同治朝人對歐洲文化觀念之繆 [23]

可惜這部《赤符論》只存目次，不見任何進度，否則，我們今日當有一部出於中國自由主義者之手的「中國通史體系」了。

四

文化保守主義者在文化立場和學術觀念上與胡、傅等新文化運動的領導人是適相反對的，但是，他們在檢討「中國問題」時所提出的「中國社會史論」，卻與自由主義者頗有一致之處，並提供了更為踏實的歷史論證。錢穆在《國史大綱》中，將隋唐以後科舉制興起士族門閥衰落，看做是中國「晚近世一大變」。從此後，中國社會走上「平鋪散漫」之境，「王室」與「政府」日益驕縱專擅，士人階級在科舉制度的桎梏下日益喪失其領導社會的責任意識和能力，民間每苦於不能自振奮。[24] 梁漱溟的《中國文化要義》始作於 1942 年春，是他自民初以來政治、文化實踐活動的思想總結。他論述說，中國社會秩序的維持，社會生活的進行，寧靠社會自身而不靠國家，地方自治和職業自治是有悠久傳統的。然此種社會組織不能與中古歐洲封建社會的「集團生活」相比。歐洲中古社會的宗教組織和封建制度，使個人得以脫出家庭、家族，而能組成較大規模的社會集團，造就了歐洲人的「集團生活」能力。而集團組織對於個人的嚴酷壓制，轉能激發西方人爭取權利、自由的強烈意識。而中國人則家族生活偏勝，又將家族關係推廣發揮，以倫理組織社會，以至於「天下一家」。這種「類家族」的社會結構，既與

23　傅斯年：《赤符論：一個開啟中國歷史之正形之嘗試》，《傅斯年檔案》，轉引自王汎森《中國近代思想與學術的系譜》，318 頁，河北教育出版社，2001年。

24　錢穆：《國史大綱·引論》，27 頁，商務印書館 1996 年。

大規模「集團生活」不能相容，又妨礙著國家的統御能力。漢以後二千年來，一方面，中國人做慣了「一統專制天下」的「天民」，缺乏超越家庭、家族的「集團生活」的鍛煉，其自治性的社會組織有欠明確堅實，與「官治」有時相混；另一方面，中國王朝「一人在上萬人在下」，有專制之名無專制之實力，是一個龐大的「一盤散沙」的群體，一個大「文化區」，而難言「社會」以及建立其上的「國家」。梁漱溟在 30 年代從事鄉村建設，其目標就是試圖使中國的農民學會「不卑不亢的商量，不即不離的合作」，從而建設脫出家庭、家族的社會組織，養成相應的公德意識和法治觀念。[25]

　　但是，文化保守主義者的「中國大歷史」畢竟別有懷抱。錢穆雖然認為中國歷史在宋代以後，因社會的「平鋪散漫」而產生了種種沉痾，但他的歷史價值的標準，終究是「中國」和「中華民族」的摶成及其力量的增長。以民族主義歷史觀的眼光去看，中國歷史上皇權專制日愈的同時社會也日趨於平等，這並非每況愈下，而是一種「進步」，因為中國的社會和文化日漸緊密地凝聚為一個整體，並向更廣闊的空間鋪開來去。而中國向現代的進化，也意味著要建立一種新型的有力的中央政權，而不是走向分裂，從「天下一統」退回到小國林立的春秋戰國之世。傅斯年作為一個熾烈的愛國者，他其實也一再強調「專制一統之天下」造就了「中國」這個龐大的政治組織，造就了一整個的「中華民族」。但他同時又認為這個「專制一統之天下」的歷史實在是違背「進步」的邏輯。傅斯年自己對其歷史論述中自由主義和民族主義的張力並沒有充分的自覺，但在當今之世，我們卻應該考慮怎樣將這兩種矛盾的標準同時納入中國歷史的總體結構之中。

25　參見梁漱溟：《中國文化要義》第三章、第四章，《梁漱溟全集》第三卷，山東人民出版社，1990 年。

　　不過，自由主義者和文化保守主義者的「中國社會史論」，又都針對著「唯物史觀」的中國社會史論述，他們一致否定秦漢以來的中國社會仍然是「封建社會」，反對以階級分析的方法來考察宏觀社會結構，而聚焦於社會組織的構成及其與國家的關係。傅斯年和胡適都極其厭惡包括「唯物史觀」在內的一切概括性、系統性的宏大理論，視之為一套符咒，毫無科學價值。然而，他們也因此無法使自己的歷史思考和現實感覺發展成系統性的歷史論述，與「唯物史觀」式的「中國大歷史」進行正面論戰。那重建「個人」和「社會」的救國之路，也因此顯得粗糙盲目，離「科學」之境更加遙遠。

　　然而，在 90 年代以後，隨著「公共領域」、「市民社會」理論的引入，這樣一種關注社會組織及其與「國家」關係的社會史模式開始大行其道，在中國史研究中，「國家—社會」的二分框架大有取代「階級分析」的勢頭，圍繞著中國前現代社會的「國家—社會」關係以及與此相關的中國現代公民社會的建設之路，形成了相當熱鬧的爭論。有人從今天中國江南地區宗族社會的復興以及創造的經濟奇蹟，重新發現了中國式「鄉村自治」的歷史傳統，並與當年費孝通的「鄉土中國」重建論聯繫起來，希望從中找到一條「中國現代性」展開的獨特道路；[26] 有人則斷言自秦漢以後中國只有「編戶齊民」而沒有「社會」，在「大共同體」的專制之下，任何「小共同體」包括家族、宗族、村社組織都難以發展，比較起來，中古歐洲和羅馬帝國更配稱「宗族社會」。而明清以來，東南沿海地區的宗族社會趁大帝國動搖無力之勢發展壯大，這才是中國歷史發生的真正的「進步」，是中國的內發現代性的表徵。由此，論者建議「小共同體」和公民個體結盟，瓦解大共同體專制，走向真正

26　甘陽：《鄉土中國重建與中國文化前景》，《二十一世紀》（香港）1993 年 4 月號。

的公民本位的現代社會。[27]總之,在「國家—社會」的二分框架下,當年妨害現代「個人」、「社會」和「國家」形成的歷史障礙物——傳統中國的家族宗法社會,如今倒轉成了中國歷史的「進步」動力。正如黃宗智、溝口雄三所論,中國前現代社會很難套用得自西方歷史的「國家—社會」對立的理想型去分析,[28]無論在歷史還是現實之中,如梁漱溟所指出,官治與民治有時相混,很難相分。一廂情願地為中國式「鄉村自治」招魂,想讓它成為「中國現代性」的本土資源,其「歷史感」是很成問題的。而「大共同體 vs 小共同體」的二元結構,其問題更出在「現實感」上。好像中國進步的障礙只是專制的「大共同體」,只要把這個過於膨脹的、擠壓社會太甚的「國」化解掉,公民個體和公民社會就能順暢地發展起來。我們不要忘了,今天的這個「大共同體」,並非是中國歷史的簡單惡性遺傳,而是晚清以來經過血與火的鬥爭歷史而重新凝聚的「政治重心」,這個「重心」的喪失,並不能展開一片「社會」和「個人」健康成長的沃土,而是回到「國將不國」的晚清局面。

五

在抗戰之後,傅斯年的「排蕩於兩極」更加劇烈了:

他原本很反對做普及的工作。然而,1942 年在重病中的傅斯年給胡適寫信說:他現在不打算做學問了,「目下先寫『我的哲學』。一是文化鬥爭;二是『原人』;三講歷史上的因果關係與機會;四寫明太祖傳。」[29]1950 年,時任臺灣大學校長的傅斯年檢討說,中國的學者只求

---

27 秦暉:《「大共同體本位」與傳統中國社會》,《傳統十論》,復旦大學出版社 2003 年。

28 參見黃宗智:《中國的「公共領域」與「市民社會」?——國家與社會間的第三領域》,《中國研究的範式問題討論》,社會科學文獻出版社 2003 年;溝口雄三:《中國與日本「公私」觀念之比較》,《二十一世紀》(香港)1994 年 2 月號。

怡然自得地讀書、研究，而「青年心中的問題，不給他一個解答，時代造成的困惑，不指示一條坦途。」[30]

他原本反對「著史」。然而，在東北淪陷之後，傅斯年卻領導編纂了《東北史綱》，為國際李頓調查團提供東北之為中國領土的歷史證明。

他力倡「為學問而學問」的治學精神，反對「經世致用」，生怕把那些「愛好的主觀」帶進學術之中。然而，1939 年左右，吳文藻、費孝通等人在雲南進行民族調查，宣佈苗、瑤、猓玀皆非漢族，有其民族自決權。傅斯年聽說後，立刻致信朱家驊、杭立武，痛斥吳文藻、費孝通「拾取『帝國主義在殖民地發達之科學』之牙慧」，不知時宜，毫無政治頭腦，正當龍雲等人以「中國人」自居進行抗戰之時，他們卻在客觀上刺激國族分化意識，助長日本人的蠶食陰謀。他氣憤地說，尤為可惡者，是這些人「更有高調，為學問而學問，不管政治」。[31]

…………

所有這些自相矛盾，皆出自以下這個根本的矛盾：

> 我本心不滿於政治社會，又看不出好路線之故，而思進入學問，偏又不能忘此生民。於是在此門裡門外跑來跑去，至於咆哮。出也出不遠，進也住不久，此其所以一事無成也。[32]

29　傅斯年：《1942 年 2 月 6 日致胡適》，《傅斯年全集》第七卷，235 頁，湖南教育出版社 2003 年。

30　傅斯年：《中國學校制度之批評》，《傅斯年全集》第五卷，190 頁，湖南教育出版社 2003 年。

31　傅斯年：《1939 年致朱家驊、杭立武》，《傅斯年全集》第七卷，206-207 頁，湖南教育出版社 2003 年。

32　傅斯年：《1942 年 2 月 6 日致胡適》，《傅斯年全集》第七卷，235 頁，湖南教育出版社 2003 年。

　　90 年代以來，中國的大學，如傅斯年所願，越來越是一個「力學」的園地，然而，我認為，在這種時候，比其學術成就更令人追憶的，是傅斯年那「門裡門外跑來跑去，至於咆哮」的焦慮。當然，一個學者「不能忘此生民」的懷抱是必須要以「學術」的方式加以實踐的，我們應該自問：一個身處中國現實困境中的史學家，如何能以中國歷史的自身邏輯對於此種現實有所揭示，而不是操弄各種現成的理論甚至意識形態？

【附錄二】
八、九○年代以來「中國文化」
意識的變遷與分歧

　　自 90 年代中期以來，尤其是經過 2003-2004 年「北大教師聘任與晉升改革方案」的相關爭論，各種中國文化自主、學術自主以及自主的「中國道路」的討論與言說層出不窮，呼聲日高，「文化認同」顯然已經成了當下思想界的一個關鍵字。縱觀中國近現代歷史，自從由中國的現代轉型催生了「中國文化」的自覺意識之後，自從出現了中西之間、傳統與現代之間的文化衝突之後，可以說，明確中國文化本位、重建中國文化認同的聲音還是第一次成為主流共識，這本身就是一個重要的思想史事件。

　　大家不會忘記，在 80 年代，思想討論如何被熱烈的中西古今文化之爭所激發，以至「文化」發「熱」，中國現代思想、學術事業在一個新起點上開始了再出發，歷史學也形成文化史觀與文化史學這樣一個新的生長點，推動著學術範式的重大變化。然而，在 90 年代以後，曇花一現的「人文精神」討論為 80 年代的「文化熱」草草收尾，「中國文化」問題從思想界退隱。90 年代中期以後，是社會轉型期嚴峻的社會危機與社會發展問題，引發了新一輪的思想熱潮以及重大的思想分化。而在世紀之交，當中國歷史前所未有地深刻契入世界文明發展「主流」之中、中國社會無法回頭地融入當

代世界「全球化」進程之中，「中國文化」問題卻再次登場，而主導的聲音卻已經從中國文化批判置換為中國文化認同。這一不能不說是重大、迅速的思潮轉變，其實是我們個人思想史的一部分，發生在我們自己的心中。

那麼，我們似乎不得不問：是什麼樣的歷史機緣促成了這樣的思想現象？我們又將如何判斷這樣一種顯然發自時代內裡的呼聲其合理性何在？我們將如何清醒檢討那種點燃人心的強烈激情之中可能隱含的盲目、誤區甚至陷阱？也就是說，我們將如何清理、反省這一呼聲喚起的我們心中強烈的共鳴與同樣強烈的不安呢？

本文試圖重新梳理和檢討自 80 年代以來「中國文化」問題興起、變遷的思潮線索，並從這一思想線索來檢視當前新一輪的「文化熱」，且試圖引出這樣一種思考：在當今社會、文化環境下，人文學者應具怎樣的態度和立場，以對自己所寄身的中國現代文化承擔起嚴肅的建設之責？

一、80 年代的文化批判：中國現代文化「主體」的挺立與空心化

儘管在當時以至今天，都有論者指出，1984 年以後大陸知識思想界之所以文化討論大「熱」，其用心與實質皆在於將社會現實的「封建」、「專制」、「保守」歸因為「傳統」陰影，借文化說政治，以促進政法體制層面的改革。但是，從今天的後見之明來看，80 年代中期以「中國文化與現代化」、「中西文化比較」、「中國文化傳統批判」為主題的「文化熱」，其歷史意義絕不是現實政治目標所能囊括，而意味著在新的歷史狀況下，晚清以來出現的「中國文化」自覺意識之接續，或者說是新一輪的發生。

自 30 年代「社會史論戰」興起，「五四」以來文化的「中西古今之爭」逐漸退出思想的中心位置，新一代的知識份子越來越多地接受「唯物史觀」，相信社會經濟結構的徹底革命是「中國問題」的根本解

決。在史學與社會科學的研究中，社會結構與經濟形態也被看做決定性的歷史動力，「文化」的概念則退居於「殘餘的範疇」。中國社會主義政權建立之後，在意識形態層面調和了民族主義與普世性的共產主義，「中國」一詞表徵著純正的社會主義從而也指示著人類歷史的未來。在「改革開放」之後，這樣的「中國」認同開始幻滅，「中國」作為一個巨大的文明體如何在「現代化」的世界文明發展潮流之中自我定位，如何重獲自我意識，成了一個迫切的思想問題。與此同時，歷史學界、哲學界指出以往一貫堅信的「世界歷史普遍規律」即「原始社會─奴隸社會─封建社會─資本主義社會─社會主義社會」，乃是《聯共（布）黨史》的一家之言，言下之意是說，中國作為自成一體的文明並不一定符合從西方歷史演進中抽象出來的「普遍歷史規律」。其時，又有「文明形態史觀」乘勢而熱，使得中國歷史學者開始跳出社會經濟形態理論所說的世界歷史普遍規律，從而將「中國」看作是一種特殊型態的文明，並著手探索其歷史發展與文化特質。結合這一思想狀況，「文化熱」中提出的「中國文化與現代化」、「中西文化比較」等學術思想問題，意味著，「中國」重新自覺為一種獨特的「文明形態」、「文化傳統」，在現代世界資本主義的歷史處境之下思考著如何確定發展的價值座標，如何重建新的自我認同。

在我看來，80年代「中國文化與現代化的關係」、「中西文化比較」這樣的思想學術課題之中，至少包含了兩個層面的問題：一、究竟如何確立經濟、政治、社會制度變革發展的基本框架？如何確立我們進行選擇的價值標準？這個自社會主義革命勝利以來似乎已經解決的問題又一次擺在人們面前：這就是文明模式的比較與選擇的問題；二、80年代正如五四時代，原有的一套價值體系、社會倫理秩序與人心秩序發生大規模地震，引發了相當嚴重的個體精神深處乃至整個社會生活的價值失序與衝突。「中西古今文化之辨」，從更內在的層面上說，乃是意義

危機、精神危機的表達。借中西文化比較、借現代西方各種哲學、文化理論的引介，精神敏感的學人重新探討意義問題，尋求新的人格形態與生活理想，這絕不是個人事件，而是一種集體命運——是探討新的文化價值體系、社會意識結構的思想歷程。一種「文化」的核心精神集中表達於它的生活理想，而一種文化的內在支柱、活的靈魂，其實就是文化所成就的人格形態。所以說，第二個層面的問題其實是 80 年代文化討論之中最內在的問題，也是重建中國現代文化形態的基本出發點。當時影響很大的「中國：文化與世界」叢書的主編甘陽把這個問題稱之為「根本性的大問題」：

> 在舊的價值信念、舊的理想追求已被證明是虛幻的以後，還要不要、能不能建立起新的、真正的價值信念和理想追求……對這一問題的思索，無疑將是一條漫長的、極其艱難的道路。[1]

李澤厚曾將自晚清以來，試圖領導中國社會的現代轉型、積極投身中國命運的知識份子劃分為六代人，[2] 而他的《中國近代思想史論》、《中國現代思想史論》便是以這六代知識份子為主角，把中國現代思想史、現代革命史講述成他們一邊尋求救國救世的富強之路、一邊探求新的人生真諦、文化理想、變革內在文化心理結構的思想與實踐歷程，並從這六代知識份子的切身感受與反省出發，批判性地檢討、反思這個歷程，他的中國現代史敘事，在當時比較切合投身革命又經歷「文革」磨難的知識份子的歷史經驗與反思。而他的敘事又比較系統，為人們在新的歷史時期重新理解與反思中國現代歷史提出了新的整體性問題意識與

1　甘陽：《《當代中國文化意識》前言》，寫於 1988 年，收入《古今中西之爭》，110 頁，三聯書店 2006 年。

2　李澤厚：《中國近代思想史論》，470-471 頁，人民出版社 1979 年。

思想框架，在當時產生很大的影響。

對這一「新」的中國革命史敘事，我不避簡化地試圖概述如下：五四「新文化運動」宣揚的「自由、平等、獨立之說」，這些「啟蒙」思想，並不是為了爭個人的「天賦權利」──純然個體主義的自由、獨立、平等，而是仍然指向國家、社會的改造與進步，不自覺地碰上了中國傳統文化之中「集體主義的意識與無意識」。在中國民族危機的客觀歷史形勢下，又由於內具「實用理性」、「歷史意識」、「天下大同」的儒家式世界觀，先進知識份子集團對馬克思主義、社會主義有著天然的親和性並主動選擇之；而在嚴峻的革命戰爭形勢下，鋼鐵的紀律、統一的意志和集體的力量，使個人的權利、個性的自由、個體的獨立尊嚴變得渺小而不切實際；平均主義、集體主義、等級主義、專制主義的「農民意識和傳統的文化心理結構」一步步自覺不自覺地滲進了剛學來的馬克思主義之中。強調對集體的忠誠和極度的信任、強調絕對的自我犧牲，成了「中國化馬克思主義」的一大特色，以至個人利益包括個人的獨立、自主、自由、平等都作為異己的、有害的資產階級品質遭到清算。在「中國化馬克思主義」中，「每個人的自由發展是一切人的自由發展的條件」這一馬克思主義真精神不見了，「共產主義道德」成了明「公私義利之辨」、「天理人欲之分」的聖賢修養，追求「社會主義新人」的人格典範以之自我改造並塑造「人民」、自覺投入「歷史進步洪流」、投入「全心全意為人民服務」之中，反成了獨立自由之主體被傳統式家國本位、集體本位的人格重新吞沒的過程，「社會主義新人」、「共產主義道德」蛻變為「馴服工具」、「革命的螺絲釘」，成了「五四」時代曾痛斥的「奴性」、「專制人格」之翻版，從而與全面社會專制、思想專制乃至精神專制互為因果。[3]

3　李澤厚：《啟蒙與救亡的雙重變奏》，《中國現代思想史論》，天津社會科學院出版社 2003 年。

　　從這個層面來看，80年代對「傳統文化」之陰影、餘毒的批判，那種「回到五四」、「繼續啟蒙」的時代呼喚，其實是在反叛正統的意識形態，在批判性地反思以「社會主義新人」、「共產主義道德」為名的價值體系與人格理想──而這是中國幾代先進知識份子參與構造並親身擔當的。

　　這一敘事裡面包含了經過「文革」之後的知識份子的傷痛經驗與沉痛自責：全面的社會專制與文化倒退，有著悠久光輝之道德精神傳統的中國知識份子其自由思想、獨立人格甚至情感趣味的自我閹割與全面坍塌，這一切到底如何發生的？主體方面的原因何在？對自身主體方面問題的自責反省，促使我們要再來一次靈魂深處的革命，要糾察潛伏在我們內心深處的命運的力量，這就是李澤厚反覆提示的「積澱」下來的「文化心理結構」，它為我們日用而不知。他多次在文中強調：「陳獨秀當年突出『西學』與『中學』的根本區別為『個體本位主義』和『家庭本位主義』的差異，應該說，是相當深刻而尖銳的。至今為止，在種種文化心理現象中，大到政經體制，小到禮貌習慣，都可以清楚看出這種中西的差異。」[4] 文化反思與批判落腳到對傳統「共同體」本位價值觀與現代「個體」本位價值觀之對立衝突的強調，這意味著，「主體性」、「現代個體人格」，成為當代中國文化變革與發展的根本定向。在五四時代，「民主」與「科學」是中國現代文化形態建設之價值基石，現在，它集中於「主體性」或「現代個體人格」。

　　今天，當我們回味 80 年代的精神氛圍，當我們重新閱讀當時的藝術、詩歌、文學，會強烈感受到，在 80 年代，的確洋溢著一種「啟蒙」氣質──我更願意在這個意義上將 80 年代的文化思潮稱為「新啟蒙思

4　李澤厚《漫說「中體西用」》，《中國現代思想史論》，315 頁，天津社會科學院出版社 2003 年。

潮」，那是一種個人的靈魂的甦醒與復興，一種對文化禁錮的憤怒反叛，一種長期文化饑渴帶來的強烈精神追求，而這種要求所能獲得的營養，首先仍然是「五四」新文化運動以來的左翼文化潮流，而中國的左翼文化潮流乃是整個世界左翼文化思潮的一部分，它與 19 世紀以來追求民族解放、個性自由、平等民主的浪漫主義淵源甚深。當時知識思想界最響亮的聲音是把中國文化認同與現代認同對立起來，其實是表明，80 年代的「文化熱」的確回到了中國現代文化的起點：「自由」精神在中國文化土壤中的扎根生成、「主體」的覺醒與發展，本來這與追求民族解放與獨立是相輔相成、一脈相通而並不矛盾的。

在今天看，80 年代的「文化熱」雖然不幸以情緒化的、政治性的、淺薄浮躁的傳統批判、破壞為主流聲調，但 80 年代的文化氛圍仍然至少帶給年輕一代一種個體人格的自覺意識，一種對新的文化理想的模糊而強烈的嚮往，一種對自主的自我完善、自我價值的追求，一種對屬己的人生理想的勇敢而自主的追尋。我認為，在這其中，我們可以看到破壞之聲甚囂塵上的「文化熱」，其內在的建設性格和它的具有真正歷史意義的主題，即怎樣重新建設中國現代文化形態的問題、中國文化傳統在「現代」如何自主發展的問題。翻閱當時文章，我們會看到當時很多學者都是明確、自覺、強烈地具有這一意識的。

當然，80 年代文化思潮之中的核心概念「主體性」已經受到了多方面的嚴肅批評。比如，與「主體性」思潮、與反思中國現代革命相配合的，是這樣一種觀念：只有資本主義工商業的生產生活方式、資本主義的自由民主制度、契約性的公民道德才能真正保障「現代個體人格」、「主體性」之發展，並由而產生如下的錯誤推論：中國社會、文化的發展前景與模式就是西方資本主義現實，「中國一定要補資本主義的課」，毋庸諱言，這在當時是相當普遍的看法。這一基於「歷史必然規律」而對全球資本主義歷史前景一廂情願的樂觀幻想，暗合福山著名的

「歷史終結論」，其實至今仍然左右著大部分人的歷史想像與文化意識。如汪暉指出，「主體性」概念對於日益融入全球化資本主義的中國現實來說，本來具有潛在的批判能量，但在 80 年代的「新啟蒙」思潮之中，卻變成了對「現代化」其實是對全球資本主義現實的肯定與頌讚。[5]

　　而在這裡，筆者要特別強調的是，「個人應當作目的，不可當作手段」這一自由主義原則，乃是經歷了「啟蒙與救亡的雙重變奏」的幾代知識份子，用自身刻骨銘心的歷史經驗換來的箴言。但在強烈情緒的作用下，當時對歷史經驗的反省卻有著強烈的直觀性質，未及深思的是，當我們把「共同體」本位的傳統文化與「個體」本位的現代文化對立之時，我們又如何看待「個體」自立與投入「共同體」命運的關係？讓一個人能夠對抗時代意見與潮流的自由自主的力量到底從哪裡來？個體「自由」除了反抗專制的意義以外，它作為「主體」成長又將如何可能？若不能建立「個體」與「共同體」的有機關聯，「主體」養成與社會進步的力量從哪裡來？我們不難看出，在 80 年代的文化反思之中，「大公無私」、「集體主義」的「共產主義思想」、中國傳統文化推崇的道德精神，與「主體性」、「個性」、「自由」適成簡單對反，適成「專制人格」的基因，當其缺陷、盲區受到嚴重質疑的同時，其價值正當性並未得到進一步恰當安排與申述。

　　例如，那種「為天地立心，為生民立命，為往聖續絕學，為來世開太平」的儒家士大夫精神，是否以及如何為現代社會職業分工中的知識份子參與公共事務繼續提供有效資源？「救亡」時代的戰鬥性的民族主義、那種在追求共同理想之中賦予生命以意義的人生方向、「人情練

5　汪暉：《當代中國的思想狀況與現代性問題》，《死火重溫》，60 頁，人民文學出版社 2000 年。

達」、「世事洞明」的溫暖微妙的人情倫理、傳統藝術之中超越個人本位甚至超越人類本位的陶然之境，尤其是「社會主義新人」之中「解放的」、「現代的」因素，等等，這一切曾自覺不自覺地哺育我們精神生命的資源，它們與培養人的「自由」能力的關係如何？與中國現代文化「主體」生成的關係如何？

回想 80 年代文化思潮及其「主體」這個核心價值，它似乎是過於偏重「反專制」，而未重在如何實現「自由」。在橫掃正統意識形態連同「封建專制人格」的同時，我們似乎並未為新的精神主體努力提供建設因素，在文化與精神的廢墟之上，「主體」的「自由」如何可能呢？流弊所及，剛剛確立起來的「主體」像一個空心的稻草人，他的「自由」是一種割斷與任何傳統、任何共同命運之臍帶的貧血的「自由」，是一種不受道德約束的自我實現與伸張，他自作深刻地把所有「公道」污名化為「大私」的自我粉飾與曲折表達，從而賦予「小己之私」以更大的道德正當性，自以為是地沉溺於自我的洞穴……。嚮往「自由」的「主體」在重新確立之時，其實就蘊涵了向空洞情欲主體的蛻變，從而為市場化時代的消費主義準備好了戰利品。

二、90 年代初的文化保守心態

90 年代上半期，人文知識界的新名詞包括：「國學熱」、「反激進」、「告別革命」，「文化保守主義」、「新儒家」、「儒教資本主義」、「學術史」熱、後現代主義的「中華性」、「弘揚優秀傳統文化」……，這些新名詞的出現與流行表明，80 年代激情震撼的傳統文化批判轉眼之間便成了無的放矢，而「反傳統」作為延續百年的一種現代中國思想傳統，反而開始成了箭靶。共同構成知識界乃至整個社會反「反傳統」或者說是「文化保守」心態的人，出自非常不同的立場與動機，他們有 80 年代「新啟蒙思潮」中的自由派馬克思主義、有「新啟

蒙思潮」中的新一代西化論者、有正統馬克思主義、有海外自由主義、有海外與大陸的新儒家、有鼓吹「東亞儒教資本主義」的新權威主義、有後現代主義⋯⋯。在這裡，我將選擇幾種具有一定普遍性且又密切相關的現實感受與思想狀況，來描述 90 年代初文化保守心態的形成及其問題。

首先是 90 年代初期，市場化大潮伊始就顯露出來的文化價值虛無的精神狀態。90 年代初期，冷戰結束，世界歷史似乎要終結於自由資本主義。自 92 年開始，國內經濟體制的市場化改革迅速推進，而商業性、消費性的流行文化大勢速成。短短三、四年間的現實，就足以告訴人們，任何「傳統」連同人心似乎皆成廢墟，一無所信的虛無主義症狀包括：除「穩定發展」之外再難舉出價值共識、社會性的腐敗、消費主義暢行、「一切向錢看」等等。當代中國嚴重的虛無主義文化狀況，既有高昂的革命理想變質後的荒誕空虛，又有社會轉型期不同文化邏輯、價值體系衝突帶來的茫然困擾，又有 89 風波中政治熱情、理想精神的又一次變形空耗，還有市場化時代內在固有的物質主義、消費主義的盛行。這種症狀複雜的虛無主義在 80 年代已經浸染人心，但被當時其實虛火甚旺的思想熱情與行動意願所掩蓋。90 年代之後，80 年代那種引導歷史、先知先覺、為民請命的啟蒙知識份子姿態與話語暴露其虛妄不實，知識份子進行社會批判與理想價值構建的功能，因為自我意識的內在困惑而失語，雖然任何批判與理想都顯得荒誕可笑、表裡不一，但抑鬱不安的氣氛卻真實存在。在這樣的精神狀態與文化狀況下，對傳統文化的批判顯然喪失了它曾經具有的現實能指性，而一些敏感的年輕學人則開始自省作為「無根一代」的貧弱與淺薄。[6]

6　在查建英編著的《八十年代訪談錄》中，數位在 80 年代嶄露頭角的學人與藝術家都曾提及這一心情，並著重提到 80 年代的「尋根文學」。此書由三聯書店 2006 年出版。

在這樣的感受、心態下，一些海外自由主義者對五四以來反傳統思潮的批判，得到了大陸知識界的廣泛共鳴。余英時 1988 年的演講《中國近代思想史上的激進與保守》，這時在大陸應者四起。他指出，全面反傳統以謀求全盤改造現狀的激進主義，導致社會與文化始終處於激烈動盪與破壞之中，反而是中國社會、文化不能順利實現現代轉型的病因之一。此後，「激進—保守」成為分析中國現代史的重要範疇。[7] 林毓生於 1986 年在大陸出版的《中國意識的危機》，批評五四反傳統思潮其實沿襲了傳統一元論的思想模式，在當時受到眾人的批駁。但 90 年代後，他所強調「維持社會與文化的穩定，而又同時促進社會與文化的進步，其最重要的條件之一是一個豐富而有生機的傳統」，這一由博蘭尼、哈耶克闡發的「純正自由主義觀點」，[8] 真不啻醒世恆言。

80 年代後期，在一些新銳的思想圈子裡產生出這樣一條思想線索，他們把對於中國現代革命的反思，日益深入於對中國現代革命所依據的西方左翼思潮的批判，於是，一些學者劃分出「英美式的漸進改良的自由主義」與「法俄式的激進民主主義」的分野，批評後者崇尚理念，重「積極自由」，主張徹底變革，一勞永逸地到達理想社會，往往以「人民民主」之名行專政之實；前者尊重固有傳統及其道德價值與秩序，堅信「自由的秩序是從舊社會內部生長出來的結果」，以「消極自由」為本，主張漸進改良。89 事件的觸動也助長了這種反對激進變革現實、主張維護現狀以改的「自由主義」。這條思想路線與海外輸入的「純正自由主義」不謀而合，互相呼應，形成了 90 年代以後的「自由主義」，這一「自由主義」為文化保守心態提供了新的理論基礎。[9] 這種「自由

7　參見李世濤主編：《知識份子立場——激進與保守之間的動盪》，余文是第一篇選文，時代文藝出版社 2000 年。

8　林毓生：《中國傳統的創造性轉化》，5 頁，三聯書店 1988 年。

9　參見朱學勤：《道德理想國的覆滅》及其附錄《陽光與閃電——近代革命與人

主義」，其主要的思想立場，其實是肯認現實資本主義為自己所做的合理性論說，反對國家權力對市場領域、社會領域與私人領域的干涉，寄希望於市場經濟的發展自然帶來中產階級與市民社會，從而漸進地合法地實現憲政民主。[10] 這種「自由主義」雖然與正統意識形態嚴重對立，但由於它主張保守現狀、反對整體性社會改革、反對大眾民主與理想主義，反而並不具備鮮明的批判力與政治性，也並不能積極促進社會改革目標之共識的形成。

有學者稱，從當年「新啟蒙思潮」中轉出的「自由主義」及文化保守主義，與 80 年代相比，有一種文化氣質上的大轉變：「放棄激進的批判精神」，「放棄對共同處境的憂患、焦慮與懷疑」，「放棄對終極價值、目標信仰的追求與提供」，轉變為關注個人境遇、對現實承認與妥協、關注局部、具體問題。[11] 好像大家是承平的多元自由時代的「中產階級」知識份子，只需也只能安心做學問了。

這種「自由主義」觀念與 90 年代以後人文學術的「學院化」方向有著至為密切的關係。以《學人》雜誌的創刊以及創刊號上一組「學術史」筆談為標誌，一些在 80 年代成長起來的優秀學人主動宣示要從政治性的思想領域退卻，轉而用「獨立的」學術建設之方式，矯 80 年代破壞之枉，同時繼續 80 年代中國現代文化建設之目標。[12] 所謂「學術史」熱、所謂「學術家凸顯，思想家淡出」，表明這一思想轉變在學界

性改造》，上海三聯書店 2003 年；甘陽：《自由主義：貴族的還是平民的？》，《讀書》1991 年第 1 期。

10　參見李世濤主編：《知識份子立場——自由主義之爭與中國思想界的分化》，時代文藝出版社 2000 年；羅崗等主編：《90 年代思想文選》第 2 卷，廣西人民出版社 2000 年。

11　孟繁華：《文化崩潰時代的逃亡與皈依》，《知識份子立場——激進與保守之間的動盪》，289 頁，時代文藝出版社 2000 年。

12　參見《學術史研究筆談》，《學人》第 1 輯，江蘇文藝出版社 1991 年。

很快蔚為潮流。從他們當中一些代表人物的表達來看，這一轉向其實是以退為進的：曾以「啟蒙」、「憂患」、「引導歷史」自居的知識份子在89政治風波之後，開始冷靜地反省自己的身份、角色以及所能起的作用，然後給了自己一個恰當的定位：堅守學術陣地，為文化運動的再出發打下穩固的基礎。以這樣的覺醒後的立場來看，百年來中國知識份子的最大問題，莫過於借「學」言「政」，往往把學術當成政治工具，造成一種功利主義的文化觀。那麼，此後，建設的正途就是堅持政治與學術的分化，以保障文化建設的獨立性及其價值。而這種「為學問而學問」的態度，背後其實又隱含著強烈的政治意味，消極地說，是對政治表示厭惡疏離，有著一種以不問政治的形式消解政治權威的意識，積極地說，是謀求建立獨立的學術空間，打破權力本位的社會格局，以強調「學術獨立」的方式捍衛知識份子的獨立之精神、自由之思想。[13] 然而，在這樣的「學者」與「學術」觀念中，「學者」作為一個社會的「知識份子」的角色與功能、「學術」之與「思想」的互動關聯，都沒有成為問題。而學者要表達「人間情懷」，便只能以一個「公民」的身份，用「專著」之外的方式如「雜感」，而「學術」本身，似乎與「人間情懷」撇清了，至多也只是「壓在紙背的心情」。

在今天，隨著人文研究規範化體制化、人文學者學院化職業化傾向的日益強化，我們不難感受出乎當初提倡者意料之外的「為學問而學問」的另一種後果：高築「學院」圍牆並非保障知識份子之獨立與自由的充分條件，反而適足以使「學院」隔膜於當代社會現實的危機狀況與思想動態，被各種流行觀念以及體制需要牽鼻而走，甚至全無「獨立自由」之欲念。正如當今許多學人已經意識到的，將學術與社會政治關懷

13　參見陳來：《20世紀文化運動中的激進主義》，《傳統與現代——人文主義的視界》，北京大學出版社 2006 年；陳平原：《當代中國人文學者的命運及其選擇》，《當代中國人文觀察》，人民文學出版社 2004 年。

簡單地分離開來,將承擔文化與社會責任的「知識份子」與從事具體知識準備的「學者」簡單地分離開來,將會妨礙以對時代問題的關懷與思考來促進學術發展,同時又以學術的深化來促進對歷史現實重大問題的思考。當「文化傳統」只是學者書齋的池中物,而與現實的重大關心無法建立互動關係,那麼這種學術研究難以成為對「傳統」的喚醒,使之煥發生機。這種「純學術」的路向可以成為學者個人的選擇,但不應該是整個人文學術界的思想號召,其流弊所致將斫喪人文學術的時代性、批判性與精神性,使人文學術的思想功能、教育功能嚴重萎縮。

三、市場化時代的文化價值危機

當代中國文化價值虛無危機的成因是複雜的,前述「文化保守主義」針對的是文化傳統的激進破壞,而 1993-1995 年熱鬧一時的「人文精神」討論卻針對現下不可阻擋的資本化、商品化、市場化大潮。落腳於「為學問而學問」的文化保守主義將 80 年代文化思潮中「主體性」的思想關切轉移到學術建設上,也失去了 80 年代的危機感與批判性格。而「人文精神」討論則延續了 80 年代的「主體性」問題意識,並具有 80 年代的憂患、激越與批判聲調。只是由於歷史處境的巨大變化,批判的對象從「前現代」的「主體」缺失,成了「後現代」的「主體」沉淪。

其實,在 80 年代的「文化熱」中,劉小楓就已經比較深入地觸及和思考了現代社會普遍存在的價值危機以及文化價值體系顛覆、衝突時代的虛無主義問題。1988 年,劉小楓在《拯救與逍遙》中問道「一個人的生活究竟信靠什麼?」從這個問題出發,他對中國古代以至現代的種種人格形態、價值系統、信仰形式、主義言說進行了一番價值現象學的考察,用他自己的話說,是「面對歷史的不幸、災難和荒唐,⋯⋯被迫帶著苦澀的內心去追尋真實的價值。」[14] 89 年之後,當向外的社會關懷與社會改造的理想主義熱情再次虛妄之後,劉小楓提出的這個問題讓人

回到內心的真實，拷問自己據以行動的價值根基，更加具有打動人心的力量，這應該是劉小楓在被他稱為「一無所信」和「遊戲的一代」當中也能流行的原因之一吧。

他的精神探險的前提是，個體必須首先「卸下民族承諾的重負」，要能先撇開自己「偶在」的大群與土地的命運，以選擇屬己的命運，只有經過這樣的覺醒，才談得上真正的「個體」與「信仰」，人才能真正成為人。這就是說，對本民族歷史命運與精神命運的擔當，是有礙於我們碰觸、領會一般生存論問題的。[15] 劉小楓之所以將「民族承諾的重負」與個體「自由」當作一對不可解的矛盾，其根據大概在於他已經判定，中國文化傳統基因病態或者說基因不全，根本欠缺「神聖」和以「神聖」為依據的「自由」。

在劉小楓這裡，一個超絕「歷史」、「文化」的孤獨「自我」出現了。在一個新的歷史轉折時代，對新的人生信仰與生活理想的追求，變成了純粹的個人事件，可以與集體的出路與命運斷然兩分。個體安身立命的問題，本來內涵於 80 年代重新提出的「中國文化」問題，但至此喪失了它本來具有的歷史性、集體性和政治性。這樣缺乏基本連帶與負擔的「自由」，豈非「生命中不可承受之輕」？

「人文精神」討論所提出的「終極關懷」問題其實是「一個人的生活究竟信靠什麼？」的另一種說法。在 90 年代初期橫掃一切又前途無量的「向錢看」浪潮中，「重建人文精神」的提法，以啟蒙時代精神解放與提升的「自由」理想抨擊拜金主義與大眾消費文化，形式鮮明地表達了後社會主義時代的精神虛無危機，抒發了對現代商業社會中精神生

14　劉小楓：《拯救與逍遙》，421 頁，上海三聯書店 2001 年。

15　參見劉小楓：《現代性語境與知識份子的信仰形式》，《我們這一代的怕與愛》，三聯書店 1996 年；《拯救與逍遙》引言《作為價值現象學的精神衝突》，上海三聯書店 2001 年。

活沉淪、價值基礎崩潰的憤懣與憂懼，引起讀書界的強烈反響。[16]

根據王曉明的自述，提出「重建人文精神」，其最直接的觸動，來自對 80 年代「新啟蒙」思潮中知識份子的自我意識及其表現的反省：百年來，作為一個社會的文化價值體系承擔者的知識份子，急於應付現實生存危機，基本上形成了一種偏重功利性的文化，只是向外關懷社會，在基本價值認同上卻兩手空空，個人生存茫然失據，不但分析與把握現實的理論立場很站不穩、混亂而貧弱，更大量地表現為人格的病態和精神品質的侏儒化。這樣的知識份子群體難以擔負社會轉型時期文化價值重建的責任，也深刻反映出中國現代文化建設的根本弱症。[17]他認為，「人文精神」討論最重要的意義，就是揭顯出這樣一種「深刻的內在困境，一種在精神價值上的認同的喪失，一種對自己的整個生存依據的茫然。」[18]

當時，「人文精神」在引起反響之時，更受到輕視，批評者曾正確指出它仍然拿出 80 年代知識份子「啟蒙」、「先知」、「領導」的姿態，也沒有對所依據的「主體」哲學作出必要的理論反省；其現實批判只是對某種嚴重現實危機的直觀反映、情緒性抗議，並沒有深入準確的現實分析，等等。然而，如賀照田所論，時至今日，在這個以實利衡量一切的市場經濟時代，文化價值的虛無與衝突越來越嚴重，人們由而產生的困擾與病痛也越來越嚴重，但是，這一基本的現實問題卻不能成為思想與學術課題，尚未構成知識界的共同關切。在這樣的情況下，我們會重新感到當年「人文精神」討論的重要性：它畢竟延續了 80 年代的

16　參見王曉明、張汝倫、朱學勤、陳思和等：《人文精神：是否可能與如何可能？》，《讀書》1994 年第 3 期。

17　參見王曉明：《我們如何走出失語的困境？──六年來的思想歷程》，《東方》1995 年第 3 期。

18　王曉明：《人文精神論爭與知識份子的認同困境》，收入《思想與文學之間》，人民文學出版社 2004 年。

重大文化關切：隨文化價值體系的顛覆轉換而來的人心危機與文化價值危機，它提出了「當代中國人的精神與生存境遇」這一不可回避的急迫的思想理論議題。[19] 而且，它顯示出，80 年代反抗文化、政治專制的「主體性」，又繼續抗拒著似乎不可阻擋的資本化大潮中自由精神的沒落與變態。

當今天回顧當年情緒強烈而殊乏可持續發展的「人文精神」討論，我們要追問的是，為什麼這個追求精神自由與提升的「主體」變得那麼站不住腳，那麼容易被摧毀掉？「人文精神」的提倡者呼喚重建當代中國人的基本價值認同、重建中國現代文化的精神主體與價值根基，而所論卻基本不及中國傳統文化的資源。在今天的歷史處境下，人文知識界的學術工作又應如何面對這些問題？

「人文精神」討論是 80 年代文化思潮的真正終結，也是主題的豁顯。之後，思想界的話題主要集中於社會問題了。

四、「中國現代性」與「中國文化」

進入 90 年代以後，國際國內形勢都發生了在 80 年代不可意料的變化。這些變化給人們帶來了複雜的現實感受：在國際上，冷戰結束，全球化時代降臨，中國人開始見識了全球化資本主義秩序的不平等關係以及明顯的霸權，那種對現實資本主義的理想化、那種以為融入全球化就會帶來「進步」的想法看來過於天真了；蘇東巨變之後，這些國家出現的現實是，少數權貴瓜分與壟斷社會資源，形成壟斷性的大資產階級，並控制國家政權，政治上的腐敗現象、社會分化與矛盾日益加劇，這使得人們對私有化、自由化的前景頗多戒懼，對其後果、問題也有更深刻

19　賀照田：《時代的認知要求與人文知識思想的再出發》，《書城》2005 年第 5 期。

的認識與考量。就國內形勢說，92 年以後，市場化進程加快，中國經濟迅速融入全球化的生產體系之中。在 94 年左右，就有學者指出：在中國經濟體制改革之中，伴生著通過權力瓜分國有財產，通過壟斷市場與資源獲取高額利潤，並形成了特殊的利益群體，以至實現了以國有資產為主的社會資源的再次分配，有人稱之為中國式的「原始積累」的完成。中國社會現實產生了新的嚴重的社會分化與社會矛盾，80 年代歌頌的「現代化」顯然不再那麼甜蜜與激人奮發。在這樣的現實感受下，關於中國當代社會、文化的發展與變革，其目標與方向變得有些迷茫模糊，難以形成明確的共識。我們如何確立進行選擇的價值標準，這個在前些年似乎已經解決的問題，在今天重新成為爭論的焦點。

1997 年，原本研究中國現代文學史的汪暉在《天涯》雜誌上發表了《當代中國的思想狀況與現代性問題》，由這篇文章產生的爭論，引發了當代知識思想界關於如何認識中國現實以及主要矛盾、如何確定當代中國發展道路與前途的思想討論與分歧，並圍繞相關的理論、歷史問題產生紛紜複雜的爭論，最後形成難以弭和、令人遺憾的派性衝突與攻擊。

汪文通過梳理、評論 80、90 年代各種思潮，用政治經濟學的方法剖析 90 年代中國社會現實新的基本矛盾，也由此提出新的批判性思想課題。他指出：中國經濟在國家主導下納入全球化資本主義世界體系，這使資本活動滲透到社會生活各個領域，政府行為與權力運作也已經與市場與資本活動密切相關，而國際資本與國家內部的資本控制者（同時也是政治權利的控制者）相互滲透又相互衝突，這一方面使得國內經濟關係更加複雜，另一方面也不可避免地導致體制性的腐敗，產生深刻的社會不公。基於這樣的現實判斷，他指出，要對中國「現代化」與權貴資本主義市場本身所產生的社會危機作出相應的分析與批判，也要重新考量資本主義文明現狀以及其自稱的合理性。在文中，他提出這樣一個

問題：當代中國的發展是否可能不只是重複資本主義的歷史形式而產生另一種更可取的「現代性」，中國當代社會的發展能否提供對現實資本主義進程的批判甚至某種意義的超越？用一個概念來概括這個問題意識，就是「反思現代性」並尋求「中國現代性」。為此，他提出要更多地關注中國現當代社會實踐之中那些「制度創新」的因素，關注民間社會的再生能力。[20] 汪暉的主要學術努力，則是試圖重新解釋「中國現代思想世界的興起」：在「中國現代思想世界」之中，包含著對中國走向現代社會的各種設想、包含著對傳統的創造性闡發，同時也包含著對現代性後果的批判。中國現代史、現代思想史作為「中國現代性」的歷史創制過程，其中蘊涵著當今建設「中國現代性」的寶貴歷史資源與經驗。[21]

在反思「現代性」並尋求「中國現代性」的問題意識下，「中國文化傳統」便可能是抵制西方現成模式、謀求更合理可行的社會發展道路的歷史資源。甘陽特別關注 80 年代以來南方集體制鄉鎮企業的迅速發展及其帶來的農村社會的變化。對於甘陽來說，這一新的發展景象與民國時期費孝通等學者提出的「鄉土中國」重建，是歷史性地相聯繫的，他就此十分興奮地展望著中國現代轉型的獨特道路。他宣稱，70 年代末中國農村改革「歷史性地啟動了古老鄉土中國創造性自我轉化的進程」，「可視為中國現代性之真正歷史出場」。中國鄉鎮企業的發展其歷史意義在於「中國農村社會的工業化將不離鄉土，……也不必走私有化的道路」，「毋寧應該看作是『中國現代性』對『西方現代性』的挑

20　參見汪暉：《當代中國的思想狀況與現代性問題》，《死火重溫》，人民文學出版社 2000 年。

21　參見汪暉：《傳統、現代性及其它》，《死火重溫》，人民文學出版社 2000 年。

戰,並正在形成對『西方現代性』的一種另類選擇。」[22] 走通「中國現代性」道路,關鍵在於「鄉土中國」作為一種文化形態的生存、重建、創造性發展。看得出來,作為 80 年代「文化熱」的風雲人物,甘陽仍然在新的歷史條件下熱切關注「中國文化的創造性現代轉化」,而這個問題如今落實為中國農村社會與文化的現代發展問題。他提醒學者,中國社會與人文學術必須要面對自己親身經歷的歷史巨變,提出自己的「現代性社會理論」:「『鄉土中國』的這一轉化將會為華夏民族帶來什麼樣的新的基層生活共同體?什麼樣的日常生活結構?什麼樣的文化表達和交往形式?什麼樣的政治組織方式和社會經濟網路?」[23]

90 年代以來,中國經濟在重重問題與危機下迅猛增長,這一現象出乎整個世界包括自己的意料,引起關注、驚歎和好奇。當代中國社會的發展現狀「處於一種混亂而微妙的無名之境」,似乎不是任何一套現成的框架、標準所能分析與評判。當代中國問題之複雜艱難,加上沒有可以照搬的歷史經驗、發展模式而前途未卜,本來是令人憂心的事情,但進入新世界伊始,這種「混亂而微妙的無名之境」,便自樹立為正面楷模,命名為與「華盛頓共識」對立的「北京共識」,向整個世界宣告,全球化時代的「中國現代性」已經成立。「北京共識」的說法一開始由西方學者提出,經「新左派」學者的闡發而變得廣為人知與系統化。這些學者利用當代西方多種學術思想話語,將今天遠未完成的社會轉型硬是闡發成一套正面價值與意義系統,這種闡發嚴重缺乏自身具體歷史經驗的支持、論證,故而嚴重依賴於對西方發達資本主義一套社會進步標準、意義定位系統的反仿,有明顯的「製作」性質。值得注意的是,在這些學者的闡發之中,「中國文明的獨特形態與文化力量」乃是「中國

22　甘陽:《鄉土中國重建與中國文化前景》,《21 世紀》1993 年第 4 期。

23　甘陽:《「社會與思想叢書」緣起》,《將錯就錯》,208 頁,三聯書店 2002年。

發展道路」的奧秘之一，配合著「和諧社會」、「新發展觀」成為全球化時代「中國現代性」的「軟件」。[24] 中國歷史確乎自古到今堅持了一種獨立自主的發展軌跡，從儒教帝國到反資本主義的社會主義集權國家再到「改革開放的社會主義」，全都不可名狀，不合規矩，這到底是對歷史潮流的偏離與反動，還是能最後成其為「道路」，端在於我們如何努力從挫折之中得出正面經驗與資源以求建設，而不是為當今現實進行強烈的自我辯護，這很容易變成不義現狀自我維持的說辭。

在 90 年代初的文化保守思潮之中，「中國傳統文化」基本被正名：它能夠成為中國現代化轉型的助力而非阻力；而在「反思現代性」的問題視野下，「中國傳統文化」被期待著能開掘出抵制甚至超克「西方現代性」的文化資源，並為「中國道路」進行文化論證。我們可以看出，從積極謀求「現代化」到反思「現代性」，隨著時代問題的轉換，對「中國傳統文化」的正面評價越來越高了。但在這條思路裡，「文化」從屬於中國社會「現代化」的問題，「文化」的中心性問題，即人的精神與生存境遇、人格形態與生活理想的重建，並沒有得到應有的考慮。

五、全球化時代的中國文化認同

記得 80 年代中期，「新儒家」杜維明曾在中國文化書院演講《儒學的第三期發展》，提出現代中國人究竟能不能保持原有文化認同的問題，當時激起一片批評之聲，說我們目前首要的問題是如何做一個「現代人」，而不是固守民族特殊性。[25] 然而，新世紀伊始，學界卻響起「復興中國文明傳統」的激情召喚，呼籲從自身文明傳統之中重獲價值

24　參見黃平：《「北京共識」還是「中國經驗」》、胡鞍鋼：《對中國之路的初步認識》，收入黃平、崔之元主編《中國與全球化：華盛頓共識還是北京共識》，社會科學文獻出版社 2005 年。

25　黃克劍：《文化認同與儒學的現代命運》，《讀書》1988 年第 3 期。

資源，以重建中國的生活世界。這種「中國文化本位」意識尤其得到年輕一代知識人的認同與回應，自王朝時代結束後，這在中國現代史上還是頭一次。

　　中國文化認同意識的空前強化除了受到當今西方理論界的影響，更與中國知識份子對自身國際處境的感受與認識密切相關：以「西方」為主形成的這個世界，本來有一套穩定的規範與程序，而中國的迅速發展與難以預料的未來，給這個世界帶來了變數，也帶來了同樣難以預料的未來。作為這個世界的「陌生人」，面對日益表面化的爭奪與排拒，中國知識份子開始對全球化時代的國家利益有了相當的敏感與體認，不得不考慮中國歷史有著怎樣的自己的邏輯，以及如何按這一邏輯發展下去，又怎樣通過鬥爭去贏得在國際政治經濟體系中的地位。大陸思想界的一些人物總是抱怨和批評西方左派無論羅爾斯的「萬民法」還是哈貝馬斯的「後國族結構」，其實都無視別有淵源的巨大的異己文明，而一味要求人家遵從自己的文化邏輯，這樣講的「平等」，並不能真正保障不同文化主體之間的差異受到承認與尊重。相反，亨廷頓火氣十足的「文明衝突論」，卻頗受青睞。[26] 這一現象可能表明中國知識份子強調「鬥爭」之現實性與必要性的普遍心態。

　　首先要提到的文化事件，是 2003-2005 年圍繞《北京大學教師聘任與職務晉升制度改革方案》的徵求意見稿所激起的熱烈討論。這場討論，最後被提升到「華人大學理念」的高度，提倡者號召年輕一代中國學者，要能自立於自身文化與思想傳統，為一個現代國家奠立精神基礎；要使中國學術的發展面對中國現代轉型時期產生的問題，真正植根於進行之中的中國的歷史與現實。愛默生 1837 年對「美國學者」說的

26　參見汪暉：《承認的政治、萬民法與自由主義的困境》，《死火重溫》，人民文學出版社 2000 年；甘陽：《從「民族─國家」走向「文明─國家」》，《書城》2004 年第 2 期。

一段話如今被轉告於當今中國學人：「我們依賴的日子，我們向外國學習的漫長學徒期，就要結束。我們周遭那千百萬衝向生活的人不可能總是靠外國果實的乾枯殘核來餵養。」[27]

討論期間，甘陽著文重提梁啟超在上世紀初期所論「國性」，他說：「中國以往作為文明國家所形成的『國性』，是現代中國國家與文明創建的前提與依託」，「如果現代轉型不是『國性』的再生，文明的復興，而是『國性』的失落，文明的萎縮，必然會在全民族形成一種精神上無所歸宿的極端沮喪感，一種靈魂深處的抑鬱與不歡暢」。[28]

我要強調指出的是，甘陽所說「國性」之建設，並不只是「面向世界」的，更是對國內危機狀況的提示與回應。自晚清以來，在傳統政治文化機制瓦解之後，中國即陷入不同文化邏輯的衝突之中，五四以來引進的、尤其是改革開放時代深入人心的自由與權利觀念、社會主義革命時代的平等與正義觀念、傳統文化的人倫禮教觀念，往往互相否定、彼此隔閡，這種文化衝突帶來的價值混亂與精神困擾，是當代中國社會難以形成文化價值認同、難以凝聚社會共識的原因之一；而隨著「現代化」的急劇進行，「傳統的」人際紐帶與社會關係斷裂，社會急劇分化，這既導致社會認同的渙散，又引起個體層面上的焦慮與精神危機。甘陽在 2005 年 5 月於清華大學的演講中指出，改革時代的自由與權利，毛時代的平等與正義，儒教帝國時代的人倫與人情，應化解彼此衝突，力求融會貫通，以構建歷史與思想的「連續統」，以凝聚社會共識，煥發民族精神，從而應對目前中國國家的合法性危機，以及日益嚴重的社

27　甘陽：《華人大學理念九十年》，《讀書》2003 年第 9 期。有關討論已經由甘陽、李猛主編為《中國大學改革之道》一書，由世紀出版集團、上海人民出版社 2004 年出版。

28　甘陽：《從「民族—國家」走向「文明—國家」》，《書城》2004 年第 2 期。

會分化與脫序。[29] 我們可以把這樣一種思想努力看作是中國文化原理的重新籌畫，以為將來政法體制的重構提供價值根基。順便一提，甘陽贊同美國的新保守主義，積極引進新保守主義教父列奧・斯特勞斯的思想著述，主張一個國家的精英務必要懂得保護一套特殊而根本的「意見」，這是政治社會之價值根基，不容輕易考問與討論以暴露其非真理性。[30] 這可真是「民可使由之，不可使知之」的古老智慧的現代翻版。

要使中國的現代轉型成為固有文明傳統的復興與延續，這一觀點之所以引起廣泛的同情與認同，我認為，關鍵在於它呼應了我們這個時代一種基本的危機狀況：國家建設、社會生活缺乏起碼的共識性的價值理想；人心渙散、認同渙散的狀態難以應對目前社會轉型、分化所帶來的衝突甚至解體的危險；這背後的問題還在於當代中國人的安身立命之所、價值觀念與生活意義的嚴重虛無化。就這些問題而言，說當代中國存在嚴重的文化危機並不為過。

正是當代文化危機以及社會危機的狀況，使得中國文化傳統的煥發生機顯得如此必要與迫切，在這個問題上，我願意引用李慎之一段平實在理的話：

> 中國文化還有一項專屬於它的特殊任務，那就是在中國文化長期凋敝之後，重建中國人的價值系統，……儘管人類的價值標準本來應當具有極大的共性，但那是相當遙遠的將來的事情。任何民族的社會道德都要受到歷史背景與民族感情的制約，對於每一個個人來說，就是自己從小到大的社會化的過程，不能不受到鄰里鄉黨的良風美俗、

29　甘陽：《新時代的「通三統」：中國三種傳統的融會》，《書城》2005 年第 6 期、7 期。

30　甘陽：《政治哲人施特勞斯：古典保守主義政治哲學的復興》，彭剛譯：《自然權利與歷史》中文版導言，61-64 頁，三聯書店 2003 年。

往聖前賢的嘉言懿行的濡染薰陶。因此數典忘祖、求禮於野是不行的。十多億人民,如果自己不能立,又誰能立之?這是非得繼承中國傳統文化之中最本原、精華的東西而不能為功的。31

　　然而,在重建中國文化認同的激情召喚之中,卻有著一種令人不安的聲音,其隱微之兆已見於一些年輕學者的言說。張旭東寫了一本《全球化時代的文化認同——西方普遍主義話語的歷史批判》,在國內、海外都頗令人矚目。可以說,他提出了一個很切要的問題:「在當代世界,我們為什麼以及如何做一個中國人?」這個問題的重要意義在於:在這個不同文化體系密切交流、衝突、鬥爭的時代,「中國」作為一個巨大的文化與政治共同體應如何自我理解?如何自樹立?又如何促進這個世界的「和而不同」的多元平等?在當代全球性的文化交流與衝突中,有必要形成普遍性的價值規範,而「中國」必須能用所有人尤其是西方人聽得懂的語言來闡明自己生活世界中的理想與邏輯,並為之普遍正當性進行辯護,贏得理解與尊重,這麼做即是參與到界定普遍性價值規範的文化交流與鬥爭之中,為之注入新的因素。而只有經過這樣的交流與鬥爭,才能形成真正的「普遍性」,才談得上不同民族、文化之間的多元平等。他把這個問題稱為全球化時代的「文化政治」的問題。他指出,如果「中國文化」不能有意識地、批判性地參與界定「普世價值」,那麼,它就只能作為一種地方性知識、局部特殊的東西,臣服於「西方」更為強大的自我認識與表述,只能按照他人的形象塑造自我。32

　　自晚清以來,尤其是五四新文化運動以來,在中/西、古/今的對

31　李慎之《辨同異　合東西——中國文化前景展望》,《東方》1994 年第 3 期。
32　張旭東:《我們今天怎樣做中國人?——全球化時代的文化反思》,《全球化時代的文化認同:西方普遍主義話語的歷史批判》序言,北京大學出版社 2005年。

立框架之下，中國的生活世界與價值世界便出現嚴重的分裂與衝突，自己所嚮往的理想世界無法達成，卻往往造成對自身現實生活的否定、壓制與扭曲，以及與之俱生的抑鬱、失語。要能從自己正在過的生活中得到自豪感而非難言的失落與自卑；要使文化與精神成為栽種在自己生活園地中的果實，能用自己的語言表達自己在生活中感受的幸福與痛苦、希望與憂懼。我就是在這個意義上理解並肯定甘陽所說的必須在現代轉型之同時追求「國性」的再生，否則「會在全民族形成一種精神上無所歸宿的極端沮喪感，一種靈魂深處的抑鬱與不歡暢」，也是在這個意義上贊同爭取全球化時代中國文明主體性的「文化政治」。

　　然而，在這一「文化政治」的論述之中，真正的召喚與危險並存。綜觀全書論述，我們不難看出這樣一種邏輯：這個世界的永恆真相只能是霸權宰制與不平等秩序，並無溝通交往以求和合之可能，所以要對抗霸權就得爭奪霸權。當今世界的「普世價值」既衍生於西方文化傳統，則完全由西方世界制定並由「他們」掌握解釋權，乃是這個世界權力—利益關係之同謀。這種邏輯顯然否定了近代以來西方世界內部以及整個世界範圍的進步解放運動參與界定「普世價值」的鬥爭歷史。這種邏輯屬於一個潛在的強者，一個有成為強者態勢的弱者，他要發動「文明的衝突」、「諸神之爭」以爭奪對這個世界的宰制權。當我們拉大歷史縱深，則會看到，「諸神之爭」並非中國特色，而是與全球化進程同步的全球性現象。趙剛對當代日本與臺灣「作為社會與文化現象的部族主義」的批評，在我看來，也正中上述「文化政治」及其邏輯之肯綮：「他們也許口頭上反對特定的帝國主義國家，但從不原則上反帝國主義，甚至往往自身表演出帝國主義的姿態，拉高道德嗓門，完全拒絕同情性理解和對差異的容忍，遑論和他者學習。……他們共同壟斷的是一種準法西斯式文化共同體的活動，而這個地球即是由互斥且相互無交集的不同文化所構成的，由種族或文化所定義的『朋友或敵人』的對立則

是特定認同的泉源。」[33]

六、我們是否有能力重提 80 年代的關切——中國現代文化形態及其主體的重建？

在 80 年代的文化思潮之中，蘊含著這樣一個基本問題：現代中國文化形態的重建、新的生活理想、價值體系以及人格形態的重建，即文化「主體」的重建。而 90 年代以來，除了「人文精神」的討論針對了市場化以及後社會主義時代的精神危機，人們的注意力轉移到了中國改革已經造成並正在造成的社會結構的巨變，而與之相伴生的精神結構的巨變則不知如何分析、應對，近年來「中國文化認同」的呼聲顯然反映、針對了當前文化與精神的危機狀況。

但當前「中國文化認同」意識的興起，有一個主要問題，就是沒有真正落實到「人」的問題上，沒有突出「文化主體」之養成、價值理想之構建這個文化的核心問題，反而積極呼應了世界性的右翼民族情緒。民族崛起、一致對外的激情、血性的激情、那種集體性的「霸業宏圖」，最容易成為這個「衰人當道」的世界最便宜的「偉大」，最便捷的精神向上之路。在這樣一個精神貧乏、虛無的時代，除了民族性的強權，還能祭拜什麼神祇？「中國文化認同」也好，「中國文化復興」也好，最後都不是文化、精神領域的事，而服務於民族主義的政治目標，為「中國獨特道路」辯護，成了「大國」崛起的文化邊鼓，所謂「文化政治」令人懷疑是以捍衛文化價值的名義將政治崇高化。

二戰之後，梅涅克曾深刻反省德國的民族主義運動：德國文化傳統追求以「國家」形式獲得強權，卻反遭強權奸污，以至面臨沮斷的危

33　趙剛：《摘掉部族主義的緊箍咒——評「臺灣論」現象》，《四海困窮》，臺灣唐山出版社 2005 年。

險。他因而強調文化的復興,「就其最深刻的基礎而言,也正是一種個人的靈魂在渴望康復的事情」,民族的精神文化應與權力相對分離,它需要「一個自願性、個別性和自我深化的領域」。[34] 就真正的文化目標來說,這個世界各種文化傳統及其特徵的保存與強調,關鍵在於能夠提供蘊有豐富精神內涵的思想、生活方式,滋養個人的自發創造性,使人多少能夠抵抗金錢的「客觀性」、那種以「自我」、「個體」為名的消費主義將所有生活世界空洞化、同質化,也只有當人成為有文化的「主體」,才談得上構成平等交流與溝通的「社會」。國人若無對於中國文化傳統的深入領會,若不能如陳寅恪所說養成「為此文化所化之人」、「此文化精神所凝聚之人」,[35] 不能如梁啟超所願使「國性」立足於「個性」,[36] 那麼,「中國文化認同」的召喚就可能淪為政治性、空洞的論調,無法開啟培養自身文化深度的真正事業,而自身沒有深度的文化也無法真正理解與吸收其他文化的深刻與精華。若然如此,我們隨著時代的風向,今天「認同」,明天「批判」,就都是很容易的事。

中國文化傳統在當代的重建,回應著時代的心聲,若不流於空洞的口號,就要思考具體的建設途徑。以下,筆者試圖提出幾個要面對的問題:

第一、知識份子作為文化價值體系的主要承擔者,首先要重視自我精神建設,不能放棄對內在德性,精神價值、人格境界的要求,這不僅僅關乎個人修養,而是一種重要的文化責任。而且,它不應只是道德號

34　梅涅克:《德國的浩劫》,172 頁,三聯書店 2002 年。

35　陳寅恪:《王觀堂先生挽詞並序》,《陳寅恪集·詩集》,12 頁,三聯書店 2001 年。

36　提出「國性」的梁啟超始終關注「成人」的問題,他曾說:「吾以為不患中國不為獨立之國,特患中國無獨立之民。故今日欲言獨立,當先言個人之獨立,乃能言全體之獨立。」《十種德性相反相承義》,《飲冰室文集之五》,44 頁,《飲冰室合集》,中華書局 1989 年。

召，而應成為中國學術史、思想史的重要議題：「學者」作為「知識份子」，其角色與功能如何？學者作為「人」的成就與缺陷究竟與人文學術思想的發展有何關係？人文學術是否以及如何承擔人格養成的教育之責？等等。

第二、當今中國文化認同的呼聲日高，但傳統文化研究卻萎縮低迷，難以進入公共論域。這種狀況有傳統文化研究者自身的責任：我們如何能使自己的學術與當代性的人生熱情、精神追求、社會風俗建設產生互動？並在這個互動中，形成新的學術問題意識，豐富對中國文化傳統的認知與理解？畢竟，對一種文化的「理解」，往往就是對它的喚醒與復活。

第三、我們如何使中國文化傳統突破書齋學院的局限，有意識地參與社會文化、風俗的制度性建設？

最後、在一個文化價值虛無化的時代，儒家道德理想主義以及某些傳統宗教特別能激發人們道德重建的熱情與嚮往，而作為學者，我們尤應認真對待、深入拷問自由、平等、理性的現代價值訴求，以及現代社會所能提供、允許的「成德」條件。百年來，隨著文化價值體系、社會意識形態的不斷顛覆，當我們一次又一次以為擺脫了盲信與虛無，卻又開始了新一輪的盲信，以及盲信之後的深化的虛無，但願傳統的道德精神不要為現代社會「主體」的成長提供一條虛幻的道路。

參考文獻

《十三經註疏》，中華書局 2009 年。

《皇清經解》，上海書店 1988 年。

楊伯峻注：《春秋左傳注》，中華書局 1981 年。

《史記》，中華書局 1959 年。

《漢書》，中華書局 1962 年。

蘇轍：《春秋經解》，「叢書集成初編」本，商務印書館 1936 年。

《王陽明全集》，上海古籍出版社 1991 年。

《四庫全書總目》，中華書局 1965 年。

章學誠撰，葉瑛校注：《文史通義校注》，中華書局 1994 年。

張之洞：《勸學篇》，北京華夏出版社 2002 年。

《廖平選集》，巴蜀書社 1998 年。

劉夢溪主編：《中國現代學術經典·廖平、蒙文通卷》，河北教育出版社 1996 年。

皮錫瑞：《經學歷史》，中華書局 2004 年。

皮錫瑞：《經學通論》，中華書局 1954 年。

《嚴復集》，中華書局 1986 年。

《康有為全集》，中國人民大學出版社 2007 年。

康有為：《康子內外篇》，中華書局 1988 年。

陳三立：《散原精舍詩文集》，上海古籍出版社 2003 年。

章太炎：《章氏叢書》，臺北世界書局 1982 年。

《章太炎全集》，上海人民出版社 1982-1985 年。

章太炎著，龐俊、郭永誠疏證：《國故論衡疏證》，中華書局 2008 年。

章太炎著，吳齊仁編：《章太炎的白話文》，遼寧教育出版社 2003 年。

章太炎著，湯志鈞編：《章太炎政論選集》，中華書局 1977 年。

章太炎著，馬勇編：《章太炎書信集》，河北人民出版社 2003 年。

章太炎著，張昭軍編：《章太炎講國學》，東方出版社 2007 年。

章太炎著，馬勇編：《章太炎講演集》，河北人民出版社 2004 年。

章念馳編訂：《章太炎演講集》，上海人民出版社 2011 年。

劉夢溪主編：《中國現代學術經典・章太炎卷》，河北教育出版社 1996
　　年。

陳平原、杜玲玲編：《追憶章太炎》，三聯書店 2009 年。

《孫中山全集》，中華書局 1981 年。

《黃克強先生全集》，國民黨黨史委員會 1973 年增訂本。

《辛亥革命回憶錄》，文史資料出版社 1961 年。

《辛亥革命資料叢刊》，中華書局 1961 年。

王忍之等主編：《辛亥革命前十年間時論選集》，三聯書店 1957 年。

葛懋春等編：《無政府主義思想資料選》，北京大學出版社 1984 年。

梁啟超：《飲冰室合集》，中華書局 1989 年。

湯志鈞主編：《梁啟超全集》，北京出版社 1999 年。

夏曉虹輯：《飲冰室合集集外文》，北京大學出版社 2005 年。

王國維：《觀堂集林》，河北教育出版社 2001 年。

王國維著，傅傑編校：《王國維論學集》，中國社會科學出版社 1997
　　年。

王國維著，姚淦銘等編：《王國維文集》，中國文史出版社 1997 年。

謝維揚等主編：《王國維全集》，浙江教育出版社、廣東教育出版社 2010 年。

柳曾符編：《柳詒徵史學論文集》，上海古籍出版社 1991 年。

柳詒徵：《中國文化史》，中國社會科學出版社 2008 年。

柳詒徵：《國史要義》，上海古籍出版社 2007 年。

柳詒徵：《劬堂學記》，上海書店 2002 年。

周文玖編：《朱希祖文存》，上海古籍出版社 2006 年。

《魯迅全集》，人民文學出版社 1981 年。

劉師培：《劉申叔遺書》，江蘇古籍出版社 1997 年。

《黃侃日記》，中華書局 2007 年。

程千帆等著，張輝編：《量守廬學記》，三聯書店 2006 年。

《錢玄同文集》，中國人民大學出版社 1999 年。

張君勱：《民族復興之學術基礎》，中國人民大學出版社 2009 年。

張君勱：《儒家哲學之復興》，中國人民大學出版社 2006 年。

張君勱等：《科學與人生觀》，黃山書社 2008 年。

鄭大華編：《兩栖奇才：名人筆下的張君勱和張君勱筆下的名人》，東 方出版中心 1999 年。

錢基博：《現代中國文學史》，江蘇文藝出版社 2008 年。

錢基博：《經學通志》，廣西師範大學出版社 2009 年。

劉夢溪主編：《中國現代學術經典‧錢基博卷》，河北教育出版社 1996 年。

陸懋德：《周秦哲學史》，京華印書局 1923 年。

《陳寅恪集》，三聯書店 2009 年。

歐陽哲生主編：《胡適文集》，北京大學出版社 1998 年。

《胡適作品集》，臺北遠流出版社 1986 年。

季羨林主編：《胡適全集》，安徽教育出版社 2003 年。

曹伯言整理：《胡適日記全編》，安徽教育出版社 2001 年。

曹伯言整理：《胡適日記全集》，臺北聯經出版社 2005 年。

唐德剛整理：《胡適口述自傳》，安徽教育出版社 2005 年。

耿雲志、歐陽哲生編：《胡適書信集》，北京大學出版社 1996 年。

杜春和等編：《胡適論學往來書信選》，河北人民出版社 1998 年。

《胡適講演集》，臺北中央研究院胡適紀念館 1978 年。

郭沫若：《中國古代社會研究》，河北教育出版社 2000 年。

《郭沫若全集歷史編》，人民出版社 1985 年。

顧劼剛：《古史辨自序》，河北教育出版社 2000 年。

顧頡剛：《當代中國史學》，遼寧教育出版社 1998 年。

《顧頡剛古史論文集》，中華書局 2011 年。

《顧頡剛日記》，臺北聯經出版社 2007 年。

《顧頡剛書信集》，中華書局 2011 年。

《梁漱溟全集》，山東人民出版社 1989-1993 年。

梁漱溟：《東西文化及其哲學》，商務印書館 1999 年。

《蒙文通文集》，巴蜀書社 1987-2001 年。

蒙默編：《蒙文通學記》，三聯書店 2006 年。

錢穆：《師友雜憶》，三聯書店 1998 年。

錢穆：《文化與教育》，廣西師範大學出版社 2004 年。

錢穆：《學龠》，九州出版社 2010 年。

錢穆：《中國學術通義》，臺北學生書局 1984 年。

錢穆：《中國學術思想史論叢》，安徽教育出版社 2004 年。

錢穆：《兩漢經學今古文平議》，商務印書館 2001 年。

錢穆：《孔子與論語》，九州出版社 2011 年。

錢穆：《國史新論》，三聯書店 2001 年。

錢穆：《宋明理學概論》，九州出版社 2010 年。

錢穆：《國史大綱》，商務印書館 1996 年。

錢穆：《錢賓四先生全集》，臺北聯經出版公司 1998 年。

馮友蘭：《中國哲學史》，中華書局 1961 年。

馮友蘭：《三松堂自序》，三聯書店 2009 年。

馮友蘭：《三松堂全集》，河南人民出版社 2001 年

劉咸炘：《推十書增補全本》，上海科學技術文獻出版社 2009 年。

劉咸炘：《推十書》，成都古籍書店 1996 年。

傅斯年：《傅斯年全集》，湖南教育出版社 2003 年。

周予同著，朱維錚編：《周予同經學史論著選集》，上海人民出版社
　　1983 年。

賀麟：《五十年來的中國哲學》，商務印書館 2002 年。

侯外廬：《韌的追求》，三聯書店 1985 年。

侯外廬：《中國古代思想學説史》，文風書局 1946 年。

侯外廬：《近代中國思想學説史》，生活書店 1947 年。

侯外廬：《中國近代啟蒙思想史》，人民出版社 1993 年。

李源澄著，林慶彰、蔣秋華編：《李源澄著作集》，臺北中央研究院文
　　哲所 2007 年。

郭湛波：《近五十年中國思想史》，山東人民出版社 1997 年。

桑兵、張凱編：《近代中國學術批評》，中華書局 2008 年。

馮天瑜等編：《中國學術流變》，華東師範大學出版社 2003 年。

沈玉成、劉寧：《春秋左傳學史稿》，江蘇古籍出版社 1992 年。

戴維：《春秋學史》，湖南教育出版社 2004

金景芳：《學易四種》，吉林文史出版社 1987 年。

李學勤：《周易溯源》，巴蜀書社 2006 年。

李鏡池：《周易通義》，中華書局 1981 年。

李鏡池:《周易探源》,中華書局 1978 年。

朱伯崑:《易學哲學史》,崑崙出版社 2005 年。

洪湛侯:《詩經學史》,中華書局 2002 年。

陳夢家:《尚書通論》,中華書局 1985 年。

劉起釪:《尚書學史》,中華書局 1989 年。

錢玄:《三禮通論》,南京師範大學出版社 1996 年。

姜廣輝主編:《中國經學思想史》,中國社會科學出版社 2003-2010 年。

王葆玹:《今古文經學新論》,中國社會科學出版社 1997 年。

徐復觀:《中國經學史的基礎》,臺北學生書局 1982 年。

丁文江、趙豐田:《梁啟超年譜長編》,上海人民出版社 1983 年。

湯志鈞:《章太炎年譜長編》,中華書局 1979 年。

姚奠中、董國炎:《章太炎學術年譜》,山西古籍出版社 1996 年。

胡頌平:《胡適之先生年譜長編初稿》,臺北聯經出版事業公司 1984
    年。

龔濟民等:《郭沫若年譜》,天津人民出版社 1982 年。

蔡仲德:《馮友蘭先生年譜初編》,河南人民出版社 1994 年。

史華茲著,葉鳳美譯:《尋求富強:嚴復與西方》,江蘇人民出版社
    1996 年。

劉桂生等編:《嚴復思想新論》,清華大學出版社 1999 年。

黃克武:《自由的所以然:嚴復對約翰·彌爾自由思想的認識和批
    判》,上海書店出版社 2000 年。

張灝:《梁啟超與中國思想的過渡(1890-1907)》,江蘇人民出版社
    1995 年。

張朋園:《梁啟超與民國政治》,吉林出版集團公司 2007 年。

黃克武:《一個被放棄的選擇:梁啟超調適思想之研究》,北京新星出
    版社 2006 年。

蔣廣學：《梁啟超與中國古代學術的終結》，江蘇教育出版社1998年。

董德福：《梁啟超與胡適》，吉林人民出版社2004年。

吳銘能：《梁啟超研究叢稿》，臺北學生書局2001年。

李茂民：《在激進與保守之間——梁啟超五四時期的新文化思想》，社會科學文獻出版社2006年。

狹間直樹主編：《梁啟超‧明治日本‧西方》，社會科學文獻出版社2001年。

蕭公權著，汪榮祖譯：《康有為思想研究》，北京新星出版社2005年。

汪榮祖：《康章合論》，臺北聯經出版社1988年。

汪榮祖：《從傳統中求變——晚清思想史論》，百花洲文藝出版社2002年。

木山英雄著、趙京華編譯：《文學復古與文學革命——木山英雄中國現代文學思想論集》，北京大學出版社2004年。

王汎森：《章太炎的思想及其對儒學傳統的衝擊（1868-1919）》，臺北時報文化出版公司1985年。

唐文權、羅福惠：《章太炎思想研究》，華中師範大學出版社1986年。

湯志鈞：《近代經學與政治》，中華書局1989年。

姜義華：《章太炎思想研究》，中國人民大學出版社2009年。

張昭軍：《儒學近代之境——章太炎儒學思想研究》，社會科學文獻出版社2002年。

陳平原：《中國現代學術之建立——以章太炎、胡適之為中心》，北京大學出版社1998年。

《章太炎與近代中國學術研討會議論文集》，臺北里仁書局1999年。

章念弛編：《章太炎生平與學術》，三聯書店1988年。

《章太炎先生逝世六十周年紀念文集》，杭州出版社1996年。

王玉華：《多元視野與傳統的合理化》，中國社會科學出版社2004年。

耿雲志：《胡適研究論稿》，四川人民出版社 1985 年出版。

易竹賢：《胡適傳》，湖北人民出版社 1987 年。

朱文華：《胡適評傳》，重慶人民出版社 1988 年。

王鑒平、楊國榮：《胡適與中西文化》，四川人民出版社 1989 年。

白吉安：《胡適傳》，人民出版社 1993 年。

易竹賢：《胡適與中國現代文化》，武漢大學出版社 1993 年。

胡曉：《胡適思想與現代中國》，安徽人民出版社 1993 年。

劉青峰主編：《胡適與現代中國文化轉型》，香港中文大學出版社 1994
    年。

羅志田：《再造文明之夢：胡適傳》，四川人民出版社 1995 年。

羅志田：《再造文明的嘗試：胡適傳》，中華書局 2006 年。

宋劍華：《胡適與中國文化轉型》，黑龍江人民出版社 1996 年。

耿雲志：《胡適評傳》，上海古籍出版社 1999 年。

耿雲志：《胡適新論》，湖南出版社 1996 年。

耿雲志編：《現代學術史上的胡適》，三聯書店 1993 年

歐陽哲生：《自由主義之累——胡適思想之現代闡釋》，上海人民出版
    社 1993 年。

胡明：《胡適思想與中國文化》，廣西師範大學出版社 2005 年。

周昌龍：《超越西潮：胡適與中國傳統》，臺北學生書局 2001 年。

傑羅姆・B・格里德著，魯奇譯：《胡適與中國的文藝復興——中國革
    命中的自由主義》，江蘇人民出版社 1989 年。

周策縱：《胡適與近代中國》，臺北時報出版社 1991 年。

周明之：《胡適與現代中國知識份子的選擇》，四川人民出版社 1991
    年。

周質平：《胡適與現代中國思潮》，南京大學出版社 2002 年。

余英時：《重尋胡適歷程：胡適生平與思想再認識》，臺北聯經出版公

司 2004 年。

沈衛威：《胡適傳》，河南大學出版社 1988 年。

沈衛威：《文化、心態、人格——認識胡適》，河南大學出版社 1992 年。

沈衛威：《傳統與現代之間：尋找胡適》，河南大學出版社 1994 年。

沈衛威：《無地自由——胡適傳》，上海文藝出版社 1994 年。

沈衛威：《自由守望：胡適派文人引論》，安徽教育出版社 2005 年。

章清：《胡適評傳》，江西百花州文藝出版社 1992 年。

章清：《胡適派學人群與現代中國自由主義》，上海古籍出版社 2004 年。

郭淑新：《胡適與中國傳統哲學的現代轉換》，安徽人民出版社 2005 年。

徐雁平：《胡適與整理國故考論——以中國文學史研究為中心》，安徽教育出版社 2003 年。

王汎森：《古史辨運動的興起》，臺北允晨文化出版公司 1987 年。

施耐德著，梅寅生譯：《顧頡剛與中國新史學》，臺北華世出版社 1984 年。

余英時：《錢穆與中國文化》，上海遠東出版社 1994 年。

王汎森：《傅斯年：中國近代歷史與政治中的個體生命》，三聯書店 2012 年。

施耐德著，關山等譯：《真理與歷史：傅斯年、陳寅恪的史學思想與民族認同》，社會科學文獻出版社 2008 年。

張志強：《朱陸、孔佛、現代思想：佛學與晚明以來中國思想的現代轉換》，中國社會科學出版社 2012 年。

朱維錚：《求索真文明——晚晴學術史論》，上海古籍出版社 1996 年。

鄭師渠：《晚清國粹派文化思想研究》，北京師範大學 1997 年。

王爾敏：《晚晴政治思想史論》，廣西師範大學出版社 2005 年。

王爾敏：《中國近代思想史論》，社會科學文獻出版社 2003 年。

汪暉：《死火重溫》，人民文學出版社 2000 年。

汪暉：《無地彷徨──「五四」及其回聲》，浙江文藝出版社 1994 年。

汪暉：《現代中國思想世界的興起》，三聯書店 2008 年。

列文森著，鄭大華譯：《儒教中國及其現代命運》，中國社會科學出版
　　社 2000 年。

周揚等：《紀念五四六十周年學術討論會論文選》，中國社會科學出版
　　社 1980 年。

周策縱：《五四運動：現代中國的思想革命》，江蘇人民出版社 1996
　　年。

余英時：《文史傳統與文化重建》，三聯書店 2004 年。

余英時：《現代危機與思想人物》，三聯書店 2005 年。

李澤厚：《中國近代思想史論》，人民出版社 1979 年。

李澤厚：《中國現代思想史論》，東方出版社 1987 年。

李澤厚：《己卯五說》，中國電影出版社 1999 年。

張灝：《危機中的中國知識份子》，北京新星出版社 2006 年。

張灝：《幽暗意識與民主傳統》，北京新星出版社 2006 年。

林毓生：《中國意識的危機──「五四」時期激烈的反傳統主義》，貴
　　州人民出版社 1988 年。

林毓生：《中國傳統的創造性轉化》，三聯書店 1988 年。

周昌龍：《新思潮與傳統──五四思想史論集》，臺北時報文化出版社
　　1995 年。

阿里夫・德里克著，孫宜學譯：《中國革命中的無政府主義》，廣西師
　　範大學出版社 2006 年。

丘為君：《戴震學的形成──知識論述在近代中國的誕生》，北京新星

出版社 2006 年。

海青：《自殺時代的來臨？——20 世紀早期中國知識群體的激烈行為和價值選擇》，中國人民大學出版社 2010 年。

王壽南主編，張玉法等著：《中國歷代思想家現代篇》，九州出版社 2011 年。

周勳初：《當代學術研究思辨》，南京大學出版社 1993 年。

羅志田：《裂變中的傳承——20 世紀前期的中國文化與學術》，中華書局 2003 年。

羅志田：《國家與學術：清季民初關於國學的思想論爭》，三聯書店 2003 年。

羅志田：《近代讀書人的思想世界和治學取向》，北京大學出版社 2009 年。

桑兵：《晚清民國的國學研究》，上海古籍出版社 2001 年。

桑兵：《晚晴民國的學人與學術》，中華書局 2008 年。

王汎森：《中國近代思想與學術的系譜》，河北教育出版社 2001 年。

鄭家棟：《斷裂中的傳統》，中國社會科學出版社 2001 年。

李明輝：《當代新儒家人物論》，臺北文津出版社 1994 年。

干春松：《制度儒學》，上海人民出版社 2006 年。

楊貞德：《轉向自我：近代中國政治思想史上的個人》，臺北中央研究院中國文哲研究所 2009 年。

許紀霖主編：《20 世紀中國思想史論》，北京新星出版社 2005 年。

許紀霖：《中國知識份子十論》，復旦大學 2001 年。

鄧廣銘：《鄧廣銘治史叢稿》，北京大學出版社 1997 年。

嚴耕望：《治史三書》，遼寧教育出版社 1998 年。

杜正勝：《新史學之路》，臺北三民書局 2004 年。

羅志田主編：《20 世紀的中國：學術與社會史學卷》，山東人民出版社

2001 年。

羅志田：《近代中國史學十論》，復旦大學出版社 2003 年。

左玉河：《從四部之學到七科之學》，上海書店出版社 2004 年。

陳以愛：《中國現代學術研究機構的興起：以北大國學門為中心的探討》，江西教育出版社 2002 年。

劉龍心：《學術與制度：學科體制與現代中國史學的建立》，北京新星出版社 2007 年。

張廣達：《史家、史學與現代學術》，廣西師範大學出版社 2008 年。

許冠三：《新史學九十年》，嶽麓書社 2003 年。

楊念群：《中層理論：東西方思想會通下的中國史研究》，江西教育出版社 2001 年。

李紅岩：《中國近代史學史論》，中國社會科學出版社 2011 年。

阿里夫‧德里克著，翁賀凱譯：《革命與歷史：中國馬克思主義歷史學的起源 1919-1937》，江蘇人民出版社 2005 年。

胡逢祥、張文建：《中國近代史學思潮與流派》，華東師範大學出版社 1991 年。

張豈之主編：《中國近代史學學術史》，中國社會科學出版社 1996 年。

李世濤主編：《知識份子立場──激進與保守之間的動蕩》，時代文藝出版社 2000 年。

李世濤主編：《知識份子立場──自由主義之爭與中國思想界的分化》，時代文藝出版社 2000 年。

羅崗等主編：《90 年代思想文選》，廣西人民出版社 2000 年。

溝口雄三：《中國的衝擊》，三聯書店 2011 年。

朱學勤：《道德理想國的覆滅》，上海三聯書店 1994 年。

劉小楓：《我們這一代的怕與愛》，三聯書店 1996 年。

劉小楓：《拯救與逍遙》，上海三聯書店 2001 年。

甘陽：《將錯就錯》，三聯書店 2002 年。

甘陽：《古今中西之爭》，三聯書店 2006 年。

甘陽主編：《八十年代文化意識》，上海人民出版社 2006 年。

秦暉：《傳統十論》，復旦大學出版社 2003 年。

陳平原：《當代中國人文觀察》，人民文學出版社 2004 年。

王曉明：《思想與文學之間》，人民文學出版社 2004 年。

黃平、崔之元主編：《中國與全球化：華盛頓共識還是北京共識》，社
　　會科學文獻出版社 2005 年。

趙剛：《四海困窮》，臺灣唐山出版社 2005 年。

趙剛：《知識之錨——當代社會理論的重建》，廣西師範大學出版社
　　2005 年。

張旭東：《全球化時代的文化認同——西方普遍主義話語的歷史批
　　判》，北京大學出版社 2005 年。

汪暉：《去政治化的政治——短 20 世紀的終結與 90 年代》，三聯書店
　　2008 年

查建英編著：《八十年代訪談錄》，三聯書店 2006 年。

賀照田：《當代中國的知識感覺與觀念感覺》，廣西師範大學出版社
　　2006 年。

陳來：《傳統與現代——人文主義的視界》，北京大學出版社 2006 年。

許紀霖、羅崗：《啟蒙的自我瓦解——1990 年代以來中國思想文化界重
　　大論爭研究》，吉林出版集團有限公司 2007 年。

丁耘：《儒家與啟蒙——哲學會通視野下的當前中國思想》，三聯書店
　　2011 年。

黑格爾著，王造時譯：《歷史哲學》，上海書店 1999 年。

德羅伊森著，耶爾恩·呂森編選，胡昌智譯：《歷史知識理論》，北京
　　大學出版社 2006 年。

約翰・伯瑞著，范祥濤譯：《進步的觀念》，上海三聯書店 2005 年

湯普森著，謝德風譯：《歷史著作史》，商務印書館 1996 年。

梅尼克著，何兆武譯：《德國的浩劫》，三聯書店 2002 年。

伽達默爾著，洪漢鼎譯：《真理與方法》，商務印書館 2007 年。

列奧・施特勞斯著，彭剛譯：《自然權利與歷史》，三聯書店 2003 年。

雷蒙・阿隆著，葛智強、胡秉誠等譯：《社會學主要思潮》，華夏出版
　　社 2000 年。

雷蒙・阿隆著，西爾維・梅祖爾編注，馮學俊、吳泓緲譯：《論治
　　史》，三聯書店 2003 年。

伊格爾斯著，彭剛、顧杭譯：《德國的歷史觀》，譯林出版社 2006 年。

卡爾・波普爾著，杜汝楫等譯：《歷史決定論的貧困》，華夏出版社
　　1987 年。

喬治・H・米德著，陳虎平、劉芳念譯：《十九世紀的思想運動》，中
　　國城市出版社 2003 年。

郜元寶編：《尼采在中國》，上海三聯出版社，2001 年。

伯夔：《革命之心理》，《民報》，第 24 號。

汪精衛：《論革命之道德》，《民報》，第 26 號。

章太炎：《規新世紀》，《民報》，第 24 號。

金陵生：《支那革命家章炳麟》，《鵑聲》（1907）。

柳詒徵：《評陸懋德《周秦哲學史》》，《學衡》第 29 期。

衛聚賢：《《左傳》之研究》，《國學論叢》第 1 卷第 1 號。

楊向奎：《論《左傳》之性質及其與《國語》之關係》，北平研究院
　　《史學集刊》1936 年第 2 期。

耿雲志：《胡適與五四時期的新文化運動》，《歷史研究》1979 年第 5
　　期。

楊向奎：《試論章太炎的經學和小學》，《繙經室學術文集》，齊魯書

社 1980 年。

李澤厚：《胡適‧陳獨秀‧魯迅》，《福建論壇》1987 年 2 期。

甘陽：《八十年代文化討論的幾個問題》，《文化：中國與世界》第 1 輯，三聯書店 1987 年。

黃克劍：《文化認同與儒學的現代命運》，《讀書》1988 年第 3 期。

羅福惠：《章太炎經學述略》，《中國近代文化問題》，中華書局 1989 年。

陳平原等：《學術史研究筆談》，《學人》第 1 輯，江蘇文藝出版社 1991 年。

甘陽：《自由主義：貴族的還是平民的？》，《讀書》1991 年第 1 期。

甘陽：《揚棄「民主與科學」，奠定「自由與秩序」》，《二十一世紀》（香港）1991 年第 3 期。

（日）末岡宏：《章炳麟的經學及其相關思想史的考察——以春秋學為中心》，《日本中國學會報》第 43 集，1991 年 10 月。

傅鏗：《大陸知識份子的激進主義神話》，《二十一世紀》（香港）1992 年 6 月號。

夏金華：《章太炎「易」學蠡測》，《學術季刊》1992 年 4 期。

趙寶泉：《辛亥革命前資產階級革命黨人暗殺風潮述評》，《山東師範大學學報》1992 年第 4 期。

甘陽：《鄉土中國重建與中國文化前景》，《二十一世紀》（香港）1993 年 4 月號。

島田虔次：《「六經皆史」說》，《日本學者研究中國史論著選譯》（七），中華書局 1993 年。

溝口雄三：《中國與日本「公私」觀念之比較》，《二十一世紀》（香港）1994 年 2 月號。

王曉明、張汝倫、朱學勤、陳思和等：《人文精神：是否可能與如何可

能？》，《讀書》1994 年第 3 期。

李慎之：《辨同異合東西──中國文化前景展望》，《東方》1994 年第
　　3 期。

張勇：《戊戌時期章太炎與康有為經學思想的歧異》，《歷史研究》
　　1994 年第 3 期。

丘為君：《清代思想史「研究典範」的形成、特質與義涵》，《清華學
　　報》24 卷 4 期，臺灣清華大學出版社 1994 年 12 月。

王曉明：《我們如何走出失語的困境？──六年來的思想歷程》，《東
　　方》1995 年第 3 期。

徐思彥：《胡適與中國新文化國際學術研討會綜述》，《歷史研究》
　　1995 年第 5 期。

李學勤：《章太炎論左傳的授受源流》，《章太炎先生逝世六十周年紀
　　念文集》，杭州出版社 1996 年。

汪暉：《當代中國的思想狀況與現代性問題》，《天涯》1997 年第 5 期

胡自逢：《太炎先生左傳學》，《第三屆近代中國學術研討會論文
　　集》，國立中央大學中國文學系所 1997 年 5 月。

狹間直樹：《關於梁啟超稱頌「王學」的問題》，《歷史研究》1998 年
　　第 5 期。

房德鄰：《章太炎的經學思想》，《章太炎與近代中國學術研討會議論
　　文集》，臺北里仁書局 1999 年。

劉巍：《20、30 年代清學史整理中錢穆與胡適、梁啟超的學術思想交
　　涉》，《清華大學學報》1999 年第 4 期。

林毓生：《平心靜氣論胡適》，《讀書》1999 年第 9 期。

張昭軍：《章太炎的春秋、左傳學研究》，《史學史研究》2000 年第 1
　　期。

黃佳：《無政府主義的傳入與辛亥革命時期的暗殺風潮》，《湖南大學

學報》2000 年第 2 期。

周國棟：《兩種不同的學術史範式：梁啟超、錢穆〈中國近三百年學術史〉之比較》，《史學月刊》2000 年第 4 期。

汪榮祖：《錢穆論清學史述評》，《台大歷史學報》第 26 期，2000 年 12 月。

吳義雄：《節本《明儒學案》與梁啟超的新民學說》，載於香港浸會大學《「20 世紀中國之再詮釋」學術會議論文集》，2001 年 6 月。

白純：《辛亥革命時期革命黨人的政治暗殺活動探析》，《學海》2001 年第 3 期。

朱發建：《梁啟超晚年對歷史理論的探索及困惑》，《湘潭大學社會科學學報》2001 年 10 月，第 25 卷 5 期。

張越：《梁啟超後期史學思想的變化》，《河北學刊》2001 年 11 期。

晉榮東：《李凱爾特與梁啟超史學理論的轉型》，《天津社會科學》2002 年 3 期。

甘陽：《華人大學理念九十年》，《讀書》2003 年第 9 期。

尚小明：《論浮田和民《史學通論》與梁啟超新史學思想的關係》，《史學月刊》2003 年 5 期。

桑兵：《橫看成嶺側成峰：學術視差與胡適的學術地位》，《歷史研究》2003 年第 5 期。

黃宗智：《中國的「公共領域」與「市民社會」？——國家與社會間的第三領域》，《中國研究的範式問題討論》，社會科學文獻出版社 2003 年。

王遠義：《獨立蒼茫：辛亥革命前章太炎的激進思想及其烏托邦與反烏托邦性質》，《學術思想評論》第 10 輯，吉林人民出版社 2003 年。

汪榮祖：《論梁啟超史學的前後期》，《文史哲》2004 年 1 期。

甘陽：《從「民族—國家」走向「文明—國家」》，《書城》2004 年第

2 期。

黃克武：《梁啟超與儒家傳統：以清末王學為中心之考察》，《歷史教
　　學》2004 年第 3 期。

劉巍：《從援今文義說古文經到鑄古文經學為史學──對章太炎早期經
　　學思想發展軌跡的探討》，《近代史研究》2004 年第 3 期。

胡文生：《梁啟超、錢穆同名作《中國近三百年學術史》之比較》，
　　《中州學刊》2005 年第 1 期。

鄭師渠：《梁啟超與新文化運動》，《近代史研究》2005 年第 2 期。

陳麗平：《梁啟超、錢穆《中國近三百年學術史》的著述思想之辨
　　異》，《廊坊師範學院學報》2005 年第 3 期。

賀照田：《時代的認知要求與人文知識思想的再出發》，《書城》2005
　　年第 5 期。

甘陽：《新時代的「通三統」：中國三種傳統的融會》，《書城》2005
　　年第 6 期、7 期。

鄔國義：《梁啟超「新史學」思想探源》，《「走向世界的中國史學」
　　國際學術研討會論文集》，北京師範大學史學理論與史學史研究中
　　心‧揚州大學社會發展學院，2006 年 8 月。

路新生：《經史互動：章太炎的經學研究及其現代史學意義》，《天津
　　社會科學》2006 年第 5 期。

張志強：《傳統與當代中國──近十年來中國大陸傳統復興現象的社會
　　文化脈絡分析》，《開放時代》2011 年 3 期。

王開璽：《簡論革命黨人的暗殺活動和清末政局》，《晉陽學刊》2011
　　年第 4 期。

張志強：《「操齊物以解紛，明天倪以為量」──論章太炎「齊物」哲
　　學的形成及其意趣》，《中國哲學史》2012 年第 3 期。

國家圖書館出版品預行編目資料

創造「傳統」：晚清民初中國學術思想史典範的
　確立 / 江湄著. -- 初版. -- 臺北市：人間, 2014. 03
　399 面：17×23 公分. -- （晚清文史叢刊；2）
　ISBN 978-986- 6777-72-1（平裝）

　1. 思想史 2.文集 3.中國

112.07　　　　　　　　　　　　　　　　103001672

晚清文史叢刊　02

創造「傳統」
── 晚清民初中國學術思想史典範的確立

著　江湄

出版者　人間出版社

發行人　呂正惠

社長　林怡君

地址　台北市長泰街 59 巷 7 號

電話　02-2337-0566

傳眞　02-2337-7447

郵撥帳號　11746473 人間出版社

排版印刷　龍虎電腦排版股份有限公司

電話　02-8221-8866

登記證　局版台業字第三六八五號

初版　2014 年 3 月

定價　新台幣 350 元